PETER SCHOLL-

Der Flu

des neuen Jahr

D0547087

Buch

Seine engagierten Berichte und Kommentare verdeutlichen einmal mehr, wie sehr in vielen Gegenden der Welt Barbarei und Vernichtung, Ignoranz und Hilflosigkeit herrschen. Klar und unbestechlich, kritisch und mit dem Mut zur unbequemen eigenen Meinung erläutert Peter Scholl-Latour, warum das so ist und weshalb die Menschheit auch zu Beginn des neuen Jahrtausends mit Krieg, Terror und Gewalt konfrontiert bleibt.

Autor

Peter Scholl-Latour wurde 1924 in Bochum geboren. Neben einer Promotion an der Sorbonne und dem Diplom des Institut National des Sciences Politiques in Paris erwarb er an der Libanesischen Universität Beirut das Diplom für arabische und islamische Studien. Seit 1950 arbeitet er als Journalist, u.a. viele Jahre als Korrespondent in Afrika und Indochina, als Studioleiter in Paris, als Fernsehdirektor des WDR, als Herausgeber des »Stern«. Zu seinen größten Erfolgen als Buchautor zählen die Bestseller »Der Tod im Reisfeld« (1980), »Der Wahn vom Himmlischen Frieden« (1990), »Eine Welt in Auflösung« (1993), »Das Schlachtfeld der Zukunft« (1996), »Lügen im Heiligen Land« (1998) sowie »Afrikanische Totenklage« (2001).

Im Goldmann Verlag
sind von Peter Scholl-Latour auch erschienen:

Den Gottlosen die Hölle (12429)
Eine Welt in Auflösung (12760)
Das Schlachtfeld der Zukunft (12768)
Lügen im Heiligen Land (15058)
Allahs Schatten über Atatürk (15137)
Afrikanische Totenklage (15219)

Umwelthinweis:
Alle bedruckten Materialien dieses Taschenbuches
sind chlorfrei und umweltschonend.

Der Goldmann Verlag ist ein Unternehmen
der Verlagsgruppe Random House GmbH

1. Auflage
Vollständige Taschenbuchausgabe Mai 2004
Wilhelm Goldmann Verlag, München,
in der Verlagsgruppe Random House GmbH
© 2001 der Originalausgabe
C. Bertelsmann Verlag, München,
in der Verlagsgruppe Random House GmbH
Umschlaggestaltung: Design Team München
Umschlagfoto: Dieter Bauer
Redaktion: Cornelia Laqua
Satz: DTP im Verlag
Druck: GGP Media, Pößneck
Verlagsnummer: 15272
KF · Herstellung: Sebastian Strohmaier
Made in Germany
ISBN 3-442-15272-0
www.goldmann-verlag.de

Peter Scholl-Latour

Der Fluch des neuen Jahrtausends

Eine Bilanz

GOLDMANN

Inhalt

Vorwort 9

Erfahrungen im Krieg   27. Juni 1999 15
Bosnien: Die Schaffung von »Absurdistan«   24. Mai 2000 21
Kosovo: Die Nato in der Balkan-Falle   25. Mai 2000 38
Ein neuer Tyrann für Zaire   5. Mai 1997 55
Iranischer Frühling   2. Juni 1997 58
Massenmörder   30. Juni 1997 61
Keine Hoffnung im Orient   25. August 1997 64
Gespensterwahl   22. September 1997 67
Waffenstillstand, aber kein Friede   20. Oktober 1997 70
Signale aus dem »Reich des Bösen«   15. Dezember 1997 73
Die Türkei in der EU   12. Januar 1998 76
Operation »Wüstensturm«   9. Februar 1998 79
Schwerkranker Zar   6. April 1998 82
Die Zukunft Indonesiens   1. Juni 1998 85
Amerika und China   29. Juni 1998 88
Schamlose Heuchelei   27. Juli 1998 91
Erschütterte amerikanische Allmacht   24. August 1998 94
Die Gier nach Erdöl   21. September 1998 97
Droht nach einem Hauch von Frühling
    eine neue Eiszeit im Iran?   18. Oktober 1998 100
Amerika bläst zum Halali   16. November 1998 103
Wer spricht offen mit den Türken?   14. Dezember 1998 106
Im Land der Skipetaren   10. Januar 1999 109
Intrigen am Hof des kranken Königs   31. Januar 1999 113
Scharnier zwischen Israel und Irak 116
»Heilige Kuh« Indien   8. Februar 1999 119
Eindrücke aus Kurdistan   21. Februar 1999 122
Was wollte Khatami wirklich vom Papst?   14. März 1999 125

Wie sieht Europa am Tag danach aus? *21. März 1999* 129
Der Kosovo-Krieg kann zum
Flächenbrand werden *28. März 1999* 133
Was bleibt von der Nato nach dem Krieg? *25. April 1999* 137
Ein moderner Indianerkrieg *3. Mai 1999* 141
Die Russen sind wieder im Spiel *9. Mai 1999* 144
Jelzin kämpft wie Boris Godunow *16. Mai 1999* 148
Das türkische Volk will den Tod Öcalans *30. Mai 1999* 151
Mit List und Härte für mehr Frieden *31. Mai 1999* 153
Hat die Nato den Krieg wirklich gewonnen? *6. Juni 1999* 156
Werden aus Befreiern bald Besatzer? *28. Juni 1999* 160
Irans Regime läßt sich nicht so leicht
aus den Angeln heben *18. Juli 1999* 163
Charismatischer Despot und
politischer Jongleur *25. Juli 1999* 167
Der chinesische Drache zeigt Taiwan
seine Krallen *25. Juli 1999* 169
Ehud Barak, der Wunderknabe *26. Juli 1999* 172
Reise durch das Kosovo (I) *8. August 1999* 175
Reise durch das Kosovo (II) *15. August 1999* 184
Wird Dagestan zum neuen Afghanistan? *23. August 1999* ... 193
Der dreckige Diamanten-Krieg *29. August 1999* 196
Gaddhafis Show im Wüstensand *12. September 1999* 199
Unabhängigkeit Osttimors wird
legitimiert *20. September 1999* 202
Zerbricht Indonesien nach der Abspaltung
Ost-Timors? *26. September 1999* 205
Was im Kaukasus für Jelzin auf dem
Spiel steht *3. Oktober 1999* 209
Pakistan jubelt, die Welt bangt *17. Oktober 1999* 212
Kann ein Blinder Indonesien führen? *24. Oktober 1999* 215
Ist die Türkei nicht reif für einen Panzer? *31. Oktober 1999* . 218
Der Kreml zeigt dem Westen,
wie mächtig Rußland noch ist *21. November 1999* 221
Pekings Drohung aus dem All *28. November 1999* 225
Malaysias zäher Patriarch *5. Dezember 1999* 228
Israel und Syrien wollen sich die Hand
reichen *12. Dezember 1999* 230

Feindbild Islam   *19. Dezember 1999* 233
Schafft Assad Frieden mit Israel?   *9. Januar 2000* 243
Putin wie einst Peter der Große   *10. Januar 2000* 246
Reise nach Absurdistan   *6. Februar 2000* 249
Alte Blutfehden   *21. Februar 2000* 258
Der neue Streit mit Taiwan ist keine
   Peking-Oper   *12. März 2000* 261
Israels »Vietnam«   *13. März 2000* 263
Die Stunde der Partisanen   *19. März 2000* 266
Die USA nähern sich dem Iran an   *2. April 2000* 272
Am Pulverfaß Kosovo glimmt die Lunte   *9. April 2000* 274
Globalisierung – ohne Afrika   *10. April 2000* 281
Rückblick: Die letzten Tage von Saigon   *23. April 2000* 284
Piratenstück und Heiliger Krieg   *8. Mai 2000* 292
Die Tragödie des Schwarzen Kontinents   *14. Mai 2000* 295
Strohfeuer oder neue Intifada?   *21. Mai 2000* 298
Wofür werden deutsche Soldaten in Zukunft
   gebraucht?   *28. Mai 2000* 301
In Simbabwe haben Europäer keine Zukunft   *4. Juni 2000* ... 304
Stets Neues aus Afrika   *4. Juni 2000* 307
Koreas feindliche Brüder suchen den Weg
   zum Frieden   *11. Juni 2000* 310
Clintons »Maginot-Linie«   *12. Juni 2000* 313
Die diplomatische »Leichtigkeit des Seins«   *3. Juli 2000* 316
Worum es beim Gipfel in Camp David
   wirklich geht   *23. Juli 2000* 319
Wladimir Putins Parallelen zu
   Peter dem Großen   *30. Juli 2000* 322
Der verlorene Sieg   *6. August 2000* 325
Putin kann die Fessel Tschetschenien nicht
   abstreifen   *20. August 2000* 329
Merkwürdige Zufälle in Putins Rußland   *20. August 2000* ... 332
Putin lebt im Kalten Krieg   *27. August 2000* 335
Ein Rücktritt aus Furcht vor dem
   Zerfall Frankreichs   *3. September 2000* 341
Eine Riesen-Zirkusnummer namens
   Millenniums-Gipfel   *10. September 2000* 344

Die totale Abhängigkeit
des Homo sapiens   25. September 2000 347
Arafat in Nahost isoliert   22. Oktober 2000 350
»Jerusalem will ich zum Laststein machen
für alle Völker«   15. Oktober 2000 352
Der Königsmacher von Belgrad   8. Oktober 2000 355
An der Grenze zum Heiligen Krieg   29. Oktober 2000 357
Eine amerikanische Posse   20. November 2000 365
Hoher Blutzoll am Horn von Afrika   10. Dezember 2000 368
Clintons Nahost-Plan hat kaum
Chancen   31. Dezember 2000 373
Das Ende der Ära Clinton   15. Januar 2001 376
Kongos Ausverkauf nach Kabilas Tod   21. Januar 2001 379
Mit Sharon ist nicht gut Kirschen essen   12. Februar 2001 ... 382
Die Gefahren für die deutsche
Kosovo-Truppe   11. März 2001 385
Der Schwarze Kontinent brennt   12. März 2001 388
Bushs weltpolitischer Lernprozeß   9. April 2001 391
Ratlosigkeit im Heiligen Land   7. Mai 2001 394
In Mazedonien haben Nato und EU versagt   4. Juni 2001 397
Aids in Afrika: Massensterben ohne Grenzen   2. Juli 2001 ... 400
Der Zweifel des Westens an sich selbst   30. Juli 2001 402
Über Krieg und Frieden richten in Mazedonien
UCK-Kämpfer   12. August 2001 404
»Ein einziger Krieger zu Fuß...«   16. September 2001 407
Ungewisser »Kreuzzug« gegen das
»Böse«   24. September 2001 411
Mit der »Nordallianz« über die Taliban siegen
30. September 2001 413
Frankreichs diskreter Beitrag zum Kampf   7. Oktober 2001 .. 415
Die Rache der Hydra   21. Oktober 2001 418
Die Demokratie schlägt in Afghanistan
keine Wurzeln   18. November 2001 420
Nach Afghanistan nimmt Bush den Irak und Somalia ins
Visier   2. Dezember 2001 423
»Ein krasser Niedergang«. Ein epd-Interview mit
Peter Scholl-Latour   24. Oktober 2001 425

Vorwort

»Wir haben das dritte Jahrtausend durch ein Feuertor betreten«; der Satz stammt von Kofi Annan, dem Generalsekretär der Vereinten Nationen, anläßlich der Verleihung des Friedens-Nobelpreises. Es hätte dieses Bezugs auf die New Yorker Tragödie vom 11. September gar nicht bedurft, um die psychische Wandlung anzudeuten, die sich unserer Gesellschaft zu bemächtigen scheint. Vergänglichkeit der meisten politischen Projekte und so vieler wirtschaftlicher Heilserwartungen – das ist der Eindruck, der sich dem Autor aufdrängt, wenn er auf die Sammlung seiner Tagesnotizen seit 1997 zurückblickt. Welche Hoffnungen sind doch zerbrochen, seit die Menschheit sich festlich gestimmt versammelte, um den Beginn des neuen Jahrtausends zu begehen! Es läßt sich sogar der Vergleich anstellen zwischen der prallen Zuversicht des 1. Januar 2000 und der Euphorie des 1. Januar 1900. »Wir gehen herrlichen Zeiten entgegen«, hatte es vor hundert Jahren im Wilhelminischen Reich geheißen. An das bevorstehende Massensterben in den Schützengräben von Flandern oder vor Verdun hätte damals niemand gedacht.

Lassen wir uns vielleicht durch die Aktualität in die Irre führen? Wie oft ist beteuert worden, die Vernichtung des World Trade Center stelle einen historischen Wendepunkt dar. In Wirklichkeit ist dort lediglich der westlichen, vor allem der amerikanischen Öffentlichkeit auf spektakuläre Weise vor Augen geführt worden, daß dem Wunschdenken Grenzen gesetzt sind, daß die Welt nicht gut und die Menschheit nicht lieb ist. Ob die Zahl der Opfer fünftausend oder dreitausend beträgt, soll gar nicht diskutiert werden. Das Ereignis war grauenhaft genug. Aber das Massenmorden hat ja viel früher begonnen. In den vergangenen Jahren sind in Zentralafrika mindestens zwei Millionen Menschen eines gewaltsamen Todes gestorben. Doch niemand hat diesen Völkermord zur Kenntnis genommen. In dieser Hinsicht hat sich die Botschaft der Globalisierung mitsamt ihrer aufklärerischen Behauptung, alle Menschen seien gleich, als faustdicke Lüge erwiesen. Es ist eben nicht das gleiche – auch für jeden einzelnen von uns –, ob die Opfer eines Massakers US-Amerikaner oder Kongolesen sind.

Die wütende Entrüstung des Präsidenten George W. Bush und seine Forderungen nach Vergeltung sind nur allzu verständlich. Aber man erzähle uns nicht, der weltweite Terrorismus habe erst mit den arabischen Selbstmordattentätern von New York und Washington seine Fratze enthüllt. Der Terrorismus existiert seit Kain und Abel und hat seitdem nicht aufgehört, in dieser oder jener Form – religiös, ideologisch, nationalistisch oder ganz einfach verbrecherisch motiviert – seine blutige Beute einzufordern. Der Blick richtet sich dabei auf Nord-Irland, das Baskenland, Algerien, Schwarzafrika, Kaschmir, die Philippinen etc., etc. und heftet sich schließlich auf das »Heilige Land«. Selbst die USA wurden ja vor ein paar Jahren durch die mörderische Explosion von Oklahoma erschüttert. Nur war dieser Terrorismus – wie auch die Ermordung diverser Präsidenten – »home made«, wie man auf neudeutsch zu sagen pflegt.

In diesem Buch handelt es sich um ein Kaleidoskop von Kommentaren, Fernseh-Dokumentations-Texten, Reportagen und Interviews. Sie sind in chronologischer Reihenfolge und ohne jede nachträgliche Berichtigung abgedruckt. Zum Zeitpunkt der Veröffentlichung ist die hedonistische Grundstimmung, in der sich die westliche Industriegesellschaft sonnte, düsteren Vorahnungen eines langsamen, aber unaufhaltsamen Verfalls gewichen. Unter dem Schlagwort »Globalisierung« triumphierte bislang die Überzeugung, dass die Prädominanz von Wirtschaft und High-Technology den Primat der Politik abgelöst habe. Das Denken in strategischen Kategorien – so hörte man – sei vollends zum Anachronismus geworden. Waren wir nicht am »Ende der Geschichte« angelangt, wie Francis Fukuyama seinen Jüngern verkündete?

Es ist ja gar nicht so lange her, da wurde die Profit-Explosion der »New Economy« als Verheißung unermeßlichen Wohlstandes gefeiert. Die überlieferten Normen des ständigen Pendelns zwischen Aufstieg und Abstieg schienen außer Kraft, der Kurve der Börsengewinne keine Grenze nach oben gesetzt. Die Finanzspekulation wurde zum Lebenselement einer ganzen Generation. Der Begriff des »share holders« drohte die staatsbürgerliche Idee des »Citoyen« zu verdrängen, auf die wir uns seit der Französischen Revolution so viel eingebildet hatten. Allen Ernstes wurde in Deutschland die Vorstellung erwogen, man könne den Rentnern und Pensionären von morgen, deren Bezüge durch die schrumpfende Demographie nicht mehr zu decken wären, über die Not des Alters hinweghelfen, indem man sie rechtzeitig zum Kauf von Aktien anhielt. An ein Schrumpfen der Dividende wollte doch niemand mehr glauben. Das Wort Rezession war aus dem ökonomischen Vokabular verbannt.

»Regieren macht Spaß«, hatte es beim Amtsantritt der Koalition Schröder/Fischer geheißen, und somit erhielt die »Spaßgesellschaft« ihre regierungsamtliche Konsekration. Jedermann sprach von jener Globalisierung, die ja auf dem Feld der rasanten Kommunikations- und Informationstechnik tatsächlich alle Erwartungen übertraf. Wer nahm zur Kenntnis, daß im »Herzen der Finsternis«, in den verwüsteten Städten Afrikas, zwar gewaltiger Werbeaufwand für Mobil-Telefon, E-Mail und Internet betrieben wurde, daß sich jedoch zwanzig Kilometer davon entfernt im Dschungel der Rückfall in die Steinzeit und ihre düsteren Zauberriten vollzog. Nie wirkte Europa provinzieller als in dieser euphorischen Zwischenphase des Tanzes um das Goldene Kalb. Der kommerzialisierte Exhibitionismus der »Love Parade« zum Beispiel sollte Fröhlichkeit vortäuschen, und wer ahnte schon am Rande des Berliner Tiergartens, daß die permissive Überflußgesellschaft, die dort zelebriert wurde, sich auf einer schrumpfenden Insel materiell Begünstigter austobte, daß die weitaus größte Fläche des Globus weiterhin von Elend und Gewalt beherrscht blieb.

Schon die Balkan-Konflikte paßten nicht mehr in dieses Bild krampfhafter Harmlosigkeit. Vor allem die Deutschen wurden im Kosovo daran erinnert, dass man nicht »in Unschuld regieren kann«, wie die Franzosen sagen, dass man der Tragik der »conditio humana« nicht entrinnt. Gleichzeitig gab sich die neue Plutokratie in den Ländern der sogenannten »Dritten Welt« – stimuliert durch die Profitneurose der großen multinationalen Konzerne – als »Raubtier-Kapitalismus«, zu erkennen, wie Helmut Schmidt feststellte. Die Amüsierindustrie, die durch die Omnipräsenz des Fernsehens einen so ungeheuerlichen Auftrieb erhielt, gefiel sich immer mehr in »Hanswurstiaden«. Wer es nicht verstand, »happy and beautiful« zu erscheinen, war auf der falschen Seite gelandet, galt als »Loser«. Nur noch finstere Kulturpessimisten mochten an Nietzsche und sein Zarathustra-Wort erinnern: »Wir haben das Glück erfunden, sagen die letzten Menschen und blinzeln.« Selbst die Jugend Israels stand ja im Begriff, das mythische Staatskonzept der zionistischen Gründerväter in eine Art befestigten Club Méditerranée umzufunktionieren. Erst durch die Selbstmordattentäter der El-Aqsa-Intifada wurden sie sich wieder bewußt, daß der Judenstaat dazu verurteilt ist, wie Daniel in der Löwengrube zu leben.

Wird die Verwüstung von »Ground Zero« sich dauerhaft in das kollektive Gedächtnis eingraben? Mit dem Abstand von wenigen Monaten können wir folgende grundlegenden Veränderungen festhalten, die durch den Schock des World Trade Center bewirkt wurden. Amerika legt in der Abwehr des Terrorismus eine grimmige, quasi-religiöse Form der patriotischen Entschlossenheit an den Tag. Die USA scheinen gewillt, ihre Rolle als imperiale Hegemonie voll auszuspielen. Das frühere Prinzip amerikanischer Kriegführung unter Bill Clinton, »no dead – keine eigenen Toten«, gilt heute nicht mehr. Präsident George W. Bush fühlt sich offenbar in der Rolle des Welt-Sheriffs wohl und hat einen gnadenlosen Kampf gegen das »Böse« angesagt, der sich eventuell über Jahre und weite Regionen des Erdballs erstrecken soll. Nach der Katastrophe von New York sei sein Land – in einer Reaktion der Selbsterhaltung – »less innocent – weniger unschuldig« geworden, verkündete er.

Alle Spekulationen, die verschwörerischen Kräfte des militanten Islamismus zwischen Nord-Afrika und Indonesien könnten der geballten Macht der US-Streitkräfte die Stirn bieten, haben sich zunächst als Anmaßung und Illusion erwiesen. Es gibt keine islamische Großmacht, sondern nur Gruppierungen religiöser Extremisten, die zwar zum Äußersten, zur Selbstaufopferung, bereit sind, aber in offener Feldschlacht keine Chance haben, wie das Beispiel Afghanistan lehrt. In Washington weiß man, daß diese Konfrontation längst nicht gewonnen ist. Auch die Vernichtung Osama bin Ladens und seiner Organisation El Qaida böte keine Gewähr dafür, daß aus der Masse von 1,3 Milliarden Muslimen nicht immer neue Scharen von Gewalttätern und »Märtyrern« hervorgehen werden. Schon kommt Furcht auf, künftige Anschläge gegen die verhaßten Industrienationen des Westens könnten auf Massenvernichtungswaffen zurückgreifen.

Am Rande des schicksalhaften Konfliktes zwischen dem globalen Zivilisationsanspruch Amerikas und dem konspirativen Aufbäumen einer unberechenbaren islamischen Revolution kündigen sich seit dem 11. September schicksalhafte Kräfteverschiebungen an. Bei aller Rivalität zwischen Moskau und Washington in Zentral-Asien zeichnet sich dennoch das Zusammenrücken dieser ehemaligen Gegner des Kalten Krieges ab, ja eine überraschende Interessengemeinschaft gegenüber dem subversiven Islamismus. In der Volksrepublik China ist unterdessen alles im Fluß. Peking könnte sich am Ende als wahrer Nutznießer eines unabsehbaren militärischen Engagements, einer Kräfteverzettelung der USA im Kampf gegen den Halbmond, herausstellen. Schon entdecken die beiden »weißen« Mächte – Russland und Amerika – eine heimliche Solidarität angesichts der neuen »gelben Gefahr«, angesichts des unaufhaltsamen Aufschwungs im Reich der Mitte. Was nun die Europäer betrifft, so bieten ihre kleinlichen Rivalitäten, ihre widersprüchlichen Solidaritätsbeteuerungen gegenüber Washington ein klägliches Bild der Schwäche und Abhängigkeit. Die NATO ist ihrer ursprünglichen Sinngebung beraubt und sucht verzweifelt nach neuen Perspektiven. Auf die Europäische Union wirft der 11. September 2001 düstere Schatten der Dekadenz. Die Europäer, so scheint es, begnügen sich bereits mit der Rolle der »Graeculi« der Antike in ihrer Beziehung zum transatlantischen Rom unserer Tage.

Paris, im Dezember 2001
Peter Scholl-Latour

Erfahrungen im Krieg

27. Juni 1999

Der französische Indochina-Krieg, der bei den Linksparteien im Mutterland als »sale guerre« – als schmutziger Krieg – verschrien war, steckte für das Häuflein Korrespondenten, die damals von Hanoi ausschwärmten, voller Tücken. Aber irgendwie nahmen wir diese Gefahren nicht so recht wahr. Viele französische Reporter hatten vorher selbst in der Fernost-Armee gedient und setzten sich den gleichen Risiken aus wie die kämpfende Truppe. Man fuhr im Jeep über unsägliche Schlammpisten in die Gefechtszone bei Vinh Yen und schob sich zum Schutz gegen Minenexplosionen einen Sandsack unter den Hintern. Im Fall von Verwundungen im Dschungel stand damals kein einziger Hubschrauber zum Abtransport zur Verfügung. Ich war nicht einmal in irgendeiner Form versichert.

Ab 1951 kamen auch amerikanische Kollegen hinzu, und wir wußten ohnehin, daß der Krieg, der sich noch bis 1954 hinschleppen sollte, verloren war. Die Volksbefreiungs-Armee Mao Tse-tungs hatte nämlich die Nordgrenze von Französisch-Indochina erreicht. Mir war es damals vergönnt, den äußersten verbliebenen Außenposten unter der Trikolore am Rande von Yünan an Bord einer Ju 52 zu erreichen und von dort aus in Begleitung eines französischen Obersten und eines Trupps Thai-Partisanen nach Norden zu reiten. »Wenn Sie wollen, können Sie ein Stück nach China vordringen«, hatte der Colonel gesagt; »dort drüben gibt es noch ein paar Kuomintang-Partisanen, die wir unterstützen.« In Wirklichkeit waren sie mehr Banditen als Freiheitskämpfer, und ich war froh, als ich mit meinem Thai-Dolmetscher im Galopp wieder den Grenzfluß Nam Kum erreichte. Das war das einzige journalistische Unternehmen, bei dem ich eine Waffe getragen habe.

Die Nacht des französischen Waffenstillstandes habe ich im Reisfeld etwa 100 Kilometer südlich von Hanoi verbracht. Die Soldaten des dortigen Regiments der Kolonial-Infanterie hatten zu meinem Schutz eine rechteckige Grube ausgehoben, wo ich auf einem Feldbett wie in einem Grab schlief, soweit das die Artillerie des Vietminh erlaubte. Die Partisanen Ho Tschi Minhs schossen aus allen Richtungen, feierten ihren Sieg in Erwartung der nahen Feuereinstellung. Am nächsten Morgen verabschiedete mich der französische Kommandant mit den Worten: »In Nord-Afrika sehen wir uns demnächst wieder.« Auf der Rückfahrt nach Hanoi passierten wir mehrere brennende Lastwagen, die auf Minen gefahren waren.

Der Algerien-Feldzug der Franzosen war ein wenig rühmliches Kapitel der auslaufenden Kolonial-Epoche. Das Land war weitgehend »pazifiziert«, und man konnte sich über weite Strecken ohne Geleitschutz bewegen. Der Terror beschränkte sich im wesentlichen auf Bombenanschläge in den Städten oder auf blutige Gemetzel in der Kabylei und im Aures-Gebirge, wo die Algerier der Befreiungsfront und die auf französischer Seite kämpfenden »Harki« sich wie beim Schlachten von Hammeln die Gurgeln aufschnitten zum sogenannten »sourire berbère«, zum »Lächeln der Berber«, wie man damals etwas zynisch sagte. Mit zwei Zügen Fallschirmjägern und Fremdenlegionären habe ich im Akfadu-Wald, im Herzen der Kabylei, aus dem Hubschrauber springend, die Vernichtung einer algerischen »Katiba« aus unmittelbarer Nähe miterlebt, und ich entzifferte auf der grünen Uniformjacke des getöteten Unterführers der »Befreiungsfront« jenen Koran-Spruch, der für mich fortan zum Leitmotiv wurde: »Allah ist mit den Standhaften.« Der wirkliche Totentanz für die Europäer von Algier begann erst, als die Generäle gegen de Gaulle putschten und die Terrororganisation OAS neben dem wahllosen Mord vermutlicher Gegner auch zur Geiselnahme von Journalisten überging.

Dem außer Rand und Band geratenen Kongo der frühen 60er Jahre blieb es vorbehalten, den Romantitel Joseph Conrads, »Das Herz der Finsternis«, mit aktuellem Inhalt auszufüllen. Den Stammeskriegen Afrikas war die multinationale »Ordnungsmacht« der Blauhelme Dag Hammarskjölds in keiner Weise gewachsen. Italienische Piloten der Uno, die für verhaßte belgische Kolonialisten gehalten wurden, fielen in Kindu, der Heimat der »Leopardenmenschen«, dem Kannibalismus zum Opfer. Persönlich habe ich am Ufer des Tanganjika-Sees – bei einem Abstecher zu den »Simbas«, den Löwen, wie sie sich selbst nannten – das größte Entsetzen meiner Karriere empfunden. Ich sah mich plötzlich wie auf der »Zeitmaschine« H. G. Wells' in eine andere Phase der Menschheit, in den Horror der Steinzeit, zurückversetzt, und mitsamt dem Kamerateam waren wir einer Horde von Speerträgern ausgeliefert, die Tierfelle trugen und sich durch den Wassersegen ihrer Zauberer gegen Kugeln gefeit wähnten.

Der amerikanische Vietnam-Feldzug zwischen 1965 und 1975 mit seinem enormen Materialaufwand hatte mit dem französischen Indochina-Krieg sehr wenig gemeinsam. Die akkreditierten Journalisten genossen während dieser Kampagne alle nur denkbaren Privilegien. Es genügte, einen Flecken auf der Landkarte anzugeben – auch wenn es sich um den bedrängtesten Stützpunkt der U.S. Army handelte –, und man wurde per Hubschrauber dorthin transportiert. Bedenklich waren vor allem die Explosivfallen und die »Booby-Traps« des Vietcong. Zahlreiche Verluste entstanden auch durch sogenanntes »friendly fire«. Zu Füßen der Höhe 875, die später in einem Film als »Hamburger Hill« glorifiziert wurde, war ich im laotischen Grenzgebiet bei Dak-To Augenzeuge, wie die Bomben der U.S. Air Force in den eigenen Stellungen einschlugen und schwere Verluste verursachten. Zur Entschuldigung der Piloten muß gesagt werden, daß die Nordvietnamesen ihre Sappen und Tunnel so nahe an die Amerikaner herangetrieben hatten, daß eine Unterscheidung kaum noch möglich war. In Erinnerung bleibt mir auch die kuriose Praxis des »Body-Counts«, der »Leichenzählung« beim Presse-Briefing in Saigon. Jeden Tag wurden horrende Zahlen von getöteten Vietcong gemeldet, denen zufolge längst kein Partisane Ho Tschi Minhs mehr hätte leben dürfen. Wie diese Ziffern zustande kamen, habe ich bei einer Patrouille in Zentral-Annam entdecken können. Ich hatte mich einer Kompanie der First Cav, einer Traditions-Division der Indianerkriege, angeschlossen. Von Zeit zu Zeit ließ der Captain Granatwerferfeuer auf die umliegenden Dschungelhöhen eröffnen und meldete per Sprechfunk jedesmal eine willkürliche Zahl getöteter Vietcong. Die Angaben waren frei erfunden, aber der Offizier hielt eine plausible Erwiderung parat. »Wenn ich keine Erfolge melde, stehe ich gegenüber den anderen Einheiten, die ähnlich wie ich operieren, ja dann steht die First Cav gegenüber der Nachbardivision, die vor keiner Übertreibung zurückschreckt, ziemlich dumm da, und wir werden von unseren Vorgesetzten gerügt.« Meine Gefangennahme durch den Vietcong, die 1973 nur 60 Kilometer nördlich von Saigon erfolgte, hat mich in meiner Erfahrung bestätigt, daß die Vietnamesen sehr disziplinierte und ideologisch motivierte Gegner waren, durchaus keine Wilden. Wäre ich den »Roten Khmer« in Kambodscha hingegen in die Hände gefallen, wäre ich auf der Stelle gefoltert und zu Tode geprügelt worden.

Der erste Golfkrieg, der zwischen Iran und Irak, zwischen dem Ayatollah Khomeini und dem Diktator Saddam Hussein acht Jahre lang andauerte und der etwa eine Million Tote gefordert hat, war viel dramatischer als die nachfolgende amerikanische Operation »Wüstensturm«, von der die Presse weitgehend ausgeschlossen blieb und die beim TV-Publikum als Computerspiel ankam. Meine persönliche Beziehung zu Khomeini öffnete mir hier viele Wege, und das Ufer des Schatt-el-Arab nach der Zurückeroberung des Hafen Khorramshahr durch die iranischen Revolutionswächter und das Halbwüchssigen-Aufgebot der »Bassidji« – mit Hunderten von in der Sonne verwesenden Leichen toter Iraker – bot ein Bild des Grauens. In jener Stunde wäre ein siegreicher Vorstoß der Iraner auf Basra möglich gewesen. Der scheiterte am Einspruch der Mullahs. Der grausigsten Gefahr, die den Kriegsschauplatz in den Sümpfen Mesopotamiens heimsuchte, dem systematischen Gas-Krieg gegen die todesmutigen, aber völlig ungeschützten Angriffswellen der Iraner, bin ich durch ein glückliches Geschick nicht ausgesetzt gewesen. Der völkerrechtswidrige Einsatz hochentwickelter toxischer Stoffe durch Saddam Hussein, das sollte dennoch festgehalten werden, ist von der westlichen Berichterstattung verschwiegen worden. Er war ja durch die USA, durch die Sowjetunion und mehrere europäische Staaten unter flagranter Verletzung aller Menschenrechtskonventionen abgesegnet und beliefert worden.

Der endlose Bürgerkrieg im Libanon ist mir als Vabanque-Spiel, als eine Art russisches Roulette in Erinnerung. Wenn wir als Reporter die feindlichen Linien am Museum von Beirut und an der Karantina passierten, dann hieß es, an den offenen Schneisen Vollgas zu geben, um den Scharfschützen beider Seiten zu entgehen. Im April 1986 fand meine Ankunft in Beirut in Begleitung eines Geo-Fotografen per purem Zufall präzis an einem Tag statt, als die U.S. Air Force versuchte, den libyschen Staatschef Gaddhafi mit ihren Bomben auszulöschen. Mit meinen Kollegen verbrachten wir als einzige Gäste eine beklemmende Nacht im Hotel »Commodore«, nachdem wir erfahren hatten, daß der britische Journalist MacCarthy bei seinem verzweifelten Fluchtversuch in Richtung Flugplatz als Geisel verhaftet wurde.

Er sollte mehrere Jahre in qualvollen Kellerverliesen verbringen. Am nächsten Morgen erreichten wir auf Schleichwegen das sichere Drusen-Gebirge, wo unsere Gastgeber uns mit konsternierten Mienen die Leichen von drei eben ermordeten angelsächsischen Geiseln vorführten, die sie am Straßenrand entdeckt hatten. Im Hotel »Summerland«, von schwerbewaffneten Drusen geschützt, fühlten wir uns in Sicherheit und konnten nicht ahnen, daß genau an dieser Stelle wenige Wochen später zwei deutsche Ingenieure von Siemens von Terroristen verschleppt würden, die sich dem Hotel über das Meer genähert hatten. Ich bezweifle, ob mir bei einer Entführung durch die schiitische Hisbollah mein Vorzeigefoto mit dem Ayatollah Khomeini viel genutzt hätte.

Hingegen kam mir bei meinem Ausflug ins afghanische Kampfgebiet der Umstand zugute, daß ich in angemessener Situation eine Reihe von Koran-Versen zitieren konnte. Bei den Mudschahedin der »Hezb-e-Islami«, die den Ruf von Fanatikern genossen, fühlte ich mich in voller Sicherheit, und mein mongolischer Leibwächter schützte mich, als ruhe der Segen des Propheten auf mir. Unsere gemeinsame Furcht galt den sowjetischen Kampfhubschraubern vom Typ MI-24, denen die Afghanen damals noch wehrlos ausgeliefert waren. Erst die Lieferung von Boden-Luft-Raketen vom Modell Stinger sollte den Mudschahedin Entlastung verschaffen und am Ende den Abzug der Sowjet-Armee erzwingen. Ich habe bei dieser Expedition nie gezögert, in den ständig wiederholten Kampfruf »Allahu akbar« einzustimmen, denn warum sollte ich nicht die Größe Gottes preisen?

Die Liste ließe sich beliebig verlängern. Aber kommen wir zum Konflikt im ehemaligen Jugoslawien, der mir – weil er sich auf altem europäischen Kulturboden abspielt – besonders skandalös und abscheulich erscheint. Ich habe dort sämtliche Bürgerkriegsparteien in ziemlich schlimmer Erinnerung: die »Tschetniks« des serbischen Verbrechers Arkan, die am Wochenende von Belgrad heranreisten, sich mit Slibowitz vollaufen ließen und von den Höhen südlich Sarajevos wahllos Passanten abknallten, wie auch jene kroatischen Milizionäre, die beim Passieren ihrer Kontrollposten in der Herzegowina unser mit »D« gekennzeichnetes Auto mit »Heil Hitler« begrüßten. Den muslimischen Partisanen, die im zerschossenen »Holiday Inn« in Begleitung von leichten Mädchen und riesigen Doggen ihre Gelage feierten, bevor sie mit unglaublicher Kühnheit ihre fast unhaltbaren Stellungen gegen die Serben bezogen, hätte man ebensowenig im Bösen begegnen mögen. Den Sadismus, die bestialische Grausamkeit, die sich auf dem Balkan auch heute noch austoben, habe ich weder im Libanon noch in Tschetschenien registriert. Sie bleiben eine Schande für unseren angeblich zivilisierten Kontinent.

Das Kosovo habe ich zur Zeit der serbischen Besetzung – zwischen Pec und Pristina, zwischen Prizren und Novipazar – gründlich inspiziert. Ich werde demnächst in diese Gegend zurückkehren – nicht um den Helden oder den Abenteurer zu spielen, was meinem Alter auch gar nicht mehr anstände, sondern weil mich eine lange Erfahrung gelehrt hat, daß die eigene Anschauung vor Ort durch nichts zu ersetzen ist. Bei ihrem Balkan-Engagement sollten sich die deutschen Politiker, denen die Fürsorgepflicht für die Bundeswehr-Soldaten am Amselfeld obliegt, folgendes einprägen: Das vielgerühmte G-8-Abkommen, das die fiktive Erhaltung einer jugoslawischen Föderation vorsah, ist heute nur noch ein Papierfetzen, und die Entwaffnung bzw. die »Demilitarisierung« der ominösen UCK – eine unerträgliche Wortklauberei – ist bestenfalls punktuell zu erreichen. Die Nato-Truppe droht dort in einen heimtückischen Partisanenkrieg mit wechselnden Fronten und Gegnern verstrickt zu werden. Die Guerilla und deren Bekämpfung gehen stets mit besonderer Brutalität einher. Die französischen Paras, die während der Schlacht von Algier den Bombenlegern der Algerischen Befreiungsfront nachstellten, sind bei den Verhören von Verdächtigen auch vor Folterungen nicht zurückgeschreckt, genausowenig wie die Amerikaner bei der Operation »Phoenix« in Vietnam. Nachträglich hat General Massu, ein durchaus ehrenwerter Offizier, der diese Aktion befehligte, seine bittere Erfahrung in drastischer Form resümiert: »In Algier sind wir hineingeschlittert in Blut und in Scheiße – dans le sang et dans la merde.«

Bosnien: Die Schaffung von »Absurdistan«

ZDF-Film am 24. Mai 2000

Trügerischer Triumph. Berlin, 9. November 1999. Am Brandenburger Tor wurde der zehnte Jahrestag des Falls der Mauer gefeiert und weit mehr. Hier wurde das Signal zum Ende des Kalten Krieges gegeben und zur Beseitigung der Teilung Europas. Drei Männer ließen sich hier zujubeln, aber auf jedem von ihnen lastete bereits die Tragödie des Niedergangs. Da stand Michail Gorbatschow, Liebling der Deutschen, denen er die nationale Einheit ermöglicht hatte. Aber in seiner eigenen Heimat ist Gorbatschow als Zerstörer des sowjetischen Imperiums und als gescheiterter Reformer verpönt, ja verhaßt. Während die Deutschen »Gorbi, Gorbi« riefen, brachen die ersten Kämpfe im Kaukasus aus. Wladimir Putin, damals noch Regierungschef, holte zum Gegenschlag aus. Er trat in Tschetschenien in die Fußstapfen der Zaren und der Sowjetmacht.

Als Ehrengast kam dem ehemaligen US-Präsidenten George Bush besondere Huldigung zu. Im Gegensatz zu den europäischen Verbündeten hatte Amerika die deutsche Wiedervereinigung rückhaltlos unterstützt. Bush hatte seine große Stunde im Golfkrieg genossen. Aber es war ein Pyrrhussieg geblieben. Der verhaßte Todfeind Saddam Hussein behauptet sich stärker denn je als neuer Herrscher von Babylon. Die Luftwaffe der Amerikaner und Engländer setzt dort einen unsinnigen Krieg an Euphrat und Tigris fort.

Die zentrale Figur dieses Abends war natürlich Helmut Kohl. Zwar war er ein Jahr zuvor abgewählt worden, aber zum Zeitpunkt der Mauerfeier lastete seine massive Figur noch wie der steinerne Gast auf der verunsicherten Regierungsmannschaft um Schröder und Fischer. Niemand ahnte an jenem Tag, daß dieser neue »eiserne Kanzler« demnächst im Strudel einer obskuren Spendenaffäre nicht wiedergutzumachenden Schaden nehmen würde. Am 9. November 1999 blickte Kohl wohl fasziniert auf die erste kriegerische Entfaltung der Bundeswehr am Balkan. Daß dieser Kampfeinsatz ausgerechnet von einer rot-grünen Koalition früherer Pazifisten durchgeführt wurde, mochte ihm als nachträgliche Bestätigung erscheinen.

Beim Triumphfest des Mauerfalls war für Europa Frieden und Freundschaft angesagt. Doch über dem Amselfeld, im deutschen Sektor von Prizren, loderten bereits die Flammen neuer Konflikte und kontinentaler Feindschaften hoch.

In der Geschichte des Balkans und auch heute noch besitzen die Brücken eine hohe symbolische Bedeutung. Wer hat nicht von der Brücke über die Drina gehört, die der Nobelpreisträger Ivo Andric besungen hat? Sie wurde in Bosnien als Symbol ethnischer und konfessioneller Versöhnung dargestellt. Aber die Drina wirkte stets wie eine düstere, gefährliche Trennungslinie. In ferner Vorzeit, vor 1500 Jahren, hatte sich hier die Spaltung des Römischen Reiches in Ost und West vollzogen. Diese imperiale Aufteilung dauert bis in die Gegenwart an, verewigt sich im Gegensatz zwischen der katholischen und der orthodoxen Kirche. Die Ortschaft Visegrad ist im Bosnien-Krieg ethnisch gesäubert worden. Nur noch Serben leben hier. Die Muslime wurden vertrieben, ihre Moscheen gesprengt. Angst und Mißtrauen herrschen im Umkreis der Drina.

Blicken wir auf Mostar. Hier, am Fluß Neretva, zerbrach in wütenden Schlachten die Hoffnung auf ein friedliches Zusammenleben zwischen den »Muslimani« und den kroatischen Katholiken von Bosnien-Herzegowina. Die Sprengung der herrlichen Bogenbrücke aus der osmanischen Epoche wurde von den Kroaten als nachträglicher Akt der Befreiung vom früheren muslimischen Joch vollzogen. Wie soll in dieser Trümmerlandschaft wieder Normalität einkehren?

Eine dritte Brücke: In Sarajevo wiederum war es das Flüßchen Milijacka, das während der Einkreisung der bosnischen Hauptstadt zur Frontlinie geworden war. Heute sind die serbischen Scharfschützen, die aus den Hochhäusern südlich der Brücke ihre Ziele suchten, mitsamt der dortigen serbischen Bevölkerung vertrieben worden. Die Wunde bleibt offen.

Und dann die Brücke über die Save, die Kroatisch-Slawonien mit dem Norden Bosniens verbindet. Südlich davon, in der Ortschaft Brcko, in dem engen Korridor zwischen den beiden Gebietsfetzen der »Republika Srpska«, verwirren sich alle Gegensätze der artifiziellen bosnischen Staatskonstruktion zu einem gordischen Knoten.

Kosovo-Krieg 1999: Den Nato-Strategen ist nichts Besseres eingefallen, als in Serbien und vor allem bei Novi Sad die Donaubrücken zu bombardieren. Seitdem ist dieser wichtige Wasserweg Europas für den balkanischen Handel und Güteraustausch gesperrt. Militärischer Nutzen war mit der willkürlichen Zerstörung nicht verbunden.

Im äußersten Norden des Kosovo wiederum ist die Brücke über den Ibar, im Herzen der Stadt Mitrovica, zum Schauplatz rabiater Auseinandersetzungen zwischen Kosovo-Albanern und Kosovo-Serben geworden. Hier klafft eine unversöhnliche Feindschaft, die sich ständig neu anheizt. Noch verhindern die dort stationierten Franzosen der Kfor-Truppe und ihre Verbündeten einen neuen Bürgerkrieg.

Schließlich ein Blick auf den Vardar, den breiten Strom Mazedoniens. Die Brücke über den Vardar teilt die Hauptstadt Skopje in zwei ethnisch und konfessionell unterschiedliche Sektoren. Zwar herrscht hier bislang kein Krieg zwischen den christlichen Südslawen auf dem linken und den muslimischen Albanern auf dem rechten Ufer. Aber wie schnell eine zerbrechliche Koexistenz auf dem Balkan in Blutvergießen und Vertreibung umschlägt, haben die grausamen Präzedenzfälle von Bosnien und Kosovo hinreichend bewiesen. Am Vardar, so behaupten nicht nur Pessimisten, zeichnet sich die nächste Balkankatastrophe ab.

Aus den Schlagzeilen ist Bosnien weitgehend verschwunden. Heute schlägt die Stunde der Globalisierung, man redet von Jolo auf den Philippinen, von Simbabwe, von Sierra Leone – aber Bosnien liegt in unserer Nachbarschaft, ist Teil unseres Schicksals. Ich will zunächst auf ein paar Landkarten verweisen, denn diese Landkarten sind oft wahrhaftiger als die Schönfärberei der Politiker. Da haben wir als erstes das Gebilde des ehemaligen Jugoslawien, und es wird sichtbar, daß es in eine Vielfalt von Ministaaten, von absurden Territorien zerfallen ist, die nur eines gemeinsam haben: Sie sind nicht lebensfähig.

Und etwas sehr viel Bedenklicheres kommt hinzu: Die USA, die Nato, die Europäer haben dort Protektorate geschaffen, Schutzgebiete, fast Kolonien, wie wir sie früher aus der Dritten Welt kannten. Das betrifft insbesondere Bosnien-Herzegowina, die Republik Bosnien. Das betrifft in noch stärkerem Maße das Kosovo, aber das gilt auch für Montenegro, das gilt ebenso für diese chaotische albanische Republik von Tirana und das gilt gleichfalls für die artifizielle Republik Mazedonien, die vielleicht den nächsten Krisenherd darstellen sollte. Aus alledem spricht eine große Ohnmacht der Gestaltung von seiten der Europäer, aber auch im Hinblick auf diese Quasi-Kolonien eine gewaltige Anmaßung.

Aber gehen wir zur nächsten Karte über. Sie stammt aus dem Beginn des Bürgerkrieges, als Milosevic noch glaubte, seinen großserbischen Traum verwirklichen zu können. Er hatte bereits weitgehende Territorien in Bosnien an sich gerissen, sogar das serbische Gebiet auf Kroatien ausgedehnt, auf die sogenannte »Serbische Republik Krajina«. Und mit dieser Krajina hat es eine besondere historische Bedeutung. Vor mehr als 300 Jahren waren zahlreiche Serben, vor allem aus dem Kosovo, unter Führung ihres Patriarchen nach Norden abgewandert, um dem osmanischen Joch zu entgehen. Sie hatten dort, mit Zustimmung der Österreicher, eine Art Militärgrenze, die »Krajina«, gebildet. Sie schützten dort das Habsburgerreich, aber auch das Heilige Römische Reich Deutscher Nation. 200 Jahre lang haben sie diese Position gehalten, heute sind sie von dort durch den Krieg vertrieben worden. Ihre Standhaftigkeit wurde schlecht gelohnt.

Schließlich zur dritten Karte, der Aufteilung Bosniens, die im Vertrag von Dayton, vor etwa fünf Jahren, vorgenommen wurde, und hier wird die wirkliche Natur von Absurdistan ersichtlich. Denn auf der einen Seite gibt es dort die »Republika Srpska«, die serbische Republik, zwei Fetzen, die voneinander getrennt sind. Sie waren einst vereint durch den schmalen Schlauch von Brcko, fünf Kilometer breit, aber der »High Representative« Petritsch hat dort eine multi-ethnische Zone gebildet. Jetzt hängt der serbische Teil von Banja Luka, militärisch gesehen wenigstens, völlig in der Luft.

Da ist auf der anderen Seite die Föderation von Muslimen und Kroaten, die untereinander noch verfeindet sind. Das sieht aus wie ein Leopardenfell, stellt keine Einheit dar. Und da ist beispielsweise die muslimische Stadt Gorazde – und auf der Karte tut man so, als sei Gorazde mit der Föderation verbunden. In Wirklichkeit existiert hier gar keine Straße, man muß über serbisches Territorium gehen. Das Ganze wirkt sehr irreal, sehr verworren, unklar, unlogisch. Aber wer zu dieser Ansicht gelangt, hat wahrscheinlich die Realität des heutigen Balkans begriffen.

Für flüchtige Besucher – die europäischen Politiker gehören dazu – mag in Sarajevo friedliche Normalität eingekehrt sein. Längs der früheren Kampflinie am Milijacka-Fluß kann man wieder ohne Gefahr jenes Rathaus besichtigen, in dessen Nähe im Juni 1914 der österreichische Thronfolger Franz Ferdinand den Kugeln eines serbischen Attentäters erlag. Kein Mahnmal erinnert mehr an diesen Auftakt zum Ersten Weltkrieg. Die weltfremde Vorstellung vom multiethnischen Staat ist allen anderslautenden Beteuerungen zum Trotz jedoch in der früheren Vielvölkerstadt Sarajevo zerstoben. Zu 90 Prozent ist die Hauptstadt jetzt von »Muslimani« oder, wie es offiziell und unpräzis heißt, von Bosniaken bewohnt. Zwar sind die Kirchen der beiden christlichen Konfessionen noch im österreichisch geprägten Stadtkern präsent. Doch das Herz Sarajevos, so scheint es, schlägt im Umkreis der Moscheen und des osmanischen Marktes, die längst aufgehört haben, eine folkloristische Attraktion zu sein.

Niemand hat in Sarajevo die Tage des Terrors und der Verzweiflung vergessen, als die Belagerung der Serben sich immer enger zusammenschnürte, als auf die muslimischen Zivilisten wie bei einer Treibjagd geknallt wurde. Die Organisation der Vereinten Nationen, deren weiß gestrichene Panzerspähwagen wie Ambulanzen wirkten, bot höchst unzureichenden Schutz vor der Willkür eines mörderischen Feindes. Die Uno, das muß heute festgehalten werden, hat in der ersten endlosen Phase des Bosnien-Krieges auf erbärmliche Weise versagt.

Der ganze Horror der damaligen Situation kulminierte in dem überwiegend muslimisch besiedelten Städtchen Srebrenica, unweit der Drina. Dort hatte der serbische General Mladic eine isolierte Enklave verhaßter Korangläubiger ein für allemal auslöschen wollen. Frauen und Kinder wurden in Busse verfrachtet und in die Wälder getrieben. Die holländischen Unprofor-Soldaten regten keine Hand, um diese hilflosen Zivilisten zu schützen, und waren am Ende froh, mit dem eigenen Leben davonzukommen. Viele wehrfähige muslimische Männer von Srebrenica wurden in Reichweite der Blauhelme erschossen.

Nur auf den Friedhöfen, beim koranischen Ritual der Totenbestattung, sei der Islam der Bosniaken noch zu erkennen, so meinten die Skeptiker. Für die Ideologen der Aufklärung, die in der Uno, in den Nato-Stäben, in den Kommissionen der EU den Ton angeben, läßt sich diese muslimisch religiös determinierte Nationalität in keine ihrer Schablonen pressen. Zwar füllen sich heute wieder allmählich die Moscheen in den überwiegend von Muslimen bevölkerten Regionen der kroatisch-bosnischen Föderation. Aber den meisten Koran-gläubigen ist jede präzise Kenntnis der Botschaft des Propheten Mohammed abhanden gekommen.

Die »Muslimani« Bosniens sind entgegen der geläufigen Berichterstattung keine gesonderte Völkerschaft, keine Ethnie, sondern reine Südslawen. Im Mittelalter waren sie als bogumilische Ketzer von den christlichen Kirchen verfolgt worden. Bei Ankunft der erobernden Türken bekehrten sie sich massiv zum Islam. Ihre Marmorgräber mit den kunstvollen Turbanen bekunden, daß sie unter dem Sultan und Kalifen herrschende Positionen bekleideten, daß sie den christlichen Serben oder Kroaten, der sogenannten »Herde des Sultans«, oft als Feudalherren vorstanden.

Im Straßenbild von Sarajevo, von Tuzla, von Zenica, sind wenig verschleierte Frauen zu entdecken. Und dennoch: Wenn der muslimische Präsident Alja Izetbegovic seine anfangs noch bunt gescheckte Truppe besuchte, behauptete sich trotz der weitgehenden Entfremdung gegenüber jeder religiösen Praxis das profunde Identitätsbewußtsein dieser slawischen Muslime. Izetbegovic war als eifernder Muslim von Tito verfolgt worden. Dennoch verdankten seine Glaubensbrüder es dem verstorbenen Marschall, dem Kommunisten und Atheisten Tito, daß ihrer muslimischen Konfessionsgruppe der Status einer gesonderten Nationalität innerhalb der jugoslawischen Föderation eingeräumt wurde. Während des Bürgerkrieges hatten die Serben und Kroaten daraus die grausame Konsequenz gezogen. Um als Mohammedaner identifiziert und eventuell ermordet zu werden, war es nicht notwendig, daß der Betreffende jemals eine Moschee betreten hatte. Sein Name allein wies den Muslim als Erben jener bevorzugten Oberschicht der endlosen osmanischen Herrschaft aus.

Im katholischen, im kroatischen Stadtteil von Mostar, westlich der Neretva, zelebrieren die Franziskaner ein feierliches Hochamt in ihrer Kathedrale, die einer Trutzburg ähnelt. Auch hier vermengen sich Religion und Geschichte. Bis zum Bürgerkrieg sprach man in Bosnien nie von »kroatischen«, sondern stets von »katholischen« Dörfern. Der Franziskaner-Orden blickt am Balkan auf ein altes Privileg zurück. Der türkische Eroberer von Konstantinopel, Mehmet II. Fatih, der auch Bosnien dem Halbmond unterwarf, übertrug dem Franziskaner-Provinzial die Betreuung der katholischen Christen seines Reiches, während für die Orthodoxen, gemäß dem osmanischen Millet-System, der Patriarch von Konstantinopel zuständig war. Der heilige Franz von Assisi, der Prediger der Liebe unter den Menschen, der sogar die Tiere in seinen Lobgesang der Schöpfung einschloß, hatte wohl nicht geahnt, daß seine barfüßigen Jünger eine sehr militante Vorhut der römischen Kirche und des Papstes auf dem Balkan stellen würden. Im Jahr 1993 bewiesen die Kroaten der Herzegowina, unterstützt durch die Republik von Zagreb, daß sie in der Lage waren, den Serben und »Muslimani« standzuhalten und mit ihnen in Greueltaten und Verwüstungen zu wetteifern.

Als Verkörperung allen Übels in der ehemals jugoslawischen Föderation wurde vom westlichen Ausland jedoch der serbische Präsident Slobodan Milosevic wahrgenommen. Er strahlte damals noch Siegesgewißheit aus. Dieser skrupellose Drahtzieher einer unerbittlichen serbischen Machterweiterung wollte auf den Trümmern Bosniens ein großserbisches Reich errichten. Mit den Eliteverbänden der jugoslawischen Armee schien er auch über das Instrument dieser ehrgeizigen Politik zu verfügen. In Bosnien stützte er sich auf den lokalen Serbenführer Radovan Karadzic, der sich als Kriegsverbrecher einen fürchterlichen Namen gemacht hatte. Beklemmend war in diesem Zusammenspiel, daß auch die serbisch-orthodoxe Kirche mit ihrem Patriarchen Pavle an der Spitze die Schachzüge des Präsidenten Milosevic absegnete. Schon seit der osmanischen Zeit bestand für die Serben eine profunde Identität zwischen ihrer prawo-slawischen Kirche und ihrer stets existenzbedrohten Nation.

Im Westen wuchs die Ungeduld über die Unfähigkeit der Uno, dem Morden ein Ende zu setzen. Der Zorn Washingtons richtete sich gegen den ägyptischen UN-Generalsekretär Boutros-Ghali, der sich zwar in kriegerischer Verkleidung zeigte, aber mit seiner bunt zusammengewürfelten Unprofor-Truppe aus allen Teilen der Welt, die über keinen Schießbefehl verfügte, zur Ohnmacht verurteilt war.

Was wiederum Europa und seine politisch zerstrittene Union betraf, so erbrachte es die Demonstration seiner selbstverschuldeten Lähmung. Die Reise des französischen Staatschefs François Mitterrand nach Sarajevo im Sommer 1992 und seine theatralische Geste zugunsten der Opfer entbehrte jeder politischen Substanz. Dieser Besuch wurde an Ort und Stelle sogar als Effekthascherei verurteilt. Ungleich tragischer endete der Versuch des französischen Generals Philippe Morillon, der im März 1993 als Oberbefehlshaber der Unprofor mit einer kleinen Eskorte zu der damals noch muslimisch bevölkerten Enklave von Srebrenica durchbrach. Er wurde dort als Retter begrüßt. Seine leichtfertigen Sicherheitszusagen konnte er jedoch nicht einhalten. Am Ende stand die Katastrophe, das Massaker von Srebrenica, nur zwei Jahre später.

Das Gemetzel dauerte schon vier Jahre, da war die Republik Kroatien mitsamt dem beanspruchten Landesteil Herzeg-Bosna nicht mehr auf die Beharrungskraft ihrer Bettelmönche angewiesen. Mit amerikanischer Unterstützung war Präsident Franjo Tudjman, ein früherer Partisanengeneral Titos, zur Verkörperung des autoritären kroatischen Nationalismus geworden. Seine Truppe wurde zu einer Streitmacht aufgerüstet, die der bisherigen serbischen Übermacht gewachsen war. Die Militärparade in Zagreb, nicht frei von Panduren-Romantik und k. u. k. Nostalgie, war das Signal einer strategischen Wende.

In Wirklichkeit war es um die Ambitionen Slobodan Milosevics nicht sonderlich gut bestellt. Er hatte – gestützt auf seine bosnische Landbesetzung – eine Serbische Republik Krajina auf kroatischem Territorium ins Leben gerufen. Aber dieses Hufeisen besaß im Fall eines dezidierten Gegenangriffs keine ernsthafte Verteidigungschance. Von pensionierten amerikanischen Offizieren beraten, mit amerikanischem Material ausgestattet, brach im Juli 1995 überraschend die kroatisch-muslimische Offensive über die Krajina herein. Diese vermeintliche Bastion serbischen Widerstandes wurde beinahe kampflos preisgegeben. Nun waren es 200 000 Serben, die ihr Heil in der Flucht suchen mußten und der Drangsalierung durch die Sieger ausgesetzt waren. Der kroatische Staatschef Tudjman genoß seinen Erfolg und hißte die rot-weiß-blaue Fahne mit dem Schachbrett über der Zitadelle von Knin. Der Traum vom großserbischen Reich war zerronnen.

War es der Racheakt eines verzweifelten serbischen Kommandeurs, war es die Selbstüberschätzung des starken Mannes von Belgrad? Auf dem Marktplatz von Sarajevo explodierten am 28. August 1995 jene serbischen Granaten, die 37 Menschen töteten und die weltweite Empörung gegen den serbischen Staatschef Milosevic auf den Höhepunkt trieben. Die Stunde gezielter amerikanischer Luftangriffe gegen die jugoslawischen Versorgungswege hatte geschlagen. Der Regierung von Belgrad wurde bedeutet, daß sie sich einem von Washington diktierten Teilungsplan Bosniens unterwerfen müsse.

Damals entstand bei der Nato der irrige und für den Kosovo-Krieg verhängnisvolle Eindruck, ein kurzes Bombardement würde ausreichen, um Serbien in die Knie zu zwingen. In Wirklichkeit hatte Milosevic 1995 nachgegeben, weil sonst auch das serbisch-bosnische Siedlungsgebiet bei Banja Luka an die Kroaten gefallen wäre.

In der amerikanischen Militärbasis von Dayton, Ohio, wurden die drei verfeindeten Kriegsherren an den Verhandlungstisch gezwungen. Der hemdsärmelige Krisenmanager Richard Holbrooke setzte sich durch. Die Waffen schwiegen in Bosnien. Aber bis auf den heutigen Tag stellt sich die Frage, ob es sich dabei um eine brüchige Feuerpause oder um den Ansatz zu einer friedlichen Lösung handelt.

Wer dächte im Zusammenhang mit dem Abkommen von Dayton nicht an jenen Berliner Kongreß, der im Jahr 1878 zur Regelung der Balkan-Fragen angetreten war. Der Kongreß stand unter der Patronage von Otto von Bismarck, und er wollte ein »ehrlicher Makler« sein. Er vertrat auch die Ansicht, daß die ganzen Balkan-Affären nicht die Knochen eines einzigen pommerschen Grenadiers wert seien. Aber immerhin hat dieses Vertragswerk von 1878 ungefähr dreißig Jahre lang gehalten. Es scheiterte schließlich an dem Gegensatz um Bosnien-Herzegowina, das von Österreich annektiert worden war und das auch von Serbien beansprucht wurde.

Serbien, das wissen die wenigsten, war ja ursprünglich, unter der Dynastie Obrenovic, nach Wien ausgerichtet gewesen, und die Serben sympathisierten mit der deutschen Kultur. Das änderte sich dann, als die Dynastie Karadjordjevic gewaltsam an die Macht kam und König Peter I. ein Süd-Slawien verlangte, von Graz bis Saloniki. Und es gab damals auch genügend katholische Intellektuelle in Kroatien, die eine ähnliche Idee vertraten. Da muß man an die heimliche Komplizenschaft denken, die während des ganzen Bürgerkrieges doch wohl Bestand hatte, zwischen dem Staatschef von Zagreb, zwischen Franjo Tudjman, der jetzt gestorben ist, und Slobodan Milosevic in Belgrad. Sie beide dachten daran, sich den muslimischen Teil von Bosnien untereinander aufzuteilen. Da kommt man letztlich zu dem Schluß, daß es auf dem Balkan keine Guten und keine Schlechten gibt, »no good guys and no bad guys«, wie die Amerikaner sagen würden, sondern nur Starke und Schwache. Wehe den Schwachen!

Eine Disco in Sarajevo. Der Name dieses Tanzschuppens, »Labirint«, klingt wie ein Programm. Hier ist von muslimischer Prüderie wirklich nichts zu merken. Die Jungen richten sich auf die modischen Trends aus New York, Paris oder Berlin aus. Diese junge Generation, die bisher nur die Schrecken des Krieges kennenlernte, möchte krampfhaft zu einer europäisch gefärbten Normalität zurückfinden. Was haben sie noch mit Istanbul oder gar mit Mekka zu tun? Sie werden jetzt als Bosniaken und nicht mehr als »Muslimani« in den offiziellen Registern geführt. Und dennoch bleibt ihr politischer Status und damit ihre kulturelle Identität in jener koranischen Überlieferung verhaftet, die sie gegenüber ihren Nachbarn und sogar gegenüber sich selbst am liebsten abstreifen möchten.

Beim Blick auf Sarajevo und den Bau immer neuer Minarette, die aus dem Häusergewirr herausragen, kommt der Vergleich mit der heutigen Türkei auf. Die verschleierten Mädchen der Gazi-Husref-begova-Medrese, die den Koran rezitieren, gehören – zumindest in den Städten – einer verschwindenden Minderheit an. Die Gelder für den Bau neuer Moscheen und Koranschulen sollen überwiegend aus den missionierenden Staaten des Orients, aus Saudi-Arabien, aus Kuwait, aus den Emiraten, fließen. Immerhin wird der theologische Streit um die wahre Gestaltung islamischen Lebens jetzt auch auf europäischem Boden ausgetragen.

Im Stadion von Sarajevo ist die bosnisch-muslimische »Armija« zum Vorbeimarsch an Alja Izetbegovic angetreten. Innerhalb der Föderation von Kroaten und sogenannten Bosniaken existieren paradoxerweise zwei streng getrennte Truppenkörper. Zwar versuchen die internationalen Verwaltungsstäbe, die unter der irreführenden Bezeichnung »international community« zugegen sind, eine allmähliche Verschmelzung dieser katholischen und muslimischen Kämpfer zu erreichen, stoßen dabei jedoch bei beiden Parteien auf heftigen Widerstand. Der bisherige Oberbefehlshaber der bosnischen »Muslimani«, General Rasim Delic, bezahlte seinen mangelnden Integrationswillen mit vorzeitiger Abberufung.

Am 13. Dezember 1999 wurde in Zagreb der allmächtige Staatsgründer Franjo Tudjman zu Grabe getragen. Kroatien, so kommentierte der Westen, löste sich aus der Zwangsherrschaft eines Tyrannen und erblühte plötzlich zu Meinungsfreiheit und Demokratie. Stipe Mesic, der letzte Staatschef eines geeinten Jugoslawien, später auch ein eingeschworener Gefolgsmann des Diktators Tudjman, wurde zum Liebling der europäischen Medien. Sein erster Staatsbesuch führte ihn nach Sarajevo. Dort versprach er offiziell, auf die früheren Annexionspläne seines kämpferischen Vorgängers in Bosnien und vor allem der Herzegowina zu verzichten. Aber schon kam es zu heftigen Unruhen in der kroatisch-bosnischen Ortschaft Kiseljac, als der Tudjman-Anhänger General Blaskic von einem Greifkommando der Sfor verhaftet, vor das Kriegsverbrechertribunal in Den Haag gestellt und dort zu 45 Jahren Haft verurteilt wurde.

Von dieser Burg – einem Schloß, einer Festung gleich –, auf den Höhen von Sarajevo gelegen, verwalteten einst die hohen Beamten des Habsburgerreiches ihr Territorium Bosnien-Herzegowina. Auf dem Berliner Kongreß von 1878 hatten die Österreicher das Protektorat über diese bislang osmanische Domäne übernommen. 1908 fand sang- und klanglos die Annexion durch Wien statt, die nur bis 1918 dauerte, aber das architektonische Zentrum dieser einst türkischen Metropole nachhaltig gestaltet hat.

Ein seltsamer Zufall der Geschichte hat es gefügt, daß der Österreicher Wolfgang Petritsch heute im Auftrag einer diffusen internationalen Kontaktgruppe über Bosnien-Herzegowina Vollmachten ausübt, wie sie vermutlich kein k. u. k. Gouverneur, ja nicht einmal der zuständige Pascha des Sultans besaß. Petritsch hat binnen kurzer Zeit eine Vielzahl gewählter Bürgermeister, diverse Abgeordnete, sogar Gouverneure abberufen. Dem »High Representative« steht eine international gemischte, aber überwiegend Nato-orientierte Einsatztruppe, erst Ifor, »Implementation Force«, dann Sfor, »Stabilization Force« genannt, zur Verfügung.

Das schwierigste Problem dieses eigenartigen Protektorats auf europäischem Boden wirft die »Republika Srpska« auf, jene serbischverwalteten Teilgebiete, wo in der ersten Phase nach dem Dayton-Abkommen heftige Proteste gegen die Allmacht des von außen ernannten Statthalters aufkamen. Es ist bezeichnend, daß jeder Fetzen serbischen Territoriums mit einem Willkommensplakat ausgeschildert ist, das einer Grenzziehung gleichkommen soll.

Die Armee der Republika Srpska ist auf 20 000 Mann beschränkt. Ihre Stärke und Bewaffnung werden ständig von den internationalen Kontrollmächten überprüft. Sie ist im Gegensatz zu den Soldaten der muslimisch-kroatischen Föderation weiterhin mit jugoslawischen

Waffen, das heißt mit Kriegsmaterial aus dem Ostblock, ausgerüstet. Zumindest in ihrem nördlichen Stationierungsgebiet von Banja Luka ist diese Truppe nun von jeglicher Versorgung durch das serbische Mutterland abgeschnitten. Im Falle neuer Feindseligkeiten mit Kroaten und Muslimen droht ihnen die Annexion. Kein Wunder, daß sie ihre Stellungen für den Überlebenskampf ausbauen.

Längs der Straßen von Bosnien-Herzegowina fallen die naiven Propagandaplakate der internationalen Kontrollbehörde auf: Hund und Katze sitzen dort einträchtig nebeneinander unter dem Motto »Tolerancija«. Ein anderes Poster besagt: »Der Weg nach Europa hängt von Euch ab.« Zwar wird in Bosnien-Herzegowina in geheimer Wahl und relativ demokratisch gewählt. Aber die ethnischen Säuberungen haben dazu geführt, daß meist nicht die tatsächlichen heutigen Einwohner das Sagen haben bei der Bestimmung ihrer jeweiligen Kommunal- und Parlamentsvertreter, sondern Hunderttausende weit verstreuter Vertriebener, die oft noch im ausländischen Exil leben und nur per Briefwahl votieren können.

Durch das Beharren der internationalen Gemeinschaft auf der Rückkehr der Flüchtlinge in ihre ursprünglichen Heimatortschaften, durch das utopische Festhalten an der Vorstellung einer multi-ethnischen Koexistenz zögert sich jede Normalisierung in Bosnien und vor allem auch jede planmäßige Wiederaufbautätigkeit hinaus.

Alexander Karageorgevic, der Thronanwärter der letzten serbischen Dynastie, hat sich in der Stadt Banja Luka eingefunden. Es ist eine pathetische, aber ziemlich bedeutungslose Geste. Der gewählte Staatschef der Republika Srpska, Poplasen, war noch von dem Vorgänger des »High Representative« Petritsch, dem Spanier Westendorp, kurzerhand geschaßt worden. In Begleitung einer anderen ehemaligen Präsidentin der Republik Srpska, Biljana Plavcic, die inzwischen auch wegen angeblicher Halsstarrigkeit abgesetzt wurde, trifft sich Thronfolger Alexander nach einer Kranzniederlegung mit den Würdenträgern der serbisch-orthodoxen Kirche. Wieder einmal wird – dieses Mal im Zeichen der byzantinischen Liturgie – die unlösbare Verflechtung zwischen Politik und Religion auf dem Balkan sichtbar.

Brcko an der Save bildet das gefährlichste potentielle Krisenzentrum in diesem zerstückelten Staatswesen Bosnien, das den Namen »Absurdistan« verdient. Bislang war hier die Kommunikation zwischen den beiden serbischen Landesteilen durch einen schmalen Korridor von fünf Kilometern gewährleistet. Amerikanische Patrouillen wachen über die Aufrechterhaltung von Ruhe und Ordnung. In Brcko leitet die Brücke über den Fluß Save zu Kroatisch-Slawonien über. In dieser unscheinbaren Ortschaft findet eine Kraftprobe statt, seit der »High Representative« Petritsch – im Einvernehmen mit den Amerikanern natürlich – den serbischen Behörden die Autorität über diese Nahtstelle ihrer Republik entzogen hat. Wolfgang Petritsch möchte in der Sonderzone Brcko ein autonomes, ein multi-ethnisches Experimentierfeld schaffen. Der vielzitierte Schwarzmarkt und Umtauschplatz »Arizona« soll in dieses neue, erweiterte Territorium, wo Muslime, Kroaten und Serben sich die Verantwortung teilen, einbezogen werden. In aller Naivität hofft wohl auch der US-Bevollmächtigte Robert Farrand, daß man dem Mafia-Treiben in diesem Sektor von »Arizona« ein Ende setzen könnte. Als ob Korruption und Schwarzhandel, die ja zu den unentbehrlichen Überlebenselementen der überwiegend arbeitslosen bosnischen Bevölkerung zählen, per Dekret abgeschafft oder gar ersetzt werden könnten.

Bosnien hat viele Gesichter. Unter Führung Alja Izetbegovics versammelt sich die muslimische Gemeinde von Sarajevo zum Bairam-Fest, das an ferne abrahamitische Mythen anknüpft. Wird es den Bosniaken vergönnt sein, eine eigene europäische Form des Islam zu entwickeln? Geraten sie in einen vergleichbaren Konflikt zwischen Säkularismus und Islamismus, wie die ihnen aus der Geschichte so vertraute Türkei? Werden sie allmählich zerrieben werden zwischen dem katholischen Nationalismus der Kroaten und dem orthodox geprägten Staatsbewußtsein der Serben? Hoffnungen kamen bei der internationalen Gemeinschaft auf, als die Resultate der Kommunalwahlen Bosniens im April 2000 publik wurden. Zwar hatten sich die Einwohner der Republika Srpska dem Druck Wolfgang Petritschs nicht gebeugt. Die unnachgiebigen Nationalisten der SDS-Partei feierten trotzig ihren Triumph und ließen demonstrativ die Frau jenes Durchhaltepolitikers Radovan Karadzic hochleben, der als Kriegsverbrecher gesucht wird.

Weniger auffällig als diese Erben der serbischen Tschetniks hatten die Kroaten der Herzegowina der ehemaligen Tudjman-Partei HDZ zum Sieg verholfen und dem neuen Hoffnungsträger Mesic in Zagreb eine Abfuhr erteilt. Die Überraschung kam aus dem muslimischen

Bevölkerungsteil. Dort fanden bei den Sozialisten, den Nachfolgern der kommunistischen Partei Titos, zu den Klängen von »Bandera rossa« Siegesfeiern statt, als ihre Stimmenerfolge in Sarajevo, Tuzla, Zenica und Bihac bekannt wurden. Hatten diese Städte der koranischen Staatsideologie ihres Präsidenten Izetbegovic den Rücken gekehrt, um sich bei den Protektoratsbehörden als vorbildliche Europäer zu empfehlen? Hatten sie den Pressionen der Westmächte opportunistisch nachgegeben? Das Schicksal der bosnischen »Muslimani« ist durch den Stimmzettel-Fetischismus der internationalen Behörden noch längst nicht entschieden.

Schon im Jahr 1994 hatte sich Präsident Suleiman Demirel aus Ankara zum Besuch des türkischen UN-Bataillons in die bosnische Industriestadt Zenica einfliegen lassen. Er brachte keine osmanische, geschweige denn eine islamische Botschaft für seine strammen Kemalisten mit. Doch die alte Metropole Istanbul übt weiterhin eine geheime Faszination aus. In Sarajevo und Bihac sind türkische Gymnasien eröffnet worden. Der Unterricht findet überwiegend in türkischer und englischer Sprache statt. Das Bild Atatürks, des Gründers der modernen Türkei, gibt bis auf weiteres die Richtung an.

Unterschwellig sind andere Einflüsse, sogar aus dem schiitischen Iran, am Werk. In entlegenen Dörfern haben sich Gruppen sogenannter Mudschahedin etabliert, die unbeirrbar bereit sind, gegen die drohende Überfremdung durch den amerikanischen Satan auf dem Pfade Allahs zu streiten.

Der Besuch Papst Johannes Pauls II. in Sarajevo fand im April 1997 statt. An diesem Tag offenbarte sich der Katholizismus als »Ecclesia triumphans«. Sowohl die orthodoxen Serben als auch die religiös desorientierten muslimischen Bosniaken wurden bei dem feierlichen Hochamt im Olympiastadion daran erinnert, daß Rom in diesem Teil Europas durchaus noch gewillt ist, seine Positionen zu halten, daß der Heilige Stuhl hier über ein politisches Gewicht verfügt, das im übrigen Europa längst geschwunden ist. Vielleicht hat der polnische Papst, dessen Landsmann Jan Sobieski die Türken vor Wien besiegte, sich an diesem Tag als der wahre und letzte Vertreter des christlichen Abendlandes empfunden. Seinen Segen erteilte er einer Versammlung ausschließlich kroatischer Gläubiger, die meist aus den Dörfern der Herzegowina in Sarajevo zusammengeströmt waren.

Wir wollen noch einmal auf die Kommunalwahlen in Bosnien zu sprechen kommen, deren Ergebnisse bei den Muslimen im Westen so große Hoffnungen geweckt haben. In Wirklichkeit bleibt dort die Partei des Präsidenten Izetbegovic die bei weitem stärkste Fraktion. Wenn die Sozialisten in den muslimischen Städten solche Gewinne erzielen konnten, so liegt das wohl daran, daß sie die Erben der kommunistischen Partei des Marschalls Tito sind, und Tito hatte den »Muslimani« eine eigene Nationalität, eine eigene Identität verliehen. Dazu kommt natürlich, daß die muslimischen Gebiete verzettelt, also angreifbar und verletzlich sind. Und schließlich auch bei vielen säkularen Muslimen die Befürchtung, daß im Schatten der SDA der islamische Fundamentalismus in den eigenen Reihen stark werden könnte. Bei den Muslimen wie bei den anderen Völkerschaften hat die internationale Verwaltung einen ungeheuren Druck bei den Wahlen ausgeübt, so daß sie in anderen Ländern wahrscheinlich annulliert worden wären.

Was nun die Muslime betrifft und ihre Zukunft, so herrscht doch eine langfristige Zuversicht. Sie machen heute 44 Prozent der gesamtbosnischen Bevölkerung aus, und bei der vorherrschenden starken Natalität werden sie in spätestens zehn Jahren mehr als die Hälfte sein, was wiederum bedrohlich sein könnte für die dortigen Kroaten und Serben. Man wird nun fragen: Was gehen uns denn die Kommunalwahlen dort an? Und mit Bismarck, der vom Balkan nicht viel hielt, könnte man die dortigen Völker als »ces gents là« – man sprach damals französisch –, diese Leute da unten, bezeichnen. Aber Bosnien ist ganz nah an Deutschland, und die Bundesrepublik ist dort politisch und auch militärisch zutiefst engagiert.

Etwa 2000 deutsche Soldaten leisten ihren Dienst innerhalb der Sfor-Truppe. Die Minen am Wegrand stellen die größte Gefahr für deren Patrouillen dar. Auf Feindseligkeit der Bevölkerung stoßen sie fast nie. Neuerdings wurde der deutsche Sektor bis an die montenegrinische Grenze vorgeschoben, in die Nähe eines potentiellen Krisenherdes. Diese bescheidenen Truppenelemente, die sich bis zum Drina-Tal verzetteln, wären gegen Partisanenangriffe nur unzureichend abwehrfähig. Sie könnten in die Situation von Geiseln geraten, falls der vorherrschende trügerische Friede wieder durch chauvinistische Leidenschaften erschüttert würde.

Eine abweisendere Landschaft als die »Schwarzen Berge«, die Montenegro den Namen gaben, läßt sich schwer vorstellen. Nicht einmal die Türken haben diese Festung slawisch-christlichen Widerstandes bezwingen können. Wehe der Nato, der Sfor-Truppe oder dem Eurocorps, wenn sie hier in einen Krieg verwickelt würden.

Wird Montenegro sich, wie die Amerikaner das wünschen, von Serbien und der jugoslawischen Föderation resolut abspalten? Der jugendlich wirkende Präsident Milo Djukanovic genießt die Gunst des Westens als angeblicher Reformer und Demokrat. In Wirklichkeit war er früher ein willfähriger Anhänger Slobodan Milosevics. In dubiosen Geschäften soll er sich bereichert haben. In Montenegro, dieser Zwergrepublik von 600 000 Menschen, wird selbst bei Freudenfeiern hemmungslos geballert.

Für die Treue zu Serbien steht der orthodoxe Metropolit von Cetinje, Amfiloje Radovic, der immerhin die Hälfte der Bevölkerung repräsentiert. Ein Referendum über die Unabhängigkeit Montenegros, so sagen alle, würde Bürgerkrieg bedeuten. Dieses Land lebt, wie so viele Balkanstaaten, vom Schwarzhandel. Seit die DM als Landeswährung neben dem Dinar eingeführt wurde, haben sich die Beziehungen zu Belgrad zusätzlich gespannt.

In der Hauptstadt Podgorica, dem früheren Titograd, werden auf offener Straße zahllose Autos, auch teure Luxusmodelle, zum Kauf angeboten. Von 100 Autos, so geben die Montenegriner offen zu, wurden 80 gestohlen und 60 davon in Deutschland. Trotzdem spendet Berlin 40 Millionen DM, um Djukanovic zu stützen.

Die jugoslawische Armee ist noch mit 30 000 Soldaten in Montenegro zugegen. Als Gegengewicht wurde mit Hilfe der USA eine paramilitärische Polizeitruppe im Dienste von Präsident Djukanovic mit modernen Waffen aufgebaut. Wenn es in den »Schwarzen Bergen« zum Zusammenprall käme, befände sich das deutsche Sfor-Kontingent von Bosnien in vorderster Linie, ohne auch nur im geringsten auf einen solchen Waffengang vorbereitet zu sein.

Der wahre Schutzherr des Balkans, Präsident Bill Clinton, ließ sich von seinen Soldaten im Militärstützpunkt »Eagle Base« feiern. In diesem bosnischen Nordsektor von Tuzla ist Amerika sich seiner Macht und Überlegenheit über die europäischen Partner voll bewußt. Verteidigungsminister William Cohen hat das seinen Verbündeten sehr deutlich zu verstehen gegeben, auch wenn sich in »Eagle Base« ein Stück typischer amerikanischer Folklore entfaltet. Den Nato-Partnern hat er mit Recht ins Gewissen gerufen, daß ihre kombinierten Verteidigungskräfte – auch wenn sie über eine halbe Million Soldaten mehr verfügen als die USA – ein skandalöses Bild der Fehlplanung, Budget-Restriktion und mangelnder Kooperation bieten.

Mag Wolfgang Petritsch mitsamt seiner »international community« sich einbilden, er verwalte den bosnischen Staat als Gouverneur und Protektor Europas. In Wirklichkeit handelt er nur im Auftrag der amerikanischen Führungsmacht und führt deren Weisungen aus. Das weibliche Fronttheater erinnerte allerdings in beklemmender Weise an ähnliche Veranstaltungen, die einst in Vietnam inszeniert wurden.

Zurück nach Visegrad, zur Brücke über die Drina. In diesem Balkanland wurde so viel Blut vergossen, wurden solche Gemetzel verübt, daß die kriegführenden Parteien ermattet, ausgelaugt, ja resigniert erscheinen. Doch die Abgründe sind nicht überbrückt. Zeugnis dafür ist dieser serbische Friedhof, wo die jungen Männer immer noch in der Pose siegreicher Helden dargestellt sind. Fast scheint es in Bosnien, wie seinerzeit auf den Katalaunischen Feldern, als setzten die Toten, die Erschlagenen, ihre unerbittliche Schlacht in den abendlich düsteren Wolken fort.

Kosovo: Die Nato in der Balkan-Falle

ZDF-Film am 25. Mai 2000

Hochstimmung des Sieges. Im Juni 1999 rücken die Kfor-Truppen im Kosovo ein. Insbesondere die deutschen Soldaten werden von der albanischen Bevölkerung in Prizren wie Retter bejubelt. Europa, so heißt es offiziell, hat auf dem Balkan über die Mächte des Bösen gesiegt. Wurde hier tatsächlich ein strahlender militärischer Erfolg verbucht? Die serbische Okkupationsarmee zog sich aus dem Kosovo zurück. Doch sie tat das in perfekter Ordnung. Sie hatte kaum Verluste erlitten, trotz des intensiven Nato-Bombardements. Die Soldaten des Präsidenten Milosevic, die in ihre Heimat zurückrollten, fühlten sich »im Felde unbesiegt«.

In Wirklichkeit hat die atlantische Allianz das Amselfeld in einem brodelnden Zustand politischer Ungewißheit übernommen. 50 000 protestierende Albaner setzten sich acht Monate nach der vermeintlichen Krisenbewältigung zum Sturm auf die Brücke von Mitrovica, am Fluß Ibar, in Bewegung, wo die Serben sich in einem separaten Gebietszipfel zu behaupten suchen. Nur mit äußerster Mühe konnten die französischen Kfor-Soldaten dem Ansturm standhalten.

20 000 Kampfeinsätze hat die Luftwaffe der Nato, im wesentlichen die U.S. Air Force, gegen die Restrepublik Jugoslawien und deren Stellungen im Kosovo durchgeführt. Wieder einmal sprach man von einem Wendepunkt der Strategie. Vor allem die ferngesteuerten Raketen trafen ihre Ziele mit verblüffender Präzision. Das oberste Prinzip der amerikanischen Kriegführung, »no dead« – keine eigenen Verluste, wurde tatsächlich erreicht.

Für den Krieg am Boden war die Kosovo-Befreiungsarmee, die UCK, von amerikanischen Instrukteuren in Nordalbanien ausgebildet worden. Vorher hatte sich der amerikanische Emissär Holbrooke zu einem konspirativen Treffen mit den UCK-Führern bereitgefunden und sie gewissermaßen legitimiert. Im Kosovo spielte sich seit 1998 ein Partisanenkrieg zwischen versprengten Trupps der UCK-

Freischärler und den sich zunehmend verstärkenden serbischen Streitkräften ab.

In dem französischen Schlößchen Rambouillet fand im Februar 1999 eine Konferenz zur Beilegung dieses lokalen Balkan-Konflikts statt. Von vornherein waren die alliierten Bedingungen so konzipiert, daß sie von Belgrad – auch unter einem anderen Staatschef als Milosevic – kaum akzeptiert werden konnten.

Unterdessen brannten die Dörfer im Kosovo. Aber erst mit Beginn des Bombenkrieges der Nato holten die Serben zu jener brutalen Massenvertreibung der albanischen Bevölkerung aus, die – von den westlichen Medien unaufhörlich propagiert – die Stimmung reif machte für den kriegerischen Einsatz.

Im Nato-Hauptquartier hatte General Clark wohl gehofft, Serbien würde nach viertägigem Bombardement in die Knie gehen. Als das nicht zutraf, wurde dort eine Propagandakampagne entfaltet, die dieser demokratischen Allianz unwürdig war. Der Nato-Sprecher Jamie Shea, zum Liebling der westlichen Korrespondenten hochgelobt, überschlug sich in Horrormeldungen. Gleichzeitig bauschte er die militärischen Erfolgsergebnisse der Allianz hemmungslos auf.

Haben die Nato-Truppen, die an den Nordgrenzen Albaniens und Mazedoniens etwa 30 000 Mann zusammengezogen hatten, jemals ernsthaft erwogen, das Wagnis eines Bodenkriegs auf sich zu nehmen?

Heute sollte jeder wissen, daß diese Option überhaupt nicht bestanden hat. Es fehlten für den Erdkampf alle logistischen Voraussetzungen und auch die erforderliche Truppenzahl. Im extrem zerklüfteten Gebirge der potentiellen Einmarschzonen wäre die jugoslawische Abwehr in ihrem Element gewesen. Eine Mindestzahl von 5000 eigenen Toten wurde von den alliierten Stäben errechnet, und auch damit wäre der Sieg keineswegs garantiert gewesen.

78 Tage lang hat sich der Luftkrieg hingezogen. Vorsichtshalber wurde aus einer Höhe von 5000 Metern bombardiert. Im Auftrag des Nato-Oberbefehlshabers Wesley Clark holte das westliche Bündnis, das angeblich zur Verhinderung einer humanitären Katastrophe angetreten war, zur Vernichtung der serbischen Industrieanlagen und Infrastruktur aus. Es wurden stellenweise sogar Splitterbomben abgeworfen. Am Ende wäre die Nato wohl auch vor Flächenbombardements nach vietnamesischem Vorbild nicht zurückgeschreckt.

Als die europäischen Regierungschefs sich auf dem Petersberg und in Köln trafen, drohte die Allianz an dieser ratlosen, aber unerbittlichen Strategie zu zerbrechen. Mit einem Gefühl der Erlösung wurde deshalb der finnische Staatspräsident Martti Ahtisaari, der im Auftrag der Europäischen Union verhandelt hatte, von Bundeskanzler Schröder umarmt, als er ein Einlenken Belgrads signalisieren konnte.

Wieder einmal gelang es dem Westen, das Nachgeben Slobodan Milosevics, das mit einschneidenden Vorbedingungen belastet war, als einen Triumph der eigenen Strategie und Diplomatie zu feiern. Die Kölner G8-Erklärung mündete in die UN-Resolution 1244 ein.

Unterdessen preschte an Ort und Stelle ein russisches Vorkommando – aus Bosnien kommend – bis zur Kosovo-Hauptstadt Pristina vor und besetzte dort noch vor Ankunft der Briten den Flugplatz.

Noch spielen die Russen eine bescheidene Rolle im Kosovo und auf dem Balkan. Aber das könnte sich bald und gründlich ändern, seit Wladimir Putin im Kreml den Ton angibt. Es schlägt überhaupt jetzt allmählich die Stunde der großen Enthüllungen. Wir wissen nicht, was da noch kommt, aber die amerikanische Zeitschrift »Newsweek« hat eine geheime Statistik veröffentlicht, wonach die 78tägige Bombardierung des Kosovo lediglich dazu geführt hat, daß 14 serbische Panzer und 20 serbische Geschütze zerstört wurden. Ein klägliches Ergebnis. Und dann sollte man die UN-Resolution 1244 in manchen Dingen auch als einen Erfolg von Slobodan Milosevic darstellen. Dort ist immerhin stipuliert, daß das Kosovo ein Bestandteil Jugoslawiens bleibt. Eine absurde Festlegung, wenn man die serbenfeindliche Stimmung der Albaner kennt, die ja allzu verständlich ist. In der Resolution ist auch festgelegt, daß das Kosovo ein multi-ethnisches Gebiet bleibt, und das bedeutet Unruhe. Und schließlich soll die UCK, die Befreiungsarmee der Albaner, entwaffnet werden; das hat stattgefunden, aber das war wohl auch nur eine Vortäuschung gewesen. Und ganz entscheidend ist: Nicht die Nato, nicht die Europäische Union, nicht die OSZE hat administrativ im Kosovo das Sagen, sondern die Organisation der Vereinten Nationen, die bekannt ist für ihre Inkompetenz, für ihr Durcheinander, für ihre widerstreitenden Interessen. Das hat sie bewiesen im Kongo, in Kambodscha, an vielen anderen Orten.

Und schließlich stellt sich eine andere Frage, die die Welt beschäftigt: Warum haben die Amerikaner die chinesische Botschaft in Belgrad mit solcher Präzision bombardiert? Da gibt es eine These, die ich aus zuverlässiger Quelle erfahren habe, die ich aber nicht nennen werde, und die lautet wie folgt: Die CIA, der amerikanische Geheimdienst, der dieses Ziel angegeben hat, hatte wohl ersucht, die Vereinten Nationen aus der Regelung der Kosovo-Frage und aus der ganzen Gestaltung der Balkan-Politik herauszuhalten und die Zukunft des Balkans zu einer ausschließlichen Angelegenheit der Nato, das heißt der USA, zu machen. Man hatte wohl in Washington damit gerechnet, daß die Empörung, daß die Wut in China so groß sein würde, daß von nun an alle Resolutionen im Weltsicherheitsrat blockiert werden, soweit sie das Kosovo betreffen. Die Chinesen sind nicht in diese Falle hineingegangen. Die Chinesen haben die Resolution 1244 geschluckt, und sie versuchen jetzt das Beste daraus zu machen. Sie haben ein Instrument dazu, denn die Nato hat nicht das Sagen, sondern die Uno, und darin sind sie mit ihrem Veto-Recht vertreten, und die Uno könnte auch hier für Schlamassel sorgen.

Noch heute läßt sich Präsident Milosevic von seinen Anhängern von der regierenden sozialistischen Partei zujubeln. Dennoch kann er sich schwerlich als Retter des Vaterlandes vor seinem durch Krieg und Sanktionen schmerzlich heimgesuchten Volk präsentieren.

Mag das russische Bündnis dem jugoslawischen Staatschef bislang nicht viel eingebracht haben. Nach der Bombardierung der Botschaft Pekings in Belgrad kann sich Milosevic auf die volle Unterstützung der Volksrepublik China im Weltsicherheitsrat und sogar auf deren finanzielle Zuwendungen verlassen.

Dem starken Mann von Belgrad steht weiterhin eine fast intakte Armee zur Verfügung. Sie besitzt zwar nur veraltetes Material, doch die buntgescheckten Kfor-Kontingente des Kosovo wären ihr im Ernstfall kaum gewachsen.

Im Auftrag der Uno wurde der Franzose Bernard Kouchner als hoher Repräsentant, in Wirklichkeit als Gouverneur eines Kosovo-Protektorats installiert. Der offiziell proklamierten Allmacht dieses Statthalters fehlen bis heute allerdings alle administrativen und disziplinarischen Mittel.

Statt einer straffen, von Amerika gesteuerten Nato-Ordnung installierten sich im Kosovo die diversen Zweigstellen der Vereinten Nationen und der OSZE. Wieder einmal entfalteten sich unter der blauen Fahne der Weltorganisation professionelle Inkompetenz und Schlendrian. Die Kosovaren sind der dilettantischen Bevormundung durch ein Sammelsurium sogenannter Spezialisten – oft Angehörige unterentwickelter Staaten – ausgeliefert, die im Namen einer utopischen »internationalen Gemeinschaft« agieren.

Die Entwaffnung der Kosovo-Befreiungsarmee UCK hat offiziell stattgefunden. Sie wurde mit einem letzten großen Aufmarsch zähneknirschend vorgeführt. In Wirklichkeit wurden das kriegerische Arsenal und auch die tatsächliche Machtausübung dieser Kampforganisation auf örtlicher Ebene davon kaum berührt.

Der Waffenstillstand mit Belgrad hatte eine überstürzte Rückkehr von rund 800 000 geflüchteten Albanern zur Folge, mit der niemand gerechnet hatte. Es ging diesen Heimkehrern wohl darum, möglichst bald die Reste ihres verlassenen Eigentums zu sichern, aber auch der höchst prekären Situation in den albanischen Flüchtlingslagern und den dort herrschenden Mafia-Übergriffen zu entrinnen. Längst nicht alle Ortschaften des Kosovo sind durch die Serben vernichtet worden. Die historische Stadt Prizren war so gut wie intakt, als die Bundeswehr dort einmarschierte und die albanische Jugend den Nationalhelden Skanderbeg in nächtlichen Jubelfeiern besang. Wenn jetzt Brände in Prizren ausbrachen, dann handelte es sich um die Häuser der geflüchteten serbischen Minderheitsbevölkerung.

»Bondsteel«, eine Gralsburg amerikanischer Macht, ist im Süden des Kosovo aus dem Boden gewachsen. Zur Errichtung dieser riesigen Unterkunft und Festungsanlage wurde ein ganzer Berg abgetragen. Über »Bondsteel« gehen in Belgrad und auch in anderen Balkan-Hauptstädten die abenteuerlichsten Vermutungen um. Hier wolle Amerika seine Macht in Südosteuropa zementieren. Hier soll ein Sprungbrett des Pentagons zu den schwelenden Krisenherden im Orient, ja im Kaukasus geschaffen werden. In »Bondsteel« würden ein gewaltiger regionaler Horchposten, ja sogar unterirdische Raketenanlagen errichtet. An dieser Stelle entstehe ein Vorposten der geplanten amerikanischen Abwehr feindlicher Trägerwaffen.

Die Wirklichkeit sieht sehr viel harmloser aus. Auf dem gewaltigen Areal von »Bondsteel« werden Erinnerungen an Vietnam, an die dortigen Basen von Danang oder Bien Hoa wach. Aber es geht ein Signal von diesem Bollwerk aus: We are here to stay.

Von seinen Soldaten der 1. Infanterie-Division, »the big red one«, ließ Bill Clinton sich als Imperator feiern. Hier wurde Amerika die Gelegenheit geboten, sich als unentbehrliche Weltmacht, als »indispensable nation«, zu profilieren. Wer wagt an dieser Stelle noch am Sieg der USA im Kosovo-Krieg zu zweifeln?

Neben diesem imperialen Auftritt nahmen sich die Besuche deutscher Politiker bescheiden aus. Dem Bundesverteidigungsminister und auch dem Bundesaußenminister ging es ja vor allem darum, in weiße Büßergewänder gehüllt die Gräber der albanischen Opfer eines angeblichen Völkermordes zu besichtigen. Sie suchten dort nach der moralischen Rechtfertigung eines höchst dubiosen Feldzugs.

Überall sind die mit Plastikblumen zugedeckten Grabstätten der toten Kosovo-Albaner zu sehen. Aber viel mehr als 2000 Leichen wurden bisher nicht entdeckt, und die Schätzungen der Uno belaufen sich auf 5000 bis 7000 Ermordete. Darunter befinden sich auch, wie die stolze Erinnerung an gefallene Partisanen zeigt, eine beachtliche Zahl ehemaliger UCK-Kämpfer.

Die Greuel, die über die Albaner des Amselfeldes hereingebrochen waren, sollen hier keineswegs verharmlost werden. Aber es war ein Frevel, in diesem Zusammenhang das Wort Auschwitz zu erwähnen.

Unablässig sind im deutschen Sektor die Patrouillen unterwegs, um weiteres Unheil, Brandstiftungen, Morde und Entführungen zu verhindern. Dieses Mal geht es darum, die verbliebenen Serben und auch die Roma, ja Türken und Bosniaken zu schützen.

In einer der letzten serbischen Enklaven bei Orahovac herrscht die Atmosphäre eines ständig bedrohten Gettos. Die Frage bleibt offen, wie viele dieser verstörten Angehörigen des ehemaligen slawischen Herrenvolkes an der Unterdrückung der Albaner aktiv beteiligt waren, sie zumindest guthießen.

Heute werden die serbischen Schulkinder in abgeschirmten Kfor-Lastwagen hinter Planen versteckt. Bewaffnete Soldaten begleiten sie zur Schule in das Dorf Velika Hoca. Dort hat sich eine Gemeinde von etwa 600 Menschen erhalten. Schwere Haubitzen der Holländer und deutsche Panzerfahrzeuge schirmen das bescheidene Gebiet ab, auf dem die Serben noch ein paar Felder bestellen. Jenseits davon lauert der Tod.

Velika Hoca zählt zu den ältesten serbischen Niederlassungen des Kosovo. Die kleine Kirche des heiligen Stefan stammt aus dem 14. Jahrhundert. Der orthodoxe Ortsgeistliche zelebriert unter herrlichen Fresken die Messe nach byzantinischem Ritual. Die Gläubigen, die ihre christliche Frömmigkeit wiederentdeckt haben, sind in der großen Überzahl zum Verbleiben auf diesem angestammten Boden entschlossen. Sie erfüllen damit auch eine deutliche Weisung der Belgrader Regierung, die Wert darauf legt, die Gefährdung ihrer Landsleute in Kauf zu nehmen, um eine Situation des Völkerhasses und ständiger interner Wirren auf dem Amselfeld zu verewigen.

Gelegentlich reisen diese verstreuten Slawen zum Verwandtenbesuch und zum Einkauf in das serbische Mutterland oder nach Montenegro. Seit ein Autobus durch eine Panzerfaust der Albaner getroffen wurde, findet die Reise in den engen Mannschaftspanzern der Kfor statt. Vor sämtlichen orthodoxen Kirchen, die bisher der Vernichtung entgingen, sind bemannte Panzerfahrzeuge rund um die Uhr stationiert. Man hat errechnet, daß von drei Kfor-Soldaten im Kosovo zwei damit beschäftigt sind, die ethnischen Minderheiten, vor allem Serben und Roma, zu schützen. Daraus ergibt sich eine schwer erträgliche, im Ernstfall extrem riskante Aufsplitterung ihres Kampfpotentials.

Seltsame Assoziationen werden da wach. Wenn Soldaten der britischen Eliteregimenter durch Pristina patrouillieren, denkt man an die Bürgerkriegssituation in Nordirland. Die französischen Fallschirmjäger trennen an den Ibar-Brücken von Mitrovica die verfeindeten Völkerschaften unter erheblicher eigener Gefahr. Bei den Autokontrollen müssen sie stets auf Beschuß durch Heckenschützen gefaßt sein. Unwillkürlich drängen sich Erinnerungen an die Paras des General Massu während der Schlacht von Algier auf.

Eine Sonderrolle nehmen die Russen ein, denen kein eigener Sektor zugewiesen wurde. Bei den Albanern sind die Soldaten Putins als Serbenfreunde verhaßt. Immerhin verfügt Moskau durch diese Präsenz über eine perfekte Kenntnis aller militärisch-politischen Vorgänge im Kosovo.

Italiener und Spanier schützen im westlichen Landesteil die serbische Patriarchatskirche von Pec und das orthodoxe Kloster. Nur ein paar Serben haben hier Zuflucht gefunden, an jenem weihevollen Ort, den die orthodoxe Kirche und ihr greiser Patriarch Pavle weiterhin als das »serbische Jerusalem« betrachten.

Die Karte des Kosovo zeigt, im Weltmaßstab gesehen, ein winziges Territorium. Es ist unterteilt in den deutschen Sektor von Prizren, den italienischen von Pec, den französischen von Mitrovica, den britischen von Pristina, der Hauptstadt, und den amerikanischen von Gnjilane, aber dort befindet sich auch die gewaltige Festung »Bondsteel«, die wir mehrfach erwähnten. Was das Kosovo nun wirklich unterscheidet von Bosnien, ist die Tatsache, daß hier die konfessionellen Gegensätze der Vergangenheit kaum eine Rolle spielen, daß der albanische Nationalismus, ja der rabiate Chauvinismus der Albaner den Ton angibt und sich gegen die verschiedensten Minderheiten richtet. Das sind zunächst einmal die Serben, und die Serben sind hier vertreten in verschiedenen Enklaven.

Da ist zunächst mal das relativ in sich geschlossene große Gebiet nördlich von Mitrovica, wo die Franzosen sind, denen man auch immer proserbische Sympathien nachsagt. Da ist im deutschen Sektor das Gebiet von Orahovac. Da ist im amerikanischen Gebiet Gnjilane mit ein paar serbischen Siedlungen und schließlich die große Klosteranlage von Gracanica im britischen Sektor.

Aber wie gesagt: Der nationale Zorn der Albaner richtet sich nicht nur gegen die Serben, sondern auch gegen die unglückseligen Roma, ja sogar gegen die Goranen – das sind Serben, die zum Islam übergetreten sind –, gegen die Bosniaken und selbst gegen die paar türkischen Dörfer, die da noch geblieben sind. Und bei soviel Feindschaft fragt man sich, warum die Deutschen eine so ungewöhnliche Popularität bei den Kosovo-Albanern genießen. Nun, das ist darauf zurückzuführen, das Hunderttausende dieser Kosovaren in der Bundesrepublik gelebt und dort ihre Geschäfte gemacht haben. Ganz bestimmt ist es nicht auf Otto von Bismarck zurückzuführen, der auf dem Berliner Kongreß erklärt hatte, eine Art albanische Nation gebe es ja überhaupt nicht. Und es ist auch nicht zurückzuführen auf jenen Prinzen zu Wied, der 1913 ein paar Monate lang Staatschef eines kleinen albanischen Staates gewesen ist.

Es gibt noch einen anderen Grund aus dem Zweiten Weltkrieg. Das Dritte Reich hatte damals eine Art »Groß-Albanien« patroniert. Das bestand aus der heutigen Republik von Tirana, aus dem Kosovo und einem Drittel von Mazedonien. Die Deutschen hatten auch damals eine albanische SS-Division »Skanderbeg« ins Leben gerufen. Es hat sich getroffen, daß mein Begleiter und Dolmetscher Ramadan mir erzählen konnte, daß sein Vater in dieser SS-Division »Skanderbeg« gedient hatte. Aber sein Großvater war noch Soldat des osmanischen Sultans. So verworren und vielfältig sind eben die Schicksale auf dem Balkan.

Es herrschen nicht nur Chaos und Zerstörungswille im befreiten Kosovo. In dieser oft idyllischen Landschaft gehen die Bauern inzwischen wieder ihrer Feldarbeit nach, trotz der überall lauernden Minengefahr. Der Wiederaufbau der zerstörten albanischen Häuser ist zügig in Gang gekommen. Internationale Hilfsorganisationen haben das Baumaterial geliefert. Die albanischen Sippen schließen sich zu tatkräftigen Arbeitsgruppen zusammen. Schon vor dem Krieg waren diese Ziegelhäuser nur in seltenen Fällen verputzt, weil keine Grundsteuer gezahlt werden mußte, solange diese Wohnstätten nicht ganz vollendet waren. Neue Brandstiftungen verdüstern diese optimistischen Eindrücke. Es handelt sich dann meist um serbische Anwesen, die unerbittlich abgefackelt werden.

Und das ist Pristina, die Hauptstadt: Die zentrale Allee, früher nach Marschall Tito, heute nach Mutter Teresa benannt, quillt über von Menschen und Autoverkehr. Hier wird deutlich, daß die albanische Bevölkerung sich zu 70 Prozent aus Jugendlichen unter 28 Jahren zusammensetzt. Bei dieser Menge herrscht eine Unbekümmertheit, die erst seit dem Ende der serbischen Unterdrückung aufkommen konnte. Von Mangel an Nahrungsmitteln oder Konsumgütern kann im Kosovo nicht die Rede sein. Alle Verkaufsstände und Geschäfte quellen über von einem reichhaltigen Angebot, das meist aus dem Ausland herbeigeschafft wird. Wie die Bevölkerung, die angeblich zu 80 Prozent arbeitslos ist oder über extrem geringe Einkommen verfügt, in der Lage ist, die stattlichen Preise in DM zu begleichen, bleibt das unerklärliche Wunder einer Parallelwirtschaft, einer Grauzone, die kein Fremder zu ergründen vermag.

Nach Auflösung der Befreiungsarmee UCK wurde von den Uno-Behörden eine albanische Polizei, ein »Protection Corps«, ins Leben gerufen. Deren Kommandeure und auch Mannschaften rekrutieren sich unter den ehemaligen Partisanen. Die Kontrolle der Weltorganisation über diese rauhe Truppe bleibt höchst ungewiß.

Zum ersten Jahrestag der Nato-Offensive, des Befreiungskampfes, wie es in Pristina heißt, fanden keine Massendemonstrationen statt. Statt dessen drängte sich die überwiegend studentische Jugend am

Eingang der technischen Fakultät zusammen, wo für 20 Mark Eintritt zu einer Rave-Party gewährt wurde. Die Veranstalter dieses lukrativen Massenfestes, das sich an westlichen Vorbildern orientiert, gehören zweifellos zu jener zwielichtigen Schicht von Ganoven und Schwarzhändlern, die unter einer relativ friedlichen, ja harmlos wirkenden Oberfläche die Macht an sich gerissen haben und überall ihre Schutzgelder eintreiben.

Immer wieder vermischen sich im Kosovo Politik und Kriminalität. Die zu plötzlichem, unerklärlichem Reichtum gelangten »Businessmen« stellen ihre Privilegien gern zur Schau, umgeben sich mit leicht gekleideten Halbweltschönheiten. Kein Außenstehender dringt hier in ein System ein, das sich noch weitgehend auf der ererbten Solidarität der Clans aufbaut. Das Kosovo, so wird behauptet, sei bereits neben Albanien zur Drehscheibe des Drogen- und Menschenhandels in Europa geworden. Am Rande schäbiger Nachtclubs blüht die Prostitution. Die Go-go-Girls stammen meist aus der Ukraine, aus Rumänien und Bulgarien. Automatisch bilden sich hier Amüsierbetriebe für ein militärisches Völkergewirr und die gelangweilten Beamten der internationalen Behörden.

Da ist in den westlichen Hauptstädten neuerdings von Wiederaufbau, von einer Befriedung des gesamten Balkans durch wirtschaftliche Gesundung die Rede. Doch die Fabriken und Schmelzanlagen im nördlichen Industriegebiet von Trepca wirken vorsintflutlich. Auch die anderen Produktionsstätten befinden sich in einem erbärmlichen Zustand der Verwüstung. Das Gerede von einem westlichen »Marshallplan« zur Gesundung und Versöhnung des Balkans entbehrt jeder Glaubwürdigkeit. Zudem dürften risikofreudige Investoren hier sehr bald in die Fänge eines erpresserischen Bandensystems geraten.

Der Unmik-Chef Bernard Kouchner hat sich mit einem Beratungsgremium von Kosovo-Politikern umgeben, um wenigstens den Anschein demokratischer Selbstverwaltung zu erwecken. Doch diese untereinander verfeindeten Männer wirken heute schon wie die Statisten eines drohenden Bürgerkriegs. Hohes Ansehen bei den Westeuropäern genießt weiterhin Ibrahim Rugova, der zur Zeit der serbischen Fremdherrschaft, mit Wissen Belgrads übrigens, zum heimlichen Präsidenten des Kosovo durch die dortigen Albaner gewählt worden war. Rugova ist ein scheuer Intellektueller. Während des Kriegs haben ihm die Widerstandskämpfer vorgeworfen, daß er sogar den Erzfeind Milosevic aufsuchte, bevor er sich nach Italien in Sicherheit brachte.

Als einflußreicher und undurchsichtiger Rivale steht ihm der jugendliche UCK-Führer Hashim Thaci gegenüber. Er hatte sich schon während der Kämpfe den Titel eines Regierungschefs des Kosovo angeeignet. Als Meister der Verschwörung gelingt es ihm immer wieder, seine zahlreiche Anhängerschaft zu mobilisieren. Glaubwürdigen Meinungsumfragen zufolge findet die Untätigkeit Rugovas dennoch weit mehr Anklang bei der Bevölkerung als die kalte Unerbittlichkeit eines Hashim Thaci. Immerhin hat dieser UCK-Chef die Gunst der Amerikaner genossen und wurde von Madeleine Albright als »Mister Prime Minister« angeredet.

Wird die demokratische »Prosperitäts-Partei«, die aus der aufgelösten Befreiungsarmee hervorgegangen ist, an der typisch albanischen Neigung zu Blutrache und Stammesfehden zerbrechen? Schon zeigen sich in der Region Metohija die ersten Risse. Der im Krieg höchste UCK-Kommandant Agim Ceku hat in Pec auf einer sehr martialischen Kundgebung das Wort ergriffen und sich mit dem dortigen »Warlord« Haradinaj solidarisiert.

Ohnmacht und Anmaßung der Europäer – wo werden sie sichtbarer als im Umkreis des Amselfeldes? Da hat die EU sich vorgenommen, diesen albanischen Komplex mit all seinen Schwierigkeiten innerhalb des kontinentalen Friedenswerks zu regeln, aber dieses schwelende Geschwür, diese Eiterbeule an der Flanke Europas, droht auszustrahlen auf den ganzen Balkan. Ja, es könnte eine Albanisierung des Balkans stattfinden. Das Land steht eben unter einem fürchterlichen Echo. Da war Marschall Tito ein wohlwollender Despot gewesen, gemessen an der Schreckensgestalt des Diktators Enver Hodscha, dessen Statuen inzwischen gestürzt worden sind. Enver Hodscha, der seinen gottlosen Staat errichtet hatte und ein stalinistisches Modell betrieb, wirkt seltsamerweise bei der Jugend des Kosovo und bei den Führern der UCK, die teilweise ja in Tirana Zuflucht gesucht hatten, ideologisch fort. Und die Situation in Albanien selbst mutet geradezu infernalisch an, so daß mir ein Mufti in Prizren, ein frommer Mann, einen Koran-Vers zitieren konnte, der lautet: »Fürwahr in der Hölle ist doch die Wunschstätte der Gottlosen.«

Der heimtückische Gewaltmensch Enver Hodscha verkörperte

einst das abscheulichste kommunistische Regime auf dem Balkan. Seine albanische Zwergrepublik mit Hauptstadt Tirana hatte er im Namen des Marxismus-Leninismus in ein großes Konzentrations- und Arbeitslager verwandelt. Gleichzeitig rief er den ersten Gottlosenstaat aus. Von der westlichen Außenwelt, aber auch von Belgrad, dann von Moskau, am Ende sogar von Peking hatte er sich total abgeschottet. Seltsamerweise scheint jedoch sein stalinistischer Wahn bei gewissen Albanern selbst im Kosovo ideologische Spuren hinterlassen zu haben. Als Wahrzeichen seiner Paranoia hatte Enver Hodscha in Albanien 500 000 Bunker zur Verteidigung gegen die feindliche Umwelt bauen lassen. In Elbasan schuf er ein Stahlwerk, das von Anfang an bestimmt war, eine gigantische Ruine zu werden.

Das Albanien von heute hat sich von diesem Wahnwitz noch nicht erholt. Nach dem Tod des Diktators und dem Ende seines Regimes kehrte nicht etwa westliche Gesinnung ein, sondern es entfaltete sich im Zeichen betrügerischer Pyramidengeschäfte eine totale Anarchie, die bis auf den heutigen Tag andauert und der allgegenwärtigen Mafia das Feld überläßt. Dieses Chaos droht heute auch auf das Kosovo überzugreifen. Es scheint fast, als sei die nationale Wiedervereinigung, die Schaffung von »Groß-Albanien«, die weder in Tirana noch in Pristina erwünscht ist, auf dem Wege einer grenzübergreifenden Kriminalität krakenhaft in Gang gekommen.

Die Stadt Prizren im Süden des Kosovo ist weiterhin von der jahrhundertelangen osmanischen Herrschaft geprägt. Im Schatten der Moscheen und Derwisch-Klöster hatte Ende des 19. Jahrhunderts als Reaktion auf die »Jungtürken«-Bewegung in Istanbul die Geburt des albanischen Nationalbewußtseins stattgefunden. Trotz seiner vielen Sakralbauten hat sich Prizren, wie übrigens das gesamte Kosovo, der angestammten islamischen Religion weitgehend, ja radikal entfremdet. In dieser vorherrschenden Atmosphäre der Gottesleugnung nimmt es wunder, daß immer noch in einer verschwiegenen Tekke die Derwische des Rufai-Ordens zu ihren mystischen Dhikr-Übungen und bizarren Kulthandlungen zusammenfinden. Sie sind heute eine verschwindende Minderheit, ja gelten als Exzentriker. Sie hängen, ähnlich wie der Bektaschi-Orden, dessen Mitglieder die wahren Gründer der albanischen Unabhängigkeitsliga waren, einem schamanistisch wirkenden Ritual an und stehen der Mystik der Schiiten nahe. Diese ketzerischen Verirrungen erklären nachträglich ihre Verfolgung durch den sunnitischen Sultan und Kalifen von Istanbul. Eine Wiederbelebung der wahren koranischen Frömmigkeit findet in dieser geheimnisvollen Sufi-Gemeinde gewiß nicht statt.

In Orahovac hingegen hat sich in der bescheidenen Moschee eine Anzahl strenggläubiger sunnitischer Muslime versammelt, die mit dem Aberglauben der Rufai-Sekte nichts zu tun haben wollen. Doch auch sie sind Ausnahmefälle in einer Kosovo-Gesellschaft, die von Allah und seinem Propheten weitgehend abgefallen ist. Von reichen arabischen Spendern wurden neue Moscheen errichtet. Diese Fremdlinge, die man bereits als »Wahhabiten« bezeichnet, genießen jedoch sehr wenig Sympathie. Sie stoßen auf Mißtrauen und Ablehnung.

Um die Religion ist es schlecht bestellt auf dem Amselfeld. Es bot sich ein symbolisches Bild historisch-kultureller Verzweiflung, als der serbische Patriarch Pavle zum letzten Mal am vereinsamten Denkmal der Türkenschlacht auf dem Amselfeld ein paar orthodoxe Überlebende um sich vereinte. Es war, als hätten sich die Rachegeister des Balkans ein letztes Stelldichein gegeben.

»Die Nato in der Balkan-Falle«, so lautet der Titel. Aber man muß sich fragen, ob nicht eher die Europäische Union in diese Falle geraten ist. Da hat zwar jetzt offiziell das Eurocorps das Sagen im Kosovo, aber diese Truppe wird mehr und mehr durchsetzt durch Kontingente aus aller Herren Länder, aus allen Kontinenten. Sie wirkt ineffektiv, die wenigen Krisenreaktionskräfte sind gelähmt auf dem Balkan, und von der vielgepriesenen »European Defense Identity« ist immer weniger die Rede.

Ja, man könnte sich folgendes Schreckensszenario vorstellen: Es werden 10 oder 20 amerikanische GIs durch Albaner oder durch Serben getötet. Die erste Konsequenz wäre wohl, daß Belgrad bombardiert wird, und dann könnte der amerikanische Kongreß beschließen, daß die amerikanischen Soldaten aus dem Kosovo, ja, aus dem ganzen Balkan abgezogen würden. Dann ständen die Europäer sehr einsam und ratlos da. Am Kosovo scheiden sich irgendwie die Geister, es entstehen völlig unterschiedliche Konzeptionen auf beiden Seiten des Atlantiks. Die Amerikaner fürchten, vielleicht zu Recht, die nukleare Proliferation und die Raketen aus den sogenannten »Schurkenstaaten«, eine nukleare Bedrohung, die die europäischen, vor allem die deutschen Politiker nicht zu teilen vermögen.

Aber es kommen noch ganz andere Gedankengänge auf im Umkreis des atlantischen Bündnisses. Da wird jetzt gesagt, es gehe nicht mehr um die Verteidigung von Grenzen, also des Vaterlandes im klassischen Sinne, sondern um die Verteidigung weltweiter Wirtschaftsinteressen, das heißt einer diffusen Plutokratie, wie der amerikanische Kolumnist William Pfaff es definiert hat. Im Kosovo ist eine neue Situation entstanden. Vielleicht ist es nur ein Meilenstein auf einem langen strategischen Weg, der über den Balkan, ja, über Europa hinausführt bis in die Tiefen Asiens. Es ist Zeit, darüber nachzudenken.

Es sind wohl nur ein paar Dutzend albanische Freischärler der UCPMB, die das serbische Tal von Presevo verunsichern. Ihre Absicht, diese Zone unter dem Namen »Ost-Kosovo« zu annektieren, wirkt reichlich unrealistisch. Aber hier konkretisiert sich zum ersten Mal der irredentistische Traum von »Groß-Albanien«, und der beängstigt die westlichen Schutzmächte mindestens so sehr wie die Regierung in Belgrad. Schon ist es auch zu Zwischenfällen albanischer Freischärler mit Grenzpatrouillen des nahen Mazedonien gekommen. Die besorgten Blicke richten sich zusehends auf die mazedonische Hauptstadt Skopje. Dort markiert der Vardar-Fluß die Trennungslinie zwischen der albanisch-muslimischen Ethnie im Westen und dem slawisch-christlichen Staatsvolk im Osten. Mindestens ein Drittel der Mazedonier sind Albaner. Im Gegensatz zu den Kosovaren sind diese Skipetaren noch stark im islamischen Glauben und der osmanischen Tradition verwurzelt. Noch verschließt der Westen die Augen vor diesem brennendsten Problem des albanischen Ausdehnungsdrangs, der sich an der Oberfläche nur in Auftritten von Folkloregruppen zu äußern scheint. Doch die alliierten Stäbe von Pristina ahnen sehr wohl, daß eine Unabhängigkeitsproklamation des Kosovo unwiderstehlich auf Mazedonien übergreifen würde.

Dann würden sich die christlich-orthodoxen Südslawen darauf besinnen, daß sich in dem idyllischen mazedonischen Städtchen Ohrid die Geburtsstätte des prawo-slawischen Christentums befindet und das Herzstück jenes großbulgarischen Reiches des Mittelalters, das schon vor Konstantinopel dem Ansturm der Osmanen erlag.

In Mazedonien bahnt sich vielleicht der große Balkan-Konflikt der Zukunft an. Hier prallen neben bulgarischen und serbischen auch griechische Gebietsansprüche aufeinander. Letztere äußerten sich schon1994 bei turbulenten Kundgebungen in Saloniki, als die mazedonische Republik von Skopje gegen den Protest Athens aus der Taufe gehoben wurde. Über Saloniki und das Vardar-Tal sind auch bulgarische und rumänische Truppenkontingente zum Kosovo vorgerückt, die an der Friedenserhaltung beteiligt werden sollen.

Die Kommandostrukturen der Kfor sind neuerdings durch das Eurocorps abgelöst worden. Damit soll die gesteigerte Verantwortung der Europäer für die militärische Absicherung des eigenen Kontinents vorgetäuscht werden. Im Widerspruch dazu stand die etwas theatralisch wirkende Szene, als der letzte Kfor-Befehlshaber, der deutsche General Reinhardt, nicht etwa seine Standarte dem neuen Eurocorps-Chef, dem spanischen General Ortuna, unmittelbar aushändigte, sondern bei der Fahnenübergabe der amerikanische Nato-Oberbefehlshaber Wesley Clark als gebieterischer oberster Kriegsherr zwischengeschaltet wurde. Im Kosovo, so haben ein paar voreilige Kommentatoren gemeint, hätten die Amerikaner den zögerlichen Europäern den Krieg der Zukunft vorgeführt. In Wirklichkeit hat auf dem Amselfeld eine ziemlich risikolose, aber hochtechnisierte Wiederholung der Indianerkriege stattgefunden. »No dead« – keine eigenen Verluste, das oberste strategische Ziel des Pentagons ist eingehalten worden. Und dann? Die Europäer bewegen sich wie eh und je im Schlepptau der »indispensable nation« USA. Ihre Regierungen, die Deutschen vorneweg, scheinen sogar bereit, sich für die weltumgreifende Strategie Washingtons einspannen zu lassen.

Über den Balkan hinaus dehnt sich das neue westliche Sicherheitssystem unter dem irreführenden Namen »partnership for peace« bis zum Kaukasus, ja bis nach Zentralasien aus. Schon hat Washington die immensen Ölreserven rings um das Kaspische Meer im Visier und im Griff. Wenn in Baku die Soldaten Aserbaidschans Solidarität mit Amerika demonstrieren, geht es um handfeste Wirtschaftsinteressen der transatlantischen Konzerne und Kartelle. Durch Georgien, nicht durch Rußland oder gar Iran soll das »schwarze Gold« des kaspischen Raums per Pipeline in die Türkei und zum Mittelmeer gepumpt werden. Der in Deutschland so hochgeschätzte Präsident Georgiens, Eduard Schewardnadse, tritt bereits als heimlicher Verbündeter der Nato auf. Von Berliner Politikern wird er sogar als virtueller Kandidat der Europäischen Union gehandelt.

Diese expansive Strategie geht eindeutig auf Kosten Rußlands, auch wenn man lautstark das Gegenteil beteuert. Doch das waghalsige Projekt wurde konzipiert, bevor Wladimir Putin die Nachfolge Peters des Großen antrat. Der neue Kreml-Chef sucht sich an der Seite des Moskauer Patriarchen Alexej II. als Erbe der Zaren zu profilieren. Er wird die Erbmasse der Sowjetunion, die GUS-Republiken im Kaukasus und in Zentralasien, nicht dem Hegemonialwillen der USA überlassen. Wenn seine Offiziere vor der Ikone der heiligen Orthodoxie die Kerzen anzünden, erinnern sie an ihre Vorgänger, die unter Zar Alexander II. im Jahr 1877 bis zu den Toren Konstantinopels vorstießen. Es wäre ein Wunder, wenn Wladimir Putin die traditionelle Balkan-Rolle Rußlands widerspruchslos preisgäbe.

Der Tschetschenien-Krieg sollte für Atlantiker und Europäer nicht nur Anlaß zur Entrüstung sein, sondern als Warnsignal, als bittere Ernüchterung wahrgenommen werden. Bei der Eroberung von Grosny haben die Russen bewiesen, daß es nicht der »smart bombs«, der »Tomahawks«, der Wunderwaffen der Amerikaner, bedarf, um eine Großstadt in Schutt und Asche zu legen. Die gnadenlose Unterwerfung der Tschetschenen, die in Berlin, Paris und London auf keinen nennenswerten Protest stieß, hat den tugendhaften Europäern grausam vor Augen geführt, was von ihrem politischen Moralismus in Balkan-Fragen zu halten ist.

Die Nato expandiert, so hieß es triumphierend zum 50. Jahrestag der atlantischen Allianz. Tatsächlich wurden die Ukraine, die Republiken des Kaukasus und Zentralasiens in gewissen Werbefilmen als künftige Bündnispartner vorgestellt. Noch weit bedenklicher als das Vordringen des westlichen Militärbereichs in Richtung Asien erscheint der deutliche Versuch der USA, die Europäer zu einer parallel laufenden politischen Ausweitung ihrer eigenen Union zu veranlassen. Kann die Brüsseler Gemeinschaft, die weder über strategische Mittel noch eigene diplomatische Konzepte verfügt, es sich leisten, das immer noch mächtige Rußland mit einem verblendeten »Drang nach Osten« zu provozieren?

In diesem Zusammenhang drängt sich ein letzter nostalgischer Rückblick auf. Paris, 14. Juli 1994: Deutsche Truppen defilierten auf den Champs-Elysées. Sie verkörperten eine karolingische Schicksalsgemeinschaft zwischen Deutschland und Frankreich. Ein paar Stunden lang kam die Vision einer echten europäischen Föderation und einer kompakten europäischen Verteidigung auf. Diese abendländischen Konzepte wirken heute altmodisch, ja obsolet. Von einer präferenziellen Verbindung zwischen Berlin und Paris ist nirgends mehr die Rede. Die Europäische Union droht jede Glaubwürdigkeit zu verlieren, seit sie sich beliebig vergrößert, seit sie die Gesetze der Geographie mißachtet und das gemeinsame kulturelle Erbe als lästigen Ballast empfindet.

War der Kosovo-Feldzug nur ein Probespiel? Soll der Balkan tatsächlich als Sprungschanze dienen für eine globale Hegemonialstrategie, die bis in die Steppen Turkestans ausgreift? Was ist aus dem ursprünglichen Verteidigungsauftrag des atlantischen Bündnisses geworden? Wohin steuert eine den Turbulenzen fremder Kulturkreise ausgesetzte Europäische Union? Welchen Sinn macht es, das Mitspracherecht des Abendlandes bis nach Samarkand auszudehnen? Wie weit soll die kontinentale Gemeinschaft Europas noch ausufern und ausfransen, wo ihre Streitkräfte nicht einmal in der Lage sind, den Stammesfehden der Albaner Einhalt zu gebieten? Das Wort Barbarossa klingt da wie ein böses Omen. Ist es die letzte Konsequenz dieses heillosen Balkan-Einsatzes, daß sich die Substanz unseres alten Erdteils im Dunst der asiatischen Steppe verliert?

Ein neuer Tyrann für Zaire

5. Mai 1997

So, wie der neue Hoffnungsträger von Zaire, Rebellenchef Laurent-Désiré Kabila, sich aufführt, wird man vielleicht bald dem zutiefst korrupten, aber berechenbaren Marschall Präsidenten Mobutu Sésé Séko nachtrauern. In seinem Auftreten erinnert Kabila eher an die ugandische Schreckenserscheinung Idi Amin als an respektable Politiker des Schwarzen Kontinents vom Schlage Nelson Mandelas oder Jomo Kenyattas. Am Anfang hatte der Führer der Aufständischen der sogenannten »Allianz« als Instrument des Präsidenten von Uganda, Yori Museveni, erscheinen können, der ihm jahrelang Asyl gewährt hatte und für die Eroberung Zaires Eliteeinheiten seiner eigenen, von Amerikanern ausgebildeten Armee zur Verfügung stellte. Museveni gehört jener mächtigen und kriegerischen Stammesföderation der Tutsi an, die auch in Ruanda und Burundi eine willkürliche Militärdiktatur ausüben.

Kabila – so behaupten die Franzosen – sei von Anfang an ein Agent des amerikanischen Geheimdienstes CIA gewesen. Tatsache ist, daß die Rebellenarmee, die auf die zairische Hauptstadt Kinshasa losstürmte, über eine funkelnagelneue Ausrüstung, intensives militärisches Training und vor allem über beachtliche Transportmittel verfügte, wie sie lediglich die Supermacht Amerika gewähren kann. Nicht nur in Paris geht die Vermutung um, daß Washington eine völlige Umdispostion in Ost- und Zentralafrika anstrebt und zwei Ziele verfolgt: Zum einen soll der befürchteten Ausbreitung des militanten Islamismus nach Süden ein Riegel vorgeschoben werden. Bekanntlich ist der Sudan – neben Iran – der einzige Staat, in dem ein »fundamentalistisches« Regime die koranische Gottesherrschaft eingeführt hat. Von Khartum aus könnte eines Tages in den prowestlichen Staaten Äthiopien und Eritrea, wo christliche Kopten noch das Sagen haben, ein Umsturz zugunsten der muslimischen Bevölkerungsmehrheit stattfinden.

Zum anderen geht es um handfeste wirtschaftliche Interessen. In der riesigen Republik Zaire stehen unermeßliche Bodenschätze zur Disposition. Diesen Mineralreichtum möchten die nordamerikanischen Konzerne in Zukunft für sich selbst ausbeuten. Tatsächlich ist das Rebellenregime Kabilas den US-Protektoren in dieser Hinsicht weit entgegengekommen.

Nun scheint es jedoch, als hätten sich sowohl der ugandische Präsident Museveni als auch seine Berater von der CIA in dieser Gegend Afrikas übernommen. Kabila ist kein harmloser Verbündeter. In seinen jungen Jahren hatte dieser Guerillaführer als Parteigänger der Sowjetunion, dann des Maoismus gegolten. Zu Beginn der sechziger Jahre, als die Vereinten Nationen versuchten, das auseinanderfallende Kongobecken in den Grenzen der belgischen Kolonisation zusammenzuhalten, war es sogar zu einer kurzen Komplizenschaft zwischen Che Guevara und Laurent-Désiré Kabila gekommen. Wenn man Mobutu zugute halten kann, seine lange und katastrophale Herrschaft über Zaire sei wenigstens nicht durch exzessive Grausamkeit und blutrünstige Massaker gekennzeichnet gewesen, so läßt die bisherige Machtausübung Kabilas viel Schlimmeres befürchten.

Die unglaubliche Arroganz, mit der dieser obskure Dschungel-Tribun der Uno und ihren humanitären Organisationen Ultimaten stellt, die Menschenverachtung, mit der er 100 000 – oder sind es 300 000? – Hutu-Flüchtlinge aus Ruanda in den Urwald jagte, wurden den westlichen, aus den USA gesteuerten Medien erst allmählich bewußt. Ein neuer Tyrann steht im Begriff, Mobutu abzulösen, aber nichts deutet darauf hin, daß das Schicksal Zaires sich zum Besseren wendet. Der im Westen rituell vorgetragene Ruf nach freien Wahlen und Demokratie klingt in diesem Teil Afrikas wie blanker Hohn. Die schändliche Lethargie, der permanente Niedergang, die das Mobutu-Regime gekennzeichnet haben, dürften sehr bald einer blutigen Stammesanarchie Platz machen, und niemand kann garantieren, daß dieses Chaos nicht über die Grenzen der einstigen belgischen Kolonie ausgreift. Schon dringen angolanische Soldaten des dortigen Präsidenten Dos Santos, eines ehemaligen Schützlings Fidel Castros, den die Amerikaner in seltsamer Umkehr nun zu ihrem eigenen Partner gemacht haben, in Zaire ein.

Stabile Verhältnisse im Gebiet der großen Seen und im Kongobecken hat Washington schaffen wollen, und die Franzosen wurden aus dieser ihrer Domäne unwiderruflich verdrängt. Doch hier stoßen sogar die USA an die Grenzen ihrer Allmacht. Das Fiasko von Somalia, wo die U.S. Marines überstürzt den Rückzug antraten, ist noch in aller Erinnerung, und schließlich ist es den USA in fast 200 Jahren nicht gelungen, in ihrem ureigensten afrikanischen Bereich, in der Republik Liberia, wo die Sklaven Nordamerikas ihren schwarzen Staat aufbauten, die schlimmsten Ausschreitungen eines permanenten Bürgerkrieges und die zum Himmel schreiende Mißwirtschaft zu verhindern.

Iranischer Frühling

2. Juni 1997

Bei den Präsidentschaftswahlen in der Islamischen Republik Iran hat
es zwei Verlierer gegeben: die Partei des konservativen, kompromißlosen Klerus einerseits und – was erstaunlicher klingen mag –
die amerikanische »Kriegspartei« andererseits. Wenden wir uns zunächst dem reaktionären Flügel der Mullahkratie zu. Deren Kandidat, der bisherige Parlamentsvorsitzende Nateq Nuri, ist durch einen
ziemlich unbekannten Außenseiter auf sensationelle Weise geschlagen worden. Der neue Staatschef Persiens, der mit zwei Dritteln der
abgegebenen Stimmen berufen wurde, heißt Mohammed Khatami,
bekleidet den bescheidenen Rang eines Hodschatulislam und hatte
zehn Jahre lang als Kulturminister gewirkt, ehe er an die Spitze der
Nationalbibliothek abgeschoben wurde.

Natürlich bewirkt die Präsidentschaftsübernahme durch Khatami
noch keinen radikalen Wandel. Im iranischen Parlament geben weiterhin die kompromißlosen Verfechter eines strengen Gottesstaates
den Ton an, und der neue Staatschef wird sich hüten müssen, den Eindruck eines Beschwichtigers zu erwecken.

Dennoch hat sich etwas Grundlegendes geändert. Die große Mehrheit der iranischen Bevölkerung hat zu verstehen gegeben, daß sie
eine gewisse Liberalität im täglichen Leben und eine großzügige Öffnung nach außen anstrebt. Dem wird man in Teheran Rechnung tragen müssen. Darüber hinaus ist vor aller Welt sichtbar geworden, daß
der Iran eben nicht jenes im finstersten Obskurantismus versunkene
»Reich des Bösen« ist, als das er von der amerikanischen Propaganda
immer wieder dargestellt wird.

Wenden wir uns der anfangs erwähnten »Kriegspartei« in Washington zu. In den westlichen Medien hat man gar nicht zur Kenntnis genommen, wie sehr sich gewisse Ratgeber Präsident Clintons
mit der Vorstellung eines »Vergeltungsschlages« gegen Iran bereits
angefreundet haben. Als Vorwand hätte das Sprengstoffattentat auf

die Wohnsiedlung amerikanischer Militärs in El Khobar, an der Ost-
küste Saudi-Arabiens, herhalten können. Natürlich wurde der Verdacht der Täterschaft sofort auf die persischen Geheimdienste ge-
lenkt. Notfalls hätte es eines schlüssigen Beweises gar nicht bedurft,
um das iranische »Empire of Evil« mit Bomben oder Cruise Missiles
zu belegen, es an seiner empfindlichsten Stelle, den Erdölförderungs-
und -verarbeitungsanlagen, zu treffen. Die Konsequenzen eines solchen »preemptive strike« wären unkalkulierbar, und die Gefahr einer
solchen Aktion ist noch keineswegs ausgeräumt. Schließlich ist auch
das amerikanische Militär-Engagement in Vietnam durch den sogenannten Tonking-Golf-Zwischenfall ausgelöst worden, eine Provokation, die in allen Teilen durch die U.S. Navy inszeniert worden
war.

Das Echo auf die Wahl Mohammed Khatamis in den amerikanischen Medien ist alles andere als euphorisch. Seit diesem demokratischen Votum zugunsten eines Mannes der Vernunft und der Toleranz
wird es nämlich der einzigen Hegemonialmacht sehr viel schwerer
gemacht, die Sanktions- und Boykottmaßnahmen gegen Iran auf-
rechtzuerhalten. Die Europäische Union hatte ohnehin gegen diese
unerträgliche Bevormundung aus den USA protestiert. Nun werden
sich auch in Washington die Stimmen mehren, die auf die Gefahr
eines Abdriftens Teherans in Richtung Moskau verweisen.

Präsident Khatami sieht sich weiterhin drei ultimativen Forderungen aus den USA ausgesetzt: Der Iran soll auf den internationalen
Terrorismus verzichten, der Beschaffung von Massenvernichtungs-
mitteln, vor allem Atomwaffen, entsagen und im »Friedensprozeß«
des Nahen Ostens eine positive Haltung einnehmen. Kein verant-
wortlicher Politiker Teherans wird sich zu einer solchen Unterwerfung bereitfinden. Mit Sorge blicken die Erben Khomeinis – auch
Khatami gehört dazu – auf den Siegeszug der »Taliban« im nahen
Afghanistan. Jedermann weiß, daß diese Verfechter eines Steinzeit-
Islam nur mit Unterstützung der pakistanischen Regierung, der amerikanischen CIA und der saudischen Geldgeber ihren Feldzug gewinnen konnten. Von Demokratie und Menschenrecht war keine Rede,
als es für Washington darum ging, mit Hilfe dieser Finsterlinge eine
eventuelle iranische Einflußnahme am Hindukusch zu durchkreuzen und die Voraussetzungen zu schaffen für eine direkte Erdöl- und
Erdgasverbindung zwischen den zentralasiatischen GUS-Republiken

und den pakistanischen Häfen am Indischen Ozean. Vermutlich wird Washington – ähnlich wie mit seinem jüngsten afrikanischen Protegé Kabila am Kongo – mit den primitiven Taliban noch so seine bitteren und demütigenden Erfahrungen machen. Schon bildet sich eine Gegenkoalition, um das neue Regime von Kabul in seine Schranken zu weisen. Rußland und die unmittelbar betroffenen GUS-Republiken tun sich mit Indien und mit der Islamischen Republik Iran zusammen, deren strategische Schlüsselstellung durch die Berufung Khatamis noch aufgewertet wurde.

Massenmörder

30. Juni 1997

Die pathologischen Massenmörder haben in unserem Jahrhundert Hochkonjunktur. Als eine der schrecklichsten Grauengestalten macht in diesen Tagen der kambodschanische Tyrann Pol Pot wieder von sich reden. Angeblich treibt dieser finstere Geselle seinem Ende zu, sei es, daß er in seinem Dschungelversteck der Malaria erliegt, oder sei es, daß er von seinen eigenen Partisanen umgebracht wird. Pol Pot war der Verantwortliche für jene »killing fields«, die Kambodscha in eine riesige Schädelstätte verwandelten, und er hat einen neuen Begriff in die Vorstellungswelt des Entsetzens eingeführt: den Autogenozid.

Im Rückblick weiß man ziemlich präzis, wie es zu dieser Katastrophe in dem einst liebenswertesten Land Indochinas gekommen ist. Ein paar Intellektuelle und Halbgebildete – der ehemalige buddhistische Mönch Pol Pot gehörte zu letzteren – hatten während ihres Studienaufenthalts in Paris eine wahnwitzige Ideologie des »Steinzeit-Kommunismus« entwickelt. Der intelligenteste Weggefährte Pol Pots, ein gewisser Kieu Samphan, hatte sogar eine Doktorthese verfaßt, in der die grausame Utopie eines ausschließlich auf Landwirtschaft gegründeten Großreiches der Khmer ausführlich dargelegt wurde.

Der Wahnsinn der Roten Khmer reiht sich nahtlos ein in jene Serie apokalyptischer Verirrungen, die vom sowjetischen »Paradies der Werktätigen« über den Blut-und-Boden-Mythos der Nationalsozialisten bis zur »großen Kulturrevolution« Mao Tse-tungs reichen. Erschreckend an all diesen fürchterlichen Entgleisungen ist die Tatsache, daß die bestehenden Kulturen, Religionen und Sittenkodexe der Tollwut der bluttriefenden Heilslehren so geringen Widerstand entgegensetzen konnten. Das Dritte Reich Hitlers bemächtigte sich einer der angesehensten Kulturnationen Europas, wo die Aufklärung ihre schönsten Blüten getrieben hatte. Der sittenstrenge Konfuzianismus erwies sich als unzureichende Barriere gegen die Umkehrung aller gesellschaftlichen Werte, die Mao Tse-tung anordnete. Im Falle Kambodschas zeigte sich, daß die jahrhundertelange Erziehung der dortigen Menschen in einer friedfertigen, toleranten und auf seelische Läuterung bedachten Religion – gemeint ist der Buddhismus – in Windeseile beiseite gefegt wurde, als die Dschungel-Partisanen ihr System der grenzenlosen Willkür errichteten.

Ist der Mensch überhaupt erziehbar? Das ist die grundlegende Frage, die sich immer wieder stellt. Daran gemessen kann es uns ziemlich gleichgültig sein, ob Pol Pot noch ein paar Monate überlebt. Trotz massivster Intervention der Vereinten Nationen ist der Bürgerkrieg in Kambodscha nie zum Stillstand gekommen. Am Ende könnte das Königreich der Khmer dem Schicksal der Teilung zwischen seinen beiden übermächtigen Nachbarn anheimfallen, zwischen Thailand und Vietnam. Dabei verfügen die Thailänder über die weit besseren Trümpfe, seit die Truppen Hanois, die Phnom Penh vorübergehend erobert hatten, ihre Kriegsbeute wieder freigeben mußten. Die Wirtschaft ganz Kambodschas ist in den Sog Bangkoks geraten. Am Ende wird ohnehin die aufsteigende Weltmacht China im gesamten südostasiatischen Großraum den Ton angeben. In diesem Zusammenhang erscheint auch der naive Vorschlag, ein großes internationales Tribunal zur Aburteilung Pol Pots einzuberufen, als recht abwegig.

Im Rückblick tragen die USA eine schwere Verantwortung am kambodschanischen Desaster. Die Feindschaft, mit der das Team Nixon-Kissinger den neutralistischen Staatschef Prinz Sihanouk verfolgte und 1971 zu Fall brachte, schuf erst die Voraussetzung für den militärischen Sieg der Roten Khmer. In jener Zeit wurde das verständliche Verlangen des kambodschanischen Staatschefs, sich aus den Wirren des Vietnam-Kriegs herauszuhalten und eine internationale Balance zu halten, in Washington als zutiefst unmoralisch verurteilt.

Das weltweite Morden findet kein Ende. Daran würde auch die Ausschaltung Pol Pots nichts ändern. In Ruanda wurden eine halbe Million Tutsi abgeschlachtet und in Zaire 200 000 Hutu-Flüchtlinge in den Tod getrieben. In Tadschikistan und Afghanistan häufen sich die Opfer eines schier endlosen Regionalkonflikts. In den westafrikanischen Zwergländern Sierra Leone und Liberia watet man im Blut. Für die Europäer besteht keinerlei Grund, über die Vorgänge in anderen Erdteilen die Nase zu rümpfen. Die sadistischen Ausschreitungen in Bosnien haben dem westlichen Kulturkreis vor Augen geführt, wie plötzlich die höllischen Kräfte der gegenseitigen Ausrottung wieder die Oberhand gewinnen können. Das Schlagwort der Globalisierung der Wirtschaft und der elektronischen Interkommunikation ist in aller Munde. Die Globalisierung jenes abgrundtiefen »Horrors«, den Joseph Conrad in seiner Novelle »Das Herz der Finsternis« so eindringlich beschreibt, ist keineswegs auszuschließen. Jedenfalls ist es an der Zeit, ihr mit militanter Abwehrbereitschaft entgegenzutreten.

Keine Hoffnung im Orient

25. August 1997

Wenn von Friedensordnung im Orient gesprochen wird, richten sich die Blicke der westlichen Öffentlichkeit unvermeidlich auf die heillose Konfrontation und Verstrickung der israelisch-palästinensischen Interessen. Als jedoch der amerikanische Präsident George Bush nach dem siegreichen Abschluß der Operation »Wüstensturm« im Sommer 1991 an sein großes »peace project« heranging, hatte er ein viel umfangreicheres Vorhaben im Auge. Das neue amerikanische Sicherheitssystem sollte sich vom Persischen Golf bis zur levantinischen Küste des Mittelmeers erstrecken. Die Beilegung der Dauerkrise im Heiligen Land wäre nur ein Bestandteil dieses Vorganges gewesen.

Inzwischen sind manche Wunschvorstellungen gewelkt. »Siegen kannst du, Hannibal«, hatten einst die Auguren zu dem Feldherrn Karthagos gesagt, als er versäumte, die Stadt Rom ohne Zeitverlust zu erobern, »siegen kannst du, aber du verstehst es nicht, deinen Sieg zu nutzen!« Der gleiche Vorwurf ließe sich an die amerikanische Präsidentschaft im Hinblick auf das Schicksal Bagdads richten. Nach hundert Stunden waren damals die Bodenkämpfe abgebrochen worden und der irakische Diktator Saddam Hussein hatte alle Bedingungen, die ihm die Vereinten Nationen diktierten, akzeptiert.

Allen Ernstes hatte George Bush wohl 1991 gemeint, daß der Sturz Saddam Husseins nach dessen militärischem Zusammenbruch quasi automatisch stattfinden würde. Es heißt in Bagdad, irakische Doppelagenten hätten der CIA einen Militärputsch als unmittelbar bevorstehend geschildert. Dabei hatte man die phänomenale Überlebenskraft dieses mesopotamischen Machtmenschen sträflich unterschätzt. Keiner der Potentaten des Mittleren Ostens übt eine so unerbittliche Kontrolle über seine Untertanen aus wie der »Rais« von Bagdad. Alle Komplotte – auch diverse Mordanschläge des amerikanischen Geheimdienstes – sind gescheitert. Wenn heute die US-Außenministerin Madeleine Albright verkündet, Amerika werde

Saddam Hussein als Verhandlungspartner niemals akzeptieren, dann schränkt sie nur die eigene Handlungsfreiheit ein.

Mit der schiitischen Bevölkerungshälfte seines Landes und deren Oppositionsführern, die ihm von der US-Führung im Frühjahr 1991 ans Messer geliefert wurden, hat der irakische Staatschef kurzen Prozeß gemacht, und er hat seine Position im Umkreis der heiligen Stätten Nadjaf und Kerbela wieder voll stabilisiert. Bei den Kurden im Nordirak ist die Situation komplizierter; aber auch hier ist Saddam ein Meistercoup gelungen, indem er den Kurdenführer Murssud Barzani begünstigte und 5000 lokale Kollaborateure der amerikanischen Vormacht zur überstürzten Flucht zwang.

Das Gerücht geht um, die von der amerikanischen Hegemonialpolitik extrem bedrängten Staaten – Iran, Irak, Syrien – hätten ihre Erbfeindschaft vorübergehend beigelegt, um gemeinsam Front gegen Bill Clinton zu machen. Das Potential, der ehrliche Kooperationswille dieser drei so unterschiedlichen Systeme in Damaskus, Bagdad und Teheran, darf jedoch nicht unterschätzt werden. Viel wichtiger ist die strategische Zusammenarbeit, die unlängst zwischen dem türkischen Generalstab und dem israelischen Oberkommando aufgenommen worden ist und wie ein Damoklesschwert über den genannten Regimen hängt. Gegen das kombinierte Aufgebot von Ankara und Jerusalem läßt sich kein ausreichendes Gegengewicht konstruieren. Seit die Sowjetunion zerbrach und ihre arabischen Verbündeten im Stich ließ, kann Amerika in diesem Großraum recht willkürlich schalten und walten. Die Volksrepublik China, die Weltmacht von morgen, ist noch nicht reif für das große Kräftemessen mit den USA.

Neben der irakischen Zivilbevölkerung, die seit sieben Jahren einer rachsüchtigen Embargo- und Boykottpolitik der Uno ausgesetzt ist, sind vor allem die Palästinenser die Leidtragenden der derzeitigen Pattsituation. Seit sich die PLO in Oslo auf eine Serie von Absprachen mit Rabin und Peres einließ, die für beide Seiten eine dramatische Verschärfung des Konflikts mit sich brachte, stehen die palästinensischen Nationalisten vollends allein. »Wenn Arafat glaubte, sich hinter dem Rücken der arabischen Brüder im Alleingang mit den Zionisten arrangieren zu können«, so hört man nicht nur in Bagdad, sondern auch im Umkreis des Golfs und in Damaskus, »dann soll er jetzt sehen, wie er zurechtkommt.« Auf äußere Waffenhilfe – mit

Ausnahme der schiitischen Hisbollah im Südlibanon – kann das palä-stinensische Zwittergebilde von Gaza und Westbank jedenfalls nicht bauen. »Wir werden nicht palästinensischer sein als die Palästinen-ser«, klingt es heute aus diversen Kanzleien des Orients. Aber man hüte sich vor neuen Illusionen. Solche arabischen Distanzierungen reichen nicht aus, um die Hoffnung auf einen halbwegs erträglichen Modus vivendi im Heiligen Land zu erklären.

Gespensterwahl

22. September 1997

Bei den Kommunalwahlen in Bosnien haben laut Angaben der OSZE 70 Prozent der Stimmberechtigten ihr Votum abgegeben. Die endgültigen Ergebnisse sollen allerdings erst Ende 1997 anerkannt und umgesetzt werden. In der Regel haben sich die drei großen ethnischen oder konfessionellen Gruppierungen, die jeweils im Namen der Muslime, der Serben oder Kroaten auftreten, mit ihrem Kandidaten durchgesetzt.

Dennoch ist es gespenstisch zugegangen bei diesem Urnengang, für dessen Organisation und Kontrolle eine ganze Legion von internationalen Beobachtern und 50 Millionen US-Dollar aufgeboten wurden. Die meisten Wähler sind nämlich in den Ortschaften, deren Kommunalräte sie benennen sollten, seit mehreren Jahren gar nicht mehr ansässig. Die Vertriebenen, diese Opfer von diversen »ethnischen Säuberungen«, wurden zum Teil in militärisch abgesicherten Bussen zu ihren einstigen Heimatgemeinden transportiert, warfen ihren Zettel in die Urne und reisten schleunigst wieder ab. Die meisten Flüchtlinge aber haben dieses Wagnis gar nicht auf sich genommen, sondern per Briefwahl gestimmt, sehr viele von ihnen aus dem fernen deutschen Asyl. So wird es zu surrealistischen Resultaten kommen. In der einst überwiegend von »Muslimani« bevölkerten Stadt Srebrenica, wo die serbischen Tschetniks eines ihrer schlimmsten Massaker veranstalteten und wo heute eine rein serbische Bevölkerung von Zuwanderern lebt, ist allem Anschein nach ein muslimischer Bürgermeister von seinen abwesenden Glaubensbrüdern benannt worden. Dieses gewählte Stadtoberhaupt wird es nicht wagen, seine Amtsgeschäfte tatsächlich aufzunehmen, denn in Srebrenica haben weiterhin die Parteigänger des Kriegsverbrechers Radovan Karadzic das Sagen.

Ähnlich wird es sich in vielen ehemals kroatischen oder serbischen Ortschaften verhalten, deren ethnische Zusammensetzung sich durch die Kriegsereignisse radikal verändert hat. Den schwersten Rückschlag hat die OSZE erlitten, als ein speziell berufener norwegischer Richter verfügte, daß 50 serbische Kandidaten, die von der extremistischen »Demokratischen Partei« im Raum von Pale aufgestellt und als brutale Gehilfen Karadzics bekannt waren, von den Listen gestrichen wurden. Der ehemalige amerikanische Botschafter Robert Frowick, der für die Sicherheit der OSZE-Operation verantwortlich ist, hat diese richterliche Entscheidung annulliert mit dem Hinweis, daß 17 US-Bürger, die als Wahlkontrolleure in Pale tätig sind, dann an Leib und Leben bedroht wären. Der Repräsentant der einzig verbliebenen Weltmacht hat sich der Drohung einer Handvoll serbischer Rabauken gebeugt.

34 Soldaten hat die Nato in ihren Sfor-Kontingenten eingesetzt, um das umstrittene Abkommen von Dayton durchzusetzen und die Pazifizierung Bosniens zu erzwingen. Die Amerikaner – so dachte man – würden den harten Kern dieser Truppen bilden, und mit den GIs sei nicht zu spaßen. Das Gegenteil ist eingetreten. An zwei Punkten ist die U.S. Army durch serbische Demonstranten, die lediglich mit Steinen und Benzinflaschen bewaffnet waren, zum Rückzug gezwungen worden. In Brcko und Zvornik, zwei Städten, die früher über eine muslimische Bevölkerungsmehrheit verfügten und in deren Umgebung sich der serbische Verbindungskorridor zwischen Pale und Banja Luka auf einen Schlauch von fünf Kilometern verengt, haben die mit Panzern und Artillerie ausgestatteten Amerikaner ihre vorgeschobenen Stellungen geräumt. Sie verzichteten darauf, die Karadzic ergebene Polizei aus ihren Kommissariaten zu vertreiben. Sie wichen vor einer wutschäumenden Menge zurück, die mit den Schmährufen »Vietnam« und »Somalia« gegen sie anrannte.

Die oberste Leitlinie des US-Einsatzes in Bosnien lautet: »No dead – keine Toten«. Angesichts dieser passiven Grundeinstellung wird man im nachhinein den gescheiterten Einsatz der Blauhelme wie auch die Ohnmacht der Europäer im jugoslawischen Kriseneinsatz sehr viel nachsichtiger beurteilen. Für die Beilegung der weltweit schwelenden Regionalkonflikte dürfte die beschwichtigende Haltung Präsident Clintons weitreichende und negative Folgen haben. Wer wird heute noch die Israeli davon überzeugen, daß sie die strategischen Golanhöhen ohne Gefährdung der eigenen Sicherheit Syrien zurückerstatten und deren Entmilitarisierung einer amerikanischen

Militärgarantie überlassen könnten? Schon verblaßt der Nimbus der Unbesiegbarkeit, den die US-Streitkräfte in der Operation »Wüstensturm« gegen Saddam Hussein erworben hatten. Die Drohung mit abschreckenden Keulenschlägen wird man in künftigen Krisenfällen allenfalls noch der U.S. Air Force und der U.S. Navy zutrauen. Zu Lande erscheinen die amerikanischen Streitkräfte ebenso zögerlich und verwundbar wie ihre europäischen Nato-Alliierten.

Waffenstillstand, aber kein Friede

20. Oktober 1997

Die Karten werden neu gemischt im Nahen Osten. Ein großer Teil der Weltöffentlichkeit hat noch gar nicht bemerkt, daß die im »Friedensprozeß« engagierten Parteien bereits Abschied genommen haben von der Osloer Absichtserklärung. Hatte die Wahl Benjamin Netanyahus auf israelischer Seite einen Politiker an die Macht gebracht, der fest entschlossen war, die allzu optimistischen Visionen eines Shimon Peres auf den Scherbenhaufen zu werfen, so haben sich jetzt auch im palästinensischen Lager die Gewichte verlagert. In der Person des Gründers der islamistischen Hamas-Bewegung, Sheikh Ahmed Yassin, ist dem Präsidenten der »Palestinian Authority«, Yassir Arafat, ein sehr ernst zu nehmender Rivale erstanden. Gewiß, Sheikh Yassin ist ein durch Querschnittslähmung und jahrelange Haft extrem geschwächter Mann. Dafür umgibt ihn aber die Aura des Martyriums und die Heiligkeit zu einem Zeitpunkt, da Yassir Arafat in den Verdacht hemmungsloser Korruption gerät.

Die Umstände, die zur Haftentlassung Sheikh Yassins geführt haben, sind meist falsch interpretiert worden. Gewiß, am Anfang stand der Mordversuch israelischer Geheimagenten an Hamas-Unterführer Khaled Meschaad und die Verhaftung dieser extrem dilettantisch operierenden »Killer« durch die Sicherheitsorgane König Husseins. Netanyahu hat die Fehlleistung des Mossad mit sehr weit gehenden Beschwichtigungsgesten auszubügeln versucht. Für die Freilassung der beiden inkriminierten Israelis wurde bisher dreißig eingekerkerten Palästinensern die Freiheit geschenkt. Die eigentliche Gegenleistung bestand jedoch in der von Arafat seit langem geforderten Rückkehr Ahmed Yassins nach Palästina. Die Repatriierungsaktion ist zwischen Jordaniern und Israelis durchgeführt worden, ohne daß Yassir Arafat informiert wurde. Plötzlich taucht der gelähmte Hamas-Patriarch nicht nur in einem Krankenhaus von Amman auf, überraschend schnell wurde er auch in das autonome Gebiet von Gaza eingeflogen und dort von einem Orkan der Begeisterung empfangen. Für König Hussein hatte sich die gesamte Aktion als extrem rentabel erwiesen. Die Todfeindschaft des Monarchen zu Yassir Arafat ist seit langem bekannt, nun konnte er sich vor aller Welt als erfolgreicher Anwalt der palästinensischen Interessen profilieren. In der Person des Sheikh Yassin war Arafat mehr als ein Kuckucksei ins Nest gelegt worden. Seine Position ist nunmehr dubios geworden. Noch vor kurzem hatte er die palästinensischen Sicherheitsdienste angewiesen, die Aktivisten von Hamas aufzuspüren und hinter Schloß und Riegel zu bringen. Er hatte zahlreiche Wohltätigkeitsinstitutionen der Islamisten geschlossen, um den Drohungen Netanyahus entgegenzukommen. Plötzlich wird dieser unermüdliche Vorkämpfer eines unabhängigen Palästinenserstaates in der Rolle des gefügigen Kollaborateurs der israelischen Besatzungsbehörden dargestellt.

Benjamin Netanyahu ist nach der Panne des Mossad in Amman ein listiger Coup gelungen. Der israelische Regierungschef versucht mit allen Mitteln, die Absprachen von Oslo zu torpedieren. Ihm war die Person Yassir Arafats in dem Maße hinderlich geworden, wie dieser ehemalige »Terrorist« von den friedenswilligen Israeli plötzlich als einzig vorstellbarer Gesprächspartner im palästinensischen Lager aufgewertet wurde. Auch die internationalen Medien erblickten in Arafat – seit er den Friedensnobelpreis erhalten hat – eine Gewähr für harmonische Entwicklung im Heiligen Land. Seit Sheikh Yassin nach Gaza heimgekehrt ist, sieht alles anders aus.

Nunmehr agiert ganz offiziell der Gründer der Hamas als Rivale des PLO-Chefs. Das geradezu mystische Charisma, das von dem gelähmten Prediger ausgeht, bewirkt eine massive Meinungsverschiebung zugunsten der Islamisten, und die israelischen Pazifisten müssen zur Kenntnis nehmen, daß sie es nunmehr mit einem Führer zu tun haben, der nicht einmal bereit ist, den jüdischen Staat in seinen Grenzen von 1967 anzuerkennen. Netanyahu seinerseits fällt es nunmehr leicht, den Kompromißlern im israelischen Parlament vorzuführen, auf welch brüchigen Grundlagen der Optimismus der jüdischen Friedenspartei bislang begründet war. So hat sich Sheikh Yassin in seinen ersten öffentlichen Erklärungen gemäßigt geäußert. Unter gewissen Bedingungen will er dem Terrorismus abschwören, ja, er bietet einen Waffenstillstand an, wohlweislich jedoch keine Versöhnung. Damit entspricht Sheikh Yassin der streng koranischen Praxis gegenüber Ungläubigen: Der fromme Muslim darf diesen »Kuffar« eine Waffenruhe, eine »Hudna«, anbieten, aber einen wirklichen Frieden oder »Salam« kann es nicht geben mit einem jüdischen oder christlichen Gegner, der nur einen Fetzen ehemals islamischen Territoriums besetzt hält.

Signale aus dem »Reich des Bösen«

15. Dezember 1997

Die Alarmglocken sollten in Washington schrillen. Da versucht Präsident Clinton mit zunehmend harten Methoden den israelischen Regierungschef Benjamin Netanyahu zum Einlenken gegenüber den Palästinensern zu bewegen. In der Hauptstadt des Golf-Emirats Qatar hat die US-Außenministerin Albright nur eine kümmerliche Wirtschaftskonferenz von ein paar Arabern der dritten Garnitur zusammentrommeln können. Das Pentagon beglückwunscht sich dazu, daß der russische Staatschef endlich die Zusage gemacht habe, er werde keine Nuklear- oder Raketentechnologie mehr in Richtung Iran exportieren, aber zur gleichen Stunde wird bekannt, daß Boris Jelzin erneut in einen Zustand der Lethargie verfallen ist und somit gar nicht in der Lage ist, über die Einhaltung seines Versprechens zu wachen. Die USA stehen mit zwei gigantischen Flugzeugträgern und einer ganzen Armada im Persischen Golf, doch ihr Befehlshaber weiß, daß er dem aufmüpfigen Diktator von Bagdad, Saddam Hussein, allenfalls mit Luftbombardements drohen, ihn jedoch keineswegs in die Knie zwingen kann.

Und in Teheran, der Hauptstadt jener Islamischen Republik Iran, die von Washington immer noch als »Reich des Bösen« angeprangert wird, hat zur gleichen Zeit eine weltweite »Islamische Konferenz« die Repräsentanten von 55 Staaten versammelt, die sich gemeinsam zur koranischen Lehre bekennen. Trotz aller Einschüchterungsversuche aus Washington wurde der Einladung der »Mullahkratie« Folge geleistet. All jene Staaten des Orients, die im Golfkrieg von 1991 noch auf seiten des Präsidenten George Bush gegen Saddam Hussein in den Krieg gezogen waren, haben sich nach Teheran begeben und damit den allzu forsch vorgetragenen Hegemonialplänen Bill Clintons eine Abfuhr erteilt.

Gewiß darf man die Solidarität dieser »Umma«, dieser gewaltigen Masse von mehr als einer Milliarde Muslimen, nicht überschätzen.

Aber welche andere Religion oder Ideologie bringt es heute noch fertig, die führenden Politiker aus so unterschiedlichen Ländern wie Senegal und Nigeria, Indonesien und Bangladesch, Usbekistan und Kasachstan zusammenzubringen? Wer die enge Verbindung zwischen Religion und Staat, die zu den profunden Merkmalen des Islam zählt, jemals in Zweifel stellte, der wurde hier eines Besseren belehrt. Es muß die US-Diplomatie zutiefst schockieren, daß ihre angeblich zuverlässigsten Verbündeten – Kronprinz Abdallah von Saudi-Arabien, Kronprinz Hassan von Jordanien, Yassir Arafat von Palästina, ja Präsident Demirel aus der angeblich laizistischen Türkei – der schiitischen Geistlichkeit Persiens ebenso ihre Aufwartung machten wie der Vizepräsident Ramadan aus dem verhaßten Irak, wie Staatschef Hafez el-Assad von Syrien oder Präsident Beschir aus dem fundamentalistischen Sudan. Die Nachfolger des Ayatollah Khomeini haben auf dieser islamischen Mammutkonferenz eine Art Januskopf vorgezeigt. Auf der einen Seite stimmte der oberste geistliche Führer des Iran, Ayatollah Ali Khamenei, das übliche Kriegsgeschrei gegen US-Imperialismus und Zionismus an. Doch neben ihm schlug der von einer überwältigenden Volksmehrheit gewählte Staatschef Mohammed Khatami, der als weltoffener Pragmatiker gilt, versöhnliche Töne an. Er rief seine Landsleute auf, von den Industriestaaten des Westens nicht nur Technologie und Wissenschaft zu übernehmen, sondern auch Elemente der »zivilen Gesellschaft«.

Wird hier an der Spitze der Mullahkratie ein erbitterter Konflikt ausgetragen? Steuert Persien auf eine dramatische Spaltung seiner obersten Staatsorgane zu? Oder wurde auf der »Islamischen Konferenz« ein Spiel mit verteilten Rollen vorgeführt, um in sämtlichen Lagern der koranischen Weltgemeinde Zustimmung und wachsende Autorität zu gewinnen? Die Rivalität zwischen Khamenei und Khatami soll in keiner Weise wegdiskutiert werden. Aber den mit List und Intrigen vertrauten Ayatollahs kann man unterstellen, daß sie vor allem Verwirrung in das proamerikanische Lager tragen wollten. Diese Rechnung ist bereits aufgegangen.

Die »doppelte Eindämmung«, die Präsident Clinton gleichzeitig gegenüber Bagdad und Teheran praktizieren wollte, droht zum »Papiertiger« degradiert zu werden. Die Europäer fordern nicht nur den »kritischen Dialog«, sondern den Dialog schlechthin. Rußland wird seine guten Beziehungen zu Teheran nutzen, um das hemdsärmelige

Vordringen der amerikanischen Ölmultis im Kaukasus und in Zentralasien abzublocken. Die Volksrepublik China ihrerseits, die unvermeidlich auf die große Kraftprobe mit der amerikanischen Hegemonialmacht im 21. Jahrhundert zusteuert, hat bereits erkannt, welche Manövriermasse sich ihr bei der islamischen Staatenwelt in Zukunft bietet. In Teheran wurde der Lauf der Weltgeschichte noch in keiner Weise verändert, aber es wurden ganz neue Signale gesetzt.

Die Türkei in der EU

12. Januar 1998

Die große Völkerwanderung ist in Gang gekommen. Wie anders kann man das Auftauchen so zahlreicher Schiffe, überfüllt mit kurdischen Flüchtlingen, vor den Küsten Italiens bezeichnen? Das Endziel für die meisten dieser Asylsuchenden heißt Deutschland, wo bereits eine halbe Million Kurden auf diese Verstärkung warten. Das Auslaufen der verrosteten Dampfer aus den anatolischen Häfen konnte ganz bestimmt nicht ohne Wissen der türkischen Behörden stattfinden. Die Banden von Menschenhändlern und Schleppern haben in einer ersten Phase offenbar die Toleranz, wenn nicht die Komplizenschaft der türkischen Polizei- und Zollbeamten genossen. Vielleicht wollte die Regierung von Ankara damit den Europäern und insbesondere den Deutschen heimzahlen, daß die EU sich weiterhin dem Beitritt ihrer Republik verweigert. In Wirklichkeit haben sich Ministerpräsident Yilmaz und der allmächtige Generalstab ins eigene Fleisch geschnitten.

Die ganze Frage der Asylgewährung in den europäischen Staaten muß dringend überprüft werden. Die paar tausend Immigranten der jüngsten Welle werde die Bundesrepublik auch noch überstehen, so mögen manche Philanthropen sagen. Aber jeder Kurde der Türkei ist ein potentieller Asylbewerber. Die politischen und kulturellen Rechte dieser Gruppe sind tatsächlich extrem reduziert, ja, viele ihrer Angehörigen sind in Ostanatolien einer gnadenlosen Repression ausgesetzt. Europa müsste sich also auf eine Einwanderungswelle von mindestens 12 Millionen Verfolgten vorbereiten, sollte die Türkei eines Tages Vollmitglied der Europäischen Union werden.

Die USA haben sich zum hemdsärmeligen Anwalt der türkischen Europakandidatur gemacht. Diese Einmischung sollte sich die Regierung Kohl energisch verbitten. Wenn Bill Clinton einer strategischen Plattform im Nahen und Mittleren Osten bedarf, um seine fragwürdige Politik der »doppelten Eindämmung« gegen Irak und Iran fortzuführen, dann sollte das nicht auf Kosten der europäischen Verbündeten geschehen. Aus Ankara ist jetzt zu vernehmen, die kurdischen Asylbewerber seien in Wirklichkeit Wirtschaftsflüchtlinge, die die ärmlichen Verhältnisse ihrer Heimat gegen die Verlockungen des »goldenen Westens« eintauschen wollen. Aber ganz so elend können sie wohl nicht sein, wenn sie ihren Schleppern 6000 Dollar auf die Hand zahlen, um diese fragwürdige Überfahrt zu erkaufen.

Gewiß, die Europäer haben den Türken gegenüber schwere psychologische Fehler begangen. Sie drängen auf die Wahrung der Menschenrechte, was sie besser den amerikanischen Moralaposteln überließen. Sie applaudieren den Militärs von Ankara, wenn diese mit extrem undemokratischen Methoden gegen die stärkste politische Bewegung des Landes vorgehen, ja dieses Wählerpotential, das ständig zunimmt, allmählich in den Untergrund treiben.

Die Europäische Union hatte es wirklich nicht nötig, ausgerechnet die griechische Teilrepublik Zypern auf die Liste ihrer bevorzugten Beitrittsanwärter zu setzen. Das wird in Ankara zu Recht als Provokation empfunden, denn die Griechen tragen ein gerüttelt Maß Schuld am Entstehen jener »Attila-Linie«, die von der türkischen Armee bezogen wurde. Vor allem hätte man den Türken von Anfang an reinen Wein einschenken müssen. Liegt es denn wirklich im Interesse Kleinasiens, daß es einem kulturell und religiös fremden Nachbarkontinent einverleibt wird? »Im Osmanischen Reich«, so sagen die Refah-Politiker, »waren die Türken die ersten in der gesamten islamischen Welt; jetzt wollen unsere Pseudo-Westler die letzten in Europa werden.«

Kein westlicher Staatsmann bringt offenbar den Mut auf, die Dinge beim Namen zu nennen. Die volle Integration der Türkei würde am Ende bosnische Verhältnisse im Herzen Europas heraufbeschwören. Die jüngsten Randalen verzweifelter junger Nordafrikaner in Frankreich sollten als Warnung dienen.

So, wie die Dinge sich abzeichnen, ist der Kemalismus, das heißt die systematische Ausrichtung der Türkei auf Europa, längst ein Programm der Vergangenheit. Binnen zehn Jahren wird Anatolien wieder eine islamisch ausgerichtete Region sein, oder es versinkt im Bürgerkrieg. Die Konsequenz ergibt sich von selbst. Mit der Absage an eine politische Vollmitgliedschaft darf jedoch keine Verwerfung des Nato-Alliierten Türkei von seiten der Europäer verbunden sein. Die wirtschaftliche Zusammenarbeit kann noch gesteigert werden, und in dieser Hinsicht hat Ankara bislang wirklich keinerlei Anlaß zur Beschwerde. Die Türkei in der EU: Damit würden sich unerträgliche geographische Perspektiven eröffnen. Dann würde Europa im Südosten an den Kaukasus, an Persien, an Mesopotamien grenzen, wo es doch schon auf dem Balkan mit der Erblast nicht fertig wird, die ihm das Osmanische Reich hinterlassen hat.

Operation »Wüstensturm«

9. Februar 1998

Beim Lesen der Alarmnachrichten, die aus Washington und Bagdad eintreffen, fühlt sich der Beobachter um sieben Jahre zurückversetzt. Schon damals hatte der US-Außenminister James Baker seinem irakischen Kollegen Tareq Aziz vier Tage vor Beginn der Operation »Wüstensturm« gedroht: »Wir werden euch ins präindustrielle Zeitalter zurückbomben.« Aber die Allmacht und das Prestige Amerikas sind heute – im Gegensatz zum Februar 1991 – nicht mehr unumstritten. Was war denn das für ein Sieg, der mit gewaltigsten Mitteln über Saddam Hussein errungen wurde, wenn heute alles von vorne begonnen werden muß? Da dieses Mal weder Bodentruppen der USA noch – mit Ausnahme der Briten – kampfbereite Alliierte zur Verfügung stehen, muß sich der amerikanische Verteidigungsminister William Cohen fragen lassen, ob seine Luftwaffe wiederum gewillt ist, 126 645 Einsätze zu fliegen, um 88 500 Tonnen Bomben über Mesopotamien abzuladen.

Im Pentagon gebärdet man sich weit weniger kriegerisch als im State Department. Dem weiblichen Sheriff Madeleine Albright bleibt die undankbare Aufgabe überlassen, bei den diversen arabischen Potentaten eine militärische Mitwirkung zu erbetteln, die sieben Jahre zuvor bereitwilligst gewährt wurde. Bill Cohen hat schon verlauten lassen, daß mit Bomben und Marschflugkörpern allein kein Krieg gewonnen werden kann, daß nicht einmal die geheimnisvollen Giftküchen des irakischen Diktators auf diese Weise nachhaltig zerstört würden. Auch im Orient bleibt die Infanterie die »Königin der Schlachten«. Madeleine Albright sollte ihrerseits als Historikerin wissen, daß bislang noch kein international geächteter Staat lediglich durch Wirtschaftssanktionen in die Knie gezwungen wurde. Aus einer Vielzahl von Gründen hatte George Bush 1991 seinen Landfeldzug gegen den Irak nach knappen 100 Stunden abgebrochen und damit Saddam Hussein, den er als »neuen Hitler« bezeichnete, das Überleben erlaubt. Die USA haben damals die Kurden und die Schiiten des Irak, die sie zum Aufstand gegen ihren Peiniger aufgerufen hatten und die sich schon weiterer Provinzen bemächtigten, der unerbittlichen Rache Saddam Husseins und seiner intakten »Republikanergarde« ausgeliefert. Alle Putsch- und Attentatspläne der CIA sind seitdem kläglich gescheitert. Jetzt soll die ausgemergelte und zutiefst demoralisierte Bevölkerung des Zweistromlandes noch einmal dazu getrieben werden, sich gegen die eiserne, inzwischen voll konsolidierte Herrschaft Saddams aufzulehnen.

Sieben Jahre haben den Untersuchungs-Teams der Vereinten Nationen, den Inspekteuren von Unscom zur Verfügung gestanden, um die verborgenen Produktionsstätten des Irak für Raketen und Massenvernichtungswaffen aufzuspüren und zu vernichten. Wie lange sollen sie denn noch im Sand wühlen und demnächst vielleicht die Paläste des irakischen Präsidenten durchsuchen? Schließlich waren es doch Experten aus den USA – neben diversen anderen Ausländern –, die die Iraker mit diesem Teufelszeug ausgestattet hatten, als es noch galt, mit Hilfe Saddam Husseins die Mullahs von Teheran und die islamische Revolution Khomeinis zu zerschlagen. Im übrigen weiß jeder Chemiker, daß selbst nach einem erfolgreichen Abschluß der Kontrollen die Wiederaufnahme von Giftgasherstellung binnen kürzester Frist stattfinden könnte.

Der Verdacht drängt sich auf, daß die drakonischen Wirtschaftssanktionen, die die Uno auf Drängen Washingtons vor acht Jahren verhängte, um 23 Millionen unschuldige Iraker um ausreichende Nahrung und jede Form von Medikamenten zu bringen, nur deshalb verewigt werden, weil Saddam Hussein sich allen Anschlägen zum Trotz weiterhin behauptet. Die meisten Araber sind ohnehin überzeugt, daß das Exportverbot für Erdöl, das dem Irak jegliche Finanzeinnahmen verwehrt, unter anderem das Ziel verfolgt, eine Überflutung des Weltmarkts mit mesopotamischem Petroleum möglichst lange hinauszuzögern und die Preise für das »schwarze Gold« auf hohem Niveau zu halten.

Doch unlängst war in Washington von einer »doppelten Eindämmung« die Rede, von der Niederhaltung nicht nur des Irak, sondern auch der Islamischen Republik Iran. Damit sollte die »pax americana« im ganzen Nahen und Mittleren Osten garantiert sowie die Friedensstiftung im »Heiligen Land« ermöglicht werden. Diese Illusionen sind geplatzt. Mag sein, daß die Flugzeugträger der U.S. Navy, wenn es zum Schwur kommt, die irakische Industrie vernichten und an Euphrat und Tigris schreckliche Zerstörungen anrichten. Von einem militärischen Präventivschlag gegen Teheran, der unlängst noch so manchen Planern in Washington und Jerusalem vorschwebte, wird sich Bill Clinton nunmehr tunlichst hüten. Im strategischen Gefüge der einzigen Super-Weltmacht USA sind erste Risse sichtbar geworden.

Schwerkranker Zar

6. April 1998

Als donnernde Verkörperung staatlicher Allmacht, als »Jupiter tonans«, so wollte Boris Nikolajewitsch Jelzin sich wohl seinen russischen Untertanen und allen potentiellen Rivalen präsentieren, während er mit absolutistischer Geste seine gesamte Regierungsmannschaft Knall auf Fall entließ und den blassen Lückenbüßer Sergej Kirijenko zum neuen Regierungschef berief. Statt dessen hat der neue Zar Zweifel an seiner politischen Klarsicht, ja an seiner intellektuellen Zurechnungsfähigkeit geweckt. Wieder einmal geht im Kreml das Gespenst einer maroden Autokratie um, daß an der Moskwa kein blutiger Gewaltmensch auftritt und seine internationalen Partner nicht mit Drohgebärden erpreßt.

Im Gegenteil. Beim Besuch Helmut Kohls und Jacques Chiracs hat sich Jelzin als jovialer Gastgeber gezeigt, und sein plumper Versuch, der weltumspannenden amerikanischen Hegemonie eine russisch-deutsch-französische »Troika« entgegenzusetzen, hat weder Washington beunruhigt noch seine Besucher aus Bonn und Paris überzeugt. Mehr denn je erschien der Herrscher aller Russen als schwerkranker Mann, der sich zunehmend in einem internen Machtvakuum bewegt, auch wenn er krampfhaft versucht, immer mehr Kompetenzen an seine Person und sein Amt zu binden. In einem halbwegs normal regierten Staat wäre längst eine heillose Verfassungskrise ausgebrochen. Aber zwischen Smolensk und Wladiwostok wird wohl in ganz anderen Kategorien gedacht und gehandelt. Die Armen werden angeblich immer ärmer, aber sie überleben recht und schlecht, und von Hungerrevolten ist kein Zeichen zu entdecken. Der neuen Nomenklatura von Geschäftemachern und Finanzmagnaten ist es gar gelungen, in ihren zwielichtigen Wirtschaftsimperien eine Parallelordnung herzustellen, von der immer mehr ehemalige Sowjetbürger profitieren. Das riesige Land richtet sich, ohne dem vorausgesagten wirtschaftlichen Kollaps anheimzufallen, in einem rauhbeinigen, fast kriminellen Frühkapitalismus ein, aus dem sich, wie die Optimisten meinen, nach und nach eine neue, halbwegs erträgliche Gesellschaftsform herauskristallisieren wird.

Und dennoch stellt der eurasiatische Koloß ein gigantisches Verwüstungspotential dar. Jelzin ist gewiß nicht der erste Kreml-Gewaltige seit Lenin, dessen Zustand an geistige und physische Paralyse grenzt. Man denke an den endlosen Niedergang Leonid Breschnews, an den todkranken Juri Andropow, an den artikulationsunfähigen Generalsekretär Tschernenko. Doch diese Potentaten des Sowjetsystems waren eingebunden in die strenge Disziplin des Politbüros der KPdSU. Boris Nikolajewitsch hingegen hat einen 35jährigen Ex-Komsomolzen gerufen, einen Niemand, der Sergej Kirijenko heißt. Dieser schmächtige und intellektuell wirkende Unbekannte hatte sich im Schatten des ehemaligen Gouverneurs Nemzow als Experte für Schiffsbau und als geschickter Bankenjongleur erprobt. Jedenfalls tritt die Duma diesem Außenseiter mit Feindseligkeit oder Distanz entgegen. Wenn Kirijenko überhaupt eine Chance hat, sich in seinem Amt zu bestätigen, dann verdankt er das der Drohung Jelzins, das Parlament aufzulösen und die jetzigen Deputierten um ihren Job zu bringen.

In Washington sträuben sich den strategischen Planern unterdessen die Haare bei dem Gedanken, daß die Verfügung über das immer noch gewaltige Nuklearpotential der Sowjetunion nunmehr in der Verfügungsgewalt eines Mannes liegt, dessen öffentliche Auftritte nur durch Aufputschmittel ermöglicht werden und der selbst bei Gipfeltreffen von beklemmenden Bewußtseinsstörungen heimgesucht wird. Es sind auch die Amerikaner, die sich zu Recht Sorge darüber machen, daß die »Rußländische Föderation« noch keine Definition ihrer wirklichen Identität gefunden hat. Die offizielle Nationalhymne sucht noch nach einem allgemein akzeptablen Text, und die Abspaltung der GUS-Republiken hat ein Sammelsurium von ethnischen und religiösen Sonderinteressen innerhalb der reduzierten Staatsgrenzen hinterlassen.

Zwischen Moskau und Washington ist jene an Kumpanei grenzende Gemeinsamkeit, die Gorbatschow vorgegaukelt hatte, wachsendem Argwohn gewichen. Außenminister Primakow hat sich nicht nur im Irak quergelegt, auch auf dem Balkan bremst er die Intentionen Clintons. Rußland kann es einfach nicht hinnehmen, daß die mächtigen Konzerne aus den USA im Kaukasus und in Zentral-asien das Erdöl- und Erdgas-Geschäft rücksichtslos an sich reißen. Die Nato-Osterweiterung erscheint in diesem Zusammenhang nicht so absurd, wie manche deutsche Pazifisten behaupten, verschafft sie doch der Europäischen Union ein strategisches Glacis, ein unent-behrliches Vorfeld gegen Osten, zu einem Zeitpunkt, wo niemand auch nur zu ahnen vorgibt, wer auf Boris Jelzin folgen mag.

Die Zukunft Indonesiens

1. Juni 1998

Fast alle Beobachter Indonesiens sind sich einig, daß der Regentschaft des neuen Präsidenten Habibie keine lange Dauer beschieden sein wird. Dieser quirlige, extrem intelligente Technokrat, der in Deutschland ein brillantes Ingenieurstudium absolvierte, ist mit dem gestürzten Regime Suhartos aufs engste verbunden gewesen. Er war einer der Hauptverantwortlichen für eine verfehlte Wirtschaftspolitik, die mit exzentrischen Experimenten – so der Schaffung einer eigenen Flugzeugindustrie – den südostasiatischen Inselstaat in seine jetzige Finanzmisere getrieben hat.

Die USA hoffen, in Habibie ein williges Ausführungsorgan ihrer Sanierungsvorschriften zu finden. Der Internationale Währungsfonds, dessen Stabilitätspolitik in der gesamten Dritten Welt fragwürdig geworden ist, wird von den Asiaten mehr und mehr als finstere Verschwörungszentrale dämonisiert. Der neue Staatschef Habibie hat, um westliches Wohlwollen zu gewinnen, politische Gefangene freigelassen und vor allem baldige demokratische Wahlen versprochen. Doch die Amerikaner sollten endlich entdecken, daß mit Menschenrechtsideologie sowie mit parlamentarischer Demokratie in den fremden Kulturräumen Asiens im wahrsten Sinne des Wortes »kein Staat zu machen ist«. Aufgrund der mangelnden pluralistischen Strukturen wird der angekündigte Urnengang Indonesiens zur Farce verkommen.

Die Studenten von Djakarta haben Präsident Suharto, den man unlängst noch als den »lächelnden General« beschrieb und der bei aller landesüblichen Korruption und Vetternwirtschaft als großer Erneuerer und Wachstumsförderer gepriesen wurde, zum Rücktritt gezwungen. Diese exaltierten jungen Leute sind natürlich in keiner Weise geeignet, das entstandene Vakuum auszufüllen oder gar Macht auszuüben.

So richten sich die Blicke auf das Militär, das in letzter Instanz über die Zukunft Indonesiens entscheiden wird. Das riesige Inselimperium mit 200 Millionen Menschen treibt ungewissen Turbulenzen entgegen. Die dort lebenden Malaien zeichnen sich im täglichen Leben durch freundliche Umgangsformen aus, aber ganz plötzlich kann sich der zusammengepferchten, darbenden Massen der Hauptinsel Java ein kollektiver Mordrausch bemächtigen, wie das im Jahr 1965 geschah. Damals hatte ein Teil der Armee mitsamt fanatischen Moslemformationen eine Serie von Massakern veranstaltet, denen Hunderttausende zum Opfer fielen. Das Wort »Amok laufen« stammt aus dem malaiischen Wortschatz.

An der Spitze der Streitkräfte profiliert sich heute der Stabschef General Wiranto als Königsmacher, falls er nicht selber nach der höchsten Würde greift. Mit dem Zwischenpräsidenten Habibie, der über keinerlei Rückhalt in der Bevölkerung verfügt, wird er leichtes Spiel haben. Hingegen wird er Rücksicht auf islamische Gruppierungen nehmen müssen, die in den vergangenen Jahren langsam, unauffällig, aber schier unaufhaltsam an Boden gewonnen haben. Hier geht es nicht so sehr um die traditionelle Moslem-Partei »Nahdat-ul-Ulama«, sondern um die starke Bewegung »Muhammadiyah«, die in dem jungen und dynamischen Koran-Lehrer Amien Rais einen charismatischen Sprecher gefunden haben könnte. Amien Rais hat in den USA studiert, aber diese unmittelbare Berührung mit westlicher Bildung haben auch zahlreiche andere muslimische Politiker genossen. Rais hat sich bislang als Mann der Mäßigung hervorgetan, indem er die Konfrontation zwischen Studenten und Soldaten verhinderte und sich auch für den Schutz der chinesischen und der christlichen Minderheit des zu neunzig Prozent islamischen Indonesien aussprach. Auf längere Sicht wird die Frage entscheidend sein, wie sich das Verhältnis zwischen dem Militär und den zunehmend kämpferischen Moslem-Organisationen gestalten wird. Taumelt Indonesien auf türkische, algerische oder sudanesische Verhältnisse zu? fragt man sich bereits. Von den verschwommenen Gründungsidealen der indonesischen Republik, die Ahmed Sukarno, der Vater der Unabhängigkeit, einst proklamierte, von den säkularen Toleranzvorstellungen des »Pancasila«, hat Djakarta längst Abschied genommen, und die Hoffnung mancher amerikanischer Experten, Megawati Sukarnoputri, die Tochter des ersten Staatschefs, könne den Weg zur Demokratie öffnen, entbehrt jeder Substanz.

Zur gleichen Stunde, da Indien seine Atombomben explodieren

läßt und die hinduistische Nationalistenpartei von Delhi mit fünfzig Jahren Verspätung die Abnabelung von der postkolonialen Nehru-Ära vollzieht, findet auch in Indonesien der Bruch mit jenen Modellen statt, die trotz aller Polemik gegen die früheren holländischen Kolonialherren in westlichen Zivilisationsvorgaben wurzelten. Von einer Globalisierung der politischen Kultur kann in dieser Weltgegend nicht mehr die Rede sein.

Amerika und China

29. Juni 1998

Es gibt nur einen Staat auf der Welt, der in der Lage ist, zu den Amerikanern von gleich zu gleich zu sprechen: die Volksrepublik China. Die Einwände gegen diese Behauptung sind bekannt. Das Reich der Mitte ist gerade erst dabei, sich von einem zweihundertjährigen technischen Rückstand und einer oft chaotischen Revolutionsphase zu erholen. Militärisch ist Peking noch meilenweit vom amerikanischen Rüstungsperfektionismus entfernt. Und dennoch, auf einen Krieg mit China kann Washington sich überhaupt nicht einlassen. Wer in Vietnam versagte, würde in den kontinentalen Weiten zwischen Shanghai und Urumqi in eine vorprogrammierte Katastrophe rennen, ganz abgesehen von der Tatsache, daß die Volksbefreiungsarmee heute bereits über nukleare Interkontinental-Raketen verfügt, die bis zu den USA reichen. Die amerikanischen Sinologen haben darüber hinaus errechnet, daß in spätestens zwanzig Jahren die Erben Mao Tse-tungs in jeder Hinsicht mit der westlichen Führungsmacht konkurrieren können.

Die Reise Präsident Clintons in die Republik Jiang Zemins entspricht deshalb einem zwingenden Gebot. Was vor zehn Jahren noch kaum vorstellbar war, ist heute Wirklichkeit geworden: Die große ostasiatische Vormacht heißt nicht mehr Japan oder Rußland, sondern China. Wenn Staats- und Parteichef Jiang Zemin neben Bill Clinton auftritt, dann bewegt er sich unendlich selbstbewußter als der japanische Ministerpräsident Hashimoto, der angesichts des schwindelerregenden Zusammenbruchs des Tokioter Wirtschaftswunders in eine demütige, den eigenen Nationalstolz zutiefst verletzende Bittstellerrolle gedrängt wird.

Bill Clinton wird sich mit seinem Staatsbesuch in Peking viel Ärger im eigenen Land einhandeln. Aber die amerikanischen Leitartikler fragen sich ja bereits, ob die Außenpolitik der USA überhaupt noch im Weißen Haus gemacht wird. In »Gottes eigenem Land« setzt sich eine plutokratische Entscheidungsbildung durch, die von den Interessengruppen des »big business« getragen wird und mit klassischem Parlamentarismus nur noch wenig zu tun hat. Für die Wirtschaftskreise ist entscheidend, daß China im vergangenen Jahr für 63 Milliarden Dollar Güter nach den USA exportierte und nur den Gegenwert von 13 Milliarden von dort importierte.

Zu großen Vertragsabschlüssen wird es zwischen Peking und Washington in absehbarer Zeit wohl nicht kommen. Dennoch wird die Aufnahme Pekings in die Welthandelsorganisation auf Dauer gar nicht zu verhindern sein, und die Begrenzungen des Rüstungsgeschäftes dürften von den großen US-Manipulatoren auf die eine oder andere Weise umgangen werden. Worauf es ankommt, ist die Tatsache, daß eine halbwegs effiziente Kontrolle Nordkoreas nur mit Hilfe Pekings zustande kommen kann und daß die nukleare Proliferation vom indischen Subkontinent nicht auf den Nahen Osten übergreift. Angeblich ist der Bau der pakistanischen Atombombe durch Zulieferungen aus China beschleunigt worden. Käme es zu einer ernsten Konfrontation zwischen den Vereinigten Staaten und dem Reich der Mitte, wäre das Oberkommando der Volksbefreiungsarmee in der Lage, durch eine Begünstigung der Kernspaltungs- und Lenkwaffen-Technologie in der Islamischen Republik Iran oder anderen sogenannten »Schurkenstaaten« das strategische Potential des Pentagons zu zersplittern und den Hegemonial-Anspruch Amerikas als »unentbehrliche Nation« seiner Substanz zu berauben. Schon heute kann Peking jede US-Initiative im UN-Sicherheitsrat durch sein Veto abblocken.

»Allen Widersprüchen zum Trotz fließen unsere Flüsse nach Osten«, hat Jiang Zemin der »Washington Post« erklärt. Mit anderen Worten, China bleibt zum Pazifik orientiert und auf die Vorzugszusammenarbeit mit den USA fixiert. Russen, Japaner und Europäer sind dagegen zweitrangige, ja ohnmächtige Partner. Doch noch ist keineswegs sicher, daß die politische Klasse Amerikas begriffen hat, in welchem präzisen Streitfall eine Verständigung mit Peking völlig ausgeschlossen bleibt. Das Schicksal des nationalchinesischen Inselstaates Taiwan ist der eigentliche Stein des Anstoßes. Wer jemals Gespräche mit hohen Repräsentanten der Volksrepublik geführt hat, hegt keinen Zweifel daran, daß für die neuen Männer in der Verbotenen Stadt alle ökonomischen Vorteile oder etwa die Anerkennung

Chinas als hochrespektiertes Mitglied der »family of nations« gering wiegen werden, falls Taiwan seine Unabhängigkeit proklamieren sollte und die Separation vom Festland konsequent betriebe. Eine Sezession Taiwans würde vom Reich der Mitte mit kriegerischen Aktionen geahndet. In diesem Punkt schickt sich die uralte Führungsmacht Ostasiens an, den Amerikanern und der übrigen Welt zu demonstrieren, wer im Westpazifik mehr und mehr das Sagen hat.

Schamlose Heuchelei

27. Juli 1998

Trotz des Todes von drei katholischen Knaben, die dem Flammenanschlag protestantischer Fanatiker zum Opfer fielen, trotz des unerträglichen Beharrens der sogenannten »Orange-Männer«, ihre provokativen Triumphmärsche fortzusetzen, darf die Hoffnung auf einen politischen Kompromiß in Nordirland nicht aufgegeben werden. Sollte das Abkommen, das der britische Premierminister Tony Blair aushandelte, dennoch am Widerstand des antiquierten konfessionellen Sektierertums scheitern, wäre es schlecht bestellt nicht nur um Irland und Großbritannien, sondern um die Ehre und das Ansehen Europas.

Die zivilisierte Welt hat es hingenommen, daß in Zentralafrika, im »Herzen der Finsternis«, Hunderttausende Tutsi, dann Hutu abgeschlachtet wurden, daß im Kosovo die albanischen Dörfer brennen. Die endlosen Feindseligkeiten hingegen, die tückischen Morde, die in Ulster seit Jahrzehnten andauern, spielen sich in einem Herzland angeblicher europäischer Moralbegriffe und in einem Umfeld ab, das sich auf seine demokratische Tradition und seine politische Gesittung unter dem Union Jack einiges einbilden möchte. Nirgendwo ist so schamlos geheuchelt worden wie in jenem irischen Inselzipfel rund um Belfast, wo eine knappe Mehrheit von 55 Prozent probritischer und protestantischer Unionisten die Minderheit von 45 Prozent nationalirischer Katholiken von jeder politischen Mitbestimmung ausschließen will und stolz auf drei Jahrhunderte ruchloser Unterdrückung zurückblickt.

Im Jahre 1690 hatte am Flüßchen Boyne der protestantische König William aus dem Hause Oranien seinen aus England vertriebenen katholischen Rivalen James II. vernichtend geschlagen. Dieses ferne Ereignis wird alljährlich von den meist aus Schottland zugewanderten »Oraniern« als Bestätigung ihrer gottgewollten Überlegenheit zelebriert. Gewiß, auch die radikale Fraktion der irischen Katholiken

– militärisch in der »Irish Republican Army«, politisch in der Sinn-Fein-Partei organisiert – ist aus hartem Holz geschnitzt. Es gehörte schon einiges dazu, die aus dem Ersten Weltkrieg siegreich hervorgegangene Weltmacht Großbritannien zum Verzicht auf den südlichen, größeren Teil Irlands zu bewegen und der neugegründeten Republik von Dublin Substanz zu verleihen. Heute geht es weiterhin um die Vereinigung der gesamten Insel des heiligen Patrick, zumindest um eine Form von Föderation. Die wutentbrannten »Oranier« von Belfast sind sich bewußt, daß die Zeit gegen sie arbeitet. Die katholische Bevölkerung vermehrt sich dort weit schneller als die protestantische und dürfte bald die Mehrheit bilden.

Man muß Tony Blair zugestehen, daß er als erster britischer Regierungschef versucht hat, den Stier bei den Hörnern zu packen. Er hat eine Volksabstimmung in Nordirland durchgesetzt, in deren Folge erste organische Bindungen zwischen Dublin und Belfast zustande kommen sollen. Seit diesem historischen Kompromiß steht dem ehemaligen »Orange-Man« David Trimble, dem Regierungschef der probritischen Unionisten, der sich zur Mäßigung durchgerungen hat, ein ebenfalls konzilianter katholischer Vizepremier zur Seite. Ob sie sich tatsächlich gegen die Unversöhnlichen in den eigenen Reihen durchzusetzen vermögen, bleibt leider fragwürdig.

Der resolute nordirische Nationalistenführer Gerry Adams behauptet sich weiterhin als der starke Mann der katholischen Republikaner. Er weiß, daß die Zukunft seinen Mannen gehört, seit Maggie Thatcher ihre Regentschaft über Albion abgetreten hat. Heute wirkt sich aus, daß im 19. Jahrhundert eine Welle irischer Katholiken in die USA auswanderte, um dem Hungertod zu entgehen. Englische Truppen bewachten damals die Getreidespeicher auf der Grünen Insel und betrieben die gezielte Dezimierung dieser »papistischen Rebellen«. In ihrer neuen Heimat jenseits des Atlantiks sind die irischen Immigranten zu einer der mächtigsten »pressure groups« geworden. Selbst in England, wo man den Terroristen der »Irish Republican Army« jede Schandtat zutraut, dürfte die Mehrheit der Bevölkerung allmählich die Unhaltbarkeit der Zustände in Ulster erkannt haben, auch wenn die ganze Schändlichkeit dieses Sektenkriegs von den dortigen Medien heruntergespielt wurde. Die Republik Irland, der südirische Teilstaat von Dublin, ist zudem volles Mitglied der EU geworden, und im Schatten der blauen Europa-Fahne hat sich auf der Insel des heiligen Patrick ein sensationeller wirtschaftlicher Aufschwung vollzogen. Im Gegensatz zu Großbritannien ist Dublin mit Begeisterung der Europäischen Währungsunion beigetreten. Er ist wirklich höchste Zeit, daß die Beilegung des Ulster-Konflikts zur vordringlichen Sache Europas deklariert wird. Es ist erbärmlich genug, daß in Bosnien und im Kosovo die US-Amerikaner als einzig ernstzunehmende Vermittler auftreten und die Brüsseler Staatengemeinschaft dort in geschwätziger Ohnmacht verharrt.

Erschütterte amerikanische Allmacht

24. August 1998

Die fundamentalistischen Terroristen, die in Nairobi und Daressalam die amerikanischen Botschaften sprengten, haben Bill Clinton – ohne es zu wollen – einen großen Dienst erwiesen. Der amerikanische Präsident stand im Begriff, durch die unsägliche Lewinsky-Affäre gedemütigt, ja politisch gelähmt zu werden. Sogar seine Amtsenthebung war nicht auszuschließen. Aber nun wurde ihm eine glaubwürdige Gelegenheit geboten, Tatkraft zu beweisen.

Natürlich werden die Querelen um die Vorgänge im sogenannten »oral office« des Weißen Hauses in absehbarer Zeit wieder an die trübe Oberfläche kommen. Aber Clinton hat Zeit gewonnen. Am Rande vermerkt sei die Filmsatire »Wag the dog – Mit dem Hund wedeln«, die in Hollywood vor einiger Zeit produziert wurde. Sie zeigt einen durch erotische Affären bedrängten Präsidenten, der sich durch die Entfesselung eines im Fernsehen gesendeten Computerkrieges gegen Albanien aus seinen privaten Verstrickungen löst. Die Wirklichkeit übertrifft manchmal die Einfallsfreude von Filmproduzenten. Doch die Sprengstoffattentate in Ostafrika waren nicht elektronisch simuliert, und der Vorwurf, Clinton habe lediglich von seiner Meineidanklage ablenken wollen, trifft nicht unbedingt ins Schwarze.

Nun zur militärischen Aktion selbst. So verständlich der Versuch des Pentagons erscheint, die Ausbildungslager des ominösen Verschwörers Osama bin Laden auszuschalten, so zweifelhaft klingen die Argumente, die die Vernichtung einer Fabrik für Chemikalien und Pharmazeutika nördlich der sudanesischen Hauptstadt Khartum rechtfertigen sollen. Glaubt man in Washington wirklich, daß die Sudanesen in einem weithin sichtbaren Gebäudekomplex Nervengas für terroristische Einsätze produzieren?

Was die Marschflugkörper betrifft, die vom Indischen Ozean in die afghanische Felswüste rund um Khost abgefeuert wurden, so haben sie ihr wichtigstes Ziel, Osama bin Laden, verfehlt. Es ist bezeichnend für die Verworrenheit der US-Außenpolitik, daß man zunächst mit Hilfe Pakistans und der CIA den Steinzeit-Islamisten der Taliban-Bewegung zum Sieg über ihre Gegner verholfen hatte in der Hoffnung, mit ihrem Segen den Erdöl- und Erdgasreichtum Zentralasiens unter Umgehung Irans an die pakistanischen Häfen des Indischen Ozeans zu schleusen. Washington hatte einen zusätzlichen, höchst unmoralischen Deal mit den »Koranschülern« angepeilt, obwohl diese Fanatiker sämtliche vom Westen zelebrierten Menschenrechte mit Füßen treten. Außenministerin Madeleine Albright hatte offenbar den Taliban die internationale Anerkennung durch die USA zugesagt, falls sie den Terroristenführer Osama bin Laden ausliefern würden. Es gehörte viel Naivität dazu, dem obersten Taliban Kommandeur, dem gefürchteten Mullah Mohammed Omar, die Bereitschaft zum Verrat an seinem saudischen Weggefährten zu unterstellen.

Es sind keine amerikanischen Kampfflugzeuge gegen Sudan und Afghanistan gestartet, weil man das Leben der Piloten nicht aufs Spiel setzen wollte. Hier wird die Achillesferse der letzten Weltmacht sichtbar. Und der kluge Kommentator William Pfaff äußerte noch unlängst den Verdacht, daß der »Sieg« der USA im Kalten Krieg eine Art Größenwahn entfacht habe. Nur sei in den USA kaum jemand bereit, auch die Blutopfer zu leisten, die mit einem solch imperialen Anspruch einhergehen. Die Behauptung Pfaffs wird durch die Tatsache erhärtet, daß die US-Botschaften in Islamabad, in Kairo, in Tirana geradezu fluchtartig geräumt wurden. Auch am Persischen Golf ist offenbar eine amerikanische Rückzugsbewegung im Gang. Sie gipfelt in dem Rat Madeleine Albrights an den Unscom-Chef Richard Butler, seine Suche nach versteckten Waffenprojekten im Irak nicht zu forcieren, Saddam Hussein nicht unnötig zu provozieren; schließlich seien die Sanktionen gegen Bagdad eine Angelegenheit der Vereinten Nationen und nicht der USA.

Der amerikanische Überraschungsschlag wird die diskrete Zustimmung all jener islamischen Machthaber finden, die sich selbst vor der fundamentalistischen Massenbewegung fürchten. Die breite Bevölkerung hingegen wird sich kaum beeindrucken lassen, sondern verstärkt den Eindruck gewinnen, daß es wieder einmal Muslime sind, die den amerikanischen Präzisionswaffen zum Opfer fallen. Zumindest der US-Verteidigungsminister William Cohen ist sich voll bewußt, daß er es nun nicht mehr mit klar definierbaren, feindlichen Regierungen und sogenannten »Schurkenstaaten« zu tun hat, sondern mit effizienten Geheimorganisationen, mit einer »grünen Legion«, der noch manche Eskalationsmöglichkeiten – etwa toxische oder bakteriologische Verseuchung – zur Verfügung stehen, um die amerikanische Allmacht zu erschüttern.

Bill Clinton hat seine Chance trefflich genutzt, aber er sollte sich nicht voreilig in Sicherheit wiegen. Sobald die amerikanische Hochstimmung abgeklungen ist, dürfte das Rachegespenst der Monica Lewinsky wieder das Weiße Haus heimsuchen.

Die Gier nach Erdöl

21. September 1998

Nach offiziellen Meldungen hat die Islamische Republik Iran 270 000
Soldaten im Grenzgebiet zu Afghanistan konzentriert – eine gewaltige Streitmacht für diesen unwirtlichen, wüstenähnlichen Raum.
Eine Manöverberichterstattung vermittelt Bilder von endlosen Panzerkolonnen und massiven Fallschirmabsprüngen. Für Teheran geht
es dabei nicht nur um die Rächung von acht iranischen Diplomaten,
die von den afghanischen Taliban ermordet wurden. Der Regierung
von Pakistan soll zu verstehen gegeben werden, daß sie das Maß ihrer
Expansionsbestrebungen überschritten hat.

Die »Koranschüler« oder Taliban haben nach ihrem Blitzfeld-
zug des vergangenen Jahres fast 90 Prozent Afghanistans unter ihre
Kontrolle gebracht. Sie praktizieren eine extrem fanatische Form
des Islam. Es sind denn auch – neben den ethnischen, strategischen
und wirtschaftlichen Rivalitäten – wieder einmal konfessionelle Gegensätze, die in unserer angeblich voll globalisierten Welt eine entscheidende Rolle spielen.

Die Machtergreifung der Taliban, ihre unerwartete Eroberung Ka-
buls und ihr Vormarsch bis zur ehemaligen Südgrenze der Sowjetunion illustrieren eines der zynischsten Kapitel im Kampf um Einfluß und Profit in Zentralasien, in jenem »great game«, das sich
hier Teheran und Islamabad, darüber hinaus aber auch Washington
und Moskau liefern. Die Koranschüler, deren »Steinzeit-Islam« die
Frauen Afghanistans ihrer elementaren Menschenrechte beraubt
und die gesamte Bevölkerung in die Zwangsjacke eines pseudokora-
nischen Obskurantismus zwingt, sind nämlich nicht nur von den pakistanischen Geheimdienstexperten ausgebildet, bewaffnet und militärisch beraten worden: Die Regierung von Islamabad war daran
interessiert, mit Hilfe des kriegerischen Volkes der Paschtunen, das
sich stets als Führungsrasse Afghanistans gebärdete, dem Bürger-
kriegschaos an ihrer Nordgrenze ein Ende zu setzen. Aber die Militärs

von Islamabad hätten sich niemals in ein solches, möglicherweise selbstmörderisches Abenteuer am Hindukusch eingelassen, wenn nicht ausgerechnet Washington zu dieser Einmischung ermutigt und Saudi-Arabien den Feldzug finanziert hätte.

Der US-Nachrichtendienst CIA ist nicht davor zurückgeschreckt, jene Horden der Taliban, die alle westlichen Vorstellungen von »human rights« und Demokratie mit Füßen treten, die Herrschaft über Afghanistan zuzusprechen und die GUS-Republiken Tadschikistan, Usbekistan und Turkmenistan zutiefst zu verschrecken. Natürlich geht es um Petroleum und Erdgas, um ungeheure Bodenschätze, die die gierigen Öl-Konzerne aus den USA dem Zugriff der verhaßten Mullahkratie Irans, aber auch der postkommunistischen Machthaber im Moskauer Kreml entziehen und zu ihren eigenen Gunsten aktivieren möchten. Wieder einmal förderte Washington – nachdem es mit seinen ehemaligen Günstlingen Saddam Hussein und Laurent-Désiré Kabila Schiffbruch erlitten hatte – das Entstehen eines neuen Frankenstein-Monstrums, nämlich der Taliban-Miliz, um seine finanziellen Interessen mit den Methoden eines rüden »Wildwest-Kapitalismus« durchzusetzen. Die Taliban sollten Ruhe und Ordnung in Afghanistan schaffen, damit über eine amerikanisch finanzierte Pipeline das schwarze Gold der GUS-Staaten an die pakistanischen Häfen des Indischen Ozeans strömen möge. Dabei scherte man sich nicht darum, daß die US-Firma Unocal, die die Ausführung des Projektes an sich gerissen hatte, ihre Geschäftsstelle in der südafghanischen Stadt Kandahar aufschlug, fast in Sichtweite der befestigten Residenz eines gewissen Osama bin Laden, ebenjenes arabischen Terroristen, der nach den Anschlägen von Nairobi und Daressalam als gefährlichster Feind Amerikas plakatiert wird.

Für die persischen Schiiten geht es nicht nur darum, diese skrupellosen Pläne zu durchkreuzen, sondern auch die Knechtung, ja Ausrottung ihrer Glaubensbrüder in Afghanistan durch die sunnitischen Taliban zu verhindern. Persien hat am Hindukusch stets einen beherrschenden kulturellen Einfluß ausgeübt, ja unter Nadir Schah dieses schwierige Gebirgsland seinem Reich einverleibt. Heute kann die Islamische Republik Iran ohne großes Risiko die Muskeln spielen lassen. Zwischen Moskau und Teheran ist eine Zweckallianz entstanden, und die persischen Revolutionswächter werden von den Russen mit modernstem Kriegsgerät ausgestattet. Für Rußland geht es darum, den religiös motivierten Bürgerkrieg, der bereits in der Republik Tadschikistan tobt, nicht auch noch auf die anderen zentralasiatischen Nachfolgestaaten der Sowjetunion übergreifen zu lassen.

Die Gier nach Erdöl hat Amerika in eine ziemlich ausweglose Lage getrieben. Gegenüber Moskau ist Washington mit seiner Schützenhilfe für die Taliban auf Konfrontationskurs gegangen. Die iranischen Streitkräfte erweisen sich als ernstzunehmender militärischer Faktor, und Pakistan, das unlängst die erste »islamische Atombombe« zündete, wird durch interne Spannungen ethnischer und sektiererischer Natur an den Rand des Abgrunds gedrängt.

Droht nach einem Hauch von Frühling eine neue Eiszeit im Iran?

18. Oktober 1998

Der iranische Staatspräsident Mohammed Khatami hat sich vielleicht zu weit vorgewagt und seinen Einfluß in Teheran überschätzt. Wie hatte der Westen doch aufgeatmet, als dieser hohe Kleriker des schiitischen Gottesstaates, der so freundlich zu lächeln versteht und als moderater, fast liberaler Politiker gilt, gegen den unerbittlichen Parlamentspräsidenten Nateqe Nuri mit 70 Prozent der Stimmen im Sommer 1997 die Wahl gewann!

Sayyed Mohammed Khatami, der den schwarzen Turban der Prophetenabkömmlinge trägt, hat in der ersten Phase seiner Amtszeit für mehr Freiheit im Innern und für Öffnung nach außen gestritten. In seinem Werben um Sympathie in den USA war er so weit gegangen, die Tugenden der amerikanischen Pilgerväter zu loben, dem verfolgten Gottesfrevler Salman Rushdie Sicherheit vor iranischen Morddrohungen zu versprechen und sogar einen »Dialog der Religionen« anzudeuten, der mit dem islamischen Anspruch, das Siegel der Offenbarung zu besitzen, kaum zu vereinbaren ist.

In den vergangenen Monaten und Wochen ist dieser versöhnliche Staatschef der Islamischen Republik Iran unter heftigen Beschuß geraten. Der harte Flügel der persischen Mullahs, die in der Vereinigung des »kämpfenden Klerus« zusammengefaßt sind, hat die engsten Vertrauten Khatamis, darunter den beliebten Teheraner Bürgermeister Karbastschi, unter schweren Druck gesetzt. Dem deutschen Kaufmann Hofer, der selbst nach koranischem Gesetz frei ausgehen müßte, droht der Strang wegen eines angeblichen Sittenvergehens. Verschiedene regimekritische Publikationen wurden verboten, und von oberster geistlicher Instanz wurde verkündet, daß die Fatwa des Ayatollah Khomeini, die Salman Rushdie traf, nicht widerrufbar ist.

Schon fragen sich die iranischen Intellektuellen, die nach Emanzipation strebenden Frauen, viele Jugendliche, die der religiösen Prüderie überdrüssig sind und Mohammed Khatami zum Wahlsieg verhalfen, ob das Rad der islamischen Revolution zurückgedreht wird, ob eine neue Zeit extremer Glaubensstrenge nach Maßgabe des höchsten Revolutionsführers Ali Khamenei über Persien hereinbricht. Wie lange wird Khatami sich behaupten können in einer Periode akuter Kriegsvorbereitung, deren massive Drohgebärden sich gegen die afghanischen Taliban und deren Hintermänner richten?

Wieder einmal macht die Islamische Republik Iran Front gegen den »großen Satan USA«, als habe es in der Zwischenzeit nicht eine Fülle von Geheimkontakten, ja sogar Waffengeschäfte und unlängst sportliche Begegnungen gegeben. Die islamischen Revolutionäre, deren Gottesstaat von den Amerikanern als »rogue state« – als Schurkenstaat – angeprangert wurde, sind sich wohl bewußt, daß im Washingtoner Kongreß die Stunde für eine Versöhnung noch längst nicht geschlagen hat. Sie erinnern sich daran, daß der Irak Saddam Husseins mit dem Segen Amerikas einen achtjährigen Angriffskrieg gegen Iran geführt hatte und daß US-Spezialisten dem Diktator von Bagdad zur Seite standen, als die Gegenoffensive Khomeinis in Giftschwaden erstickte und perfektionierte Scud-B-Raketen über Teheran niedergingen. Iran leidet weiterhin unter der Boykott- und Sanktionspolitik und sieht sich systematisch von Ausbeutung und Transport der Erdöl- und Erdgasvorkommen rund um das Kaspische Meer ausgeschlossen. Als tödliche Herausforderung haben die Verantwortlichen von Teheran die geheimen Aktivitäten der Amerikaner in Afghanistan empfunden. Die Steinzeit-Islamisten der Taliban-Bewegung haben ihren siegreichen Blitzkrieg nicht nur mit Hilfe pakistanischer Offiziere und saudischer Finanziers durchführen können. Die entscheidende Unterstützung dieser angeblichen »Koranschüler«, deren Willkür-Regime in schiere Barbarei ausgeartet ist, kam vom amerikanischen Nachrichtendienst CIA. Für die Ölkonzerne aus USA ging es darum, das »schwarze Gold« der ehemaligen Sowjetrepubliken in Zentralasien unter Umgehung Rußlands und Persiens über die afghanische Trasse einer Pipeline Herat–Kandahar nach Pakistan und an den Indischen Ozean umzuleiten.

Präsident Clinton fühlt sich nicht bemüßigt – vielleicht war er dazu auch gar nicht in der Lage –, die Avancen Khatamis wohlwollend zu erwidern. Ein ganzer Katalog von Forderungen wird vom Washingtoner Kongreß den Persern entgegengehalten. Iran soll jeder Form von Terrorismus feierlich abschwören und sich zum westlichen Begriff der Menschenrechte bekennen. Auf die Herstellung von Massenvernichtungswaffen muß Teheran verzichten und sich diesbezüglich internationalen Kontrollen unterwerfen. Vor allem sollen die Mullahs den Friedensprozeß zwischen Israeli und Palästinensern gutheißen und begünstigen. Damit verlangt Washington die Preisgabe der schiitischen Hisbollah-Miliz im Südlibanon, was den Persern vollends unzumutbar erscheint, nachdem Präsident Bush schon 1991 nach der voreiligen Beendigung des Golfkrieges die aufständischen Schiiten des Südirak der intakten Republikanergarde Saddam Husseins ans Messer geliefert hatte.

Das Mißtrauen in Teheran sitzt tief gegenüber einer Weltmacht, deren Petroleumgesellschaft Unocal ihre Niederlassung in der südafghanischen Taliban-Hochburg Kandahar in Sichtweite jenes festungsähnlichen Gebäudes installierte, in dem ein gewisser Osama bin Laden sein Hauptquartier besaß. Der Zynismus hat viele Gesichter. Iran, das zwischen Tadschikistan, dem Libanon und dem Golf die Rolle einer regionalen Vormacht anstrebt, hat mit seinem freundlichen Präsidenten Khatami und dessen behutsamer Annäherung an den Westen geringen Erfolg geerntet.

Jetzt wendet sich offenbar wieder das Blatt. Eine Viertelmillion iranischer Soldaten und Revolutionswächter setzten die Taliban unter Druck. Ob Khatami im Amt verbleibt oder gestürzt wird, ist leider nur noch eine Frage der diplomatischen Opportunität.

Amerika bläst zum Halali

16. November 1998

Es ist wieder einmal soweit. Amerika bläst zum Halali gegen Saddam Hussein. Dem Diktator wird vorgeworfen, daß er den Untersuchungsmannschaften von Unscom, die seit nunmehr acht Jahren den Irak nach Massenvernichtungswaffen und Raketen durchsucht haben, jede weitere Tätigkeit untersagt. Saddam Hussein, so empören sich die transatlantischen Medien, trete alle Abmachungen mit Füßen und erweise sich einmal mehr als »Schurke«. Aber hatte man von diesem Gewaltmenschen, den George Bush einst mit Hitler verglich, etwa erwartet, daß er gefügig auf dem Tugendpfad wandeln würde, den man ihm aus Washington vorschrieb?

Die irakische Bevölkerung, die unter der Blockadepolitik der USA unendlich gelitten hat, mußte angesichts der restriktiven, ja schikanösen Auslegung des Teilabkommens »Öl für Nahrung« an der Zukunft des eigenen Landes verzweifeln. Der Herrscher über Mesopotamien und seine Führungsmannschaft hingegen leiden keinen Mangel, und die Unterversorgung der irakischen Krankenhäuser kontrastiert mit den Palästen, die sich der Tyrann in dieser Zeit äußerster Not errichten ließ. Es gehörte einige Naivität dazu, ausgerechnet von Saddam Hussein zu erwarten, daß er sich durch die bedingungslose Akzeptanz des UN-Diktats einer Destabilisierung seines eigenen Regimes aussetzen würde. Selbst die durchaus demokratischen Regierungen der Weimarer Republik, die durch den Vertrag von Versailles zu demütigenden Rüstungsbeschränkungen gezwungen worden waren, hatten in den zwanziger Jahren den Aufbau einer »Schwarzen Reichswehr« begünstigt und ihre verbotenen Panzer und Kampfflugzeuge in der Sowjetunion produzieren lassen.

Zudem weiß der irakische Staatschef, daß es den Amerikanern längst nicht mehr darauf ankommt, die letzten kümmerlichen Bestände an chemischen oder bakteriologischen Waffen auszumerzen, über die Irak noch verfügen mag und die selbst nach totaler Vernichtung in kürzester Frist mit bescheidenem Aufwand wieder fabriziert werden könnten. Die USA haben durch die offizielle Finanzierung und Bewaffnung innenpolitischer Gegner Saddams zu erkennen gegeben, daß sie in Wirklichkeit auf den Sturz des Regimes und die Liquidierung ihres Todfeindes hinarbeiten. Für den Iraker geht es um Sein oder Nichtsein. Deshalb wird er den Einschlägen von Marschflugkörpern und Flugzeugbomben, die er in seinem Bunkersystem überleben dürfte, gelassen entgegensehen.

Rüstungsfabriken, die die »Cowboys« von Unscom in acht Jahren nicht entdecken konnten, geben keine brauchbaren Ziele für die U.S. Navy ab. Also will Bill Clinton die Befehlszentralen der irakischen Armee und vor allem jene Republikanergarde vernichtend treffen, die im Golfkrieg von 1991 seltsamerweise verschont blieb. Diese Absicht wurde jedoch so deutlich verkündet, daß die Elitetruppe Saddams inzwischen über das ganze Land verstreut sein dürfte. Am Ende wird wieder die Zivilbevölkerung das Opfer der US-Vergeltungsschläge sein.

Beim Abbruch seiner Bodenoffensive zu Beginn des Jahres 1991 war Präsident Bush vor allem daran gelegen, das Auseinanderbrechen der Arabischen Republik Irak in einen kurdischen Nordteil, ein sunnitisch-arabisches Zentrum und einen schiitischen Separatstaat im Süden Mesopotamiens zu verhindern. Auch heute hält Washington am territorialen Status quo fest. Ein schiitisches Staatswesen im Umkreis von Basra käme den verhaßten Mullahs von Teheran zugute, während eine Verselbständigung der Kurden im Norden die türkische Armee zum massiven Einmarsch, ja fast zur Annexion dieser erdölreichen Region zwingen könnte, um das Übergreifen des kurdischen Unabhängigkeitsanspruches auf Ostanatolien zu verhindern.

In Ankara hat der Generalstab mit Argwohn die Manöver der CIA in Irakisch-Kurdistan beobachtet und ein türkisches Mitspracherecht in diesem Raum durchgesetzt. Seit der syrische Staatschef Hafez el-Assad durch ein türkisches Ultimatum gezwungen wurde, seine Unterstützung für die kurdische Aufstandsbewegung PKK einzustellen, seit Ankaras Zusammenarbeit mit Israel fast die Form einer Allianz angenommen hat, lassen die Erben Atatürks die Muskeln spielen. Auch Iran stellt mit Genugtuung fest, wie Amerika sich zu einem Offensivabenteuer verleiten läßt, das die Kräfteverhältnisse im gesamten Orient zu erschüttern droht. Wer glaubt schon, daß auf Saddam, wenn seine Liquidierung gelänge, ein menschenfreundlicher Demokrat folgen würde? Unterdessen wird Israel unter Druck gesetzt, damit es den Palästinensern Konzessionen macht und Washington cin paar Sympathiepunkte bei den Arabern sammeln kann. Doch Netanyahu wird sich nicht manipulieren lassen. Mit der gebotenen Diskretion hat sogar die Europäische Union ihre Mißbilligung angedeutet gegenüber den Drohgebärden eines US-Präsidenten, der offenbar die Demütigungen seiner gerade noch verhinderten Amtsenthebung durch kriegerischen Lorbeer kompensieren möchte.

Wer spricht offen mit den Türken?

14. Dezember 1998

Als glorreich kann man das Verhalten der deutschen Regierung und Justiz im Falle des Kurdenführers Abdullah Öcalan wahrhaftig nicht bezeichnen. Da hatten eifrige Richter einen Haftbefehl gegen diesen Partisanen-Kommandeur erlassen, der sich gern mit Stalin vergleichen ließ und auch in Deutschland angeblich Blutspuren hinterlassen hatte. Als jedoch dieser Erzfeind der türkischen Republik in Rom auftauchte, war der Mut der deutschen Behörden verschwunden. Unter Berücksichtigung höherer staatlicher Interessen verzichteten sie auf die Auslieferung Öcalans, was juristisch erlaubt ist, aber ein fragwürdiges Licht auf die internen Verhältnisse der Bundesrepublik wirft.

500 000 Kurden leben in Deutschland. Davon sind ungefähr 15 000 Aktivisten militant für die PKK, die Kurdische Arbeiterpartei Öcalans, tätig, obwohl diese Organisation offiziell verboten ist. Dazu gesellen sich etwa 50 000 Sympathisanten. Die Ermittlungsbeamten wissen überdies, daß sich die große Mehrzahl dieser türkischen Staatsangehörigen kurdischer Abstammung und Sprache der Erpressung und Nötigung durch die PKK ausgesetzt sieht. Nach der Ankunft Öcalans in Rom sind mehrere tausend Kurden auf die Straße gegangen, um für »Apo«, ihren väterlichen »Onkel«, zu demonstrieren, was wiederum regierungstreue nationalbewußte Türken in Deutschland zu Gegenkundgebungen veranlaßte. Der Bonner beziehungsweise der Berliner Republik wurde bei dieser Gelegenheit bescheinigt, wie weit die deutsche Souveränität auf eigenem Territorium angesichts einer importierten Bürgerkriegsperspektive bereits lädiert wurde.

Den türkischen Streitkräften ist es gelungen, in Südostanatolien die PKK-Aufständischen in eine militärisch aussichtslose Lage zu drängen. Aber die Guerilla dürfte noch lange andauern. Die Regierungen und vor allem die mächtige Generalität von Ankara haben die Existenz einer kurdischen Nationalität stets negiert und verweigern den 12 bis 14 Millionen Kurden in der Türkei Autonomie.

Die Unversöhnlichkeit der Erben Atatürks in diesem Konflikt ist auf breite internationale Kritik gestoßen. Tatsächlich sind zahllose Kurdendörfer zerstört und geräumt worden. Offiziell wurden bei den Kämpfen und Überfällen auf beiden Seiten 30000 Menschen umgebracht. Von westlicher, vor allem von deutscher Seite ist immer wieder behauptet worden, kulturelle Zugeständnisse an die Kurden innerhalb der garantierten Grenzen des türkischen Staates böten eine Lösungschance. Die Wirklichkeit sieht weniger harmlos und kompromißfähig aus. Die PKK strebt ganz eindeutig die Schaffung eines separaten kurdischen Nationalstaates an. Damit wäre die territoriale Auflösung der derzeitigen Republik von Ankara besiegelt. Die Tatsache, daß einige Millionen Kurden außerhalb ihres eigentlichen Siedlungsgebietes über das ganze Land verstreut leben, macht jede deutliche Abgrenzung zwischen beiden Völkern vollends illusorisch. So erklärt sich, daß die Türkei der Schaffung bosnischer Verhältnisse im eigenen Land mit allen, auch den radikalsten Mitteln vorzubeugen sucht.

Nun soll ein internationaler Gerichtshof einberufen werden. Der Kurdenführer hat sich damit sogar einverstanden erklärt, fordert aber, daß nicht nur sein persönliches Schicksal, sondern vor allem die Tragödie des kurdischen Volkes zum Thema der Anklage gemacht werde. Zusätzlich verspricht er Enthüllungen über das Attentat gegen Papst Johannes Paul II. und die Ermordung des schwedischen Regierungschefs Olof Palme.

Offenbar ist Abdullah Öcalan, der bislang nur als brutaler Killer auftrat, von geschickten Beratern umgeben. Ihm schwebt der Werdegang des Palästinensers Yassir Arafat als Beispiel vor. Seinem marxistisch-leninistischem Credo hat »Apo« bereits abgeschworen.

Unterdessen geht die Abwanderung kurdischer Flüchtlinge in Richtung Europa und insbesondere Deutschland weiter. Die neue deutsche Regierung Schröder, die sich während des Wahlkampfes in humanitären Proklamationen großzügiger Asylbereitschaft erging, wird plötzlich von der harten Realität eingeholt. Kaum ein deutscher Politiker brachte bisher den Mut auf, das wirkliche Hindernis beim Namen zu nennen, das sich der vollgültigen Aufnahme Ankaras in die EU entgegenstellt. Würde den Türken das freie Niederlassungsrecht in Europa gewährt – in Ankara wird das ganz offen zugegeben –, dürfte sich binnen weniger Monate ein Strom von 5 bis 10 Millionen Anatoliern über die Bundesrepublik ergießen. Aber es ist wohl viel publikumswirksamer, auf dem diplomatischen Parkett heuchlerische Zusicherungen abzugeben, die zu Recht erbosten Türken an der Nase herumzuführen, statt ihnen in aller Freundschaft und Kooperationsbereitschaft reinen Wein einzuschenken.

Im Land der Skipetaren

10. Januar 1999

In den trostlosen Straßen der albanischen Hauptstadt Tirana sucht man vergebens nach flammenden Bekenntnissen der Solidarität mit den völkischen Brüdern des Kosovo. Allenfalls ein paar Inschriften »UCK«, das Signum der »Befreiungsarmee von Kosovo«, deuten an verbröckelnden Mauern auf den Partisanenkrieg jenseits der nordöstlichen Grenze hin. Statt dessen ist die ganze Republik Albanien mit Banderolen zur Feier des moslemischen Fastenmonats Ramadan geschmückt, und auch das eben begangene christliche Weihnachtsfest wird im Zeichen interkonfessioneller Toleranz erwähnt.

So gering erscheint auf den ersten Blick das patriotische Engagement der Skipetaren, daß der amtierende Staatspräsident Rexhep Meidani, der sich durch hohen Bildungsstand und westliche Urbanität von vielen seiner Landsleute unterscheidet, mutmaßen kann, im Fall eines Referendums über den eventuellen nationalen Zusammenschluß zwischen der Republik Albanien und dem Kosovo sei nicht mit einer bejahenden Mehrheit zu rechnen.

Und dennoch lastet der Partisanenkrieg der UCK gegen die serbischen Streitkräfte, der sich – nur 150 Kilometer Luftlinie von Tirana entfernt – auf dem Amselfeld abspielt, wie ein Alptraum über der gesamten Region. Wer – vom nördlichen Verwaltungssitz des ehemals osmanischen Paschalik Shkoder kommend – die einzige halbwegs benutzbare Piste befahren will, die über Haarnadelkurven, unsägliche Schlaglöcher und Schneeverwehungen nach Kokes und dann zur Grenze der jugoslawischen Föderation führt, muß sich mit schwerbewaffneter Eskorte auf den Weg machen. Im äußeren Nordosten Albaniens hat dieses abgekapselte Land zu angestammter Wildheit der untereinander verfeindeten Clans zurückgefunden, die sich als Wegelagerer betätigen und jeden fremden Eindringling ausplündern. Selbst die Flüchtlinge aus dem Kosovo sind bei den in schrecklicher Armut lebenden Nordskipetaren keineswegs willkommen. In diesen rauhen Außenprovinzen ernährt man sich seit der Diktatur Enver Hodschas fast ausschließlich von Bohnensuppe und empfindet nur Mißgunst gegenüber den gestrandeten Kosovaren, denen es unter der Herrschaft Titos sehr viel besser ging, die gelegentlich auch nach einem Stück Fleisch verlangen und dann von internationalen Behörden betreut werden. Die in Tirana regierende sozialistische Partei des jungen Ministerpräsidenten Majko rekrutiert ihre Anhängerschaft überwiegend im Süden der Republik, was vielleicht ihre mangelnde Einwirkungsmöglichkeit in den nördlichen Randzonen erklärt. Im Kosovo selbst wird das behutsame Taktieren Ibrahim Rugovas, des im Westen hoch angesehenen Scheinpräsidenten der dortigen Albaner, als töricht und schädlich für die nationale Sache bewertet.

Rugova, ein poetisch veranlagter Intellektueller, der sich – so surrealistisch das klingen mag – als »balkanischer Gandhi« profilieren wollte, bemühte sich bis zum bewaffneten Aufstand der UCK um eine flexible Koexistenz mit dem serbischen Nationalisten Slobodan Milosevic. Er hatte sich damit abgefunden, daß eine albanische Parallelverwaltung im Kosovo ihr illegales Schul- und Sozialwesen organisierte, statt die Verwicklung der serbischen Hauptmacht in den Bosnien-Feldzug zu nutzen und zum offenen Freiheitskampf aufzurufen. Mit Rugova wird auch in Zukunft kein Staat zu machen sein.

Selbst der unnachgiebigere »Ministerpräsident« Adem Demaci, der im Untergrund von Pristina amtiert, verfügt schwerlich über ausreichendes Durchsetzungsvermögen gegenüber einer albanischen »Befreiungsarmee«, die nach ihren ersten blutigen Schlappen und bravourösen Torheiten des vergangenen Sommers mehr und mehr zur kampferprobten, unerbittlichen Partisanentruppe heranwächst. Wer am Ende bei diesen Kosovo-Guerillas das Kommando an sich reißt, ist in keiner Weise entschieden.

Mit Sicherheit wird das vorübergehende Nachlassen der Kampftätigkeit, das durch den rauhen Winter bedingt ist, bald zu Ende sein. Die Führung der UCK, die in ihrer militärischen Unerfahrenheit und Überheblichkeit anfangs geglaubt hatte, gleich zur dritten Phase einer von Mao Tse-tung entworfenen Strategie übergehen zu können, nämlich wichtige Ortschaften zu besetzen und zu behaupten, hat sich dabei blutige Nasen geholt, als die serbische Sonderpolizei und Armee mit Panzern und Artillerie zum vernichtenden Gegenschlag ausholten. Andererseits ist die UCK über die Anfangsphase des »Befreiungskrieges«, über die Methode des »hit and run«, die Selbstbeschränkung auf Hinterhalte und Überfälle, inzwischen hinausgewachsen. Sie befindet sich in der zweiten Phase, das heißt, sie bildet in ländlichen, schwer zugänglichen Gebieten befestigte »Réduits«, von wo sie ihre Einflußzone dank der Komplizenschaft der albanischen Bevölkerungsmehrheit systematisch ausweiten kann.

Die Behauptung, 50 Prozent des Amselfeldes würden bereits von den Freischärlern der UCK kontrolliert, mag übertrieben sein, aber die serbischen Elite-Einheiten werden mehr und mehr auf die Kontrolle der Asphaltstraßen, auf die Sicherung der wichtigsten Ortschaften abgedrängt. Die serbische Minderheit des Kosovo, die mit 200 000 Menschen nur ein Zehntel der Bevölkerung darstellt, hat ihre verstreuten Siedlungen längst aufgegeben, flüchtet in die Städte oder tritt die endgültige Abwanderung in die Republik Serbien an. Bisher war in den Medien vornehmlich von den Grausamkeiten und Massakern die Rede, die von serbischen »Ordnungshütern« angerichtet wurden. Aber auch die südslawischen Zivilisten des Amselfeldes hätten Schlimmes zu erwarten, wenn sich das Blatt zugunsten der Albaner wenden sollte. Auf dem Balkan – das wissen wir spätestens seit Bosnien – gibt es keine »good guys and bad guys«, keine Guten und keine Bösen, sondern nur Starke und Schwache. Und wehe den Schwachen! Schon zur Zeit des Osmanischen Reiches galten die dem Sultan treu ergebenen Skipetaren als die gnadenlosen Krieger der Hohen Pforte.

An Geld und Waffen mangelt es der UCK nicht. Jedermann in Tirana weiß, woher die Finanzzuwendungen fließen. Die in Deutschland lebenden Kosovo-Albaner, deren Zahl auf 200 000 geschätzt wird, sind seit Jahren angehalten, für die Selbstbehauptung ihrer Landsleute gegen die Serben zu spenden. Wer dazu nicht bereit ist, gerät unter mörderischen Druck. Die Hilfsaktion verfügt über Schwerpunkte in Köln und München.

Was die Waffen betrifft, so bietet Tirana ein unerschöpfliches Arsenal. Im Chaos der vorübergehenden Auflösung jeder staatlichen Autorität waren die Rüstungskammern der albanischen Armee geplündert worden, und es gibt wohl keinen Skipetaren, der nicht zumindest über eine Kalaschnikow verfügt. So hat auch die UCK des Kosovo sich zu Ramschpreisen mit Sturmgewehren vom Typ AK-47 und Panzerfäusten vom Modell RPG-7 nach Belieben eindecken können. Dazu kommen Granatwerfer und leichte Feldartillerie.

Zu einem Sieg über die serbischen Panzerkolonnen würde das kaum ausreichen. Aber den albanischen Freischärlern kommt zugute, daß aufgrund des international verhängten Flugverbots die Luftwaffe Belgrads nicht eingesetzt wird und daß auch serbische Kampfhubschrauber nur sehr begrenzt operieren. Auf die Dauer wird sich die ausgepowerte jugoslawische Rest-Föderation des Präsidenten Milosevic in einem Abnutzungskrieg nicht behaupten können.

Es geht den Kosovaren längst nicht mehr um ihre Autonomie innerhalb Serbiens oder Jugoslawiens. Da sollten sich die hemdsärmeligen amerikanischen Friedensstifter keine Illusion machen. Das Ziel dieser kompakten albanischen Bevölkerungsgruppe ist eine unabhängige Kosovo-Republik. Für den staatlichen Zusammenschluß mit Tirana bringt auch die UCK bislang keine sonderliche Begeisterung auf. Die 2000 OSZE-Beobachter, die im Auftrage der »Staatengemeinschaft« in dieser Krisenregion als Beobachter und örtliche Vermittler eingesetzt werden, um das Schlimmste zu verhüten, stehen deshalb – in Ermangelung einer massiven Militärpräsenz der Nato – auf ziemlich verlorenem Posten. Entweder halten sie sich zurück und bewirken wenig, oder sie mischen sich ein und müssen um ihr Leben fürchten.

Jenseits der ethnischen Verwerfungen und der nationalen Ambitionen zeichnet sich in dieser Region – von den meisten unbemerkt – eine Wiederbelebung des religiösen Erbgutes ab. In Erwartung des gewaltsamen Todes auf dem Schlachtfeld und beim »Streiten auf dem Wege Allahs« werden die Balkan-Völker – trotz langer Jahrzehnte erzwungener Gottlosigkeit – auf die verschüttete Gläubigkeit ihrer Vorfahren zurückgewiesen. Im albanischen Untergrund sind nicht nur diskrete Emissäre aus dem arabischen Raum tätig geworden und predigen die islamische Revolution, auch die in ferner Osmanenzeit in den Balkan verpflanzten Derwisch-Orden, die »Tarikat«, haben ihre Kulturübungen wieder aufgenommen.

Intrigen am Hof des kranken Königs

31. Januar 1999

Am haschemitischen Hof von Jordanien spielt sich eine Tragödie ab. Bisher war es dem todkranken König Hussein gelungen, den Eindruck stoischer Gelassenheit im Angesicht des Todes zu vermitteln. Seine letzte diplomatische Intervention auf Wye-Plantation zugunsten eines Kompromisses im Heiligen Land wurde als Akt heroischer Energie gefeiert. Mit der überraschenden Verfügung Husseins, seinen Bruder Hassan, der seit 34 Jahren als Thronfolger designiert war und als zweiter Mann im Staat große Regierungskompetenz bewiesen hatte, durch seinen ältesten Sohn Abdullah zu ersetzen, hat er plötzlich Unruhe geschaffen. Gerade die bisherigen Kritiker des Prinzen Hassan, die ihm mangelnde Volksnähe und das Fehlen jeder menschlichen Wärme vorwarfen, die den König auszeichneten, entrüsten sich heute über die zutiefst verletzende Art, in der dem bisherigen Nachfolger seine Entlassung durch eine hohe Gruppe Militärs zugestellt wurde.

Diesem Eindruck hat König Hussein entgegenzuwirken gesucht, indem er – ein absolut einmaliger Fall im Orient – seinen testamentarischen Brief an Prinz Hassan veröffentlichen ließ. Aus diesen nobel verfaßten, aber mit giftigen Vorwürfen durchsetzten Zeilen geht hervor, daß das haschemitische Königreich, dem man im Westen einen gewissen Grad an demokratischer Ausrichtung bescheinigen wollte, bis auf den heutigen Tag ein Hort dynastischer Willkür geblieben ist. Die höchste Qualifikation des neuen Thronfolgers, des 34jährigen Generalmajors Abdullah, besteht eben darin, daß dieser forsche Fallschirmspringer, Sohn einer englischen Mutter, Absolvent britischer und amerikanischer Militärakademien, der das Englische besser beherrschen soll als die arabische Koransprache, bei den jordanischen Streitkräften hohe Popularität genießt. Das dortige Offizierkorps ist mehrheitlich aus mehreren Beduinenstämmen hervorgegangen, die bislang das Rückgrat der haschemitischen Dynastie gegenüber einer renitenten palästinensischen Bevölkerungsmehrheit von 70 Prozent bilden. Bei den hohen Militärs war der intellektuell veranlagte Prinz Hassan nie sonderlich geschätzt. Allenfalls wird ihm zugute gehalten, daß er dem Friedensschluß mit Israel, den sein königlicher Bruder de facto zu einer Allianz ausgebaut hat, mit Skepsis begegnete. Der Vorwurf ist im ganzen Orient zu hören, Hussein habe Jordanien in ein Protektorat der Zionisten verwandelt. Daran können auch die heuchlerischen Freundschaftsgesten nichts ändern, die immer wieder das enge Freundschaftsverhältnis zwischen dem haschemitischen Herrscher und Yassir Arafat demonstrieren sollen. Seit dem »Schwarzen September« 1970, als Hussein den Aufstand der jordanischen Palästinser blutig zusammenschießen ließ, herrscht Todfeindschaft zwischen den beiden Männern, und die Umarmungsbilder illustrieren lediglich die in der arabischen Welt weitverbreitete Praxis des »killing and kissing«. Hussein, das ist kein Geheimnis, stellt sich der Proklamation eines unabhängigen Palästinenserstaates mit allen ihm verbleibenden Kräften entgegen in der klaren Erkenntnis, daß ein solches souveränes Gebilde einen fast unwiderstehlichen Sog auf die Palästinser seines eigenen Königreichs ausüben würde.

Prinz Abdullah, der klugerweise eine Palästinenserin geheiratet hat, konnte sich in den letzten Jahren als Chef der jordanischen Sicherheitstruppe Einfluß verschaffen. Die Repressionsmethoden in diesem kleinen, harmlos wirkenden Wüstenstaat stehen dem brutalen Wirken der »Mukhabarat«, der Geheimdienste in den Nachbarländern, kaum nach. Schon geht das Gerücht um, die amerikanische Schutzmacht habe den dynastischen Wechsel weitgehend orchestriert, zumal Prinz Hassan auch noch im Ruf stand, der islamistischen Bewegung, die in Amman stark vertreten ist, dort jedoch auf jede Gewalttätigkeit verzichtet, mehr Duldung zu gewähren als sein Bruder.

Am Krankenbett des Königs in der fernen Mayo-Klinik müssen seltsame Intrigen gesponnen worden sein, die fast an die Zustände im osmanischen Serail von Istanbul erinnern. Mit allen Mitteln wollte die blonde, schöne Königin Nur verhindern, daß ihr Schwager das Zepter übernehmen und dessen pakistanische Frau Sarvath, deren Ehrgeiz bekannt ist, sich an ihre Stelle setzen würde. Fast wäre Nur gelungen, ihren 18jährigen Sohn Hamzeh, dem der König besonders gewogen ist, gegen Abdullah durchzusetzen, den »Sohn der Engländerin« durch den »Sohn der Amerikanerin« zu verdrängen. Aber plötzlich tauchten Gerüchte auf, deren Familie namens Halaby, die aus Syrien nach USA ausgewandert war, sei in Wirklichkeit jüdischer Abstammung. Da war dann doch der sportliche, joviale Abdullah (Enkel des britischen Majors Gardiner, der in der legendären Arabischen Legion des Engländers Glubb Pascha gedient hatte) ein für die Beduinen akzeptabler Kandidat.

Dem dahinsiechenden König Hussein wurden große staatsmännische Gaben bescheinigt, und tatsächlich hat dieser Monarch, der vor 47 Jahren das Erbe seines geisteskranken Vaters Tallal übernahm und der bei aller Härte mit großem persönlichen Charme ausgestattet ist, zahllose Attentate überlebt. Seinen Wüstenstaat, der von der britischen Mandatsmacht einst willkürlich zusammengeschustert worden war, hat er gegen zahllose Widerstände erhalten. Nur zweimal hat er gravierende Fehler begangen. Im Jahr 1967 ließ er sich während des 6-Tage-Krieges dazu hinreißen, auf seiten der Ägypter und Syrer gegen Israel loszuschlagen, und dieser tragische Irrtum kostete ihn den Besitz der Altstadt Jerusalems und des West-Jordan-Ufers. Das zweite Mal setzte er 1990 auf das falsche Pferd, als er nach der Besetzung Kuwaits durch die Iraker für Saddam Hussein Stellung bezog, in der trügerischen Hoffnung, im Falle eines Sturzes der verfeindeten saudischen Dynastie in die haschemitische Heimat seiner Vorfahren zurückzukehren und seine Autorität auf Mekka und Medina auszudehnen. Zwischen Palästina und Irak wird sich die Zukunft des jordanischen Zwerg- und Pufferstaates entscheiden. Schon wird spekuliert, die allzu aktiven Amerikaner könnten in dem schneidigen Generalmajor Abdullah, dessen Onkel Feisal ja noch als König über den Irak herrschte, den Mann sehen, der eines Tages – nach Ausschaltung Saddam Husseins – den alten haschemitischen Machtanspruch auf Bagdad reaktivieren würde und einen Ausweg aus den hoffnungslosen Problemen Mesopotamiens böte.

Scharnier zwischen Israel und Irak

2. Februar 1999

Die Versuchung liegt nahe, den Tod Husseins, an dessen Präsenz auf dem jordanischen Thron man sich seit 47 Jahren gewöhnt hatte, zu einem einschneidenden Wendepunkt in der latenten Orient-Krise aufzubauschen. Aber für eine solch schicksalhafte Wirkung ist der Wüstenstaat von Amman mit seinen vier Millionen Einwohnern zu klein und zu mittellos. Ohne Zweifel jedoch geht von dem haschemitischen Thronwechsel eine Signalwirkung aus.

Die amerikanische Hegemonialmacht, die im Nahen Osten die Muskeln spielen läßt, dürfte endlich begriffen haben, daß der territoriale Status quo, daß die künstlichen Grenzen in dieser Region, die noch auf die Abmachungen zwischen Briten und Franzosen aus dem Ersten Weltkrieg zurückgehen, auf Dauer nicht zu halten sind. Andererseits wird immer deutlicher, daß die arabischen Staaten, die sich mit der Schaffung ihrer gemeinsamen »Liga« und gestützt auf ihre schier unermeßlichen Erdöl-Reserven als unentbehrlich vorgekommen waren, über keinerlei reale Trümpfe mehr verfügen. Seit Ende des Kalten Krieges können sie kein Doppelspiel zwischen Washington und Moskau mehr betreiben. Die weltweite Petroleum-Schwemme nimmt ihnen heute jede Erpressungsmöglichkeit gegenüber den westlichen Industriestaaten.

Inzwischen bestätigt sich, daß Washington bei der Auswahl des Thronfolgers Abdullah und der Verstoßung des bisherigen Rezendenten Prinz Hassan massiv auf den todkranken Monarchen eingewirkt hat. Ob die Rechnung aufgeht, ist eine andere Frage.

Wer kennt schon diesen Sohn der englischen Offizierstochter Gardiner, und wer weiß, ob die alteingesessenen Beduinenstämme, in denen es während der letzten Herrschaftsjahre Husseins zu rumoren begonnen hatte, so verläßlich sind, wie der Hof von Amman sich das erhofft? Am Tage seiner Berufung war der zukünftige König Abdullah Ibn Hussein als Bündel von Energie und soldatischen Tugenden dargestellt worden. Doch sein seltsam aufgeschwemmtes Gesicht scheint diesem Ruf martialischer Entschlossenheit zu widersprechen.

Die Bedeutung Jordaniens für die amerikanische Orient-Strategie resultiert aus der Situierung des Königreichs als geographisches Scharnier zwischen Israel und dem Irak. Wenn überhaupt noch eine leise Hoffnung besteht, den zutiefst frustrierten Yassir Arafat zu besänftigen, die Gründung eines Palästinenserstaates hinauszuzögern, so gründet sie sich auf die Willfährigkeit, auf die quasi unterwürfige Bereitschaft Ammans, sich mit dem Judenstaat fast um jeden Preis zu arrangieren.

König Hussein, der mehrfach die Fronten gewechselt hatte, gab sich am Ende seines Lebens mit dieser Rolle des Protegés Israels und der USA zufrieden. Seine in langen Jahren gewachsene Autorität und die Wachsamkeit seiner Sicherheitsdienste reichten aus, die jordanischen Untertanen – zu 70 Prozent geflüchtete Palästinenser und deren Nachkommen – bei aller Bitterkeit in die Disziplin zu zwingen. Sehr kriegerisch sind diese Palästinenser ja ohnehin nicht veranlagt.

Die Frage stellt sich ebenfalls, welchen Einfluß die neue Königin Ranria auf ihren Mann ausüben wird. Sie ist Palästinenserin und dürfte mehr Mitgefühl für ihre vertriebenen Landsleute empfinden als ihre Vorgängerin, die syrisch-amerikanischer Abstammung war. Die allgemein unterschätzte, aber oft entscheidende Rolle der Frauen im Orient hat sich eklatant bestätigt, als Königin Nur ihren Gemahl überzeugte, sich von seinem Bruder Hassan zu trennen. Aber auch Suha Arafat, die blonde und mondäne Gattin des PLO-Führers, versucht neuerdings, sich als Politikerin zu profilieren. Sie übt harsche Kritik an dem vielgerühmten Abkommen von Wye und den lächerlichen Zugeständnissen, die die Palästinenser dort aushandelten.

Aus türkischen Militärkreisen war zum ersten Mal im vergangenen Sommer durchgesickert, daß Washington an einem neuen Szenario zur Lösung der heillosen Situation in Mesopotamien bastelt. Die haschemitische Dynastie, die ja bis zur Revolution von 1958 in der Person des ermordeten Königs Feisal über den Irak geherrscht hatte, sollte ermutigt werden, ihre Ansprüche auf den Thron von Bagdad wieder anzumelden. Ob die Iraker für eine solche monarchische Restauration zu gewinnen wären, steht auf einem anderen Blatt, und die Chancen, Saddam Hussein zu stürzen, haben sich bislang als illusorisch erwiesen.

Eine neue »Phantom-Allianz«, so schreibt die amerikanische Presse, ist im Orient in aller Stille begründet worden. In Wirklichkeit handelt es sich um eine handfeste, bis in die Details ausgefeilte militärische Zusammenarbeit zwischen den USA, Israel und der Türkei. Dieser formidablen Konstellation ist wohl kein Gegner gewachsen. Jordanien wurde de facto in dieses Dreieck integriert.

Neben einer Einheit U.S. Marines hat ein Bataillon türkischer Infanteristen an Übungen im Sand der jordanischen Wüste teilgenommen. Auch an einem gemeinsamen Flottenmanöver im Mittelmeer unter dem unverfänglichen Namen »Mermaid Rescue« haben die Jordanier wenigstens symbolisch mitgewirkt. Ankara nimmt es offenbar in Kauf, daß in der arabischen Welt düstere Erinnerungen an die lange osmanische Fremdherrschaft wach werden.

Dennoch ruht der Triumphalismus dieser neuen »Dreierallianz«, der Jordanien als Anhängsel zugehört, auf brüchigen Spekulationen. In Washington, Ankara und Jerusalem kann man nicht einfach davon ausgehen, daß Rußland sich auf alle Zeit aus dem Nahen Osten verdrängen läßt. Im Moskauer Kreml mußten schon allzu viele Kröten geschluckt werden.

Als Regionalmacht ist auch die Islamische Republik Iran aus dem Kräftefeld zwischen Kaspischem Meer und Persischem Golf nicht fortzudenken. Selbst die Kurdenfrage wird durch euphorische Deklarationen nicht aus der Welt geschafft. Der Irak trotzt den Raketenschlägen der U.S. Navy erstaunlich gelassen.

Der neue haschemitische König Abdullah von Jordanien ist ein authentischer Nachkomme des Propheten Mohammed. Wie tief verwurzelt seine muslimische Frömmigkeit ist, kann niemand beurteilen. Bislang hatte er eher den Ruf eines Playboys genossen. Aber auch dieser Sohn einer zum Islam konvertierten Engländerin muß wissen, daß jeder Vertrag vor Allah null und nichtig ist, der den Verzicht auf ehemals islamischen Boden an die Ungläubigen beinhaltet, ja, daß auf Dauer eine heilige Pflicht besteht, eine solche Vereinbarung aufzukündigen. Während die Leiche König Husseins zu Grabe getragen wird, werden sich die Menschen der Region an einen Koran-Vers erinnern, der besagt: »Alles Leben trägt den Geschmack des Todes in sich.«

»Heilige Kuh« Indien

8. Februar 1999

Bekanntlich sind in Indien die Kühe heilige Tiere. Wenig bekannt ist die Tatsache, daß diese südasiatische Republik selbst – ein Subkontinent mit fast einer Milliarde Menschen – von der internationalen Staatengemeinschaft wie eine »heilige Kuh« behandelt wird. Da heißt es immer, Indien sei die größte Demokratie der Welt, und tatsächlich stehen sich dort die politischen Parteien in offenem Wettbewerb gegenüber. Die Presse ist frei. Die Verfassung garantiert die Gleichberechtigung aller Bewohner unabhängig von Rasse, Geschlecht oder Religion. Die Ränkespiele, die sich im Parlament abspielen, sind auf den ersten Blick ein Abbild westlicher Koalitionsgeplänkel. Im Vordergrund steht der Versuch der herrschaftsgewöhnten Congress Party, die derzeitige Koalition unter Führung der hinduistischen Bharatiya Janata Party (BJP) aufzuheben. Es spricht zusätzlich zugunsten des positiven Images der indischen Politik, daß als zugkräftige Kandidatin des Congresses eine Frau, Sonia Gandhi, eine Italienerin, eine Katholikin, antreten kann, deren Legitimität sich auf die Einheirat in die Gründungsfamilie des »Pandit« Nehru, auf ihre Ehe mit dem verstorbenen Sohn Indira Gandhis, Rajiv Gandhi, stützt.

Dennoch sollte die großartige Kultur dieses uralten Landes, dessen religiöse Mythen auf den Westen eine magische Anziehungskraft ausüben, nicht falsch beurteilt werden. Es hat der antichristlichen Ausschreitungen bedurft, der Vergewaltigung von Nonnen, der Ermordung von Priestern, der Verwüstung von Kirchen, um Europäer und Amerikaner die latente und brutale Gewalttätigkeit einer Gesellschaft vor Augen zu führen, die dank Mahatma Gandhi den trügerischen Ruf von Toleranz und Friedfertigkeit genoß. Jetzt löst sich Indien aus dem Firnis der britischen Kolonisation, und nur die wenigsten wissen, daß der Staatsgründer Nehru und seine Tochter Indira ihre Führungsstellung unter anderem dem Umstand verdankten, daß sie der obersten, der vornehmsten Kaste der Kaschmir-Brahmanen angehörten. Außerhalb der demokratischen Schein-Legalität von Neu-Delhi und einer anglisierten Oberschicht haben die zahllosen Dörfer des Subkontinents und auch die proletarischen Bannmeilen der Großstädte unter dem Diktat einer diskriminierenden Kastenhierarchie zu leiden. Wer in eine niedrige soziale Kategorie geboren wurde, kann diesem demütigenden Stand nur entrinnen, wenn er sich strikt an den Unterwerfungen seiner Kaste orientiert in der Hoffnung, in einer gehobeneren Schicht wiedergeboren zu werden.

Die Behörden geben die Zahl der Kastenlosen, der Unberührbaren, mit mehr als hundert Millionen Menschen an. Dazu kommen die Ureinwohner des sogenannten Stammesgürtels, die von den arischen Eroberern aus dem Norden vor 3000 Jahren unterjocht wurden und fast keine Staatsbürgerrechte genießen. Gewiß, es hat erfolgreiche Bemühungen gegeben, die Unberührbaren zu integrieren. Aber auf dem flachen Land, im Dschungel der Großstadtslums blieben die Kastenlosen der Willkür der Auserwählten ausgeliefert. Selbst in den entlegensten Gegenden des Ganges-Tals oder des Dekkan wird dem »Unreinen« kein Blei mehr in die Ohren gegossen, und er wird auch nicht mehr verstümmelt, wenn sein Schatten unabsichtlich auf den Angehörigen einer hohen Kaste fällt. Aber gerade bei den Familien der demokratischen Parteien-Oligarchie, die sich soviel auf ihre angelsächsische Gesittung einbilden, lautet die erste Frage bei der Ankunft eines Neugeborenen: »Ist er auch hellhäutig?« Im hinduistischen Selbstverständnis gehen selektive Religiosität und Rassebewußtsein Hand in Hand.

Die christlichen Gemeinden zählen nur 27 Millionen Gläubige, das sind 2,5 Prozent der Gesamtbevölkerung. Die Beschuldigung von fanatischen Hinduisten, die behaupten, die Missionare aus dem Westen seien durch die CIA, den US-Nachrichtendienst, finanziert, klingen grotesk. Mag sein, daß der »Hindu-Faschismus« noch etliche Jahre in Schach gehalten werden kann. Aber das allmähliche Abgleiten der indischen Atommacht in einen religiös-nationalistischen Wahn wird auf Dauer kaum aufzuhalten sein. Neben den Christen werden jene »Parias« sehr bald an der Reihe sein, die sich in ihrer Verzweiflung dem Buddhismus zugewandt haben. Doch der schlimmste Konflikt wird mit der muslimischen Minderheit Indiens auszutragen sein, die mehr als 100 Millionen Menschen zählt und schon mehrfach in der Vergangenheit Pogromen und Moschee-Schändungen ausgeliefert war. Diejenigen, die sich stets über das chinesische Zwangsregime in Tibet empören, sollten ihren Blick auch auf den indischen Unionsstaat Kaschmir lenken, wo die Armee von Neu-Delhi – allen Uno-Resolutionen zum Trotz – der muslimischen Mehrheit jedes Selbstbestimmungsrecht verweigert und bei ihrer bewaffneten Repression weit mehr Todesopfer verursachte als die Soldaten Pekings auf dem »Dach der Welt«.

Eindrücke aus Kurdistan

21. Februar 1999

Ich möchte einige Eindrücke skizzieren, die ich im vergangenen August in den kurdischen Gebieten der Türkei gesammelt habe. Mehr als 1500 Kilometer habe ich zwischen Urfa und Yüksekova mit dem Auto zurückgelegt, wurde dabei häufig durch Panzerspähwagen der türkischen Gendarmerie eskortiert, habe aber meine Ziele – inklusive der ehemaligen PKK-Hochburg Hakkari im Grenzdreieck mit Irak und Iran – selbst bestimmen können.

Den türkischen Streitkräften ist es gelungen, die Partisanentätigkeit der PKK in den sechs Provinzen, über die noch der Ausnahmezustand verhängt ist, auf ein Minimum zu reduzieren. Kurdistan ist nicht Vietnam, und die Armee Ankaras führt eine sehr konventionelle Partisanenbekämpfung durch, jagt die kleinen Gruppen rebellischer Infiltranten mit Hubschrauber-Kommandos.

Unvermeidlich kommt es immer wieder zu Überfällen und Attacken aus dem Hinterhalt, so daß die ausländischen Experten die Durchschnittsverluste des türkischen Heeres und noch mehr der »Jandarma« auf zwei Mann pro Tag veranschlagen. In den Rängen der türkischen Armee herrscht demnach eine kriegerische Hochstimmung, die durch solche Einbußen nicht beeinträchtigt wird. So teuer die permanente Entfaltung von etwa 300 000 Soldaten im Aufstandsgebiet auf dem nationalen Budget lasten mag – die Panzerfahrzeuge werden zu Ramschpreisen in der Ukraine und Rumänien aufgekauft –, so ungebrochen ist der Wille der Regierung und vor allem des Generalstabs in Ankara, diesen Konflikt bis zum Enderfolg durchzustehen.

Die Gesamtverluste seit 1984, dem Beginn des bewaffneten Aufstandes, werden übereinstimmend auf etwa 30 000 Tote beziffert. Davon dürften die türkischen Streitkräfte zu einem Drittel, die PKK-Guerilla und kurdische Zivilisten zu zwei Dritteln betroffen sein. Zahllose Kurdendörfer wurden im Zuge einer gnadenlosen Repression vernichtet, aber es sollte auch nicht verschwiegen werden, daß der Ausbau der Infrastruktur in Südostanatolien, daß die Anlage zahlloser aufwendiger Wohnblocks, die natürlich auch der Kontrolle der Bevölkerung dienen, mit großer Energie vorangetrieben wurden.

Die PKK ist durch die Schließung ihrer Ausbildungslager und ihrer rückwärtigen Basen im von Syrien beherrschten Libanon vermutlich viel härter getroffen worden als durch die Verhaftung Öcalans. Laut Aussagen von Überläufern war es in diesen Camps in den letzten Jahren ohnehin zu einer bemerkenswerten ideologischen Neuorientierung gekommen. So wurden Hammer und Sichel aus dem PKK-Wappen entfernt. Statt dessen tragen die Flugblätter der kurdischen Rebellen neuerdings das Firmenzeichen »Kurdisch-Islamische Union«.

Der Kurdensender Med-TV, der von England seine revolutionären Programme ausstrahlt, widmet den Freitag der frommen Koran-Lektüre und der Predigt anatolischer Hodschas, die zum »Heiligen Krieg« gegen den gottlosen Kemalismus aufrufen.

In den großen Städten wie Van oder Dyarbakir hat sich die kurdische Mehrheit – nicht unbedingt aus religiösem Überschwang, sondern aus Protest gegen eine unerbittliche Assimilationspolitik – der islamistischen Opposition zugewandt.

In vielen Dörfern hingegen geben weiterhin die traditionellen kurdischen Feudalherren, die Argas, den Ton an, die von den sozialrevolutionären Ideen der PKK, aber auch vom islamischen Reformismus der Fazilet das Ende ihrer exorbitanten Privilegien befürchten müssen. Deshalb paktieren die Argas opportunistisch mit der jeweiligen Machtkonstellation in Ankara und stellen der türkischen Gendarmerie ihre dubiosen Milizionäre, die sogenannten Dorfschützer, zur Verfügung.

Eine totale militärische »Pazifizierung« der kurdischen Ostprovinzen ware vorstellbar, gäbe es nicht die offenen Grenzen und die feindseligen Nachbarn. Gerade aus der Provinz Hakkari sind in diesen Tagen wieder starke türkische Kampfverbände in die kurdische Nordregion des Irak eingefallen. Die türkische Generalität hat in letzter Zeit – gestützt auf eine enge Zusammenarbeit mit Israel – bemerkenswerte Erfolge erzielen können: Syrien hat faktisch unter der Kriegsandrohung kapituliert; Südzypern mußte auf das russische Waffensystem der SS-300-Raketen verzichten; der Todfeind Öcalan wurde gefangen; beim griechischen Gegner wurde Verwirrung gestiftet.

Der Kurdenkonflikt hat die Türkei in ihrer Rolle als Regionalmacht bestärkt, und selbst die enge Interessengemeinschaft mit den USA, die sich bei der Entführung des »Apo« Öcalan in Nairobi wieder einmal bewährte, wird den Generalstab von Ankara nicht daran hindern, jeden Versuch einer kurdischen Staatsbildung im Nordirak im Keim zu ersticken, auch wenn Washington sich davon den Sturz Saddam Husseins verspräche. Die hohen Militärs haben nicht vergessen, daß Atatürk auf die Einbeziehung der nordirakischen Petroleum-Zentren Mossul und Kirkuk in seine Republik nur unter stärkstem britischen Druck verzichten mußte.

Nicht aus Süden, sondern aus Osten, aus der Islamischen Republik Iran, so wurde mir immer wieder versichert, drohe der Stabilisierung Ostanatoliens permanente Gefahr. Die Mullahs von Teheran haben ihre Probleme mit der eigenen kurdischen Minderheit von etwa sechs Millionen Menschen und keinerlei Interesse an der Erstarkung des kurdischen Nationalismus. Den Erben des Ayatollah Khomeini ist auch die zunehmende israelische Militärpräsenz in Anatolien zutiefst suspekt zu einem Zeitpunkt, da die Fertigstellung einer persischen Atombombe in Reichweite rückt.

Für Kompromiß ist wenig Raum. Die Gewährung von Autonomierechten an die Kurden – davon sind fast alle Türken überzeugt – wäre nur eine Übergangsphase. Sie würde den Weg freimachen für die offene Forderung nach totaler Unabhängigkeit Kurdistans.

Die Masse der türkischen Bevölkerung – vom Bürgertum bis zu den ärmsten Bauern – verlangt unerbittlich das Todesurteil und die Hinrichtung Abdullah Öcalans. Jede Regierung, die sich dieser Stimmung widersetzt, könnte auf erhebliche Schwierigkeiten stoßen.

Die jungen PKK-Anhänger in Deutschland, die früher ihre Ausbildung für den Partisanenkrieg in den Lagern des Libanon und Syriens erhielten, verfügen heute kaum noch über eine Möglichkeit, ihren Mut in den Bergen Anatoliens zu erproben. So wird Deutschland beinahe zwangsläufig zum Ersatz-Kriegsschauplatz dieser Befürworter des »freien Kurdistans«.

Was wollte Khatami wirklich vom Papst?

14. März 1999

Der Besuch des iranischen Staatspräsidenten Mohammed Khatami bei Papst Johannes Paul II. hat weder im Zeichen der Menschenrechte noch der Demokratie gestanden. Diese Themen mögen allenfalls am Rande des relativ kurzen, aber mit römischem Pomp zelebrierten Treffens erwähnt worden sein.

Zwischen den beiden geistlichen Führungsgestalten der Christenheit und des Islam ging es um das gemeinsame Bekenntnis zum einzigen Gott und um den verzweifelten Versuch, zwischen den beiden monotheistischen Weltreligionen zu einer besseren Verständigung, zu einem geordneten Zusammenleben zu gelangen.

Von Washington aus wird die Reise des Reformers Khatami, den man allzu eilfertig als einen Mann westlich geprägter Toleranz darstellt, vor allem als Versuch des gemäßigten Flügels der iranischen Mullahkratie gewertet, die politische und wirtschaftliche Isolation zu durchbrechen, in welche die Islamische Republik von Teheran seit der Khomeini-Revolution durch die Boykott- und Sanktionsmaßnahmen der Vereinigten Staaten geraten ist. Die großen Erdöl-Kontrakte, die zwischen Persien einerseits, Italien und Frankreich andererseits geschlossen wurden, richten sich ganz bewußt gegen eine völkerrechtswidrige Gesetzgebung – den sogenannten »d'Amato-act« –, mit der der amerikanische Kongreß seine europäischen Verbündeten in die Frontstellung gegen den islamischen »Fundamentalismus« hineinzwängen will.

Bei Johannes Paul II., der am Untergang des Kommunismus und dessen Gottesverneinung ebenso aktiv beteiligt war, wie die muslimischen Mudschahedin die Sowjetarmee aus Afghanistan vertrieben haben, ist in letzter Zeit eine wachsende Irritation über die hemmungslose Ausbreitung der Plutokratie, der Herrschaft des Geldes, des »Cowboy-Kapitalismus« – wie man selbst in den USA sagt – festzustellen. Die aufklärerische Ideologie der »human rights« – mit dieser Auffassung steht Samuel Huntington nicht allein –, wird allzu häufig als heuchlerisches und selektives Instrument einer neuen materialistischen Weltordnung mißbraucht.

Wie intensiv wird in diesen Tagen über das Verhältnis des Westens, in erster Linie Europas, zum Islam und zu dessen koranischen Wertvorstellungen gemutmaßt und palavert! Es bedürfte wohl eines römischen Pontifex von der unnachgiebigen, fast archaisch wirkenden Natur eines Wojtyla, um dem eigenen Klerus und den eigenen Gläubigen vor Augen zu führen, daß nicht die anpasserische Nachgiebigkeit des Christentums den unentbehrlichen »Modus vivendi« zwischen zwei Weltreligionen schaffen kann, die sich viele Jahrhunderte lang blutig befehdeten, sondern die standhafte Betonung der eigenen metaphysischen Werte und dogmatischen Überzeugungen.

Der amerikanische Publizist William Pfaff – gewiß kein protestantischer Fundamentalist aus dem »Bible Belt« – hat geschrieben, daß die vielgerühmte totale Globalisierung, die den abstrusen Thesen Francis Fukuyamas vom »Ende der Geschichte« eng verwandt ist, die »letzte Illusion der Aufklärung« sei. Im Vatikan dürfte man sich mit einiger Bitterkeit an jene Episode aus dem Pontifikat Pauls VI. erinnern, als der Kurienkardinal Pignedoli im Februar 1976 zu Oberst Gaddhafi nach Tripolis im Rahmen einer islamisch-christlichen Konferenz reiste. In seiner krampfhaften Bemühung, das Wohlwollen der dort versammelten höchsten Korangelehrten zu gewinnen, hatte der Prälat im Namen seiner Kirche Abbitte geleistet für die Kreuzzüge, für den Kolonialismus, ja für die Schaffung des Staates Israel. Die Reaktion der versammelten Muselmanen war beinahe verächtlich. Gewiß seien Muslime und Christen vereint in ihrem Glauben an den einzigen Gott, in der abrahamitischen Überlieferung, in der Erwartung des Jüngsten Gerichts, so lautete die Entgegnung. Beide verehrten ja die gleichen Propheten, und es genüge doch, daß Rom sich bereitfände, Mohammed als den obersten Künder, den Koran als Siegel der Offenbarung anzuerkennen, um die brüderliche Einmütigkeit aller Monotheisten zu realisieren.

Das Christentum, auch weite Segmente der katholischen Kirche, hat längst Abschied genommen von dem missionarischen Auftrag, der im Evangelium eindeutig enthalten ist: »Geht hin in alle Welt und lehret alle Völker…« Die Passion und die Erlösungsgeschichte des Jesus von Nazareth wurde in das Reich der Mythen verwiesen, die Religion zu einer humanitären Philosophie oder einer sozialen Institution degradiert. Es ist vermutlich töricht, sich gegen eine solche Entwicklung zu stemmen. Aber diese Hinwendung zum Säkularismus erschwert, ja verbaut jeden Konsens mit einer islamischen Welt von mehr als einer Milliarde Gläubigen, die im Koran weiterhin das »ungeschaffene Wort Gottes« verehrt. Ist es nicht verwirrend, daß die Muslime die Jungfräulichkeit Mariä (Mutter des Propheten Isa, in dem die Christen den Gottessohn Jesus anbeten) als unveräußerlichen koranisch belegten Glaubenssatz bejahen müssen, während die aufgeklärte Christenheit diese Episode ihrer Heilsgeschichte längst als zauberhaftes Märchen einschätzt?

Der Besuch Mohammed Khatamis im Vatikan sollte nicht überbewertet werden. Der iranische Staatschef repräsentiert als Schiit ja nur eine Minderheitsgruppe innerhalb der »Umma«, auch wenn er zur Zeit als Vorsitzender der »Islamischen Staatenkonferenz« fungiert.

Johannes Paul II. seinerseits ist nicht mehr befähigt, als Sprecher des Abendlandes aufzutreten. Die beiden Männer können keine bindende Absprache treffen über eine Bereinigung all jener Konflikte und Reibungspunkte, die nun einmal in den jeweiligen Bekenntnissen und deren Rechtssystemen verankert sind.

Europa wird sich abfinden müssen mit dem Entstehen von zwei islamisch geprägten Staatswesen auf dem Balkan (Albanien und Bosnien). Und Millionen von Korangläubigen werden integrierender, aber auch fordernder brodelnder Bestandteil der abendländischen Gesellschaft werden, mit eigenen Strukturen und gesondertem Bewußtsein.

Der Westen ist weder gewillt noch befähigt, diesen militanten Minderheiten einen restriktiven Toleranzrahmen aufzuerlegen, wie er einst im osmanischen Millet-System gegenüber den christlichen Untertanen des Padischah, gegenüber der »Herde des Sultans«, praktiziert wurde. Statt dessen nimmt die letzte christliche Weltmacht USA die andauernde Diskriminierung der schrumpfenden christlichen Gemeinden im Orient widerspruchslos hin. Wer empört sich schon – mit beschämender Rücksicht auf die strategischen und merkantilen Interessen Washingtons – darüber, daß in Saudi-Arabien, einem engen Verbündeten des Westens, das Vorzeigen eines Kreuzes oder der Besitz einer Bibel unter Strafe steht und daß dort das Zelebrieren einer katholischen Messe mit der Todesstrafe geahndet wird, während in der »verruchten« Republik Saddam Husseins interkonfessionelle Verbrüderungskonferenzen einberufen und die christlichen Würdenträger mit hohen Ehren empfangen werden? Die politische Absicht des Diktators von Bagdad ist dabei eindeutig. Aber wie soll man einem einfachen, frommen Muselmanen erklären, daß die amerikanisch gesteuerte »Globalisierung« zwar zu einer weltumspannenden Vernetzung, zur Simultanität der Kommunikationsmittel, der Börsenspekulation und des Medienzirkus geführt hat, daß die konkrete Verwirklichung von Menschenrechten und Demokratie (dieser westlichen Ersatzreligion unserer Jahrtausendwende) jedoch, von ganz wenigen Ausnahmen abgesehen, auf den nordatlantischen Raum zwischen Amerika und Europa beschränkt bleibt?

Johannes Paul II. hat angekündigt, daß er zur letzten erschöpfenden Pilgerreise nach Ur in Chaldäa an die Grabstätte Abrahams, des Erzpatriarchen der Juden, der Christen, der Muslime aufbrechen will. Gleichzeitig bieten fromme Türken im Berliner Wedding ihre Gebetshäuser den christlichen Nachbarn für gemeinsame Veranstaltungen, für »Tage der offenen Moschee!« an. Noch ist nicht alle Hoffnung verloren, und sie gründet sich auf ein Goethe-Zitat: »Das Wunder ist des Glaubens liebstes Kind.«

Wie sieht Europa am Tag danach aus?

21. März 1999

Am Ende des Kosovo-Krieges, so sind die Türken überzeugt, wird eine große Konferenz zur territorialen Neuordnung im Raum des einstigen Jugoslawien stehen. Merkwürdigerweise wird in Washington, Brüssel und Bonn um die Beteiligung Rußlands an dieser problematischen neuen Friedensregelung beharrlich gerungen; die Türkei hingegen, die immerhin zu Beginn unseres Jahrhunderts noch über eine breite Landbrücke osmanischen Territoriums zwischen Istanbul und der Adria verfügte und erst 1908 das heutige Bosnien endgültig an die Habsburger verlor, kommt in den Überlegungen der amerikanischen Strategen und deutschen Diplomaten kaum vor.

Dabei ist die Anteilnahme der hiesigen Bevölkerung jener muslimischen Albaner, Mazedonier und Bosniaken, die einst zu den verläßlichsten Stützen des Sultans gezählt wurden, gewaltig. Millionen Bürger der türkischen Republik führen den Ursprung ihrer Familie voller Stolz auf den Balkan zurück. So war der Republikgründer Atatürk aus Saloniki gebürtig, der Militärdiktator Kenan Evren wie auch die ehemalige Ministerpräsidentin Tansu Çiller rühmen sich ihrer mazedonischen Herkunft. Die Vertreibung der Türken aus den christlichen Balkan-Staaten ist ja noch in frischer Erinnerung.

Trotzdem verhält sich Ankara im Nato-Krieg gegen Belgrad zwar bündnistreu, aber zurückhaltend und mißtrauisch. Die Erben des Osmanischen Reiches fragen sich nach mehrwöchiger Bombardierung Rest-Jugoslawiens immer noch, was wohl Präsident Clinton bewogen haben mag, ausgerechnet in dem verlorenen Winkel des Amselfeldes nach dem Lorbeer des siegreichen Feldherrn zu greifen. Es kommt auch eine geringe Wertschätzung bei den Türken auf für diese Amerikaner und Deutschen, die den Übergang vom entfesselten Luftkrieg zur einzig entscheidenden Bodenoffensive nicht zu vollziehen wagen, weil eigene Verluste auf dem Schlachtfeld um jeden Preis vermieden werden müssen.

Die türkischen Streitkräfte werden sich, selbst wenn man sie darum bittet, nicht vor den Karren einer konfusen Balkan-Politik des Weißen Hauses spannen lassen. Die zögerliche Haltung Ankaras erklärt sich auch dadurch: Heute setzt sich der Westen für das Selbstbestimmungsrecht der »Kosovaren« ein. Morgen könnte er mit ähnlichen Forderungen den Türken in der heillosen Kurdenfrage Ostanatoliens entgegentreten, und gerade die Mitglieder der rot-grünen Koalition in Bonn sind Ankara zutiefst suspekt.

Wie kann eine künftige Grenzziehung auf dem Balkan aussehen? Es geht nicht nur um Slowenien, das ethnisch und konfessionell homogen ist und zu einem soliden Element der Europäischen Gemeinschaft heranreift. Aber die Implikationen des kroatischen Führungsanspruchs sind noch nicht ausgestanden. Kroatien ist der wirkliche Gewinner des Krieges im ehemaligen Jugoslawien. Präsident Tudjman hat seine Republik im vollen geographischen Umfang von Milosevic zurückgewonnen, seit er mit massiver amerikanischer Unterstützung die Serben der Krajina, die dort zwei Jahrhunderte lang die Militärgrenze des Habsburgerreiches gegen die Einfälle der Osmanen verteidigt hatten, aus ihren Enklaven vertrieb, eine ethnische Säuberung, die im Westen kaum jemand zur Kenntnis nahm und schon gar nicht beklagte.

Im Nato-Protektorat Bosnien-Herzegowina wiederum ist de facto die Annektierung jenes Teils der kroatisch-muslimischen Föderation durch Zagreb längst vollzogen, der von Kroaten bevölkert ist und im Süden die westliche Neustadt von Mostar einschließt. Die Frage bleibt offen, ob der kroatische Expansionsdrang sich in einer späteren Phase vornehmlich gegen das verzettelte Territorium der »Muslimani« richten wird oder gegen den nördlichen Gebietsfetzen der sogenannten »Republika Srpska«, der sich um die Stadt Banja Luka gruppiert und von deren südlichem Landesteil im Umkreis von Pale durch das Nadelöhr von Brcko getrennt ist, durch einen fünf Kilometer breiten Schlauch, der in Ermangelung einer befriedigenden Regelung unter internationaler Militärkontrolle verbleiben soll. In Zagreb knüpft man beinahe zwangsläufig an den Umfang jenes Suschtima-Staates des Ante Pavelic an, der sich 1941 ganz Bosnien-Herzegowina einverleibt hatte.

Manches bei den geographischen Umdispositionen erinnert fatal an gewisse Aufteilungen unter der deutschen Besatzung nach dem

Zweiten Weltkrieg. Da wird in den westlichen Medien immer noch von dem Gespenst Groß-Serbien geredet. Aber Belgrads Souveränitätsgebiet schrumpft von Tag zu Tag, und Milosevic trägt ein gerüttelt Maß Schuld an dieser Entwicklung. Auf die eine oder andere Weise wird sich das Kosovo eines Tages von Rest-Jugoslawien lösen, und auch die Teilrepublik Montenegro – darauf arbeitet Washington mit allen Mitteln hin – dürfte sich zusehends verselbständigen.

Da bliebe Milosevic, falls er im Amt ist, ein winziger Reststaat, der ungefähr dem von der deutschen Wehrmacht aufs äußerste reduzierten serbischen Rumpfgebilde entspräche.

Auch wenn Milosevic noch so viele »Kosovaren« verjagt, wird die Kernbevölkerung des Amselfeldes weiterhin albanisch bleiben. Madeleine Albright hat die These einer Teilung des Kosovo anklingen lassen, aber damit würden die sehnlichsten Wünschen der Serben, ihr Verbleib auf dem historischen Amselfeld und dem Umkreis jener Kirchen von Pec, die die orthodoxe Geistlichkeit als »serbisches Jerusalem« verehrt, schwerlich erfüllt. Was soll in dieser Hypothese auch aus dem verbleibenden albanischen »Torso« werden, wo sich in dieser Gegend ohnehin eine Serie von Zwergstaaten herausbildet, die weder über glaubhafte Souveränität noch wirtschaftliche Existenzmöglichkeiten verfügen. Wenn man früher einmal von einer Balkanisierung Osteuropas sprach, so könnte man heute fast von einer »Bantustanisierung« des Balkan reden.

Da geht im Sprachgebrauch der deutschen Politik ein neues Fabelwesen um, die befürchtete Schaffung von »Groß-Albanien«. Selbst wenn alle Skipetaren unter einem staatlichen Dach vereinigt wären, würde diese Nation bestenfalls sieben Millionen Menschen zählen. Ein zusätzlicher Widersinn bestände darin, eine neue Nationalität, die der »Kosovaren«, zu erfinden. Bei den Albanern des Amselfeldes und Mazedoniens, die sich unter Tito weit großzügiger entfalten konnten als die unglückseligen Untertanen Enver Hodschas in der Republik von Tirana, mag noch vor kurzem wenig Neigung zum Zusammenschluß bestanden haben. Aber der Krieg auf dem Amselfeld ist dabei, alle Albaner zusammenzuschweißen. Die chaotische Republik von Tirana hat gegenüber Hunderttausenden von Flüchtlingen eine Gastlichkeit bekundet, die man ihr gar nicht zugetraut hatte, und spätestens seit den brutalen mazedonischen Ausschreitungen im erbärmlichen Lager von Blace herrscht zwischen den Skipetaren der Vardar-Republik von Skopje und dem dortigen südslawischen Staatsvolk offene Feindseligkeit.

Der Westen sollte sich darauf einrichten, daß es kein dauerhaftes Überleben der Republik Mazedonien in ihrer jetzigen Form geben wird, daß dort das Beharren auf den derzeitigen Strukturen und Grenzen einen neuen »Kosovo-Konflikt« heraufbeschwört. Ob denn überhaupt ein mazedonischer Staat Sinn macht, dessen südslawische Bevölkerung durch Sprache und ethnische Zuordnung doch eindeutig nach Bulgarien verweist?

Seltsamerweise hält sich Sofia tugendhaft zurück. Aber die in Skopje heute regierende IMRO-Partei war früher einmal als Hort des revolutionären bulgarischen Revisionismus bekannt. Die extreme Reserviertheit Sofias läßt sich nur durch die Furcht vor einem sich ausbreitenden Konflikt erklären, in den auch die Türkei und Griechenland involviert würden.

In Ermangelung einer Bodenoffensive der Nato, auf die man weder in Washington noch in Brüssel psychologisch vorbereitet ist, wird die Strategie des Bündnisses fast automatisch darauf hinauslaufen, die »Kosovo-Befreiungsarmee« systematisch zu rekrutieren, auszubilden und zu bewaffnen. Das wird eine beachtliche Zeit in Anspruch nehmen, auch wenn das Fußvolk der UCK die erdrückende Luftunterstützung der Nato genießt. Darüber hinaus könnte die Diplomatie des westlichen Bündnisses sich mit einer hochmotivierten, aber unkontrollierbaren Partisanen-Armee konfrontiert sehen, die sich gegenüber ihren Feinden ebenso unerbittlich verhielte wie die gefürchteten Milizen des Serbenführers Arkan.

Die Türken kennen den Balkan und blicken mit bösen Ahnungen auf die Fehlanalysen, auf die »schrecklichen Vereinfachungen« und auf den Dilettantismus der westlichen Entscheidungsträger.

Der Kosovo-Krieg kann zum Flächenbrand werden

28. März 1999

»Wir werden euch in die Steinzeit zurückbomben«, hatte der amerikanische Luftwaffengeneral Curtis LeMay den Nordvietnamesen gedroht, bevor er seine Bomber in Richtung Hanoi schickte. »Wir werden Sie in das vorindustrielle Zeitalter zurückbomben«, hatte der damalige US-Außenminister James Baker seinen irakischen Gesprächspartner Tariq Aziz einzuschüchtern versucht, bevor Präsident Bush das Signal zur Operation »Wüstensturm« gab. Wann werden die Politiker und Strategen des Westens endlich begreifen, daß ein Krieg nicht allein aus der Luft zu gewinnen ist?

Die Militäraktion der Nato gegen Serbien läßt sich angesichts der grauenvollen Zustände im Kosovo moralisch durchaus rechtfertigen. Aber diese Kriegsführung zeichnet sich durch sträflichen Dilettantismus aus. Vorrangiges Ziel bei den Bombardements der Streitkräfte des Präsidenten Milosevic soll doch der Schutz der Kosovo-Albaner sein. Aber seit die OSZE-Beobachter überstürzt die Flucht ergriffen und rund um Belgrad die »Cruise Missiles« explodieren, können die weit überlegenen Serben ohne jede Hemmung zum Vernichtungsschlag gegen die Freischärler der UCK ausholen und die ethnischen Säuberungen konsequent vorantreiben.

Slobodan Milosevic, US-Vizepräsident Al Gore stellte ihn bereits auf eine Stufe mit Saddam Hussein, soll zermürbt werden, bis er das Abkommen von Rambouillet unterschreibt. Doch dieses Abkommen ist tot.

Nach Beendigung der Kampfhandlung, wenn das Amselfeld mit albanischen Leichen übersät sein wird, kann man den leidgeprüften Kosovaren doch gar nicht mehr zumuten, daß sie weiterhin als autonome Region innerhalb einer jugoslawischen Föderation verbleiben. Von ihrer Forderung nach voller Unabhängigkeit werden sie auf keinen Fall abrücken.

Die Serben ihrerseits wissen, was ihre Landsleute im Kosovo –

eine Minderheit von zehn Prozent – erwartet, sobald die Albaner dort einmal das Heft an sich gerissen haben. Wenn sie nicht rechtzeitig flüchten, droht ihnen die systematische Vernichtung. Auf dem Balkan werden die Konflikte von allen Seiten mit ungezügelter Grausamkeit ausgetragen.

An der Wirksamkeit des Luftkrieges zweifelnd, möchten manche US-Senatoren finanzielle Mittel bereitstellen, um eine innerserbische Opposition gegen Milosevic aufzurüsten, ja, sie spielen mit dem Gedanken, den jugoslawischen Staatschef physisch zu beseitigen. Da klingt es schon vernünftiger, wenn in Washington erwogen wird, die UCK durch massive Rüstungslieferungen und Expertenberatung ähnlich aufzuwerten, wie man das im dalmatinischen Hinterland vorexerzierte, als es darum ging, die Serben der »Krajina« aus ihrer altangestammten Heimat rund um Knin zu vertreiben. Aber daran hätte man schon vor dem Bombardierungsbefehl denken können.

In den Nato-Stäben hofft man wohl heute noch, eine Ausweitung dieses Regionalkonflikts verhindern zu können. Aber schon die massive Einbeziehung Montenegros in diese Strafaktion, obwohl diese jugoslawische Teilrepublik im Begriff stand, sich von Belgrad zu distanzieren, war vermutlich ein unverzeihlicher Fehler und treibt die Montenegriner wieder in die Arme ihrer serbischen Brüder.

Noch viel schlimmer sieht es in Mazedonien aus. Wie viele sogenannte Balkan-Spezialisten hatten bereits die angebliche Stabilisierung der Republik von Skopje glorifiziert! Heute schlägt die Stunde der Wahrheit. Die Kluft zwischen mazedonischen Albanern – ein Drittel der Bevölkerung, deren Zahl durch den Flüchtlingsstrom aus dem Kosovo ständig vermehrt wird – und dem jugoslawischen Staatsvolk vertieft sich zusehends. Hatte denn niemand damit gerechnet, daß eine wütende Menge slawischer Mazedonier, denen die demographische Überwucherung durch die Albaner zusehends unheimlich wurde, sich mit ihren serbischen Vettern solidarisieren könnte? In Skopje wurden nicht von ungefähr die amerikanische und die deutsche Botschaft durch einen rasenden Mob verwüstet.

Auch in Bosnien – durch das Abkommen von Dayton wurde die verfeindete muslimisch-kroatische Föderation in ein Zwangskorsett mit der »Republica Srpska« gepreßt, die ihrerseits in zwei Gebietszipfel zerfällt und nur durch das Nadelöhr von Brcko artifiziell zusammengehalten wird – wird die Stunde der Wahrheit ebenso unerbittlich schlagen wie jetzt auf dem Amselfeld.

In der Republik Albanien sind die politischen Kräfte durch den chaotischen Zustand des Landes gelähmt und betrachten das Elend ihrer Stammesbrüder im Kosovo mit scheinbarer Passivität. In Wirklichkeit brodelt es unter der Oberfläche. Der türkische Generalstab versucht dort, eine vorteilhafte Flankenposition gegen den griechischen Erbfeind zu beziehen. Auf der anderen Seite sammeln sich die Kräfte der islamischen Revolution, die sogenannten Afghanen der grünen Internationale, die ihre skipetarischen Glaubensbrüder nicht im Stich lassen werden und in Skopje bereits über eine solide Organisation verfügen. Kein Wunder, daß Athen – aus Furcht vor dieser »neo-osmanischen« Einkreisung – in Brüssel vorstellig wird, daß die Griechen zum Protest auf die Straße gehen, um der Vernichtung ihrer christlich-orthodoxen Schicksalsgefährten von Belgrad Einhalt zu gebieten.

In den deutschen Medien gehört es zum guten Ton, die Drohgebärden Moskaus, die Warnungen Jelzins und Primakows geringzuachten und als verzweifelte Gesten der Ohnmacht abzutun. Aber den Russen bleiben zahllose Möglichkeiten offen – man denke nur an die militärische Zusammenarbeit mit Teheran –, um den Amerikanern zu schaden. Vor allem sollten die innerpolitischen Auswirkungen bei der anstehenden russischen Präsidentschaftswahl bedacht werden. Die Demütigung dieses herrschaftsgewohnten Volkes angesichts der Tragödie seiner serbischen Verbündeten könnte schlimme Folgen haben. Mag auch das konventionelle Kriegspotential Moskaus veraltet und untauglich geworden sein, Rußland bleibt weiterhin eine furchterregende Nuklearmacht, und wer weiß, wer demnächst im Kreml die Richtlinien der Politik bestimmen wird? Vermutlich kein Freund des Westens, wenn die nach Osten expandierende Nato mit ihrer systematischen Brüskierung fortfährt.

Die rot-grüne Koalition in Bonn überschlägt sich in Beteuerungen, daß es auf keinen Fall zu einem kriegerischen Einsatz von deutschen Bodentruppen im Kosovo kommen wird. Seit den Krawallen von Skopje ist ja auch deren Stationierung in der mazedonischen Stadt Tetowo recht problematisch geworden. Die Nato-Kontingente waren ursprünglich für den Schutz der OSZE-Beobachter in Bereitschaft gestellt worden. Diese Mission hat sich auf klägliche Weise von selbst erledigt.

Aber es gibt noch eine andere Aufgabe, die den deutschen Soldaten und ihren Waffenbrüdern aufgetragen ist für den eher unwahrscheinlichen Fall, daß Slobodan Milosevic doch noch seine Unterschrift unter das obsolete Papier von Rambouillet setzt. Die Nato-Truppen sollen dann nämlich – wie gesagt – im Kosovo einrücken, um die Albaner zu entwaffnen, den Abzug der serbischen Übermacht zu gewährleisten und sich als Friedensstifter zwischen den vor Haß schäumenden Bürgerkriegsparteien zu etablieren. Das würde aller Voraussicht nach bedeuten, daß die Bundeswehr in eine heimtückische Guerilla verwickelt wird, in denen Serben und Albaner jedes Mittel des Terrors, der Täuschung und der Einschüchterung recht wäre. Der ehemalige Verteidigungsminister Volker Rühe ist offenbar der einzige deutsche Politiker, der die extreme Gefahr einer solchen Verwicklung erkannt hat. Auf eines sind die deutschen Soldaten psychologisch bestimmt nicht vorbereitet: nämlich auf die Unerbittlichkeit, auf den Horror eines Partisanen-Krieges, einer Kampfart, in der die Balkan-Völker hingegen nach langer geschichtlicher Erfahrung Meister geworden sind.

Klar ist: Die sich ausweitende Balkan-Krise löst in ganz Europa Sorge, teilweise Entrüstung aus. Wohl nur ein einziger Machthaber kann das klägliche Spektakel im Kosovo mit grimmiger Genugtuung genießen; er residiert in Bagdad und heißt Saddam Hussein.

Was bleibt von der Nato
nach dem Krieg?

25. April 1999

»Für die Nato gibt es keinen Ersatz; die Nato ist unverzichtbar«, so hört man aus den Reihen der rot-grünen Regierungsmannschaft wie auch von den Bänken der konservativen Opposition in Bonn. Vermutlich entspricht das sogar der politisch-strategischen Wirklichkeit Europas. Aber ein gutes Gefühl kommt nicht auf bei dem Gedanken, daß Wohl und Wehe unseres Erdteils nun weiterhin in den Händen einer Allianz liegen, die – in fataler Fehleinschätzung ihrer militärischen Mittel und beängstigender Blindheit gegenüber den ethnisch-religiösen Zuständen auf dem Balkan – den glorreichen Jubiläumstag ihrer Gründung im Schatten des Kosovo-Desasters zelebrieren mußte.

Der Beobachter vermeint sich in Zeiten des Kalten Krieges und der Doppel-Hegemonie Washingtons und Moskaus zurückversetzt, wenn Viktor Tschernomyrdin mit der Führungsspitze der USA verhandelt. Hier bietet sich wohl die einzige Chance, einen Ausweg aus der selbstgebauten Sackgasse zu finden, eine Eskalation und Ausweitung des Balkan-Konflikts in letzter Minute noch zu verhindern.

Falls es wirklich zu einem Kompromiß käme, den Serben und Albaner zähneknirschend akzeptieren, dann würde diesem Abkommen nachträglich das Tarnnetz der Vereinten Nationen übergestülpt. Aber ein Sieg der Uno und ihres wackeren Generalsekretärs Kofi Annan wäre das nicht. Die Weltorganisation würde wieder einmal als Alibi, als rhetorische Tribüne herhalten; eine eigenständige friedenschaffende Kraft hat sie nie besessen.

Da die Europäer – auch nach Wegfall des Ost-West-Konflikts – mit der Nato leben müssen und durch eine strikte Integration der Kommandostrukturen in sie eingebunden bleiben, stellt sich die Frage, wie diese Allianz, die auf die Abwehr einer sowjetischen Großoffensive in Mitteleuropa ausgerichtet war, den neuen Bedingungen der post-kommunistischen Ära angepaßt werden kann. Die kriegerische

Realität von heute offenbart sich in jenen Regionalkonflikten, die sich rund um den Erdball wie eine Kettenreaktion fortsetzen.

Ob es sich um Somalia oder Tadschikistan handelte – um nur diese zu nennen –, die Verwendung einer unendlich überlegenen Rüstungstechnologie und sogar die massive Entsendung von Landstreitkräften haben sich nirgendwo ausgezahlt. Bemühungen um Ausgleich oder gar Versuche einer bewaffneten Friedensstiftung sind fast überall gescheitert. Die Gefahr für die Europäer besteht darin, daß sie – im Zuge einer Neuorientierung des Nato-Konzepts – quasi automatisch in eine Globalisierung des Interventionszwangs einbezogen werden, zu der sich die USA entschieden haben und für die sie ihre Verbündeten allzu gern mobilisieren möchten.

Bundeskanzler Schröder hat sich gegen eine solche Universalisierung der atlantischen Allianz nachdrücklich verwahrt. Und seine Zusicherung ist glaubwürdig. Aber Schritt für Schritt zeichnet sich dennoch eine geographische Ausweitung der »Out of area«-Einsätze auch für europäische Nato-Truppen ab. Washington lebt in der Zwangsvorstellung eines unausweichlichen Zusammenpralls mit dem islamischen »Fundamentalismus«. Offenbar bedarf die politische Phantasie Amerikas – nach dem Zerfall des bolschewistischen »Empire of evil« – eines neuen Phantombildes des Bösen.

In Kreisen der »Islamischen Revolution« nimmt man gewiß mit Befriedigung zur Kenntnis, daß im Falle Jugoslawiens die Bomben der U.S. Air Force ausnahmsweise nicht auf Koran-Gläubige, sondern auf christlich-orthodoxe Serben fallen. Dennoch nährt sich dort der Verdacht, die ganze Kosovo-Affäre richte sich nur in einer ersten Phase gegen die Übergriffe des Diktators Milosevic. In Wirklichkeit gelte es für den Westen jedoch, das Entstehen eines ausgreifenden, islamisch geprägten Staatswesens auf europäischem Boden, die Geburt von »Groß-Albanien«, zu verhindern. Aus diesem Grunde seien schon die »Muslimani« Bosniens um die Souveränität betrogen worden.

Jedenfalls sollten die Europäer und insbesondere die Deutschen sich strikt weigern, in einen Pseudo-Kreuzzug gegen den Halbmond verwickelt zu werden, der im Namen einer selektiv praktizierten Menschenrechts-Ideologie vorgetragen wird. Die unmittelbare Nachbarschaft erfordert von den Europäern selbstbewußtes »Containment«, gewiß aber auch eine von Amerika unabhängige Kooperationsbereitschaft mit dem weit ausgreifenden islamischen Gürtel.

In Washington und Bonn ist die Rede von einer verstärkten Autonomie Europas innerhalb der atlantischen Allianz. Aber das Gerede über das Entstehen dieses zweiten »Pfeilers« ist so alt wie die Nato selbst. Diese Konstruktion wurde weder von John F. Kennedy noch von Bill Clinton jemals ernst gemeint. Dennoch läge hier die einzige Hoffnung, dem Bündnis neuen Sinn und neue Dynamik einzuhauchen. Vielleicht dämmert den deutschen Politikern die Erkenntnis, daß die Weltmacht USA, die nicht länger bereit ist, das Leben ihrer Soldaten auf dem Schlachtfeld zu riskieren, schwerlich das Zeug hat, sich als zeitgenössisches »Imperium Romanum« zu bewähren. Auf Dauer kann auch niemand von den Amerikanern erwarten – zumal ihr derzeitiges Interventionspotential laut Verteidigungsminister William Cohen auf zwei Regionalkonflikte beschränkt ist –, daß sie immer wieder in die bluttriefenden Clanfehden des balkanischen Hinterhofs gebieterisch und bombend eingreifen.

In Wirklichkeit ist es um die Europäer selbst schlecht bestellt. Großbritannien drängt sich vorbehaltlos an die Seite der angelsächsischen Vettern und kommt den Beschlüssen des Pentagons in vorauseilendem Gehorsam entgegen. In Paris denken heute weder Chirac noch Jospin mehr daran – wie de Gaulle auf dem Manöverfeld von Mourmelon, wie Mitterrand auf den Champs-Elysées –, deutsche Soldaten durch Frankreich paradieren zu lassen.

Das sogenannte »Weimarer Dreieck« – die privilegierte Kooperation zwischen Deutschen, Franzosen und Polen – gerät in Vergessenheit. Jacques Chirac engagiert die Fünfte Republik so intensiv auf seiten der Nato und gegen Belgrad, daß sein angebliches Vorbild, General de Gaulle, sich im Grabe drehen müßte. Die Deutschen wiederum dienen sich dem Weißen Haus als Musterschüler der atlantischen Klasse an, wie das früher einmal unter dem Namensvetter des heutigen Kanzlers, dem CDU-Außenminister Gerhard Schröder, der Fall war.

Neben den geschundenen Balkan-Völkern erscheint die Vision der europäischen Einheit als das größte Opfer der Kosovo-Krise. Sogar die Währungsunion könnte hier ernsthaften Schaden nehmen. Ist denn das Mitspracherecht Deutschlands im Nato-Rat so gering, daß seine Vertreter sich nicht der willkürlichen Zerstörung der Donau-Brücken widersetzen können und damit die partielle Blockierung eines der großen europäischen Wasserwege verhindern? Die Zukunft der Nato hätte darin bestehen können, daß die EU – im Einvernehmen mit den USA – sich endlich mit der Schaffung eines völlig selbständigen und kompletten Verteidigungsarsenals – inklusive der unentbehrlichen Nuklear-Abschreckung – ausgestattet hätte und damit das unglaubliche Potential Amerikas ergänzt, aber auch im Sinne einer klügeren, maßvollen Diplomatie beeinflußt hätte.

Statt dessen präsentiert sich der alte Kontinent weiterhin als ein Knäuel widerstreitender Interessen, als bereitwillige Verfügungsmasse des transatlantischen Protektors. Zur Nato gibt es keine Alternative, und das klingt schlimm für die Europäer angesichts des Prestigeverlustes und der Erosion, die das Bündnis aufgrund seines Balkan-Fiaskos unweigerlich heimsuchen werden.

Ein moderner Indianerkrieg

3. Mai 1999

Wie immer dieser erbärmliche Krieg im Kosovo ausgeht und wie lange er sich noch hinschleppen mag, für das atlantische Bündnis ist auf dem Balkan kein Ruhmesblatt geschrieben worden. Fast sechs Wochen wird da ein winziger, ausgepowerter Staat von einer gewaltigen Luftarmada mit Bomben belegt und nach und nach in ein Ruinenfeld verwandelt, aber ein konkretes strategisches Ergebnis läßt sich immer noch nicht erkennen. Man hätte der Nato etwas mehr Glanz zu ihrem fünfzigsten Geburtstag gewünscht, denn immerhin war es diesem Zusammenschluß der »freien Welt« gelungen, die tödliche Bedrohung einer sowjetischen Großoffensive in Mitteleuropa durch glaubwürdige Abschreckung zu verhindern.

In den literarischen Abhandlungen von Schöngeistern, die die kriegerischen Ereignisse auch dieses Mal begleiten und die durch keine Sachkenntnis getrübt sind, werden recht mutwillige Parallelen ins Feld geführt. So verglich der Schriftsteller Hans Magnus Enzensberger den Kosovo-Konflikt mit dem Dreißigjährigen Krieg, dessen Landsknechtshaufen im 17. Jahrhundert ganz Deutschland verwüstet hatten. Aber angesichts einer quasi unverwundbaren, in 5000 Meter Höhe operierenden Bomberflotte auf der einen, der veralteten serbischen Landstreitkräfte auf der anderen Seite drängt sich eher die Vorstellung eines modernen »Indianerkrieges« auf. Eine ähnliche Disproportion der Waffen herrschte seinerzeit in den Prärien des Wilden Westens zwischen den Stämmen der Rothäute, die sich noch mit Pfeil und Bogen wehrten, und den Blauröcken der US-Kavallerie, die aus sicherer Entfernung mit ihren Winchester-Gewehren die Indianer abknallten.

Dies ist ein »moralischer, ein humanitärer Krieg«, so liest man in den europäischen und amerikanischen Gazetten, und selbst die skeptisch veranlagten Franzosen stimmen in diesen Chor ein. Dabei gibt es in Frankreich eine alte Regel, die da lautet: »On ne gouverne pas innocemment« – Man kann nicht in Unschuld regieren. Um wieviel weniger kann man in Unschuld Krieg führen! Gewiß, die brutale Vertreibung der Kosovo-Albaner aus ihrer Heimat schrie geradezu nach einer energischen Strafaktion gegen Belgrad. Aber die Phase, in der berechtigterweise serbische Flugabwehr, Truppenkonzentrationen, Kommandozentralen angegriffen wurden, ist längst durch eine systematische Zerstörung aller wirtschaftlichen Existenzgrundlagen dieses Balkan-Landes abgelöst worden. Aufgrund einer völlig unzureichenden westlichen Luft- und Bodenaufklärung können die Serben heute mehr Bilder von eigenen toten oder verletzten Zivilisten ausstrahlen, als die Nato-Sprecher massakrierte Kosovo-Albaner vorweisen.

Kurioserweise haben sich die deutschen Politiker der rot-grünen Koalition, die Pazifisten von einst, durch besondere Verbalexzesse hervorgetan. Ausgerechnet die Deutschen führen den total deplazierten Vergleich mit Auschwitz ständig im Mund, und der Verteidigungsminister Scharping stellte – in Ermangelung aktuellen »Reconnaissance«-Materials – der Presse eine Fotografie von erschlagenen albanischen UCK-Partisanen vor, die aus dem Januar datiert und bereits durch die Agentur Reuters weltweit verbreitet wurde.

Die Nato sucht nach neuen Aufgaben, nachdem der Ost-West-Konflikt sang- und klanglos zu Ende ging. Da wird von einer größeren Eigenverantwortlichkeit der Europäer innerhalb der Allianz gefaselt. Aber noch nie hat sich Washington als die wirkliche Entscheidungs- und Machtinstanz so nachhaltig, so hemdsärmelig zu erkennen gegeben. Der hektische Nato-Generalsekretär Javier Solana scheint in seiner totalen Ausrichtung auf das Weiße Haus vergessen machen zu wollen, daß er in seiner Jugend einmal der antiamerikanischen, pazifistisch orientierten Linken Spaniens angehörte. Natürlich wird am Ende der serbische Rumpfstaat nachgeben müssen, und Kosovo wird einer ungewissen, bluttriefenden Eigenstaatlichkeit entgegentaumeln, wenn dort nach dem Abzug der Serben die alten Clan-Feindschaften wieder ausgetragen werden. In Bonn und in Brüssel redet man von einem Marshall-Plan für den Balkan, während die Verwüstung noch andauert. Die Europäer wissen dabei, daß sie – vor allem die Deutschen – zur Kasse gebeten werden und gegenüber der amerikanischen Hegemonialmacht auch auf wirtschaftlichem Gebiet immer mehr ins Hintertreffen geraten. Da zudem – wie schon in Bosnien – über Albanien, Kosovo und de facto auch Mazedonien und Rest-Jugoslawien »Protektorate« verhängt werden sollen, sind die Partisanenkriege der Zukunft in bester balkanischer »Hajduken«-Tradition bereits angemeldet. Die Nato wird über Belgrad einen sehr bitteren Sieg erringen.

Die Russen sind wieder im Spiel

9. Mai 1999

Jetzt wissen wir es also genau: Rußland verfügt über 751 Interkontinental-Raketen mit 3610 Atomsprengköpfen, über 75 strategische Bomber mit 816 Nuklearsprengköpfen sowie über 384 ballistische Raketen auf U-Booten mit 1824 Sprengköpfen. Nicht mitgezählt sind die unendliche Vielfalt taktischer Atomwaffen und ein gewaltiges Mittelstrecken-Arsenal. Eine solche Macht kann man nicht außen vorlassen, wenn auf dem Balkan ein absurder Bombenkrieg seit beinahe sechs Wochen im Gange ist, der bestimmt nicht als Ruhmesblatt in die Geschichte der Nato eingehen wird. Der Sieg über Belgrad, der eines Tages so oder so errungen wird, dürfte sehr bitter zu schmecken kommen.

Die Russen sind wieder im Spiel, und denjenigen, die darauf verweisen, daß das oben zitierte Vernichtungspotential miserabel gewartet sei und über geringe Zielgenauigkeit verfüge, kann heute entgegengehalten werden, daß es um die Wunderwaffen der Amerikaner ja wohl auch nicht so glänzend bestellt ist, wenn die Harm-Raketen in Bulgarien und Ungarn einschlagen. Wer weiß, wo sie in Rest-Jugoslawien, inklusive Kosovo, in Wirklichkeit niedergehen? Auch die Luft- und Satelliten-Aufklärung der Nato muß erbärmlich funktionieren, oder schließt man den deutschen Verbündeten von deren Auswertung systematisch aus? Im übrigen warten die verzweifelten albanischen Partisanen der UCK händeringend auf den immer wieder verzögerten Einsatz jener »Apache«-Hubschrauber, deren Vernichtungswaffen geradezu magisch wirken sollen.

Nachdem das Bonner Kanzleramt den russischen Regierungschef Jewgeni Primakow wegen seines unzureichenden Vermittlungsangebots wie einen Bittsteller abblitzen ließ, reißt die Bundesregierung das Steuer plötzlich herum. Soviel Kraft ist dem todkranken Bären Boris Jelzin doch noch übriggeblieben, daß er ein weit vernehmliches, drohendes Knurren ausstoßen konnte. In Viktor Tschernomyrdin, dem man die Kosaken-Abstammung anmerkt, hat er einen Emissär in die westlichen Hauptstädte und nach Belgrad entsandt, der sich kein pampiges Auftreten gefallen läßt. In Washington, wo man mit großer Verspätung die sträfliche Fehlplanung am Amselfeld zu erkennen beginnt, schlägt der Rußland-Experte im State Department, Strobe Talbott, neuerdings ganz andere Töne an. Er gesteht Jelzin nicht nur zu, daß russische und ukrainische Kontingente in der geplanten »Friedenstruppe« für das Kosovo stark vertreten sein werden, sondern hat auch halbwegs akzeptiert, daß die Nato – mit anderen Worten: die USA – nicht allein den Oberbefehl ausüben wird. In einer solchen Stunde ist es überaus nützlich, auf die Uno und deren erfahrenen Generalsekretär Kofi Annan zurückgreifen zu können, und sei es nur, um sich ein Alibi zu verschaffen und das Gesicht zu wahren. Gleichzeitig wird der Internationale Währungsfonds angewiesen, einen bislang blockierten Finanzkredit von 4,6 Milliarden Dollar für Moskau schleunigst freizugeben. Ganz offensichtlich will der Westen sich russischen »good will« auf dem Balkan erkaufen, und diese klägliche Bemühung läßt er sich einiges kosten.

Aus Deutschland ist auch Rudolf Scharping inmitten einer Runde von Bundeswehrgenerälen nach Moskau aufgebrochen. Mit seinen bisherigen Parolen vom humanitären, moralisch motivierten Krieg gegen Serbien dürfte der deutsche Verteidigungsminister im Kreml wenig Verständnis finden. Die Bannflüche, die am Rhein gegen den »Massenmörder« Milosevic ausgestoßen wurden, ändern nichts an der Tatsache, daß irgendein Kompromiß über die Zukunft Jugoslawiens an diesem unheimlichen Belgrader Potentaten gar nicht vorbeikommt. Tschernomyrdin fordert die Einstellung des Nato-Bombenkrieges, um weitreichende serbische Konzessionen einzuhandeln. Es ist nicht sicher, daß er sich damit durchsetzen wird, denn es gehört zu den Anwaltskniffen Bill Clintons – wie die Lewinsky-Affäre zeigte –, daß er eigene Fehler niemals eingesteht. Der Vorschlag Joschka Fischers wiederum, die Bombardierung um 24 Stunden auszusetzen, und gleichzeitig den Abzug der serbischen Besatzungstruppe aus dem Kosovo einzuleiten, entbehrt jeder strategischen Logik. Binnen eines einzigen Tages können die serbischen Kommandeure – selbst wenn sie es wollten – die notwendige Umdisposition ihrer weit verzettelten Einheiten gar nicht sichtbar und kontrollierbar in Gang setzen.

Jeder Mann innerhalb der atlantischen Allianz geht offenbar felsenfest von der Annahme aus, daß Rußland brennend daran interessiert sei, der systematischen Vernichtung Rest-Jugoslawiens so schnell wie möglich Einhalt zu gebieten, zu verhindern, daß die albanischen Wirren auf Mazedonien, Montenegro und auf Bosnien-Herzegowina übergreifen. Das ist eine sehr optimistische Hypothese. Dem Kreml könnte ebenso glaubhaft daran gelegen sein, diesen irrwitzigen Bombenkrieg der Nato in die Länge zu ziehen, gerade weil immer mehr serbische Zivilisten getötet werden und das Kosovo binnen zwei oder drei weiterer Wochen auch vom Rest seiner albanischen Bevölkerung entleert sein dürfte. Mit jedem zusätzlichen Kriegstag setzt sich das atlantische Bündnis etwas mehr ins Unrecht und offenbart zerstörerische Ohnmacht.

Was gar eine alliierte Bodenoffensive betrifft, so hüte man sich vor törichten Kriegsspielen. Den »Falken« Tony Blair, der beim jetzigen Stand der eigenen Rüstung gar nicht in der Lage wäre, einen nennenswerten Mannschaftsbeitrag zu leisten, sollte man daran erinnern, daß er sich beim letzten glorreichen Feldzug Großbritanniens, bei der Rückeroberung der Falkland-Inseln, extrem reserviert verhielt. In diesen Tagen wird im öffentlichen deutschen Fernsehen ein Film zur Glorifizierung der Nato und zur Bekräftigung der deutschen Rolle im Bündnis ausgestrahlt. Da wird anhand von gestellten Kampfszenen im peinlichen Stil der »Propaganda-Kompanien« eine Strategie des atlantischen Bündnisses das Wort geredet, die darauf hinzielt, Rußland von dem Erdöl- und Erdgas-Vorkommen des Kaukasus und Turkestans abzuschneiden. Die zentralasiatischen GUS-Republiken würden Schritt für Schritt in die Nato einbezogen, um eine geographische Barriere zwischen Rußland, Persien und dem Indischen Ozean aufzurichten. Usbekische Offiziere werden als Verbündete von morgen präsentiert, und niemand verweist darauf, daß Usbekistan an Afghanistan und an Tadschikistan grenzt und daß dort immer noch Bürgerkriege toben, die die Kosovo-Tragödie relativ erscheinen lassen. Die Präsenz des kasachischen Präsidenten Nursultan Nasarbajew bei den Jubiläumsfeiern der Nato deutet darauf hin, daß die Allianz sich bis an die Grenze Chinas vorzuschieben gedenkt. Der amerikanischen Planung mag es gut ins Konzept passen, wenn das Reich der Mitte von Taiwan und von Kasachstan in die Zange genommen würde. Eine wahnwitzige Fehlleistung eines dümmlichen TV-Produzenten sei dort projiziert worden, sollte der deutsche Fernsehzuschauer annehmen. Aber neben General Naumann meldet sich auch der Nato-Generalsekretär Javier Solana, ein ehemaliger Pazifist, zu Wort, um diese globalisierende Expansion des Bündnisses gutzuheißen. Zwischendurch werden funkelnagelneue Kettenfahrzeuge am Wüstensand vorgeführt nach dem Motto »Panzer rollen in Afrika vor«. Vor allem kommen immer wieder die Öl-Förderanlagen rund ums Kaspische Meer ins Bild, wo doch jedermann wissen sollte, daß die großen amerikanischen Energie-Konzerne längst das De-facto-Monopol der Ausbeutung und Vermarktung in diesem Raum an sich gerissen haben. Dann springen deutsche Fallschirmjäger über der Wüste ab, um die neugewonnene Einflußzone gegen äußeren Zugriff oder innere Unruhen zu schützen.

Natürlich werden auch in Moskau diese kuriosen Filmstreifen gesehen. Die darin zur Schau getragene Absicht, Rußland aus seinen traditionellen Nachbargebieten herauszudrängen und zu isolieren, wird nicht gerade die Bereitschaft Jelzins, Primakows und Tschernomyrdins fördern, der Nato einen ehrenwerten Ausweg aus ihrem Balkanschlamassel zu erleichtern.

Jelzin kämpft wie Boris Godunow

16. Mai 1999

Zumindest eines haben die Russen von der amerikanischen Demokratie übernommen: die Prozedur des »impeachment«, der Amtsenthebung ihres Präsidenten. Es war zu erwarten, daß Jelzin auf den Versuch der Duma, ihn mit Hilfe eines solchen Verfahrens zu stürzen, ebenso kaltschnäuzig und trickreich reagieren würde wie sein Kollege im Weißen Haus in Washington.

Es ist schon ein faszinierendes Schauspiel, wie dieser todkranke Machtmensch Boris Jelzin von Zeit zu Zeit »auf die kläffende Menge losstürmt wie ein waidwunder Eber« – der Vergleich stammt von Puschkin –, um sich dann wieder in sein Dickicht bzw. sein Sanatorium zurückzuziehen. Vordergründig gesehen tobt Jelzin gegen seine Feinde in der Duma, tatsächlich führt er einen Verzweiflungskampf gegen den eigenen Tod.

Wird sich in Moskau wirklich so viel verändern, wenn an der Spitze der Regierung der frühere Chef der Auslands-Spionage durch den Kommandeur des Inlands-Geheimdienstes abgelöst wird? Gewiß, Jewgenij Primakow ist ein Orient-Experte von ganz anderen Qualitäten als sein verkniffener Nachfolger Sergej Stepaschin. Primakow genoß in der Fachwelt der Nachrichtenbeschaffung nicht nur professionell, sondern auch menschlich hohes Ansehen, und als Ministerpräsident hat er immerhin eine beachtliche Stabilisierung seines Riesenreiches bewirkt. Stepaschin hingegen mag ein Meister der Kreml-Intrigen sein, doch auf ihm lastet die Schmach, den Feldzug gegen die Tschetschenen nicht bewältigt zu haben.

Mehr denn je drängt sich der Vergleich Boris Jelzins mit der tragischen Herrschergestalt Boris Godunows auf, und wenn der jetzige Staatsschef auch nicht wie sein Vorgänger zur Zeit der »Smuta« im Verdacht steht, den kleinen Zarewitsch Dimitri ermordet zu haben, so hat er doch seinerzeit als Chef der KPdSU in Swerdlowsk, heute wieder Jekaterinburg, jenes Ipatjew-Haus plattwalzen lassen, in dem die Familie des letzten Monarchen Nikolaus II. massakriert wurde. Eine solche Tat dürfte heute eine schwere Belastung darstellen, wo doch die russische Orthodoxie die Heiligsprechung des Zaren erwägt. Die Zustimmung des Volkes für Jelzin ist denn auch auf kümmerliche zwei Prozent geschrumpft.

Dennoch sollten die Fernsehbilder von wütenden Demonstranten nicht täuschen. Wir wissen allzu gut, wie dank geschickter Kameraführung aus einem Häuflein Veteranen eine riesige Menschenmenge gemacht werden kann. Selbst wenn die Gegner Jelzins mit ihrem Impeachment Erfolg gehabt hätten, hätten sie längst nicht zum Halali blasen können, denn es wäre noch ein unendlich komplizierter Entscheidungsweg zu durchlaufen gewesen, durch das Verfassungsgericht, den Obersten Gerichtshof und das russische Oberhaus, die Föderationskammer.

Die fünf Vorwürfe gegen den Staatschef klangen ohnehin nicht wirklich überzeugend. Da wurde ihm die Auflösung der UdSSR im Jahr 1991 angelastet, aber die wirkliche Verantwortung am Zusammenbruch der Sowjetmacht lag doch wohl bei Michail Gorbatschow. Die Erstürmung des russischen Parlaments im Herbst 1993 wog da sehr viel schwerer, aber gerade im Westen hatte man mit großer Erleichterung reagiert, als die Gruppe der »hardliner« um den Oberst Ruzkoj durch Panzerbeschuß ausgeschaltet wurde. Angeblich bot die Anzettelung des Tschetschenien-Krieges das stichhaltigste Argument, um gegen Jelzin vorzugehen, aber rein staatsrechtlich gesehen hatte er sich im Nordkaukasus nur gegen die gewaltsame Loslösung eines Teilgebietes der Russischen Föderation zur Wehr gesetzt. Für den vierten Amtsenthebungs-Grund, den dramatischen Niedergang der Streitkräfte, müssen zahlreiche andere Schuldige vor Gericht gestellt werden, vor allem jene Vorgänger, die die Rote Armee in das fatale Afghanistan-Abenteuer stürzten.

Was schließlich den »Genozid« am russischen Volk betrifft, so waren sich die Ankläger wohl selbst der Haltlosigkeit ihrer exzessiven Formulierung bewußt. Doch gerade dieser Punkt sollte aufmerksam unter die Lupe genommen werden. Seit 1992 ist die Bevölkerung Rußlands von 148,6 auf 146,5 Millionen Menschen gesunken. Das immense Territorium zwischen Smolensk und Wladiwostok, so beklagt der Gouverneur von Krasnojarsk, Alexander Lebed, ist auf dramatische Weise unterbevölkert, und die demographische Kurve zeigt – aufgrund von Geburtenrückgang und Alkoholismus – steil nach unten. Das ist laut Lebed um so bedenklicher, als sich unter den 146 Millionen Staatsbürgern der Föderation etwa 20 Millionen meist türkische Muslime befanden, deren Loyalität gegenüber Moskau fragwürdig ist und die sich – im Gegensatz zum slawischen Staatsvolk – rasant vermehren.

Dieser gewaltige Staat, der weiterhin über ein furchterregendes Atomarsenal verfügt, lebt seit Jahren am Rande des Abgrundes. Die wilden Attacken des moribunden Zaren Jelzin könnten ein plötzliches, letales Ende finden. Die Schwäche und die Fäulnis des zerbrochenen Imperiums drohen jederzeit schreckliche, zerstörerische Kräfte freizusetzen.

Die Nato fragt sich natürlich, wie sich ein Regierungswechsel an der Moskwa auf die Haltung Rußlands zum Balkan-Krieg auswirken mag. Schon Primakow schien es nicht sonderlich eilig zu haben, der westlichen Allianz und vor allem den USA aus einer Sackgasse herauszuhelfen, in die sie sich selbst manövriert haben. Mit dem G-8-Abkommen, das auf dem Petersberg getroffen und von den Deutschen so hoch gepriesen wurde, aber voller Widersprüche und Ungereimtheiten steckt, würde auch ein russischer Regierungschef Stepaschin ein vorzügliches Instrument besitzen, um die Nato in die Enge zu treiben, zumal ihm nunmehr im Sicherheitsrat der Uno die zu Recht aufgebrachte Volksrepublik China die Bälle zuspielen wird.

Kurzfristig mag die jüngste Rochade Jelzins kein weltbewegendes Ereignis sein. Aber der Kern des Übels wird hier sichtbar: die totale Unberechenbarkeit der Moskauer Machtverhältnisse zu einer Zeit, da sich der Westen in eine drittklassige Balkan-Kampagne verrannt hat und die Nato ihre Unfähigkeit zur Führung eines Bodenkrieges, das heißt zur Hinnahme eigener Verluste, täglich unter Beweis stellt.

Das türkische Volk
will den Tod Öcalans

30. Mai 1999

Wenn in der Türkei eine Volksabstimmung stattfände über das Schicksal des kurdischen Aufstandsführers Abdullah Öcalan, käme nicht nur eine deutliche Mehrheit für ein Todesurteil zustande, sondern es würde auch die Forderung erhoben, daß das Urteil vollstreckt wird. Eine solche Entscheidung würde durch den Umstand erschwert, daß das türkische Parlament mehrheitlich für eine solche Hinrichtung stimmen müßte. Aber die letzten Wahlen haben jene Parteien begünstigt, die sich auf einen rigoros nationalistischen Kurs festgelegt haben. Ministerpräsident Ecevit, ein Sozialist, der im Sinne der kemalistischen Ideologie jede Form von Separatismus aufs schärfste bekämpft, muß in Zukunft ja auch auf die nationale Aktionspartei MHP Rücksicht nehmen, die einst durch den Extremismus ihrer »grauen Wölfe« von sich reden machte und im Falle Öcalans zu keinerlei Kompromiß bereit sein dürfte.

Die Entführung des PKK-Chefs und seine Inhaftierung auf der Imrali-Insel im Marmarameer hatten seinerzeit in der Türkei einen Sturm der Begeisterung ausgelöst. Es kam Ecevit zugute, daß er zu jenem Zeitpunkt die Regierungsverantwortung trug, und der Fall des Kurdenführers hat zweifellos auch dazu beigetragen, den Aufstieg der radikalen MHP zu begünstigen.

Bei den Beratungen im Parlament wird sicher mancher türkische Abgeordnete auf die Europäische Union blicken und vielleicht der Menschenrechts-Ideologie Rechnung tragen wollen, die in Brüssel und Straßburg zur Leitlinie der kontinentalen Politik geworden ist. Aber »Europa« steht in Anatolien ohnehin nicht hoch im Kurs, und mancher Türke dürfte seine Hoffnung auf Aufnahme in diesen »christlichen Klub« bereits begraben haben. Vor allem werden die Deputierten auch Rücksicht nehmen müssen auf die Stimmung ihrer Wähler, und die wird immer noch von dem biblisch-islamischen Grundsatz geprägt: »Auge um Auge, Blut um Blut«.

Etwa 30 000 Menschen sind bei den Kämpfen in Ostanatolien bisher ums Leben gekommen, ein Drittel davon »ethnische Türken«, wie das Modewort lautet, die größeren Verluste, etwa zwei Drittel, haben die Kurden erlitten. Wenn man bedenkt, daß der Partisanenkampf zwischen Diyarbakir und Hakkari bereits 15 Jahre andauert, ist diese Verlustzahl – verglichen etwa mit Vietnam, Afghanistan oder Bosnien – relativ bescheiden. Aber in jedem anatolischen Dorf beklagt die Bevölkerung mindestens einen »Sehit«, einen Märtyrer, der in den türkischen Streitkräften und der Jandarma den Tod fand. Dort haben sich unerbittliche Rachegefühle angestaut.

Der Kurdenkonflikt erklärt vielleicht auch, warum Ankara sich bisher in der Kosovo-Frage zurückhaltend verhielt und im wesentlichen humanitäre Hilfe für die dortigen Albaner leistet, die im Osmanischen Reich zu den treuesten Untertanen des Sultans zählten. Da schon von einer Bodenoffensive die Rede ist, wären die Türken im Gegensatz zu den Amerikanern und den Deutschen auch bereit, eigene Truppen zu entsenden und notfalls schwere Verluste hinzunehmen. Aber der türkische Generalstab hat nicht vergessen, daß gerade jene europäischen Politiker – Sozialdemokraten und Grüne –, die sich heute als kriegerische Matadoren gegen die Serben gebärden, sich in den kurdisch bevölkerten Regionen Anatoliens stets im Zeichen der »human rights« und des Selbstbestimmungsrechts der dortigen Separatisten eingemischt haben.

Aus der Sicht Ankaras besteht zwischen den Sezessions-Bestrebungen der »Kosovaren« und dem Unabhängigkeitskampf der Kurden eine bedenkliche Parallelität. Vorsicht ist also geboten. Was nun Öcalan betrifft, so spekuliert man darüber, daß er in seiner Zelle auch an Herzversagen sterben könnte. Jedenfalls seien die Amerikaner in keiner Weise qualifiziert, der türkischen Justiz Vorhaltungen zu machen angesichts der zahlreichen Todesurteile, die dort auf dem elektrischen Stuhl vollstreckt werden.

Mit List und Härte für mehr Frieden

31. Mai 1999

Der neue Regierungschef Israels, Ehud Barak, braucht eine stabile Koalition, will er mit Erfolg in die bevorstehenden Verhandlungen mit den arabischen Nachbarn eintreten. Schon hört man aus Jerusalem, daß die Arbeiterpartei, die im Gegensatz zum persönlichen Erfolg Baraks bei den letzten Wahlen gar nicht gut abgeschnitten hat, von ihrem Vorsitzenden zu einem Bündnis mit dem konservativen Likud-Block gedrängt wird. Netanyahu hat sich, nachdem er wie der biblische Sündenbock in die Wüste gejagt wurde, von der Politik verabschiedet. Auf den ersten Blick möchte man dem libanesischen Regierungschef Selim Hoss recht geben, der keinen nennenswerten Unterschied zwischen den beiden Männern erkennen kann.

Die Perspektiven haben sich dennoch verschoben. Barak ist nicht wie sein Vorgänger dazu verurteilt, stets auf die Verbohrtheit der extrem orthodoxen Splitterparteien Rücksicht zu nehmen, und im Gegensatz zu seinem ungeliebten Vorgänger Shimon Peres, der sich als Friedensapostel zu profilieren versuchte, ist der ehemalige Generalstabschef Israels ein illusionsloser Kämpfer, der mit List und Härte arbeitet. Ehud Barak hat unmittelbar nach seinem Wahlsieg verkündet, daß er der Räumung der sogenannten Sicherheitszone im besetzten Südlibanon absolute Priorität einräumen würde. Aber in diesem heiklen Punkt genügt es nicht, mit den Behörden von Beirut oder mit den gefährlichen Partisanen der schiitischen Hisbollah Kontakt aufzunehmen. Die Absicherung Galiläas vor neuen Anschlägen und Katjuscha-Geschossen ist nur in Damaskus zu erreichen, und Barak wird dort anknüpfen, wo der Verhandlungsfaden im April 1996 abgerissen war, nachdem Shimon Peres das massive Bombardement des Südlibanons, die Operation »Früchte des Zorns«, befohlen hatte.

Netanyahu war danach an die Macht gelangt, aber ihm war es schon aus Rücksicht auf seine Kabinettspartner gar nicht möglich, jenes Übereinkommen zu implementieren, das in Geheimgesprä-

chen zwischen Israelis und Syrern zu weit gediehen war. Der Judenstaat hatte sich Anfang 1996 bereit erklärt, die seit dem 6-Tage-Krieg
okkupierten Golan-Höhen komplett an die syrische Republik zurückzugeben. Damaskus hatte sich dagegen zur kontrollierten Entmilitarisierung dieser strategischen Sprungschanze und zu einer
Reihe zusätzlicher Garantien bereit erklärt, darunter die Stationierung amerikanischer Kampftruppen als Friedensstifter. Seit auf dem
Balkan allerdings demonstriert wurde, daß die USA eine weltweite
Interventionspolitik betreiben, die von dem obersten Postulat »Null
eigene Verluste« ausgeht, erscheint das Angebot weniger verlockend.

Wie dem auch sei, beim derzeitigen Zustand der Spaltung und
Schwächung, die die arabische Staatenwelt heimsucht, ginge Ehud
Barak ein relativ geringes Risiko ein. So schnell, wie syrische Panzer-
einheiten sich auf den Golan – auch nach der Evakuierung durch Israel – zubewegen würden, so hurtig wären sie beim jetzigen Kräfte-
verhältnis durch die israelische Streitmacht auch wieder vertrieben.
Zudem verfügt Jerusalem seit einiger Zeit über eine verbündete Regionalmacht im Nahen Osten, die im Notfall mehr Kampfgeist auf-
brächte als die mit übertriebener Hochtechnologie ausgestatteten
Amerikaner. Gemeint ist die Türkei, die unlängst noch durch eine
ultimative Warnung die Syrer gezwungen hat, die im Libanon befindlichen Ausbildungslager der kurdischen Aufstandsbewegung PKK
aufzulösen und deren Chef Abdullah Öcalan auszuweisen. An der
Entführung des Kurdenführers in Nairobi, so hört man, sei der israelische Geheimdienst Mossad nicht unbeteiligt gewesen. Es besteht
also keine unmittelbare Gefahr für den Judenstaat.

Die Amerikaner würden natürlich darauf drängen, daß jetzt endlich zwischen Palästinensern und Israelis jenes Abkommen in Kraft
tritt, das seinerzeit auf der »Wye Plantation« in den USA unterzeichnet wurde. Auch hier kann Ehud Barak einige Schritte auf Yassir Arafat zugehen. Die zugesagten 13 Prozent zusätzlichen Territoriums, das den Palästinensern auf dem Westjordan-Ufer überge-
ben werden soll, kann Israel ohne größere Probleme preisgeben. Die
Autorität der PLO wäre auch dann noch auf einen Flickenteppich
begrenzt. Barak wird – selbst im Falle der Ausrufung eines Palästinenserstaates – diesen verzettelten Gebieten das wichtigste Sou-
veränitätsattribut, nämlich die Aufstellung eigener Streitkräfte, verweigern, wie er bereits wissen ließ. Im Hinblick auf Jerusalem sind

neue Spekulationen aufgetaucht. Gewisse linke Politiker möchten offenbar das arabische Abu Dis, am Rande der Stadt Davids, den Palästinensern als Regierungssitz überlassen und damit die Illusion erwecken, Jerusalem sei wenigstens symbolisch auch Hauptstadt der Palästinenser. Ehud Barak wird sich hüten, in dieser extrem heiklen Frage vorzupreschen oder gar zuzulassen, daß die PLO-Fahne über dem Tempelberg gehißt wird.

Hat die Nato den Krieg
wirklich gewonnen?

6. Juni 1999

Dieser war ein erbärmlicher Krieg. Wenn er wirklich in den nächsten Tagen zu Ende geht, wird man im Westen Triumphchöre anstimmen. Nach mehr als 70tägiger Bombardierung ist es der Super-Weltmacht USA, deren unermeßliches Arsenal von Wunderwaffen nur so strotzt, sowie den Nato-Probanden endlich gelungen, den balkanischen Zwergstaat Serbien in die Knie zu zwingen. Bitterer Sieg! Denn wenn es darum ging, den unterjochten und gequälten Kosovo-Albanern zu Hilfe zu kommen, ist diese Absicht vollauf verfehlt worden. Die wie auch immer geartete »Friedenstruppe«, die demnächst aus Mazedonien nach Norden aufbrechen wird, stößt in ein verwüstetes und entvölkertes Amselfeld vor.

Slobodan Milosevic, den die Medien als den leibhaftigen »Gottseibeiuns!« porträtieren und der am Ende doch nur ein mittelmäßiger Balkan-Despot ist, mag in Ketten davongeführt werden, wie es die eigenmächtige Chefanklägerin Louise Arbour zum unpassendsten Zeitpunkt gefordert hat, würde weiterhin in seinem Belgrader Palast mit jenen westlichen Politikern verhandeln, die ihn unlängst noch mit Hitler verglichen. Dieser unerbittliche serbische Chauvinist hinterläßt die gesamte Region in einem desolaten, explosiven Zustand. Durch die erzwungene Vertreibung von knapp einer Million Kosovaren hatte er die Republik Mazedonien, die mit den eigenen Albanern schon nicht zurechtkommt, an den Rand des Bürgerkriegs oder der Auflösung gedrängt. Die albanische Republik von Tirana, die ohnehin von Stammes-, Clan- und Bandenkämpfen in einem kaum vorstellbaren Ausmaß heimgesucht wird, droht jetzt vollends ins Chaos zu stürzen. Die Nato läßt ganz offen verkünden, daß weitere Balkan-Regionen in Zukunft wie Protektorate verwaltet werden sollen. Das gilt bereits seit dem Dayton-Abkommen für Bosnien-Herzegowina, noch »kolonialer« soll es in Zukunft im Kosovo zugehen, aber auch Montenegro, Albanien, Mazedonien sehen der Bevormundung durch die westliche Allianz entgegen, soweit diese nicht de facto schon existiert.

Eines hat Milosevic für seine Landsleute gegenüber Rambouillet immerhin erreicht. Von einer militärischen Okkupation und politischen Entmündigung des serbischen Rumpfstaates, die in dem verheimlichten Zusatz-Protokoll vorgesehen und von der Kosovo-Delegation unterschrieben war, redet niemand mehr.

Hans Magnus Enzensberger hat die Balkan-Wirren unserer Tage mit den Greueln des Dreißigjährigen Krieges verglichen. Das ist geistreich, aber falsch. Ein Indianer-Krieg ist dort geführt worden, wie er den Amerikanern seit alters her vertraut ist. Die Bomber-Staffeln, die in unerreichbarer Höhe von 5000 Metern ihre Vernichtungslast entluden, glichen jenen Blauröcken der US-Kavallerie, die mit ihren überlegenen Winchester-Gewehren die aufsässigen Rothäute abknallten, die nur mit Pfeil und Bogen bewaffnet waren. Hier endet allerdings der Vergleich, denn Milosevic ist weder Jeronimo noch Sitting Bull.

Wenn es uns schon nicht vergönnt ist, in dieser unglücklichen Affäre den Standpunkt des »Candide« einzunehmen, sollten wir doch einmal versuchen, den verfluchten Eurozentrismus beiseite zu schieben, und uns vorübergehend in die Rolle eines Beobachters aus der »Dritten Welt« zu versetzen. Der kommt immer noch nicht aus dem Staunen heraus, daß die USA sich in einem Balkan-Winkel kriegerisch engagierte, wo nicht der geringste Profit, wo kein Tropfen Erdöl zu finden ist, und daß die Aktion dieses Mal ausnahmsweise albanischen Muslimen zugute kam und serbische Christen abstrafte. Da kommen natürlich diverse Verschwörungstheorien zusammen, die teils absurd, teils aber auch einleuchtend sind. In Wirklichkeit, so munkeln zum Beispiel die Islamisten aus aller Welt, seien ja die Albaner die wirklichen Opfer dieses mißglückten Feldzugs.

Eine andere These besagt, daß Washington – nach dem Verschwinden der Sowjet-Bedrohung – eines anderen Instruments bedurft hätte, um die Nato-Verbündeten zu disziplinieren, der atlantischen Allianz eine neue Aufgabe, nämlich die des »globalen Friedensstifters«, heißt West-Gendarmen, zuzuweisen und somit die »pax americana« zu untermauern. Schließlich seien die Balkan-Wirren, die dortigen Verwüstungen und das darauffolgende extrem kostspielige Wiederaufbau-Programm ein probates Mittel, die ökonomische Dynamik der Europäischen Union, dieses ungeliebten Konkurrenten, einzudämmen und den Euro als Rivalen des Dollars kleinzuhalten.

Doch genug von diesen Spekulationen. Nehmen wir die Fakten ins Visier. Noch will es niemand wahrhaben, aber das Prestige der USA hat in diesem halbherzig geführten Nationalkonflikt um das Kosovo irreparablen Schaden gelitten. Gewiß bleibt Amerika absoluter Herrscher der Meere und der Lüfte. Aber Kriege werden nun einmal auf dem Boden entschieden. Bei aller »High-Tech« bleibt die Infanterie auch weiterhin die Königin des Schlachtfelds. Eine »indispensable nation«, die nur noch gewillt ist, ohne Eigenverluste mit Vernichtungswaffen aus der Luft wild um sich zu schlagen, ist kaum noch in der Lage, einen Krieg zu gewinnen. Ein Feldzug Amerikas gegen die Islamische Republik Iran zum Beispiel ist seit Kosovo völlig undenkbar geworden, und die Volksbefreiungsarmee Chinas weiß von nun an, daß es ihr genügt, Interkontinental-Raketen mit Nuklearsprengköpfen mit ausreichender technischer Perfektion zu produzieren, die auf amerikanische Städte gerichtet werden, um in Fernost ungestört ihren Einfluß auszudehnen.

Die Europäer fangen an, erste Konsequenzen zu ziehen. Immerhin ist es Bundeskanzler Schröder gewesen, der der angelsächsischen Kriegspartei, die sich für eine Bodenoffensive zu erwärmen schien, deutlich gesagt hat: »Bis hierhin und nicht weiter!« In Deutschland hat man am deutlichsten begriffen, wie unentbehrlich die russische Mitwirkung auch als Gegengewicht zum amerikanischen Hegemonial-Anspruch geworden ist. Um die in Köln vielgerühmte »Gemeinsame Außen- und Sicherheitspolitik« Europas ist es allerdings noch traurig bestellt. Der deutsch-französische Motor ist abhanden gekommen, seit Jacques Chirac mit seiner Ausrichtung auf Bill Clinton das Erbe des Generals de Gaulle in den Wind geschlagen hat. Tony Blair wiederum, der sich in dieser Balkan-Krise wie ein kläglicher Churchill-Verschnitt aufspielte, ist wahrhaftig kein glaubwürdiger Partner, sondern klebt weiterhin an den Weisungen seiner transatlantischen »Vettern«. Was den neuen Chef von »Gasp«, den Spanier Javier Solana, betrifft, so haftet diesem Renegaten seiner einstigen antiatlantischen Überzeugungen der Verdacht an, seine Nähe zu Madeleine Albright habe ihn für seinen neuen Posten speziell qualifiziert.

Neben den zahllosen Verfahrensdebatten und Interpretationsquerelen, die der Friedensstiftung im Kosovo noch im Wege stehen, sollte heute schon das Augenmerk auf die im Abkommen geschlossene Entwaffnung der Kosovo-Befreiungsarmee, der UCK, gerichtet werden. Hier zeichnet sich Ärger, möglicherweise neues Blutvergießen, mit plötzlich verkehrten Fronten ab. Die UCK – mit ihren internen Clan-Feindschaften und Mafia-Strukturen – ist mit amerikanischer Hilfe in Rekordzeit mächtig aufgerüstet worden. Sie wird von einem bewährten kroatischen General geführt, von US-Experten beraten und – man höre und staune – von Spezialisten aus dem Iran im Partisanenkampf trainiert. Ihr oberster Befehlshaber, Hashim Thaci, ist nicht der Typ, der sich durch die zwielichtigen Rivalen Rugova oder Bukoshi an die Wand drängen ließe.

Die UCK beherrscht heute bereits Nordalbanien, sie ist in Westmazedonien eingesickert, und niemand wird ernsthaft von ihr erwarten können, daß sie sich im Kosovo entwaffnen, das heißt kastrieren läßt. Noch sitzt »Dracula Milosevic« ziemlich unbehelligt in seiner Belgrader Burg, da zeichnet sich bereits unter dem Adler der Skipetaren und im Umkreis der UCK das Entstehen eines albanischen »Frankenstein-Ungeheuers« oder – weniger romantisch ausgedrückt – die Formierung einer balkanischen »Taliban«-Truppe ab. Das Nato-Friedenskorps aus dem Amselfeld sollte sich auf Gefechte mit Heckenschützen einstellen.

Werden aus Befreiern bald Besatzer?

28. Juni 1999

Ob die Europäer wissen, auf was sie sich bei ihrem Balkan-Unternehmen eingelassen haben? Zwei Dokumente liegen der Nato-Präsenz in Kosovo zugrunde, und beide machen keinen Sinn mehr. Da ist zunächst die sogenannte G-8-Erklärung der führenden Industrienationen inklusive Rußland. Heute klingt sie bereits verstaubt und völlig unrealistisch, sind doch in diesem Dokument die territoriale Unversehrtheit und die Souveränität der Bundesrepublik Jugoslawien festgeschrieben, was das Verbleiben der autonomen Region Kosovo in diesem Verbund beinhalten würde. Nach all den Greueln, die sich auf dem Amselfeld abgespielt haben, kann den Kosovaren kein Verharren in einem Staatenbund zugemutet werden, der weiterhin unter der Fuchtel des unerbittlichen Präsidenten Milosevic stünde. Die Nato oder die Uno – genau weiß man nicht, wer neuerdings das Sagen hat – muß sich also etwas Neues einfallen lassen. Von einer Koexistenz muslimischer Albaner einerseits, christlich-orthodoxer Serben andererseits dürften selbst die unentwegtesten Illusionisten Abschied genommen haben, seit die Traktorenkolonnen der slawischen Flüchtlinge nunmehr auf Serbien und Montenegro zurollen.

Die zweite Vereinbarung wurde vom Nato-Oberkommandierenden, dem britischen General Michael Jackson, und dem selbsternannten Regierungschef des Kosovo, Hashim Thaci, unterschrieben. Es geht dabei um die »Demilitarisierung« der »Kosovo-Befreiungsarmee«, die unter den Initialen UCK berühmt und auch schon berüchtigt geworden ist. An diesem Papier verwundert der Verzicht auf das Wort »Entwaffnung«, das im Hinblick auf die unkontrollierbaren Haufen der albanischen Widerstandskämpfer wohl angebrachter gewesen wäre. Ganz offenbar weiß die Nato noch nicht, wie sie sich gegenüber diesen Partisanen verhalten soll.

Der UCK wurde bezeichnenderweise eine Frist von neunzig Tagen eingeräumt, um ihre »Demilitarisierung« zu vollziehen und ihre

Phantasieuniformen abzulegen. Den serbischen Streitkräften hingegen, die mit schwerem Material aus ihren weitverstreuten und getarnten Stellungen in die Heimat abrücken mußten, wurden dafür nur sieben Tage gelassen. Die Gefahr besteht, daß das Kosovo sich – nach Vertreibung der slawisch-christlichen Minderheit – auf einen Bürgerkrieg zubewegt. Die UCK ist ja nur ein Sammelsurium widerstreitender, oft verfeindeter Clans. Eine ideologische Motivation, außer dem unbändigen Willen nach staatlicher Unabhängigkeit, ist bei ihr nicht zu erkennen.

Schon fragen sich die Balkan-Experten, ob der Westen – mit der systematischen Begünstigung und Aufrüstung der UCK, die während des fast achtzigtägigen Bombenkriegs stattfand – nicht eine Art Frankenstein-Monstrum ins Leben gerufen hat. Von europäischer Seite sind Bemühungen im Gange, dem potentiellen Gegenspieler Thacis, dem literarisch veranlagten Schattenpräsidenten des Kosovo, Ibrahim Rugova, und seiner »Demokratischen Liga« wieder den Vorrang zu geben. Aber Rugova hatte gegenüber dem Besatzungsregime der Serben, als er sich noch als »Gandhi des Balkans« profilieren wollte, allzu viele Konzessionen gemacht. Auf dem Höhepunkt der Bombardierungen traf er in Belgrad mit Milosevic zusammen, und seine Beteuerung, er sei dorthin als Geisel verschleppt worden, klingt wenig überzeugend. Bei seinen Landsleuten und angesichts der hemdsärmeligen Machtansprüche der UCK sind die Chancen Rugovas zusammengeschmolzen, und die demokratischen Wahlen, die so bald wie möglich unter bewaffneter Überwachung der Nato stattfinden sollen, dürften sich wohl nicht zu seinen Gunsten auswirken. Spätestens zu diesem Zeitpunkt werden die ererbten Stammesfehden der Albaner in den Vordergrund treten, und die Skipetaren, die »Adlersöhne«, wie die Albaner sich selbst nennen, dürften der Bevormundung durch Amerikaner, Briten, Deutsche, Franzosen und Italiener schnell überdrüssig werden. Die russische Truppenpräsenz wird von ihnen ohnehin als unerträglich empfunden.

Drei Jahre lang soll das Kosovo zunächst einem internationalen »Protektorat« unterstellt werden, bei dem die Kompetenzen von Nato und Uno sich überschneiden werden. Diese neue Formel getarnter Fremdherrschaft wird ja bereits im zersplitterten Bosnien praktiziert und könnte demnächst de facto auf Mazedonien und die albanische Republik von Tirana ausgedehnt werden. Können die Balkan-Völker sich eine solche politische Entmündigung auf die Dauer gefallen lassen? Ist nicht schon der Moment abzusehen, an dem die »Nato-Befreier« in die Rolle von Besatzern geraten? Es wäre überdies ein tragischer Irrtum, der drohenden Balkan-Anarchie durch eine überstürzte Eingliederung dieser lebensunfähigen Zwergstaaten in die ohnehin kränkelnde Europäische Union begegnen zu wollen.

Irans Regime läßt sich nicht
so leicht aus den Angeln heben

18. Juli 1999

In Teheran sind Hunderttausende Regimeanhänger auf die Straße gegangen, um gegen die Studentenrevolte Front zu machen. Gewiß, diese Kundgebung, die von dem höchsten geistlichen Führer, Ayatollah Ali Khamenei, einem notorischen »hardliner« der iranischen Mullahkratie, patroniert war, ist nicht spontan zusammengekommen, sondern wurde von amtlicher Stelle organisiert. Dennoch wurde damit ein deutliches Zeichen gesetzt. Die Islamische Republik läßt sich nicht so leicht durch eine nach westlichen Freiheiten dürstende Intelligenzija aus den Angeln heben.

Die endlosen Kolonnen, die das Bild des verstorbenen Ayatollah Khomeini, des Gründers des schiitischen Gottesstaates, in den Straßenschluchten Teherans hochhielten, erinnerten ein wenig an jene machtvolle Reaktion der Gaullisten in Frankreich. Die hatte mit ähnlichem Überraschungseffekt der studentischen Mai-Revolution von 1968 ein Ende gesetzt, als sie – die Marseillaise singend – auf den Triumphbogen zumarschierte. Die jugendlichen Protestler des Quartier Latin, die sich ebenso wacker gegen die Polizei zur Wehr gesetzt hatten wie ihre persischen Kommilitonen von heute, mußten zähneknirschend zusehen, wie bei den folgenden Parlamentswahlen eine gewaltige konservative Mehrheit im Palais Bourbon einzog. Sie hatten zwar die Autorität de Gaulles erschüttert und zum Rücktritt des Generals im nächsten Jahr mächtig beigetragen. Dafür handelten sie sich jedoch den neuen Staatspräsidenten Georges Pompidou ein, an dessen kapitalistischer Grundeinstellung gemessen Charles de Gaulle fast als Befürworter des Sozialstaates erscheinen mochte. Daß sich das profunde Lebensgefühl Frankreichs in jenen wirren Mai-Tagen geändert hatte, sollte sich erst viel später herausstellen.

Ähnlich könnte es sich in Iran verhalten, auch wenn jeder Vergleich zwischen Orient und Okzident extrem fragwürdig bleibt. Die Studenten von Teheran besitzen weder ein konkretes Gegenprogramm zur

163

vorherrschenden islamischen Ordnung, noch verfügen sie über eine imponierende Führungsgestalt. Sie fordern mehr Freiheit, ein Ende der ideologisch-religiösen Unduldsamkeit und eine gewisse Ausrichtung auf den »American way of life«.

Ähnliches hatten übrigens auch die jungen Chinesen auf dem Platz des Himmlischen Friedens verlangt. Auch deren Auflehnung war am Ende an der Vernunft und Behutsamkeit der breiten Bevölkerungsmasse gescheitert, die nichts so sehr fürchtete wie die Entfesselung einer neuen, wenn auch konträr orientierten »Kulturrevolution« und die Gespenster des Bürgerkriegs.

Vor zwanzig Jahren war in Persien alles ganz anders verlaufen. Damals hatten zwar auch die Studenten von Teheran die Protestbewegung gegen Schah Mohammed Reza Pahlevi in Gang gebracht. Aber diese Links-Revolutionäre der Volks-Fedayin, der Volks-Mudschahedin und der damals noch einflußreichen kommunistischen Tudeh-Partei, die aus Moskau und Ostberlin gesteuert wurde, hätten gegen die Polizei und die Armee der Monarchie wenig ausgerichtet, wenn nicht parallel zu ihren Aktionen eine unwiderstehliche religiöse Begeisterung, eine mystische Sturmflut aufgekommen wäre, die die mächtigsten Kaufmannsgilden des Bazars und vor allem die sogenannten »Mustazafin«, die Entrechteten und Enterbten aus den Armenvierteln von Südteheran, mitriß.

Beschwörend klangen in jenen Tagen aus dem französischen Dorf Neauphle-le-Château die prophetisch klingenden Ermahnungen des verbannten Ayatollah Ruhollah Khomeini, die über Kassetten und Lautsprecher jede Nacht die Gläubigen zum Kampf auf dem Wege Allahs, zur Vertreibung des »gottlosen« Herrschers und notfalls zum Märtyrertod für die heilige Sache aufriefen.

Wie wird es weitergehen in der Islamischen Republik Iran, nachdem die sechstägigen Studenten-Tumulte des Juli 1999 wieder unter Kontrolle gebracht wurden und selbst der gemäßigte Staatspräsident Mohammed Khatami, der sich bislang Schritt um Schritt gegen die repressiven Exzesse des Gottesstaates durchzusetzen schien, die jugendlichen Krawalle verurteilt hat? An die Person Khatamis hatten sich vielleicht zu große Hoffnungen gerankt. Ein Teil der persischen Bourgeoisie und geistigen Elite, die ihm bislang begeistert folgte, mag heute das Gefühl haben, von diesem »liberalen Mullah« im Stich gelassen oder gar verraten worden zu sein.

Beim Betrachten der Gegenkundgebung der Islamisten fiel auf, wie stark die schwarzvermummten Frauen vertreten waren. Im Westen wird vielleicht nicht genügend bedacht, daß die Einheitsuniform des »Tschador« oder »Hijab« nicht nur Ausdruck unerträglicher religiöser Prüderie ist, sondern für die in Armut lebende weibliche Bevölkerung Irans auch ein Symbol gesellschaftlicher Egalität darstellt. Das düstere Tuch, unter dem sich in den bürgerlichen Vierteln oft teure Luxuskleider verstecken, erzwingt nach außen ein scheinbares Bild der Gleichheit.

Es hat nicht der Studenten von Teheran bedurft, um die Kritik am klerikalen Regime und an den Privilegien der Mullahs anzuheizen. In keinem anderen Land des Orients wird so offen und unentwegt über die wirtschaftlichen und gesellschaftlichen Mißstände des eigenen Staates geschimpft. Diese Kritik reicht vom Taxifahrer bis zum hohen Beamten.

Die ökonomischen Engpässe und die Fehlleistungen der iranischen Produktion müssen allerdings auch unter dem Aspekt gesehen werden, daß die Bevölkerung Persiens sich seit 1950 mindestens verdoppelt hat und daß der achtjährige Verteidigungskrieg Khomeinis gegen den irakischen Aggressor Saddam Hussein zwischen 1980 und 1988 – die Amerikaner standen damals als Antreiber und Verbündete auf seiten des Diktators von Bagdad – fürchterliche Wunden hinterlassen hat. Die Erinnerung an diesen grausamen Aderlaß in den Sümpfen des Schatt-el-Arab dürfte auch entscheidend dazu beigetragen haben, eine insgesamt unzufriedene Bevölkerung vor der Perspektive einer blutigen inneren Auseinandersetzung zurückschrecken zu lassen.

Die USA, die gegenüber Teheran eine sterile Kampagne ökonomischer Sanktionen und politischer Diskriminierung verewigen – was übrigens gemeinsame Geheim-Aktionen wie »Iran-Gate« oder die Aufrüstung der Bosniaken im Jahr 1995 nicht ausschließt –, haben relativ schnell begriffen, daß die Turbulenzen im Umkreis der iranischen Hochschulen eher als Symptom einer Bewußtseinsveränderung bei den Massen der Jugendlichen zu werten sind und nicht als Untergangssignal der schiitischen Theokratie.

Was die Europäer betrifft, so sollten sie sich endlich zu einer unabhängigen Iran-Diplomatie aufraffen, die nicht ständig durch die wechselnden Interessen Washingtons überschattet wird. In Persien sind keine tragenden Kräfte zu erkennen, die an die Stelle der derzeitigen Regierungsstrukturen treten könnten. Beim Aufkommen von umstürzlerischer Gewalt würde zudem die Elite-Truppe der »Pasdaran«, der Revolutionswächter, im Verbund mit ihren weitverzweigten Nebenorganisationen wohl das letzte Wort haben.

Charismatischer Despot und politischer Jongleur

25. Juli 1999

In 38 Jahren Herrschaft hat König Hassan II. von Marokko eine Autorität und eine charismatische Ausstrahlung bei seinem Volk von fast 30 Millionen Menschen gewonnen, die ihm bei seiner Thronbesteigung niemand zugetraut hätte. Sein Vater Mohammed V. hatte 1955 gegen hinhaltenden Widerstand der französischen Protektoratsmacht die Unabhängigkeit für das scherifische Reich erstritten. Dabei war er von seinem jetzt verstorbenen Sohn Hassan kompetent beraten worden. Aber im In- und Ausland galt der Kronprinz als hemmungsloser Playboy und politisches Leichtgewicht. »Alle waren bei meiner Übernahme überzeugt, daß ich mich nicht länger als sechs Monate auf dem Thron behaupten würde«, soll er einmal zu Juan Carlos von Spanien gesagt haben.

Hassan II. ist ein umstrittener, aber bedeutender Monarch gewesen. Seinem Sohn und Nachfolger Sidi Mohammed, der unlängst noch so schüchtern und unsicher auftrat, wird eine schwere Erblast aufgetragen. Dank seiner französischen Erziehung war Hassan II. hoch gebildet und in allen Facetten westlicher Aufklärung erfahren. Aber er hat nicht den Fehler begangen, die gallische Liberalität in seine arabisch-berberische Heimat übertragen zu wollen. Er regierte als Despot, jonglierte zwischen den konservativen und fortschrittlichen Kräften. Mehreren Mordanschlägen entging er mit solcher Kaltblütigkeit oder so viel Glück, daß es hieß, er besitze die »Baraka«, eine von Allah verliehene Unverwundbarkeit.

In sozialer Hinsicht hat er für die Masse seiner Untertanen keinen Ausweg aus der angestammten Armut bieten können. Doch in Stunden der Krise hat er stets verstanden, das Volk hinter sich zu scharen. Mit dem sogenannten »grünen Marsch« hat Hassan II. die ehemals Spanische Sahara seinem Staatsgebiet de facto einverleibt, und nur Narren können darauf spekulieren, daß Marokko sie jemals preisgeben wird. Schon früh hat dieser gescheite – und wenn es sein mußte, skrupellose – König begriffen, daß eine Dynastie in der islamischen Welt nur Bestand haben kann, wenn sie westliche und geistliche Autorität in einer Person verknüpft. Er konnte es sich leisten, im Umgang mit Andersgläubigen, auch bei seinen frühen Kontakten mit prominenten Israeli, eine Unbefangenheit an den Tag zu legen, die anderen Potentaten der arabischen Welt versagt blieb.

Der chinesische Drache
zeigt Taiwan seine Krallen

25. Juli 1999

Der Krieg um Taiwan wird wohl dieses Mal noch nicht stattfinden. Aber Lee Teng-hui, der Präsident dieser völkerrechtlich umstrittenen Insel jenseits der Formosa-Straße, die von Peking als abtrünnige Provinz Chinas betrachtet wird, spielt weiter mit dem Feuer, wenn er durch seine neue Formulierung – »eine Nation – zwei Staaten« die mit Washington ausgehandelte »One-China«-Doktrin ins Wanken bringt. Eine Unabhängigkeitserklärung Taiwans – mit oder ohne amerikanische Komplizenschaft – würde die Volksbefreiungsarmee auf den Plan rufen. Wer jemals in Peking dieses Thema offiziell zur Sprache brachte, weiß, daß in diesem Punkt nicht geblufft wird, daß hier für die kommunistische Führung ein »casus belli« vorliegt.

Bill Clinton hat schnell begriffen, welche Gewitterwolken sich in Fernost zusammenbrauten. Er hat seine Emissäre wie etwa Richard Bush nach Peking und Taipeh geschickt, um den »status quo ante« wiederherzustellen. Im Pentagon weiß man, daß das Reich der Mitte kein Papiertiger ist. Die diskreten Männer im Pekinger Regierungsviertel Zhongnanhai gehen zwar in internationalen Fragen meist mit konfuzianischer Behutsamkeit vor, aber der Drache hat mehrfach seine Krallen gezeigt. Im koreanischen Winterfeldzug von 1951 haben die »chinesischen Freiwilligen« wie eine menschliche Sturmflut die bis zur mandschurischen Grenze vorgedrungenen Amerikaner des Generals MacArthur auf die Demarkationslinie am 38. Breitengrad zurückgeworfen. Zehn Jahre später umzingelten und besiegten die Soldaten Mao Tse-tungs die indischen Elite-Regimenter in den eisigen Höhen des Himalaja. Zu Beginn des Jahres 1979 leitete die Volksbefreiungsarmee eine begrenzte Offensive gegen Nordvietnam ein, um diesen ehemaligen Verbündeten für die Besetzung Kambodschas zu »bestrafen«.

Noch ist die chinesische Kriegsmarine weit davon entfernt, in der Straße von Formosa irgendeine Überlegenheit zu demonstrieren. Der

Rüstungsstand der Volksbefreiungsarmee liegt – gemessen an der US-Hochtechnologie – noch unendlich weit zurück. Da hilft es auch wenig, daß die neuesten Produkte der russischen Waffenindustrie massiv eingekauft werden. Doch wer möchte sich schon mit einem riesigen Imperium von 1,2 Milliarden Menschen anlegen, das auf den Vorwurf Washingtons, es hätte seine Nuklearraketen nur durch intensive Spionage in den USA entwickeln können, mit Hohn reagiert. Die Volksbefreiungsarmee verfügt seit geraumer Zeit über die Neutronenwaffe, was vielleicht die US-Strategie nicht sonderlich beunruhigt. Laut internationalen Experten ist das beiderseitige Vernichtungspotential in keiner Weise vergleichbar: 6000 amerikanischen Interkontinental-Raketen stehen in China nur zwei Dutzend nuklear bestückte Trägerwaffen gegenüber, die eventuell in der Lage wären, die kalifornische Küste zu verwüsten. Aber im absurden Abschreckungsritual der Atommächte reicht auch die Drohung begrenzter Repressalien aus, um äußerste Vorsicht zu gebieten.

Mit dem Vorpreschen des Taiwan-Präsidenten Lee Teng-hui und den anschließenden Besänftigungsgesten in Richtung Peking ist die Dauerspannung in Fernost keineswegs beigelegt. Der Territorialstreit um die Spratley- und Paracel-Inseln, das heißt um die Beherrschung des Südchinesischen Meeres, steht erst in seiner Anfangsphase. China wäre jederzeit in der Lage, die US-Streitkräfte im Westpazifik in eine permanente Alarmsituation zu versetzen und ihnen damit die Möglichkeit zu nehmen, in anderen Weltregionen weiterhin die Rolle des »globalen Sheriffs« durchzuhalten.

Da kommt es der einflußreichen Taiwan-Lobby in Washington sehr gelegen, daß eine bislang unbekannte, aber offenbar weitverbreitete »Falun-Gong«-Sekte in diversen Städten der Volksrepublik überraschend in Erscheinung tritt und sogar den Regierungssitz Präsident Jiang Zemins vorübergehend umzingelte. Es handelt sich offenbar um einen typisch chinesischen Geheimbund, der sich auf buddhistische und taoistische Traditionen stützt, neben der Meditation auch den Kampfsport übt und mit jenen »Triaden« verglichen werden kann, die in der letzten Phase der Mandschu-Dynastie als Element der Zersetzung auftraten. Daß an der Spitze dieser Verschwörung ein in USA lebender »Wundertäter« namens Li Hongzhi steht, der seine Botschaften über das Internet verbreitet, macht die Sache in den Augen der kommunistischen Führung keineswegs harmloser.

In diesem Zusammenhang könnte es sein, daß der neu entfachte Disput um Taiwan den Machthabern Pekings und der hohen Generalität zugute kommt, um ihre gewaltige Nation in xenophober Entrüstung und verletztem Stolz zusammenzuschweißen.

Ehud Barak, der Wunderknabe

26. Juli 1999

Von Ehud Barak, Israels neuem Regierungschef, werden Wunder erwartet. Vielleicht wäre das die angemessene Weise, die Probleme des Heiligen Landes anzupacken. Aber die jüdischen Intellektuellen sind skeptisch. Da ist ein Mann, der in sich die wissenschaftliche Genialität Albert Einsteins, die musikalische Begabung Mozarts und das militärische Draufgängertum des amerikanischen Panzergenerals Patton vereint. Das könne nicht gutgehen. Die volle Unterstützung Bill Clintons ist dem höchstdekorierten Soldaten Israels, dem ehemaligen Generalstabschef mit dem lächelnden Pokerface, jedenfalls gewiß. Parallel zu den Verhandlungen, die zwischen Jerusalem und Damaskus sowie zwischen Juden und Palästinensern begannen, kommt auch der amerikanische Wahlkampf ins Rollen. Und die Demokraten werden alles tun, ihren vermutlichen Kandidaten, den derzeitigen Vizepräsidenten Al Gore, ins Weiße Haus zu bringen. Sogar Hillary Clinton, die in New York als Senatorin gewählt werden will und dafür die jüdischen Stimmen braucht, schwimmt auf der Woge der pro-israelischen Euphorie. Sie verspricht gar, was die amerikanische Diplomatie bisher behutsam vermieden hat: die Verlagerung der US-Botschaft im Staate Israel von Tel Aviv nach Jerusalem.

Es bestehen konkrete Aussichten, daß die Gespräche mit Syrien sehr bald präzise Konturen annehmen. Der allmächtige Staatschef von Damaskus, Hafez el-Assad, sieht sein physisches Ende nahen, und seit dem Tod seines Lieblingssohns Basil steht nur dessen junger Bruder als schwacher Nachfolger zur Verfügung. Im übrigen fühlt sich Syrien durch die enge militärische Zusammenarbeit zwischen Israel und der Türkei in die Zange genommen. Der traditionelle Verbündete und Waffenlieferant in Moskau ist längst abhanden gekommen. Zwischen Damaskus und Jerusalem könnten die Verhandlungspartner dort wieder anknüpfen, wo das Gewebe einer behutsamen Annäherung durch die Ermordung Yitzhak Rabins brutal zerrissen wurde. Der Judenstaat war damals bereit, die Golan-Höhen integral zurückzugeben, wenn die Räumung dieser strategischen Sprungschanze mit ausreichenden Sicherheitsgarantien verbunden wäre. Wie letztere aussehen sollen, wird Gegenstand schwieriger Feilschens sein. Im ganzen arabischen Lager ist aber kein ernstzunehmender Gegner Israels mehr zu erkennen. Saddam Hussein, der immer noch von Bombenangriffen der amerikanischen und britischen Luftwaffe heimgesucht wird, liegt beinahe wehrlos am Boden. Das Königreich Jordanien befindet sich – grob gesagt – im Zustand eines israelischen Protektorats. Ägypten mit Präsident Hosni Mubarak wird sich auf keine kriegerischen Abenteuer mehr einlassen.

Die wirklichen Probleme bei der Preisgabe des Golans dürften innerpolitischer Natur sein, gilt es dann doch, für etwa 30 000 jüdische Siedler, die einst mehrheitlich Anhänger der regierenden Arbeitspartei waren, neuen Lebensraum zu finden. Barak kommt zugute, daß der Golan nicht zum Gelobten Land der Bibel gehört und zumindest keine theologischen Streitfragen aufgeworfen würden.

Viel schwieriger wird es sein, mit den Palästinensern zurechtzukommen. Das Abkommen von »Wye Plantation«, das im Oktober 1998 zwischen Benjamin Netanyahu und Yassir Arafat unter massivem amerikanischen Druck unterzeichnet wurde, steht jetzt zur Implementierung an. Barak hat sich dafür eine Frist von 15 Monaten gesetzt. Es geht zunächst einmal um zusätzliche 13 Prozent des Westjordanlandes, das die israelische Militärverwaltung der palästinensischen Autorität überlassen soll. Das ist ein Verzicht, den der Judenstaat ohne weiteres verkraften kann.

Wenn es um Judäa und Samaria geht, wie die Juden die West Bank bezeichnen, dann wird es bitterernst, und wenn die Zukunft Jerusalems zur Debatte steht, dann glaubt man die Posaunen des Jüngsten Gerichts zu hören. Das weiß natürlich niemand besser als Ehud Barak, der seine palästinensischen Partner ausreichend studiert hat und ihnen keine nennenswerten soldatischen Tugenden zutrauen dürfte. Ein Teilabkommen mag in Sicht sein. Vielleicht darf Arafat sogar im Außenbezirk Abu Dis bei Jerusalem sein Regierungsviertel einrichten und den eigenen Staat ausrufen. Über ein zusammenhängendes Territorium wird er nicht verfügen. Eigene Streitkräfte, die diesen Namen verdienen, darf er nicht aufstellen. Die Grenze am Jordan wird weiterhin von der israelischen Armee überwacht, und an eine

Wiederherstellung der Grenzen von 1967, geschweige denn an eine Rückkehr der Flüchtlinge, ist überhaupt nicht zu denken. Dafür wird »Wunderknabe« Barak an der Spitze Israels Sorge tragen. Dennoch wird sich Washington überglücklich zeigen und der ganzen Welt verkünden, die Nahost-Frage sei nunmehr endgültig und zufriedenstellend gelöst.

Reise durch das Kosovo (I)

8. August 1999

Es ist in diesen Tagen kein Wagnis – von Skopje in Mazedonien oder vom Grenzflecken Kukes in Nordalbanien kommend –, nach Prizren ins Kosovo zu reisen. Bilder eines trügerischen Friedens und eines spektakulären militärischen Aufgebots sind in dieser alten osmanischen Ortschaft eine kontrastreiche, fast absurde Kombination eingegangen.

Zu dieser Stunde vollzieht die Jugend der Stadt – das sind etwa 70 Prozent der Bevölkerung – das Ritual ihres abendlichen Korsos. Sie kreist in dichtgedrängten Scharen beider Geschlechter um die beiden Brücken über die Bistrica, deren ältere aus der Epoche Suleymans des Prächtigen stammt. Der Krieg und die Not – so könnte man meinen – sind spurlos an Prizren vorbeigegangen. Die Geschäfte quellen über von Waren oft türkischer Herkunft. Die Stände der Viktualienhändler biegen sich unter dem reichen Angebot. Die Imbißstuben am Flußrand sind überfüllt.

Von 180 000 Einwohnern Prizrens waren etwa 60 000 geflohen oder von den Serben verjagt worden. Sie sind alle wieder da, und der jugendlichen Ausgelassenheit scheinen diese Tage des Grauens, die zurückliegenden zehn Jahre einer systematischen Unterdrückung durch Belgrad nichts angetan zu haben. Im Gegenteil – das Bewußtsein vom Alptraum der Demütigung, von der Angst ums nackte Überleben erlöst zu sein, steigert die Lebensfreude zum Rausch. Der jugendliche Reigen von Prizren schiebt sich durch das flußnahe Gassengewirr zum Klang dröhnender Lautsprechermusik, als würde hier ein triumphaler Tanz aufgeführt. Sie bewegen sich zum Lärm albanischer und amerikanischer Schlager und zu jenen martialischen Kampfliedern der Kosovo-Befreiungsarmee, der UCK, wo pathetisch vom Heldentod, vom Stolz der Skipetaren, vom unbezwingbaren Mut der albanischen »Adlersöhne« die Rede ist.

Die Jünglinge geben sich in ihrem Aufzug so amerikanisch wie nur möglich, und die überwiegend hübschen Mädchen mit hellblonden oder rabenschwarzen Mähnen haben sich geradezu aggressiv zurechtgemacht, mit auffälligem Make-up, mit leichten Blusen, die die Haut der Taille und den Bauchnabel freilassen. Miniröcke sind kaum zu sehen, aber die Hosen sind so eng geschneidert, als fände ein erotischer Wettbewerb statt. Der Tod lauert gewiß im Hintergrund, aber der Tod ist das stärkste Aphrodisiakum.

Dann die andere Seite des Bildes: die massive und beeindruckende Präsenz der deutschen Bundeswehr. Zum ersten Mal sehe ich diese Truppe im Einsatz, und – ich sage es ganz ehrlich – ich bin positiv überrascht. Diese Soldaten verfügen über vorzügliches Material, das perfekt gewartet und besser ist als in den anderen Kontingenten der Nato-geführten Friedenstruppe Kfor.

Selbst die Amerikaner verfügen nicht über eine gleichwertige Ausstattung ihres Heeres. Ob die mächtigen Leopard-Panzer, die sich durch die schmalen Windungen des Kosovo quälen und zwischen den Häusern der Altstadt von Prizren wie Saurier erscheinen, in diesem Gelände und einem sich eventuell abzeichnenden Partisanenkrieg viel Sinn machen, ob das Karussell der stählernen Kettenfahrzeuge, die alle möglichen Tiernamen tragen, angesichts der jämmerlichen Bewaffnung der potentiellen Gegner und Unruhestifter nicht übertrieben und übermächtig wirkt, steht hier gar nicht zur Debatte. Als ich von den Presseoffizieren gebeten werde, ein kurzes Grußwort für die lokale Militärzeitung zu schreiben, zitiere ich eine Maxime der verflossenen französischen Kolonial-Armee: »Man muß seine Stärke zeigen, um sie nicht anwenden zu müssen.«

Im Zentrum von Prizren, an allen strategischen Punkten, vor allem am Zugang der Brücken, sind Posten aufgestellt. In ihren Tarnuniformen mit den schweren kugelsicheren Westen, dem topfförmigen Helm wirken diese Krieger der Neuzeit seltsam archaisch. Im Abendlicht erscheinen sie in ihrer Panzerung fast wie mittelalterliche Rittergestalten. Dazwischen bewegen sich die flinken, spielzeugähnlichen Mini-Panzer vom Ty Wiesel, aus deren Turmluke ein schußbereiter Fallschirmjäger ragt, wie Fahrzeuge eines futuristischen »Kriegs der Sterne«.

Die Bundeswehr-Soldaten, so stelle ich mit Befriedigung fest, zeichnen sich durch Wachsamkeit und Gelassenheit aus. Nach engerem Kontakt mit den Offizieren und Mannschaften stellt sich bei mir

Verwunderung ein: Wie ist es zu erklären, daß diese zutiefst pazifistisch ausgerichtete deutsche Jugendgeneration, die unlängst noch von null Bock redete, sich auf ihren »Love Parades« exhibitionistisch bloßstellt, die im hemmungslosen Hedonismus oder im rasch verdienten Geld ihren höchsten Lebenszweck zu suchen und sich der idiotischen Gängelung durch die Medien widerspruchslos zu ergeben scheint, plötzlich in der Lage ist, ein militärisches Aufgebot von solcher Qualität und Disziplin in den Balkan abzusondern, bei dem längst verschüttet geglaubte soldatische Tugenden wieder aufleben.

Es ist ja keine harmlose Aufgabe, auf die sich die Bundeswehr im Land der Skipetaren eingelassen hat und der die jungen Männer mit Engagement und wohl auch einer uneingestandenen Freude am exotischen Abenteuer nachkommen. Dabei wird ihnen viel abverlangt, denn jede Patrouille durch brennende serbische Dörfer, jede Verhinderung von Plünderungen oder Gewalttaten setzt persönliche Verantwortung und schnelle Entscheidung voraus.

Die blasse Sichel des Mondes steht schon über der Zitadelle von Prizren, da reißt die Kakophonie der Rock-Rhythmen plötzlich ab. Eine kurze Pause relativer Stille tritt ein, und vom Gipfel des Spitzenminaretts ertönt die Stimme des Muezzins. Der Klang dringt verzerrt und kaum verständlich über den Fluß. »Eilt herbei zum Gebet«, klingt es da im altertümlichen Arabisch der Wüste von Hedschas; »eilt herbei zur Freude!« Der Appell findet kein Echo, keinen Widerhall bei den Gott entfremdeten Menschen von Prizren, wo allenfalls noch ein paar alte Frauen das vorgeschriebene Kopftuch tragen.

Doch mein Gefährte Rami, ein etwa dreißigjähriger Albaner aus der mazedonischen Stadt Tetovo, einer letzten Hochburg islamischer Frömmigkeit auf dem Balkan, hat aufgehorcht. »Für mich bedeutet die Religion noch etwas«, sagt er. »Der Muezzin mag kaum zu verstehen sein, aber im Geist bete ich mit ihm, daß es außer Allah keinen Gott gibt und daß Mohammed sein Prophet ist.« Offiziell begleitet mich Rami in einem brüchigen roten Renault als Chauffeur. In Wirklichkeit ist er mir von islamischen Freunden der Hilfsorganisation »El Hilal« als eine Art Leibwächter beigegeben worden. »Ich bin ein Osmanli geblieben«, betont Rami stolz; »mein Großvater war türkischer Offizier, mein Urgroßvater Sekretär des Sultans.«

Niemand scheint Notiz davon zu nehmen, daß plötzlich – unweit der Bürgermeisterei – zwischen den eng gedrängten osmanischen Häusern der Altstadt eine schwarze Rauchfahne aufsteigt. Am Ufer der Bistrica tut das der Ferienstimmung keinen Abbruch. Angeblich gibt es nur noch einen einsatzfähigen Feuerwehrwagen in Prizren, und der wird meist in den Vororten angefordert, wo die Brandstiftungen zahlreich sind. Der Qualm wird immer dicker. In der zunehmenden Dunkelheit lodern jetzt hohe Flammen aus dem Gassengewirr.

Ich frage einen Kellner des Teheran-Hotels. Der zuckt die Achseln. »Da wird ein serbisches Haus abgebrannt.« Warum man diese Wohnungen, wenn sie schon von ihren Besitzern verlassen wurden, nicht zur Unterbringung von albanischen Obdachlosen stehen lasse und benutze, frage ich weiter. Wieder kommt die Antwort mit einer Geste der Ohnmacht: »Die Leute haben wohl Angst, daß das Kommando von Kfor und morgen die Verwaltung der Uno eine Rückkehr der geflüchteten Serben erzwingen und ihnen ihren Besitz zurückgeben wollen. Da sorgt man besser vor.« Es wird späte Nacht, ehe die Feuersbrunst in sich selbst zusammenfällt. Ein Wunder, daß das ganze Viertel nicht lichterloh entflammt.

Hinter dem fröhlichen Rummel des Abend-Korsos verbirgt sich eine grausame Wirklichkeit, eine Zone der Düsternis. Mit dem Abzug der Serben und der Ankunft der Kfor-Kontingente hat die Stunde unerbittlicher Abrechnungen geschlagen. Vor allem die zurückgebliebenen serbischen Zivilisten seien unittelbar bedroht, erklärt mir Rami. Aber es habe auch die Jagd auf Kollaborateure eingesetzt, auf jeden Albaner, der den verhaßten Schergen Slobodan Milosevics auch nur im geringsten gefügig war. Dabei würden viele persönliche Rechnungen beglichen, uralte Sippen-Fehden ausgetragen, und die angeblichen Helden und Rächer der »Befreiungsarmee« seien oft nur Widerständler der letzten Stunde. Ähnliches hatte sich ja auch bei der Befreiung Frankreichs im Herbst 1944 abgespielt.

»Man sollte sich nicht wundern, daß die Albaner wahllos über die verbliebenen Serben herfallen und gar nicht nach deren Schuld fragen«, erklärte Rami; »in dieser Region des Balkans gibt es ein unerbittliches Sühnesystem, einen bodenständigen ›Kanun‹.«

Mein Wunsch, mit der örtlichen UCK-Führung zusammenzutreffen, wird schnell erfüllt. Der deutsche Verbindungsoffizier, ein Oberstleutnant, begleitet mich zu einem am Stadtrand gelegenen

Gebäudekomplex, über dem die rote albanische Fahne mit dem schwarzen Doppeladler weht. Der Befehlsstand – in einem verwilderten Garten gelegen – wird durch schwarz uniformierte Männer bewacht. Ohne Umstände werden wir zu Sadik Halihaj, dem stellvertretenden Kommandeur des Distrikts Prizren, geleitet. Halihaj, ein gutaussehender Mann von etwa 40 Jahren, trägt die Tarnuniform mit dem roten UCK-Wappen auf dem Ärmel. Dieser weltläufig wirkende Partisanen-Offizier hat lange in der Westschweiz gelebt und spricht vorzüglich Französisch. Halihaj – obwohl er vermutlich keine reguläre militärische Ausbildung hinter sich hat – läßt sich mit dem Titel eines Generals anreden und kommandiert schätzungsweise 1600 ehemalige Freischärler.

»Ich habe von der ersten Stunde an mitgekämpft«, beginnt der UCK-Kommandeur seinen Vortrag. »Dreimal hatten die Serben mich vorher verhaftet, als ich mich als Chemiestudent in Pristina aufhielt und für die Unabhängigkeit des Kosovo agierte. Seit Mai 1998 führte ich meine Partisanen-Truppe von etwa 600 Mann im südlichen Gebirge. Durch serbische Artillerie bin ich verwundet worden.«

Die Kosovo-Befreiungsarmee hatte vor allem schwere Verluste, als sie in der letzten Phase des Nato-Bombardements in Abstimmung mit den Amerikanern Überfälle auf serbische Grenzposten durchführte. Die vorzüglich getarnte jugoslawische Volksarmee sollte so veranlaßt werden, durch ihre Gegenwehr die eigenen Stellungen zu entlarven und den alliierten Bombern deutlich erkennbare Ziele zu bieten. Den UCK-Partisanen ihrerseits kam dabei die Rolle des Kanonenfutters zu.

Die UCK von Prizren ist eindeutig auf ihren obersten Kommandeur, den selbsternannten Regierungschef Hashem Thaci, eingeschworen. Sadik Halihaj bestätigt, daß die Autorität dieses 29jährigen Aufstands-Führers unumstritten sei, seit er gemeinsam mit dem britischen General Michael Jackson ein Abkommen über die Entwaffnung der UCK binnen 90 Tagen und den Verzicht auf das Tragen von Kampfuniformen unterzeichnet hatte. Diese Zusage sei zwar schmerzlich gewesen, aber damit habe Thaci internationale Anerkennung für seinen Führungsanspruch im Kosovo gewonnen. Was die Ablieferung zahlreicher Kalaschnikows, einiger Panzerfäuste und Granatwerfer betrifft, so macht man sich beim deutschen Stab in Prizren nicht die geringsten Illusionen. »Die Kerle liefern ihre ältesten Modelle, meist noch aus chinesischer Fabrikation, ab. Aber jeder Albaner behält sein zweites Gewehr zu Hause, und das dritte vergräbt er in seinem Garten«, lautet die allgemeine Erkenntnis.

Die Entfernungen sind gering innerhalb des Kosovo, und ich habe binnen zehn Tagen das Amselfeld von einem Winkel zum anderen durchstreift. Auf diesen Fahrten habe ich nur drei von Nato-Bomben zerstörte Brücken entdeckt, deren Umleitung leicht zu bewältigen war. Die serbische Armee war Meisterin der Tarnung. Die Beton- decken der Brücken waren mit verschiedenen Farbmustern unkennt- lich gemacht, und zur Irreführung der in vorsichtiger Höhe von fast 5000 Metern operierenden Nato-Piloten wurden Stanniol-Streifen ge- spannt, die einen Flußübergang vortäuschten.

Nur in den Siedlungen haben die Ketten erst der jugoslawischen, dann der Nato-Panzer tiefe Schlaglöcher hinterlassen. Der vielge- rühmte Luftkrieg der atlantischen Allianz war ein »Flop«. Zwar wur- den die Kasernen der jugoslawischen Armee, die Quartiere der ser- bischen Sonderpolizei häufig mit erstaunlicher Präzision vernichtet, aber das waren symbolische Gesten. Die Mannschaften waren doch längst evakuiert und aufs Land verteilt.

In südlicher Richtung streben wir dem Städtchen Orahovac zu. Die Straßensperren und Kontrollen werden hier gemeinsam von nie- derländischen Artilleristen und deutschen Panzergrenadieren vorge- nommen. Sie kooperieren absolut reibungslos.

Orahovac wurde von der serbischen Raserei besonders hart getrof- fen, denn hier hatte im Juli 1998 der erste bewaffnete Aufstand der UCK um sich gegriffen. Der zentrale Marktplatz ist jedoch relativ un- berührt, und nur das Minarett ist nach einem Granattreffer gebor- sten. Die Holländer haben hier buchstäblich schweres Geschütz auf- gefahren. Die 109-Millimeter-Kanonen sind auf schwer gepanzerten Raupenlafetten montiert.

Ihre Uniform – sie stecken in den üblichen Tarnanzügen und »Flack-Jackets« wie alle anderen – zeichnet sich durch eine originelle und lustig wirkende Kopfbedeckung aus. Sie tragen ein dunkelblaues Schiffchen mit gelben Streifen und einer gelben Troddel, die ihnen in die Stirn hängt. Uns fällt eine hübsche Soldatin auf, die – auf einem Kanonen-Ungeheuer sitzend – ihren Helm ablegt, so daß die blonden Haare dieser Walküre auf die Schultern fallen. Dann stülpt sie sich das blaue Schiffchen mit der Troddel über und wirkt auf einmal wie ein »Funkenmariechen«.

Das Dorf Velici Hoca ist unser nächstes Ziel. Die Landschaft zu beiden Seiten der gewundenen Asphaltstraße wirkt weithin lieblich, fast idyllisch. Auf den Wiesen weiden zahlreiche Kühe, als gäbe es keine Minengefahr.

Plötzlich überkommt uns ein Gefühl des Unheils. Die Einwohner von Orahovac hatten uns auf die Massengräber ermordeter Albaner, die im Umkreis ihrer Stadt besonders zahlreich sind, aufmerksam gemacht. Sie wollten uns zu menschlichen Knochenresten am Wegrand führen. Die Hunde waren über die oberflächlich verscharrten Leichen hergefallen. Aber ich habe nie einen Hang zur Nekrophilie empfunden, und Kriegsopfer habe ich in meinem Leben mehr als genug gesehen.

Es berührt mich auch jedes Mal unangenehm, wenn deutsche Minister, die zu einem Blitzbesuch im Kosovo einreisen, mit weißen Büßerhemden angetan, das Elend der Welt anklagen, statt bei solchen Anlässen die wahre, unerbittliche Natur der »conditio humana« zur Kenntnis zu nehmen. Aber damit vollzögen sie ja bereits einen Schritt in Richtung auf eine dem Zeitgeist entfremdete Religiosität. Mit der Wahrnehmung des unauslöschlichen Bösen im Menschen würden sie sich dem Urbegriff der Erbsünde nähern.

Das Dorf Velici Hoca, das wir nun erreichen, scheint beinahe ausgestorben. Es ist eine serbische Siedlung von etwa 500 Menschen, und die leben hier in Erwartung des Todes. Die meisten Häuser sind verrammelt, und man kann nur hoffen, daß von Zeit zu Zeit eine niederländische Streife für prekäre Sicherheit sorgt. Ganz in Schwarz gekleidet, huschen ein paar alte Weiblein über die zentrale Gasse. Dann kommt zu unserer Überraschung auch eine kleine Gruppe serbischer Mädchen, etwa 20 Jahre alt, auf uns zu. Sie mustern uns mit ernsten, fast düsteren Blicken. Dabei tragen sie seltsamerweise kurze Röcke, die die langen weißen Beine bis zum Schenkel freigeben, als lauerten nicht ringsum die potentiellen Vergewaltiger.

Und dann kommen auch ein paar Männer mittleren Alters zusammen. Einer von ihnen hat im Ruhrgebiet gearbeitet und spricht Deutsch. Man merkt diesen Bauern die Furcht, die ständige Wachsamkeit an. Die Gesichter erhellen sich bei der Ankunft von Besuchern, die ihnen die trügerische Illusion von Sicherheit vermitteln.

Wir werden zu einem größeren Anwesen hinter hohen Steinmauern geführt, das sie als ihr Monasterium bezeichnen. Da sitzt wiederum ein Dutzend untätiger Männer um einen Tisch in ratlosem, kärglichem Gespräch. In ihrer Mitte hat sich ein orthodoxer Geistlicher mit Vollbart und schwarzer Soutane auf einem Diwan ausgestreckt.

Sein Gesicht ist grau. Nach ein paar Begrüßungsfloskeln frage ich, warum sie nicht das trockene Wetter nutzen, um auf ihren Feldern und Weinbergen zu arbeiten. »Schon im Dorf fühlen wir uns bedroht, und sobald wir die Mauern verlassen, sind wir vollends den Anschlägen der ›Terroristen‹ ausgeliefert«, lautet die Antwort. Die Angst sitzt tief. Vielleicht auch das schlechte Gewissen – denn sie waren ja Zeugen oder gar Komplizen, als die serbischen Mordbanden des Schlächters Arkan gemeinsam mit den paramilitärischen Verbänden und der Sonderpolizei hier ihre ethnischen Säuberungen vornahmen. »Längst nicht alle Serben im Kosovo haben sich den Albanern gegenüber schlecht benommen«, hatte uns ein UCK-Mann versichert, »ja, manche hatten sogar ein freundliches Verhältnis zu uns. Aber sie gerieten ihrerseits unter den Druck der Extremisten und mußten Nachteile befürchten, wenn sie den unterdrückten Skipetaren zur Seite standen.«

Es war ein einsilbiges, schleppendes Gespräch, das wir im Monasterium führten. Der Pope, dessen Sohn vor ein paar Tagen verschleppt wurde, blättert einen dicken, ledergebundenen Band auf, der die Vielzahl der serbischen Kirchen, Klöster und Heiligtümer auf dem Amselfeld sorgfältig aufführt. »Wir sind doch in diesem Land zu Hause«, betont der orthodoxe Geistliche. »Gewiß wäre es klüger, nach Serbien zu fliehen und einen schützenden Transport der Kfor anzufordern. Aber wir wurzeln doch in unserer heiligen Erde.«

Ein junger Mann mit hellblondem Haar hat eine dickbauchige Flasche mit Rotwein gebracht, und jedem von uns wird ein Glas serviert. Der Wein ist warm, aber mundet recht gut. Auch Raki wird gereicht, den wir wegen der Hitze dankend ablehnen. Beim Abschied kann ich dem verlorenen Häuflein nur Gottes Segen wünschen.

Etwa 2000 Serben leben angeblich noch im Raum von Orahovac verstreut. Wer in den europäischen Kanzleien und internationalen Organisationen von einem multi-ethnischen Zusammenleben im Kosovo redet und die versprengten Reste der slawischen Minderheit zum Ausharren auffordert, der sollte einmal einen Abstecher nach Velici

Hoca machen. Wenige Tage später sollte das Massaker von Gracko, einem Dorf südlich von Pristina, wo 14 Serben bei der Feldarbeit systematisch erschossen wurden, das Gorgonen-Antlitz des unversöhnlich anhaltenden Völkerhasses vor der Weltöffentlichkeit enthüllen.

Reise durch das Kosovo (II)

15. August 1999

Mein albanischer Chauffeur und Leibwächter Rami steuert den brüchigen, roten Renault Richtung Pec, unserem nächsten Ziel. Hier befindet sich heute noch der Sitz des serbischen Patriarchats. »Pec ist unser Jerusalem«, hatte im April 1994 der Hieromonk Jovo unter der Marien-Ikone seiner Belgrader Amtsstube geschwärmt. Damals lebten rund zehn Prozent orthodoxe Christen im Umkreis dieses Heiligtums unweit der montenegrinischen Grenze.

Heute halten sich die letzten Serben hinter der Wehrmauer des Klostergartens versteckt, der die kleine Kathedrale aus dem 13. Jahrhundert umschließt. Sie werden von schwarzgewandeten Mönchen mit blassen Gesichtern und rötlich-blonden Bärten betreut. Vor dem Hauptportal stehen italienische Alpini oder Bersaglieri in wachsamer Bereitschaft, letztere mit den unvermeidlichen Hahnenfedern am Helm. Auch ein spanisches Truppenkontingent ist dem italienischen Kosovo-Sektor von Pec zugeordnet.

Die beiden traditionsreichsten Nationen der abendländischen Katholizität nehmen endlich gegenüber den byzantinischen Brüdern jene Obhutsaufgabe wahr, die sie in früheren Jahrhunderten so schmählich versäumten. Die Landschaft ringsum ist grandios und lädt zur Meditation über die Nichtigkeit alles Weltlichen ein. Ganz dicht drängen sich die montenegrinischen und nordalbanischen Felsmassive an das grüne, romantische Flußufer.

Father Johannes, wie sich der Englisch sprechende serbische Mönch anreden läßt, bittet mich, im Klostergarten zu warten. Der Metropolit von Montenegro ist im Patriarchat von Pec zu Besuch, um den wenigen orthodoxen Gläubigen Mut zuzusprechen. Er hat das Risiko einer Autofahrt durch das von UCK-Partisanen verunsicherte Gelände zwischen Cetinje und dem westlichen Kosovo-Distrikt von Metohija auf sich genommen.

Der hohe Geistliche, der auf einem roten Samtsessel sehr würdig

Platz genommen hat und von zwei serbischen Kirchenfahnen umrahmt ist, überrascht mich durch seine perfekten Deutschkenntnisse. Amfilohije Radovic, Metropolit von Montenegro und Exarch der Diözese Pec, hat mehrere Jahre in der Bundesrepublik verbracht. Er trägt die hohe, schwarze Kopfhaube der orthodoxen Bischöfe, deren Tuch auf die Schultern fällt, und ein schweres, goldenes Kreuz auf der schlichten Soutane. Der Mann strahlt Würde und Gelassenheit aus. Die Lage in seiner montenegrinischen Heimat und die dortigen Umtriebe des amerikanischen Geheimdienstes, so sagt er, beunruhigen ihn zutiefst.

Ich spreche den Metropoliten auf den Abfall vom Glauben an, der sowohl bei den Muslimen als auch bei vielen Christen um sich gegriffen hat. »Der ganze Horror, der uns heimsucht, hätte niemals ein solches Ausmaß genommen«, bestätigt der Kirchenfürst, »wenn Albaner und Serben den Vorschriften ihrer jeweiligen Religion treu geblieben wären. Selbst das osmanische Millet-System, so unerträglich es für uns auch war, hätte solche Exzesse verhindert.« Es sei ein schwerer Fehler gewesen, daß der militärische Abzug der jugoslawischen Streitkräfte und das Nachrucken der Nato-Kontingente unzureichend koordiniert waren, fährt er fort. Im Vakuum dieser kurzen Übergangsphase sei die Situation völlig unkontrollierbar gewesen. Die ganze Region stehe immer noch unter dem Fluch des gottlosen Kommunismus, und in Montenegro hätten die marxistischen Behörden mehr orthodoxe Kleriker hinrichten lassen als in jeder anderen Teilrepublik des jugoslawischen Bundesstaates.

Bei der Einfahrt nach Pec fällt mir eine katholische Kirche auf, die keinerlei Schaden erlitten hat. Am Portal erkennen wir flüchtig zwei Schwestern des Ordens der Mutter Teresa in ihrer blau-weißen Tracht. Eine von ihnen ist Inderin. In Pec selbst war ich – den Schilderungen der Presse gemäß – auf eine totale Verwüstung gefaßt. Aber das Schicksal von Grosny in Tschetschenien blieb dieser Distrikt-Hauptstadt von Metohija erspart.

Das alte, malerische Bazar-Viertel allerdings ist von den serbischen Brandstiftern in Schutt und Asche gelegt worden, aber hier hatten in Friedenszeiten nur einstöckige Holzbauten gestanden. Bemerkenswert ist die Geschäftigkeit, die scheinbare Unverdrossenheit dieser schwer geprüften Menschen von Pec. In den Trümmern der Ladenstraße haben sich neue Verkaufsstände angesiedelt, das Warenangebot ist erstaunlich vielfältig. Es wird auch viel gekauft, und wir fragen uns immer wieder, woher die Bevölkerung, die zu 80 Prozent erwerbslos sein dürfte, das Geld für ihre Anschaffungen und einen erträglichen Lebensstil nimmt. Noch fließen offenbar die Spenden und familiären Zuwendungen von Hunderttausenden Albanern, die im Ausland leben. Im Schatten des harmlosen Markttreibens installiert sich die Mafia als parallele, aber höchst effiziente Wirtschaftsmacht. Neuerdings sollen die Gangs aus der nahen Republik von Tirana ihre systematische Unterwanderung begonnen haben, und bis zum offenen Bandenkrieg ist es dann nicht mehr weit.

Pristina ist eine häßliche Stadt, so hatte ich sie schon im Frühjahr 1994 empfunden. Sie hat in der Tito-Epoche mit ihren tristen Wohnblocks ebenso plötzlich expandiert wie das montenegrinische Verwaltungszentrum Podgorica, das einst »Titograd« hieß. Im Stadtzentrum haben die jugoslawischen Architekten ihrer Phantasie freien Lauf gelassen und jene bizarren Betonkonstruktionen entworfen, mit seltsamen Auswüchsen und Schnörkeln, die mir auch in Skopje, in Novipazar und sogar in Split aufgefallen waren. Das finsterste Monument, das die am Ende recht nuancierte Hinwendung Jugoslawiens zum Kommunismus hinterlassen hat, ist jedoch das »Grand Hotel«, ein riesiger Kasten, dessen trostlose Aufwendigkeit und dessen verlotterter Service nur noch durch das Hotel »El Aures« in Algier übertroffen werden.

Im Zentrum von Pristina hat der Krieg – mit Ausnahme eines Raketenvolltreffers in der Postzentrale und in einer Sicherheitsbehörde der Serben – überhaupt keine Spuren hinterlassen. Es ist Samstagabend, und die Stadt ist von einem balkanischen »Saturday Night Fever« erfaßt. Es ist unglaublich, wie jung die albanische Bevölkerung des Kosovo ist. Die Alten erscheinen nur noch als verschwindende Minderheit. Weit gedrängter noch als in Prizren wälzt sich hier der Abend-Korso der Jugend durch die stillosen Boulevards. Sehr sympathisch wirkt diese Menschenmasse nicht. Die Blicke allzu vieler Passanten lauern mißtrauisch, teilweise aggressiv nach allen Seiten. Die Kosovo-Hauptstadt bietet sich – das ist der erste Eindruck – als ein ideales Terrain für verbrecherische oder zumindest betrügerische Machenschaften an.

Die düstere Bar des »Grand Hotels«, in dem ich sehr schnell wieder strande, erscheint mir vollends wie die Höhle Ali Babas und der

40 Räuber. Aber dieses ist ein vortrefflicher und zutiefst konspirativer Treffpunkt. Binnen kurzem habe ich eine völlig unerwartete Serie von alten Bekanntschaften wieder geknüpft, Menschen, die ich in ganz anderen Weltgegenden kennengelernt habe und die mich bereitwillig mit den neuen Entscheidungsträgern der Republik Kosovo bekannt machen wollen.

So begegnet mir ein deutscher Beamter, der mir vor 20 Jahren von Bangkok aus mit Hilfe des chinesischen Militärattachés meine Expedition in die Schlupfwinkel der »Roten Khmer« erleichtert hatte. Auch zwei Teilnehmer am Budapester Islam-Kongreß, dem ich vor einigen Monaten beiwohnte, meldeten sich kurz nach meiner Ankunft. Aus welchen Gründen und in welchem Auftrag auch immer Abdelkader im Kosovo weilt, habe ich gar nicht erfragt. Aber dieser algerische Gewährsmann verschafft mir mühelos Zugang zu diversen hohen Funktionären der UCK. Der Algerier hatte mich vor mindestens zwei Dekaden im Auftrag des ersten algerischen Staatspräsidenten Ahmed Ben Bella aufgesucht, der unter der Militärdiktatur des Oberst Boumedienne lange Jahre in Isolationshaft geschmachtet hatte. Später war er für die »Islamische Heilsfront« aktiv gewesen und wurde – wegen dieser Untergrundtätigkeit – von der »Sécurité Militaire« eingekerkert und gefoltert.

»So viel erinnert mich hier an meine Heimat«, sagt der Algerier. »Als unsere Befreiungsfront 1962 von einem Tag zum anderen die Macht übernahm und die Franzosen mit sämtlichen Verwaltungsbeamten, Ingenieuren und Spezialisten schlagartig den Maghreb verließen, war ja auch bei uns ein Vakuum an technischer Kompetenz und Regierungserfahrung entstanden, von dem wir uns bis auf den heutigen Tag nicht erholt haben. So ähnlich ist heute die Lage im Kosovo, wo die Serben alle Schlüsselstellungen innehatten und die Albaner jetzt plötzlich ohne Vorbereitung und Sachkenntnis mit einer chaotischen Situation fertig werden sollen.«

Ein hoher Repräsentant des neuen kosovarischen Verteidigungsministeriums, Dr. Hysin Hoxha, stößt nach diversen Telefongesprächen zu unserer Runde im »Grand Hotel«. Auch er hat lange in Deutschland gelebt. Er kommt auf die deutsche Politik zu sprechen. Die Diplomatie Joschka Fischers ist in Pristina auf Widerstand gestoßen.

»Unsere Sympathie gilt den Deutschen noch weit mehr als den Amerikanern«, versichert Hoxha, »aber zwei Initiativen der rot-grünen Regierung in Bonn haben uns zutiefst geschadet. Die Deutschen haben aus der Beteiligung der Russen am Friedensprozess im Kosovo eine ›conditio sine qua non‹ gemacht, und für uns sind die Russen die engen Verbündeten der Serben während des Krieges gewesen. Noch mehr schockiert es uns allerdings, daß das jetzige deutsche Kabinett es als seinen größten Triumph feiert, gegen die Vorbehalte Washingtons und vor allem Madeleine Albrights die Vereinten Nationen ins Boot geholt zu haben, die ja in den kommenden Jahren aus unserer Heimat nicht etwa ein Protektorat der Nato, was wir gerade noch akzeptiert hätten, sondern ein Protektorat der Uno machen wollen.«

Hier wird tatsächlich der sogenannte »Knackpunkt« berührt, war es doch die uneingestandene, aber reale Absicht der USA, Kofi Annan und seine Monsterbehörde von New York aus den künftigen Konfliktregelungen nach Kräften herauszuhalten, die globale Entscheidung über Krieg und Frieden, die laut geltendem Völkerrecht dem Weltsicherheitsrat der Uno vorbehalten bleibt, klammheimlich der atlantischen Allianz, das heißt de facto den USA, zu übertragen. Das angekündigte und heute bereits sträflich verzögerte Eintreffen des allseits wegen seiner Inkompetenz und Trägheit mißachteten Uno-Personals – zumal wenn es aus unterentwickelten Ländern wie Bangladesch oder Zentralafrika stammt, die mit den eigenen Problemen nicht fertig werden – dürfte unweigerlich zu offenen Konflikten, ja mafiosen Verteilerkämpfen führen.

Als einen anmaßenden Protz kann man den jungen »starken« Mann des Kosovo, den selbsternannten Regierungschef Hashem Thaci, nicht bezeichnen. Sein Regierungsgebäude zeichnet sich durch besondere Häßlichkeit aus. Im Treppenhaus und in den Fluren aus der Tito-Zeit bröckelt der Putz herunter. Auffälliger Personenschutz ist nicht vorhanden.

Der »Regierungschef« der UCK kommt etwas verspätet zu unserem Treff in seinem schlichten Büro mit Konferenztisch. Er entschuldigt sich artig. Der Mann, den seine Feinde »die Schlange« nennen, ist groß und elegant gewachsen. 29 Jahre ist er wohl alt und trägt einen dunklen korrekten Anzug. Er wirkt sogar ein wenig schüchtern. Ist es die jungen Muselmanen empfohlene Zurückhaltung oder »Hischma«, die sich hier im Unterbewußtsein erhalten hat, oder eine besonders listige Form verharmlosender Tarnung? Um sich an der Spitze der Kosovo-

Befreiungsarmee zu behaupten, muss Hashem Thaci aus eisenhartem Holz geschnitzt sein. Drei serbische Polizisten hat er angeblich eigenhändig erschossen. Die Zahl der toten Rivalen in den eigenen Reihen dürfte um einiges höher sein.

Die Autorität dieses ehemaligen Studenten der Philosophie – oder war es Kunstgeschichte? – an der Universität Zürich scheint jedenfalls unumstritten. Im Vorzimmer habe ich verschiedene Gesprächspartner vom Vortag im »Grand Hotel« angetroffen und einen Leibwächter, der sich unter dem Kriegsnamen »Raketa« vorgestellt hatte. Mit den Bewegungen eines Raubtiers hat Hashem Thaci sich am oberen Ende des schlichten Holztisches neben mich gesetzt. Er rückt einen albanischen Wimpel zurecht, in der Ecke ist eine Bronzebüste des albanischen Nationalhelden Skanderbeg aufgestellt. Das ist die einzige Dekoration.

Auf den Fernsehbildern, die ich von ihm kenne, ist der UCK-Chef immer extrem ernst, fast mißlaunig aufgetreten, aber hier gibt er sich entspannt, und gelegentlich lächelt er gewinnend wie ein großer Junge. Noch ist Hashem Thaci der »Darling« der Amerikaner und insbesondere Madeleine Albrights in dem unerbittlichen Machtkampf, der sich abzeichnet. Der Vorsitzende der Demokratischen Liga, Ibrahim Rugova, der endlich in Pristina eingetroffen ist, steht in seiner Heimat nicht mehr sonderlich hoch im Kurs. Durch seine Flucht nach Italien und sein Auftreten in Belgrad während des Krieges ist er in den Verdacht geraten, ein Feigling zu sein, und davon erholt man sich nicht im Land der Skipetaren.

Hashem Thaci spricht hervorragend Deutsch mit leichtem Schweizer Akzent. Er redet ganz leise, so daß man ihn nur mühsam versteht. Was er sagt, ist vernünftig und klingt versöhnlich. Natürlich strebt er die Unabhängigkeit des Kosovo an und empfindet es als unzumutbar, gemeinsam mit Serbien in einer jugoslawischen Föderation zu verbleiben. Aber von Groß-Albanien kann zur Stunde nicht die Rede sein. Die Skipetaren von Tirana und Tetovo seien enge Verwandte, aber sie müßten über ihr politisches Schicksal selbst entscheiden.

Ich spreche ihn auf die Präsenz der Russen an, und selbst in diesem Punkt übt er Zurückhaltung. Er verstehe ja, daß Moskau einen gewissen internationalen Status anstrebe, aber allzu viele dieser slawischen Brüder der Serben hätten gegen die Kosovaren gekämpft und an den Gemetzeln teilgenommen. Dem serbischen Erzfeind Milosevic räumt er noch sechs Monate ein, ehe er gestürzt wird oder sich zurückzieht. Ob das Kosovo im Einigungsprozeß aller Albaner die Rolle Piemonts beim italienischen »Rinascimento« spielen könne – er weiß sofort, worum es sich handelt –, sei noch völlig ungewiß. Demnächst wird die UCK eine Partei gründen, die wohl als »Demokratische Union« antreten wird.

Die Landschaft wird düsterer, während wir uns Mitrovica nähern, obwohl die Sonne unvermindert aus dem wolkenlosen Himmel sengt. Die Äcker dehnen sich braun und ausgetrocknet. Es fehlen die Raps- und Sonnenblumenfelder, die in anderen Landstrichen des Kosovo über die Spuren des Krieges hinwegtäuschen. Am Horizont ragen wuchtige Industriebauten, Zementfabriken, Kupfer- oder Nickelschmelzen. Es steigt kein Rauch aus den Schornsteinen, und die Maschinen stehen still.

Wir stoßen bald auf die erste befestigte Unterkunft unter der Trikolore. Den Franzosen wurde hier ein schwieriger Sektor zugewiesen. Die Stadt Mitrovica ist zweigeteilt. Südlich des Ibar-Flusses leben nur noch Albaner, nördlich davon hat sich eine zu neunzig Prozent serbische Bevölkerung behauptet. Die französischen Paras durchsuchen jedes Fahrzeug, das die Brücke passiert, nach Waffen. Aber der Verkehr ist heute gering. Auch in den Straßen bewegen sich wenige Menschen.

Auf dem nördlichen Ufer, so behaupten die Albaner, lauern serbische Freischärler hinter ihren Gewehren im Anschlag. Gegen Abend kommt es gelegentlich zu Kundgebungen. Da marschieren Gruppen wütender Männer und Frauen mit Knüppeln und Eisenstangen in der Faust unter ihren jeweiligen Nationalfahnen aufeinander zu, beschimpfen sich, rempeln sich an, bis die französischen Ordnungshüter mit Gewehrkolben dazwischenfahren. Als hier noch Fremdenlegionäre stationiert waren, wurde angeblich noch drastischer durchgegriffen. Aber in dieser Mittagsstunde langweilen sich die Soldaten, und aus der serbischen »Frontlinie« klingen lediglich ohne Unterlaß Märsche der jugoslawischen Armee sowie serbische Volks- und Heldenlieder. Dieser Rummel dauert bis in die späte Nacht an.

Eine schwarzgekleidete Frau versucht uns zu erklären, daß sie sich vergeblich bemüht, ihre Wohnung im Nordviertel aufzusuchen, aber sie sei von feindseligen Fremden vertrieben und bedroht worden. »Vielleicht hat es sich um serbische Vertriebene aus der kroatischen ›Krajina‹ gehandelt, die dort von den Belgrader Behörden nach der Flucht der Albaner untergebracht wurden.«

Nach einigem Suchen habe ich das französische Hauptquartier gefunden. Oberst Gautier – so will ich ihn nennen –, ein Marineinfanterist aus der Bretagne, ist mir aus dem Pariser Armee-Ministerium bekannt. Er erklärt mir seinen Sektor auf einer riesigen Landkarte. Die Atmosphäre im Briefing-Raum ist plötzlich fast etwas gelangweilt. Irgendwie fühle ich mich in die Zeit des Algerien-Krieges zurückversetzt, während der Colonel mir erklärt, daß das Bataillon Fallschirmjäger Infiltrationen aus Serbien mit der Methode der »nomadisation«, einer bei Tag und Nacht beweglichen Beobachtung, und durch wärmeempfindliche Sensoren zu verhindern sucht.

»Natürlich wirft man uns immer wieder vor, aus geschichtlichen Gründen mit den Serben zu sympathisieren«, sagt Gautier resigniert, »aber wir haben gerade in unserem Abschnitt so viele Hinrichtungsstellen und so viele Spuren von Verstümmelung an den Leichen gefunden, daß jedes Freundschaftsgefühl gegenüber den Jugoslawen, falls es denn existiert hatte, daran erstickt.« Das französische Kontingent befindet sich in einer Ausnahmesituation, denn nördlich einer Linie, die im Westen von Mitrovica durch den Fluß Ibar, im Osten durch die Straße über das Dorf Bajgora zur serbischen Grenze markiert wird, hat sich ein fast ausschließlich serbisch besiedelter Gebietszipfel erhalten, in den die Kosovaren sich nicht hineintrauen und wo die UCK auf bewaffneten Widerstand stieße, falls sie ihre Parallel-Verwaltung, die sie überall ohne jede Legitimation installiert hat, dorthin ausweiten wollte.

Es stehe noch viel Ärger bevor in diesem kritischen Dreieck, denn unmittelbar nördlich von Mitrovica – im serbisch bevölkerten Abschnitt – befindet sich aus der Tito-Zeit ein gewaltiger Industriekomplex, der in normalen Zeiten 10 000 Arbeiter beschäftigte. Hier wurden die ergiebigsten Mineralvorkommen des ehemaligen Jugoslawien ausgebeutet. Kupfer, Zink, Nickel und sogar Gold wurden hier geschürft und eingeschmolzen.

Zur Zeit herrscht dort Friedhofsruhe, aber am Rande bereiten sich seltsame Manipulationen vor. Beim französischen Truppenkommando hat sich vor ein paar Tagen ein jugoslawischer Industrieller vorgestellt. Er kam in Begleitung eines Pariser »homme d'affaires«, der dem Deuxiéme Bureau einschlägig bekannt war. Der Jugoslawe wollte 51 Prozent des Besitzes am gesamten Kombinat für einen großen ausländischen Konzern erwerben, und die finanzielle Abwicklung hätte über die Jugo-Bank stattgefunden. Natürlich ist aus dem dubiosen Geschäft nichts geworden, aber es sei typisch für die totale Ungewißheit der realen Eigentumsverhältnisse, die auf allen Besitzständen im Kosovo lastet. »Wir haben eindeutige Beweise dafür, daß die weitverzweigte Mafia aus der Republik von Tirana schon überall am Werk ist und ihre Krakenarme ausstreckt.«

Auf dem ganzen südlichen Balkan schlägt wohl die Stunde dunkler Geschäftemacher und Spekulanten, seit das Wiederaufbau-Programm der Europäischen Union angekurbelt und sogar ein regionaler »Marshall-Plan« angekündigt wurde.

Mit dem Kamerateam, von den Paras durchgewunken, bin ich über die Brücke nach Norden gefahren. Gautier hatte mir versichert, daß wir überall auf französische Patrouillen stoßen würden, aber die »quadriallage« ist wohl alles andere als perfekt. Bald fahren wir völlig isoliert durch leere Felder und vereinzelte Dörfer, deren Einwohner uns ängstlich und mißtrauisch mustern.

Ich habe meinen Begleiter, den muslimischen Mazedonier Rami, wohlweislich zurückgelassen, aber es begleitet uns noch ein Dolmetscher aus Pristina, der zwar aufgrund seiner sportlich-eleganten Kleidung und seines ausgeprägt amerikanischen Akzents nicht ohne weiteres als Albaner zu identifizieren wäre, um dessen Sicherheit ich mich jedoch sorgen muß. Hinter dem Städtchen Zepca – die enge Straße führt bereits nach Novipazar – empfinde ich zum ersten Mal ein Gefühl der Bedrohung und fordere den Fahrer Kiro zum Wenden auf.

Auf Fragen von Passanten, woher wir kämen, betont der verängstigte Mazedonier Kiro lauthals, daß er der pravo-slawischen Kirche angehöre. Auf der Heimfahrt durchqueren wir zügig die albanische Südstadt von Mitrovica und nähern uns auf der Straße nach Pristina dem Kosovo-Polje, dem tragischen Amselfeld, wo 600 Jahre nach der Schicksalsschlacht zwischen Serben und Türken die Geister der Erschlagenen immer noch keine Ruhe gefunden haben.

Wird Dagestan zum neuen Afghanistan?

23. August 1999

Wer kannte schon den Namen der Autonomen Republik Dagestan, die – am Nordrand des Kaukasus und am Ufer des Kaspischen Meeres gelegen – weiterhin der Russischen Föderation angehört, obwohl die dortige Bevölkerung von zwei Millionen Menschen bestenfalls zu fünf Prozent aus Slawen besteht? Das Wort Dagestan dürfte sich in den kommenden Monaten und Jahren zu einem höchst bedrohlichen Begriff für die Zukunft Rußlands verdichten. Weit mehr noch als die benachbarte Republik Tschetschenien, die bereits in den Jahren 1994 bis 1996 den Armeen Boris Jelzins zum Verhängnis wurde.

Es bestehen erhebliche Unterschiede zwischen Dagestan und Tschetschenien. Während die Republik von Grosny ein relativ flaches, für eine Guerilla gar nicht sonderlich günstiges Terrain bot, ist Dagestan bis auf eine Küstenebene im Umkreis der Hauptstadt Machatschkala eine geradezu chaotische Ansammlung aus Bergklippen und tiefen Schluchten. Die strategische Bedeutung dieses Landesteils ist gewaltig, denn durch den Flaschenhals von Derbent führt die einzige praktikable Straße unmittelbar am Kaspischen Meer entlang in Richtung auf Aserbaidschan und zu den Erdölfeldern von Baku. Schon Katharina die Große hatte hier den Zugang nach Persien gesucht, und über den Korridor von Derbent beabsichtigte auch die deutsche Wehrmacht im Sommer 1942, nach Baku vorzustoßen.

Im Gegensatz zu Tschetschenien, dessen völkische Zusammensetzung recht einheitlich ist, leben in Dagestan die unterschiedlichsten Stämme und Rassen, teils iranischen, teils türkischen Ursprungs, aber mehrheitlich handelt es sich um ein Sammelsurium winziger ethnischer Splittergruppen, die sich selbst sprachlich unterscheiden.

Für diese geographisch und ethnisch zersplitterte Gebirgsrepublik, die etwa so groß ist wie die Schweiz, gibt es nur ein einziges gemeinsames Gut: die tiefe Verwurzelung im militanten Islam. Deshalb kam es schon am ersten Tag des Befreiungskrieges der Dagestani zur Proklamation einer »Islamischen Republik«. Ganz bewußt suchten die Mudschahedin – unterstützt durch ihre tschetschenischen Nachbarn – an jenem koranischen Gottesstaat anzuknüpfen, den im 19. Jahrhundert Imam Schamil, der große Kriegsherr aus dem Volk der Avaren, zur Abwehr der russischen Eroberer gegründet hatte. Dreißig Jahre lang hat der legendäre Imam Schamil dem Herrschaftswillen der Zaren Nikolaus I. und Alexander II. getrotzt, die zur Niederwerfung dieser Hirtenvölker mehr Soldaten aufbieten mußten als beim Feldzug gegen Napoleon. Diese heroischen, romantischen Kaukasus-Kriege, auch die Tapferkeit der muslimischen Gegner, sind von den großen russischen Autoren dieser Epoche – Puschkin, Lermontow, vor allem Tolstoi mit seiner Novelle »Hadschi Murad« – lyrisch und begeistert besungen worden.

Den Russen von heute steht ein schwerer Gang bevor. Vieles wird davon abhängen, wie die Dagestani sich kriegerisch zusammenschließen können und welche Unterstützung sie von außen erhalten. Mit Panzern und Artillerie wird sich die Küstenebene mit der Hauptstadt Machatschkala wohl halten lassen. Im Gebirge hingegen, das heißt im weitaus umfangreichsten Teil Dagestans, werden Panzer und Kanonen von geringem Nutzen sein und sich kaum bewegen können. Da wird es zwangsläufig zum verlustreichen Einsatz russischer Infanteristen kommen, da wird man zum Transport auf Pferde und Maultiere zurückgreifen müssen. Wer dächte da nicht an Afghanistan?

Das wirksamste Instrument, das unentbehrliche Kampf- und Transportmittel der Moskowiter in diesem Partisanenkrieg, der nicht mehr zu ersticken sein wird, sind die Kampfhubschrauber, die sich ja auch am Hindukusch bewährt hatten. In Afghanistan schlug bekanntlich die Stunde der russischen Niederlage erst, als die dortigen Mudschahedin über perfektionierte Boden-Luft-Raketen vom Typ Stinger verfügten und damit die feindlichen Helikopter ausschalten konnten. Sollten die Dagestani diese oder gleichwertige Waffen erhalten, dann wäre es schlecht bestellt um die Reste russischer Herrschaft am Kaukasus. Die islamischen Aufständischen werden vermutlich wenig offizielle Unterstützung von außen genießen. Weder die Türken – mit Rücksicht auf Kurdistan – noch die Iraner – im Hinblick auf die amerikanischen Drohgebärden – werden sich mit Moskau überwerfen wollen, und die saudischen Geldgeber sind weit weg. Doch da könnte das Netzwerk der Sufi, der Derwisch-Orden, in die Bresche springen. Die »Tariqa« der Naqschbandi ist, außerhalb jeder Regierungskontrolle – in Zentralasien, in Anatolien, unter der türkischen Einwandererbevölkerung Deutschlands –, stark vertreten und besäße sehr wohl die Mittel, ihren Brüdern im Glauben diskret, aber nachhaltig beizustehen.

Der dreckige Diamanten-Krieg

29. August 1999

Wer hätte gedacht, daß wir so bald Grund haben würden, dem Marshall-Präsidenten der Republik Zaire, Mobutu Sésé Seko, nachzutrauern. Dieser Potentat, der das riesige Territorium des ehemals Belgischen Kongos als seinen persönlichen Besitz betrachtete und in einem geradezu grotesken Luxus schwelgte, ließ zwar seinen Staat verrotten und seine Untertanen verarmen; zumindest war er kein blutrünstiger Tyrann. Von seinen Nachfolgern, die kurz vor Mobutus Tod mit Hilfe der USA die Macht in Kinshasa an sich rissen und Zaire wieder in Kongo umtauften, kann man das nicht sagen. In jener Gegend am großen Strom, die Joseph Conrad als »Herz der Finsternis« beschrieb, dauert ein irrsinniges Gemetzel an, bekämpfen sich inzwischen 50 Rebellen-Banden, die zwar mit modernen Waffen ausgestattet sind, aber mental in der Steinzeit verharren.

Von Sierra Leone und Liberia im Westen bis Angola im Süden und Ruanda-Burundi im Osten versinkt Schwarzafrika in einem namenlosen Horror. Das Massaker zwischen den Völkern der Hutu und Tutsi ist längst nicht zu Ende, nur wird zur Zeit nicht darüber berichtet. Mit der »Globalisierung der Menschenrechte« ist es wohl doch nicht so weit her, wenn die blutigen Ausschreitungen auf dem Balkan, die sich – gemessen an der afrikanischen Apokalypse – in Grenzen halten, Amerika und Europa zu einer militärischen Operation gewaltigen Ausmaßes veranlaßten, während sich zur Rettung des Schwarzen Kontinents kaum ein Finger rührt.

Im Gegenteil. Im Hintergrund des Blitzfeldzuges der amerikanisch ausgebildeten Soldaten Ruandas und Ugandas, die in einem erstaunlichen Durchmarsch den ehemals maoistischen Bandenchef Laurent Kabila im Präsidentenpalast von Kinshasa installierten – bevor sie sich mit ihm überwarfen –, agierten von Anfang an als Drahtzieher und als beutehungrige Profiteure die Repräsentanten des internationalen, meist angelsächsischen Kapitals. Noch ehe die von ihnen begünstigten schwarzen Häuptlinge sich in ihren jeweiligen Regionen etablieren konnten, wurden sie von den weltweit operierenden Minen-Konzernen gezwungen, exorbitante Schürf- und Ausbeutungskonzessionen zu unterschreiben. Dieser Ausverkauf von Diamanten, Gold, Kupfer, Uranium usw. ist – neben den ererbten Stammesfehden – wichtigste und schändlichste Triebfeder jenes maßlosen Unglücks, das über den Kontinent hereingebrochen ist.

Nehmen wir den Fall Angola. Die westlichen Medien entrüsten sich heute darüber, daß dort der Rebellenführer Jonas Savimbi die Diamantenförderung der von ihm beherrschten Cuango-Provinz verscherbelt, um seine Unita-Armee mit modernen Waffen auszurüsten, während die Zivilbevölkerung ringsum in finsterem Elend verkommt. Aber Savimbi, der heute von Washington geächtet wird, erinnert sich im Zorn daran, daß er 15 Jahre lang von den Amerikanern – in Zusammenarbeit mit dem damaligen Apartheid-Regime Pretorias – dazu benutzt wurde, den kommunistischen Einfluß in Angola einzudämmen und jenen 30 000 kubanischen Soldaten standzuhalten, die Fidel Castro über den Atlantik geschickt hatte, um den jetzigen Staatschef von Luanda, Eduardo dos Santos, damals ein treuer Gefolgsmann Moskaus, vor dem Untergang zu retten. Das war wohl der Gipfel des Zynismus, daß dos Santos sich schon zu jenem Zeitpunkt bereitgefunden hatte, der amerikanischen Gesellschaft Gulf Oil die reichen Petroleumvorkommen von Cabinda zu extrem günstigen Bedingungen zu verpachten. Mit den Royalties konnte er die Kriegführung der Kubaner gegen die damals pro-westliche Unita-Bewegung Savimbis bezahlen. Die Heuchelei schrie zum Himmel.

Gemessen an der Raffgier und der Menschenverachtung dieses hemmungslosen »Wildwest-Kapitalismus« erscheint das europäische Kolonialsystem von einst in einem beinahe milden Licht. Heute sind es anonyme Mächte, die aus ihren klimatisierten Büros in Manhattan die urzeitlichen afrikanischen Gegensätze anfachen, um ihre »Claims« abzustecken. Da ist viel die Rede von den »weißen Söldnern«, den »dogs of war«, die angeblich Jagd auf Schwarze machen. Aber diese dubiosen Gestalten sind längst abgelöst worden durch westliche Geheimdienstagenten, die sich wohl sehr schnell bewußt werden, daß man sie als Marionetten obskurer, aber allmächtiger Finanzinteressen mißbraucht. Nachträglich den Kolonialismus anzuklagen, ist eine allzu billige Routine. Die Republik Liberia, die im frühen 19. Jahrhundert von freigelassenen amerikanischen Sklaven gegründet wurde und nie eine Kolonie war, ist heute der Schauplatz unbeschreiblichen Grauens und eines besonders schamlosen Schachers um Diamanten, auch um Gold und Edelhölzer.

Das Unheil frißt sich weiter. Der im Westen zu Unrecht geschätzte Staatschef von Uganda, Yoweri Museveni, ein williges Istrument der anti-islamistischen Strategie Washingtons gegen den Sudan, ist in einen Machtkampf mit dem starken Mann von Ruanda, Paul Kagame, auch ein Protegé der USA, verwickelt. Äthiopien und Eritrea tragen einen völlig sinnlosen Konflikt um einen Fetzen Trockensavanne aus. Der Riese Nigeria taumelt permanent zwischen Militär-Willkür und totaler Korruption. Wie lange kann es noch dauern, bis in der Republik Südafrika die mühsam übertünchte Realität des Rassenhasses aufreißt und die große Tragödie beginnt?

Gaddhafis Show im Wüstensand

12. September 1999

Für Überraschungen und publizistische Paukenschläge ist der Staatschef Libyens, Muamar el Gaddhafi, immer noch gut. So hat er – anläßlich des 30. Jahrestages seiner Machtergreifung und seines Militärputsches gegen den greisen König Idris el-Senussi – das verblüffende Projekt einer eigenen Autofabrikation aus dem Wüstensand gezaubert. Er hat eine Luxuslimousine vorgeführt, die den Namen »Rakete« trägt und zum Glück der konsumbesessenen Menschheit beitragen soll. Vor gar nicht so langer Zeit waren die westlichen Geheimdienste noch damit beschäftigt, jene gigantische Geheimfabrik für Giftgase aufzuspüren und zu sabotieren, mit der Gaddhafi die Imperialisten und Zionisten das Fürchten lehren wollte.

Es traf sich gut, daß die »Organisation für Afrikanische Einheit (OAU), an deren Substanzlosigkeit gemessen sogar die Uno als ein höchst effizientes Instrument erscheinen mag, der Einladung Gaddhafis nach Tripolis gefolgt war und dem exzentrischen Staatschef dieser ölreichen Wüstenrepublik eine farbenprächtige Kulisse bot. Kein Geringerer als Nelson Mandela hatte ja mit der Rehabilitierung des »Terroristen« Gaddhafi den Anfang gemacht und den protestierenden Amerikanern erwidert, daß er sich der Waffen- und Finanzhilfe der libyschen »Jamahiriya« beim Kampf des ANC gegen das Apartheid-Regime von Pretoria dankbar erinnerte.

Seit zwei libysche Geheimagenten, die angeblich für das mörderische Flugzeug-Attentat von Lockerbie verantwortlich sind, an die schottische Justiz ausgeliefert wurden, hat die Normalisierung der Beziehungen zwischen Tripolis und den westlichen Hauptstädten rasante Fortschritte gemacht. Gaddhafi versucht wohl auch krampfhaft, das Trauma jenes amerikanischen Bombardements im April 1986 zu verdrängen, das den im Zelt kampierenden Staatschef um Haaresbreite verfehlte, aber seine kleine Tochter tötete. Präsident Reagan hatte Libyen damals für das Attentat auf die von US-Soldaten besuchte Westberliner Bar »La Belle« strafen wollen. Bis heute sind jedoch die tatsächlichen Hintergründe dieses Sprengstoff-Anschlages nie geklärt worden, und auch bei der Urheberschaft der Lockerbie-Tragödie weisen die Spuren in unterschiedliche Richtungen.

Die Spezialisten der CIA hatten schon sehr früh von Gaddhafi ein Psychogramm entworfen. Seine Herkunft als Sohn armer Hirten habe ihn geprägt. Die Mißachtung der Söhne reicher Feudalherren, unter der er als Knabe litt, habe ihm ein brennendes Bedürfnis nach sozialer Gleichmacherei eingeimpft. Die strenge Einsamkeit der libyschen Wüste, in der er aufwuchs, habe ihn mit einem fast prophetischen Sendungsbewußtsein ausgestattet. Immerhin hat sich dieser letzte regierende Beduine, der von Nordirland bis zu den Südphilippinen fast jede Aufstandsbewegung mit Sprengstoff und Gewehren versorgte, mit beachtlicher Konsequenz an der Macht gehalten. Die aufsässigen Anhänger der Senussi-Bruderschaft in der Cyrenaika hat er niedergeworfen. Die übrigen Libyer, mehrheitlich Staatsbedienstete, Krämer oder Gelegenheitsarbeiter, die für das von ihm gepredigte Heldentum überhaupt nichts taugten, hat er – trotz endloser Wirtschaftsboykotte – in einer egalitär-islamischen Gesellschaftsform stillzuhalten vermocht.

Daß dieser flammende Propandist der pan-arabischen Einheit nunmehr diesen Jugendidealen enttäuscht und verbittert den Rücken kehrt und sich einer neuen Marotte, der begeisterten Solidarität mit der schwarzen Menschheit Afrikas, zuwendet, spricht nicht gerade für den häufig zitierten Reifungsprozess dieses 59jährigen Außenseiters. Weiterhin gefällt er sich in theatralischen Kostümierungen, tritt einmal als ordensklirrender Feldmarschall, dann als buntgewandetes Traumwesen (halb König Salomon, halb Königin von Saba) auf, um dann wieder seine Gäste mit lockerer Kumpelhaftigkeit im schwarzen Rollkragenpullover zu überraschen. Bei den übrigen arabischen Potentaten und bei den arabischen Volksmassen steht Gaddhafi nicht hoch im Kurs, wird sogar als unberechenbarer Narr, als »mahbul«, geschmäht. Auf den Westen hingegen übt dieser Staatsschauspieler eine seltsame Faszination aus, und gerade weibliche Reporterinnen sind oft seinem Charme erlegen.

Als Wirtschaftspartner besitzt der Petroleumproduzent Libyen, insbesondere für Europa, eine eminente Bedeutung. Ansonsten hüte man sich, den Einfluß Gaddhafis zu überschätzen. Mit den Islamisten hat er sich überworfen, ja, sieht in ihnen zu Recht seine ernsteste

Bedrohung. Mit den iranischen Mullahs ist er schon seit Khomeini tödlich verfeindet. Und den frommen türkischen Politiker Erbakan, der ihn seinerzeit als Premierminister besuchte, hat er aus purer Laune grob beleidigt. Was nun die Schwarzafrikaner betrifft, denen er bei der Truppenparade von Tripolis seine militärische Macht vorführen wollte, so erinnern sie sich gewiß noch an die Zeit, als die Panzerkolonnen Gaddhafis die südliche Nachbarrepublik Tschad, inklusive Hauptstadt Ndjamena, überrollt und erobert hatten. Kurz danach wurden sie durch die wilden Nomaden-Krieger des Tubu-Volkes – unterstützt durch ein paar französische »Haras« und Fremdenlegionäre – auf ihre Ausgangsbasen im Tibesti-Gebirge zurückgeworfen oder vernichtet.

Unabhängigkeit Osttimors
wird legitimiert

20. September 1999

Das tragische Schicksal von 800 000 unterentwickelten Einwohnern auf Timor sei es nicht wert, die guten Beziehungen der USA zum gewaltigen Inselreich Indonesien mit seinen 220 Millionen Menschen und unermeßlichen Reichtümern ernsthaft zu belasten, so lauteten die ersten Analysen aus dem Pentagon. In strategischer Hinsicht war diese Beurteilung zweifellos stichhaltig. Aber plötzlich mußte man in Washington entdecken, daß die psychologischen Konsequenzen des Nato-Luftkriegs im Kosovo und dessen humanitäre Imperative bis nach Südostasien weiterhallen. Auf dem Balkan hatte sich die westliche Allianz über das bislang sakrosankte Souveränitäts- und Nichteinmischungsprinzip des Völkerrechts hinweggesetzt, um dem serbischen Terror ein Ende zu setzen und den gequälten Kosovo-Albanern ihre Loslösung von der legal existierenden Bundesrepublik Jugoslawien zu ermöglichen. In Osttimor bot sich vom juristischen Standpunkt eine ganz andere Situation. Hier hatte Indonesien den Zerfall des portugiesischen Kolonialreichs benutzt, um im Dezember 1975 die östliche Hälfte der Insel, deren Einwohner den Anspruch auf einen eigenen, unabhängigen Staat erhoben, kurzerhand zu annektieren. Den Widerstand der »Independentistas« versuchte Djakarta mit brutalem militärischen Eingreifen zu ersticken.

Die Melanesier von Osttimor werden von den malaiischen Javanern geringgeschätzt, und ihre Verwurzelung im katholischen Christentum erschien den allmächtigen muslimischen Generälen von Djakarta von Anfang an suspekt. Die Osttimoresen waren 400 Jahre lang von den Portugiesen auf einem extrem niedrigen kulturellen Niveau gehalten worden. An der Spitze der Unabhängigkeitsbewegung, die sich anfangs gegen Lissabon, dann gegen Djakarta richtete, standen portugiesische Mischlinge, eine geringe Anzahl sogenannter »Asimilados« und katholische Geistliche. Daß dieses verlorene Häuflein am Ende der Welt nach fünfzehnjähriger grausamer Repression durch die indonesische Armee und deren Milizen sich dennoch am 30. August 1999 zu fast 80 Prozent in einer von UN-Beobachtern kontrollierten Abstimmung für die Eigenstaatlichkeit entschied, grenzt an ein Wunder. Um diesen Separatismus zu bestrafen, stiftete Djakarta eine barbarische Vergeltung an, verwandelte die bescheidene osttimoresische Hauptstadt Dili in ein Trümmerfeld. Der Amoklauf der pro-indonesischen Milizen drohte in einen Völkermord auszuarten.

Wider Erwarten hat sich der Weltsicherheitsrat der Vereinten Nationen einstimmig für eine bewaffnete Intervention zugunsten der Überlebenden entschieden und die Unabhängigkeitsforderung Osttimors legitimiert. Dabei mußten manche Großmächte über ihren eigenen Schatten springen. Immerhin hatten im Jahr 1975 – nachdem die Nordvietnamesen Saigon erobert hatten – der damalige US-Präsident Gerald Ford und sein Außenminister Henry Kissinger den damals allmächtigen Präsidenten Suharto ermutigt, sich diesen Fetzen des ehemaligen portugiesischen Kolonialbesitzes einzuverleiben. Damals ging die Befürchtung um, daß sich die timoresische Aufstandsbewegung »Fretilin« dem Marxismus-Leninismus zuwenden und eventuell von der Sowjetunion oder China zu einer vorgeschobenen Bastion des Kommunismus an der Schwelle Australiens ausgebaut würde. So erstaunte es nicht, daß die Regierung von Canberra als einzige die Annexion Osttimors durch Indonesien zu jener Zeit des Kalten Krieges anerkannte.

Heute entsendet Australien seine Soldaten nach Osttimor, um dem Wüten der pro-indonesischen Mordbanden ein Ende zu setzen. Australien nimmt ein gewaltiges Wagnis auf sich. 19 Millionen überwiegend weiße Australier, die ihren Kontinent spärlich bevölkern, stehen einer farbigen Menschenmasse von 200 Millionen Indonesiern gegenüber, die auf ihren engen Inseln zusammengepfercht leben und zur geographischen Expansion verurteilt sind. Zudem muß Djakarta befürchten, daß das Beispiel Osttimor Schule macht und zu einer ganzen Serie von Sezessionsbestrebungen auf dem endlos verzettelten Archipel ermutigen wird.

Die Frage stellt sich, warum Moskau und Peking ihre Zustimmung für die Uno-Aktion erteilten. Vielleicht sehen die Russen und Chinesen darin eine Chance, die letzte Supermacht nun auch in dieser Region in die undankbare Rolle des Weltgendarmen zu drängen und das Gesamtpotential Washingtons zu strapazieren. Sollte die Republik

Indonesien tatsächlich implodieren, dann geriete nicht nur Australien in den Strudel dieser chaotischen Nachbarschaft. Selbst die USA mit all ihrer Macht stießen dann wohl an die Grenzen ihrer globalen Steuerungs- und Eindämmungskapazität.

Die winzige Inselhälfte Osttimor ist noch für manche Überraschung gut.

Zerbricht Indonesien nach der Abspaltung Osttimors?

26. September 1999

Die australischen Truppen, die sich der verwüsteten Hauptstadt Osttimors bemächtigten, boten ein professionelles Schauspiel überlegener Kriegskunst. Der Ruhm des britischen Empire schien in den Ruinen von Dili noch einmal aufzuleuchten. Im Gegensatz zu den amerikanisch geführten Nato-Truppen im Kosovo operierten die Australier auch nicht nach dem Grundsatz »no dead« – keine eigenen Verluste. Die Regierung von Canberra hatte ihre Soldaten wissen lassen, daß der Tod auf sie lauern könnte. Heute muß diese wackere Truppe feststellen, daß ihre Rettungsaktion für Osttimor und dessen bedrängte Bevölkerung eine Kettenreaktion gewaltigen Ausmaßes auszulösen droht.

Osttimor ist nicht das Kosovo. Völkerrechtlich liegen die Dinge hier ganz anders. Auf dem Amselfeld hat sich die Nato über das bislang sakrosankte Prinzip der nationalen Souveränität hinweggesetzt und die De-facto-Abspaltung eines Teils der jugoslawischen Föderation erzwungen. Die gewaltsame Annexion des ehemals portugiesischen Teils der Insel Timor durch Djakarta im Jahr 1975 war hingegen eine flagrante Verletzung des bestehenden Völkerrechts. Die Volksabstimmung vom 30. August 1999 hat den Anhängern der Unabhängigkeit Timors eine Mehrheit von fast 80 Prozent beschert, und der Weltsicherheitsrat, der sich der Kosovo-Aktion mit den Veto-Stimmen Moskaus und Pekings widersetzt hatte, fand sich in diesem Fall einstimmig bereit, dem australischen Drängen auf Intervention zuzustimmen.

Entweder muß der indonesische Staatspräsident Habibie, der über eine brillante Intelligenz verfügt, geistesabwesend oder total falsch informiert gewesen sein, als er den Osttimoresen die Chance eines freien Plebiszits und somit der Separation gab. Die allmächtigen indonesischen Militärs, die seit ihrem Putsch gegen den Staatsgründer Sukarno im Herbst 1965 erst das Massaker an einer Million angeblicher Kommunisten zuließen, dann das Regime General Suhartos konsolidierten, fühlen sich durch die Abspaltung ihrer »27. Provinz« Osttimor zutiefst gedemütigt. Ob es Oberbefehlshaber Wiranto, der neue starke Mann Djakartas, persönlich oder einer seiner Geheimdienst-Chefs war, der den Befehl zur blutigen Repression gab, bleibt ungewiß, eine Anzahl indonesischer Offiziere mußte sich jedoch darauf gefaßt machen, als Kriegsverbrecher angeklagt zu werden. Die Streitkräfte Indonesiens – fast eine halbe Million Mann stark – müssen zu Recht befürchten, daß die Sezession Osttimors zahlreiche andere Provinzen dieses Staates der 13 000 Inseln in ihren Abspaltungsbemühungen ermutigt. Die meisten dieser potentiellen Revolten dürften jedoch sehr schnell mit Waffengewalt erstickt werden. Die Papua-Bevölkerung von Westneuguinea oder Irian Jaya kann dem modernen Waffenarsenal Djakartas nur die Speere und Pfeile der Steinzeit entgegensetzen.

Der einzig ernstzunehmende Gegenpol zur javanischen Vorherrschaft ballt sich im äußersten Nordwesten der Insel Sumatra zusammen. Dort lebt eine streng islamische Gemeinschaft »Fundamentalisten« des Korans, deren Vorfahren als erste durch arabische Seefahrer zur Lehre Mohammeds bekehrt wurden und schon den niederländischen Behörden zu schaffen machten. Insgesamt sollte man die diversen islamistischen Tendenzen Indonesiens im Auge behalten, vor allem im Osten Javas, wo auch heute – nach der Befreiung der Katholiken Osttimors durch eine überwiegend christliche Koalition – der Aufruf zum »Heiligen Krieg« laut geworden ist. Hinter der weltweiten Hilfsaktion zugunsten der Melanesier von Dili wird in den Stäben von Djakarta die einflußreiche Fürsprache des Vatikans vermutet.

Es haben erste Gefechte zwischen Australiern und pro-indonesischen Milizen stattgefunden, und schon stellen die Truppenführer der Operation »Interfet« fest, daß die vorgesehene Mannschaftsstärke von 8000 Soldaten für die Sicherung der turbulenten Inselhälfte nicht ausreicht. Die Regierung von Canberra, die bisher auf gute, ja freundschaftliche Beziehungen zu Indonesien bedacht war – seltsamerweise hatte nur Australien die Annexion Osttimors diplomatisch anerkannt –, sieht sich nunmehr der Feindschaft von 200 Millionen Malaien und deren ungeheurem demographischen Gewicht ausgesetzt. Die Entscheidung, daß im Rahmen von »Interfet« neben »weißen« Kontingenten auch asiatische Einheiten operieren sollen – Thailänder, Filipinos, Singapurer und andere –, war anfangs als Besänftigung der aufgebrachten Javaner gedacht. Inzwischen werden diese »Bruderländer« der ASEAN-Gruppe in Djakarta als Helfershelfer der Neo-Kolonialisten beargwöhnt. Die südostasiatische Staatengemeinschaft wird sich von dieser Konfrontation wohl nie mehr erholen.

Washington hat bisher lediglich logistische Unterstützung für die »Interfet«-Allianz zugesagt und bemerkenswerte Zurückhaltung geübt. Der Sicherheitsberater des Weißen Hauses, Sandy Berger, ließ sich im Hinblick auf Osttimor zu der zynischen Bemerkung hinreißen, daß er ja auch nicht jedesmal zur Verfügung stehe, um die vergammelte Studentenbude seiner Tochter auf ihrem fernen Uni-Campus aufzuräumen. Im State Department weiß man natürlich sehr gut, daß Präsident Gerald Ford und Henry Kissinger ihren damaligen Busenfreund General Suharto geradezu ermutigt hatten, die herrenlos gewordene portugiesische Kolonie Osttimor an sich zu reißen, um eine Machtergreifung der zu jener Zeit marxistisch ausgerichteten Unabhängigkeitsbewegung »Fretilin« zu vereiteln. Das geschah im Jahr 1975, als gerade Saigon an die Kommunisten gefallen war und die Befürchtung aufkam, Dili könnte zum vorgeschobenen Stützpunkt Moskaus oder Pekings im Herzen Insulindes werden. Nicht ohne Grund fühlen sich die Generäle von Djakarta heute düpiert.

Daß die Volksrepublik China, die im Falle Taiwans oder Tibets allen Sezessions-Bestrebungen im eigenen Bereich mit extremer Härte begegnet, sich im Weltsicherheitsrat zugunsten der australischen Militäraktion entschied und sogar eine Gruppe Polizisten nach Osttimor entsenden will, stellt eine sensationelle Wende da. Dieser Umschwung kann nur durch die Absicht Pekings erklärt werden, die Republik Indonesien, die von den Amerikanern einst als südliches Bollwerk gegen das rote Reich der Mitte ausersehen war, in Chaos und Anarchie zu stürzen. Das gesamte strategische System der USA, das sich bislang auf die ASEAN-Gruppe stützte, ist aus den Fugen geraten.

Und wie verhält sich Deutschland? Während auf Osttimor die ersten Schüsse fielen, verkündete Joschka Fischer der Weltgemeinschaft von Manhattan, daß in Zukunft der Verteidigung der Menschenrechte Vorrang vor verstaubten nationalen Souveränitätsansprüchen eingeräumt werden müsse. Der Vollversammlung der Uno, so schlug der deutsche Außenminister vor, stehe es zu, eine gewisse

Kontrolle über das Veto-Privileg der fünf ständigen Mitglieder des Weltsicherheitsrates auszuüben. Dabei hat Fischer offenbar übersehen, daß er dieses humanitäre Postulat vor einem Forum von 187 Staaten vortrug, die zur Hälfte mindestens im eigenen Machtbereich die Menschenrechte mit Füßen treten und die Demokratie zur Farce machen. Im Hochgefühl des »Kosovo-Sieges«, der sich erst nachträglich als Fiasko herausstellen dürfte, hat sich das Triumvirat Schröder-Scharping-Fischer auch in Osttimor zu einer militärischen Teilnahme an der Operation »Interfet« bereitgefunden, auch wenn sich das Bundeswehr-Engagement zunächst auf eine Sanitätseinheit beschränken wird. Der neuen deutschen Globalforderung nach Verwirklichung einer imperativen »Human-rights«-Ideologie haftet paradoxerweise etwas »Wilhelminisches« an, als könne man im Namen dieser westlich konzipierten Heilslehre und mit hochgestimmtem Sendungsbewußtsein die »Bürde des weißen Mannes« auf die erschlafften Schultern Germaniens laden.

Was im Kaukasus für Jelzin auf dem Spiel steht

3. Oktober 1999

Mit der systematischen Bombardierung nichtmilitärischer Ziele in Serbien hat Nato-Oberbefehlshaber Wesley Clark seinem russischen Kollegen, dem Luftwaffengeneral Anatoli Kornukow, ein »Vorbild« und ein Alibi verschafft. Bei den Presse-Briefings in Moskau operiert man mit den gleichen Videobildern wie seinerzeit die Bündnissprecher von Brüssel. Der Bombenterror als letzte Zuflucht strategischer Ratlosigkeit, so stellt sich die beschämende Richtlinie moderner, auf Vermeidung eigener Verluste bedachter Kriegführung dar.

Allerdings sind die Russen – im Gegensatz zu den Amerikanern – nun wohl doch gewillt, eine Bodenoffensive gegen Tschetschenien einzuleiten. Aus drei Himmelsrichtungen vorrückend, haben sie zunächst eine kaum bevölkerte Pufferzone besetzt. Die Einnahme der immer noch in Trümmern liegenden Hauptstadt Grosny könnte ihnen sogar gelingen. Das flache Terrain dort eignet sich für die Entfaltung von Panzerkräften. Die Tschetschenen wären töricht, sich auf eine lineare Verteidigung einzulassen. Im Partisanenkampf hingegen dürften sich die russischen Streitkräfte abnutzen.

Die Stimmung des »Heiligen Krieges« – angeheizt durch das brutale Auftreten einer fremden, stets alkoholisierten Soldateska – wird am Ende auch unweigerlich auf die rauhen Völkerschaften der Autonomen Republik Dagestan übergreifen. Allzu viele Regionalkonflikte kann Moskau, das auch in den Kampf gegen feindliche, oft islamische Freischärler im zentralasiatischen Tadschikistan verwickelt ist, sich nicht leisten. Unterdessen flüchten 100 000 Tschetschenen vor den Luftangriffen in das nahe Inguschetien. Die internationale Hilfe – im Gegensatz zum Kosovo – ist spärlich, und man wartet vergeblich auf flammende humanitäre Aufrufe prominenter rot-grüner Politiker Deutschlands, die auf dem Balkan noch die Weltmoral für sich gepachtet hatten.

Die Nato hatte gewiß gute Gründe für ihre militärische Intervention in Ex-Jugoslawien. Die Argumente des Kreml, gegen die »Terroristen« von Tschetschenien loszuschlagen, sind jedoch – aus Moskauer Sicht – noch weit zwingender. Die fürchterlichen Sprengstoff-Attentate in Moskau, deren Täterschaft noch keineswegs geklärt ist, mögen der propagandistischen Einstimmung dienen. Die wirkliche Bedrohung, die vom rebellischen Nordkaukasus auf das gesamte Territorium der Rußländischen Föderation ausstrahlt, besitzt ganz andere Dimensionen. Hier zeichnet sich die ökonomische Abschnürung Rußlands ab sowie eine potentielle Kettenreaktion weiterer separatistischer Bestrebungen.

Ein Verzicht Boris Jelzins auf Tschetschenien und vor allem auf das benachbarte Dagestan würde Moskau jeder Möglichkeit berauben, sich an dem gewaltigen Erdölgeschäft am Kaspischen Meer effektiv zu beteiligen und das schwarze Gold der neuen Bohrungen vor Baku über eigenes Territorium nach Norden zu pumpen. Südlich des Kaukasus betreiben die amerikanischen Ölkonzerne die eindeutige Strangulation russischer Interessen. In Aserbaidschan geben die US-Konzerne längst den Ton an. Die Republik Georgien, unentbehrliches Transitgebiet für die neue Pipeline – da Washington eine iranische Trasse prinzipiell ausschließt –, verwandelt sich zusehends in eine militärische Einflußzone der Nato.

Für die Russen geht es in Grosny noch um viel mehr. Nur 147 Millionen Menschen leben in der unendlichen kontinentalen Masse zwischen Smolensk und Wladiwostok. Darunter befinden sich – auch nach dem Abfall der zentralasiatischen Republiken – immer noch 20 Millionen Muslime, meist turanischer Volkszugehörigkeit. Im Herzen Rußlands, an der mittleren Wolga, konsolidieren die Tataren von Kazan ihre wirtschaftliche und kulturelle Eigenständigkeit. Unmittelbar südöstlich von Tatarstan betreibt die Autonome Republik Baschkortostan – ebenfalls turanisch und muslimisch geprägt – im Südural eine ähnliche Politik zielstrebiger Emanzipation. Angesichts des alarmierenden Bevölkerungsrückgangs beim slawischen Staatsvolk und der demographischen Explosion bei den allogenen, überwiegend muslimischen Minderheiten, die weit nach Sibirien ausgreifen, wird bei manchen Russen die traumatische Erinnerung an das »Tatarenjoch« des späten Mittelalters geweckt, das mehr als zwei Jahrhunderte andauerte und dem sich sogar der Nationalheld Alexander Newsky gebeugt hatte.

Zwischen Kazan und Astrachan droht Rußland auf seinen territorialen Besitzstand vor den großen Eroberungen Iwans IV., des Schrecklichen, zurückzufallen. Der Krieg gegen Tschetschenien soll diese verhängnisvolle Entwicklung abblocken, aber er könnte sie auch beschleunigen.

Pakistan jubelt, die Welt bangt

17. Oktober 1999

Es besteht kein Grund, dem gestürzten pakistanischen Regierungschef Nawaz Sharif eine Träne nachzuweinen. Seit seiner Wahl zu Beginn des Jahres 1997 hat dieser Sproß der reichen Oligarchie des Punjab seinen Staat verkommen lassen und sich kräftig an der grassierenden Korruption beteiligt. In der riesigen Hafenmetropole Karatschi sind ganze Viertel außer Kontrolle. In Lahore und anderen Städten kommt es immer wieder zu blutigen Ausschreitungen gegen die schiitische Minderheit, die etwa 15 Prozent der Bevölkerung ausmacht, der aber immerhin der Gründer Pakistans, Mohammed Ali Jinnah, angehörte.

Jetzt richten sich alle Blicke auf den neuen starken Mann von Islamabad, den streng blickenden General Pervez Musharaf. Mit seinem Putsch hat er zwar im Westen heftige Kritik ausgelöst, aber von der Mehrzahl seiner Landsleute wird er als Hoffnungsträger gefeiert. Seit dem Gründungsjahr 1947 hat Pakistan etwa die Hälfte seiner Existenz unter Militärdiktatur verbracht, die im Rückblick jedoch als die positivere, anders gesagt, als die weniger skandalöse Epoche dieser islamischen Republik erscheint.

Nawaz Sharif, der jetzt unter Hausarrest steht, war gerade dabei, alle demokratischen Spielregeln über Bord zu werfen, um seinen persönlichen Vorrang dauerhaft abzusichern. Er hatte seine Todfeindin Benazir Bhutto längst ins Londoner Exil getrieben, wo diese elegante, menschenverachtende Tigerin sich heute schon wieder Hoffnung auf eine politische Revanche macht.

Doch dieser Rückkehr stehen die Generäle im Weg, die die Bestechlichkeit der Nawaz-Clique nicht durch die himmelschreiende Raffgier des Bhutto-Clans ersetzen möchten. Der Vater Benazirs, der frühere Ministerpräsident Zulfikar Ali Bhutto, ein reaktionärer Feudalherr, hatte mit den Schlägertrupps seiner Pakistan Peoples Party höchst willkürlich gewaltet. Man nannte ihn »Bhuttolini«. Er endete unter Mordanklage am Galgen. Der Ehemann seiner Tochter Benazir sitzt wegen zahlloser Veruntreuungen im Gefängnis.

Natürlich weckt General Musharaf Erinnerungen an seinen Vorgänger Zia ul-Haq, der der Mißwirtschaft des Vater Bhutto ein Ende bereitet und nach dessen Hinrichtung eine auf koranischem Recht fundierte Justizordnung eingeführt hatte. Zia ul-Haq, der Verbrecher öffentlich auspeitschen ließ – was übrigens in Saudi-Arabien gang und gäbe ist –, war auch die treibende Kraft hinter dem erfolgreichen Abwehrkampf der afghanischen Mudschahedin gegen die Sowjet-Armee. Er starb an einer explodierenden Orangenkiste, die ihm angeblich der KGB ins Flugzeug geschmuggelt hatte.

Nawaz Sharif hatte unter amerikanischem Druck die militärische Aktion in Kaschmir abgeblasen, die der pakistanische Generalstab mit Hilfe kriegserprobter Freischärler und afghanischer Veteranen gegen das verfeindete Indien führte. Dieses Zugeständnis an Neu-Delhi hat möglicherweise sein Schicksal besiegelt. Man hat sich im Westen angewöhnt, in diesem Territorialkonflikt am Rande des Himalaja die Partei der Indischen Union zu ergreifen, die als »größte Demokratie der Welt« gepriesen wird, nur weil dort in regelmäßigen Abständen eine immer noch im Kastenzwang erstickende Bevölkerungsmasse bunte Zettel in die Urnen wirft. Daß die Regierungen von Neu-Delhi in Kaschmir seit 50 Jahren – allen Uno-Resolutionen zum Trotz – der überwiegend muslimischen Bevölkerung das Selbstbestimmungsrecht verweigern, den Ausnahmezustand verewigen und Polizeiterror ausüben, daß dort eine asiatische »Kosovo-Situation« existiert, wird in den USA und Europa aus Gründen der Opportunität verdrängt. Indien genießt weiterhin den Status einer »heiligen Kuh«.

Es bestehen heute vielerlei Gründe, mit Sorge auf den Subkontinent zu blicken. Nicht so sehr, weil in Islamabad ein energischer, kampferprobter General versucht, den Augiasstall zu säubern, ein Minimum an »law and order« zu garantieren und dem Auseinanderbrechen seines heterogenen Staatsgebildes vorzubeugen. Höchste Gefahr ist im Verzug, weil sich hier zwei Gegner konfrontieren, die beide über Atomwaffen verfügen und schwer berechenbar sind. Hatte Washington die Nuklearexplosion der Inder noch relativ gelassen hingenommen, so reagierte man am Potomac extrem nervös, als auch Pakistan mit einer ähnlichen Überraschung aufwartete. Die »islamische Atombombe« war plötzlich Realität geworden.

Die Proliferation der Massenvernichtungswaffen ist nur noch eine Frage der Zeit. Daß der amerikanische Senat sich ausgerechnet in dieser Krisenlage weigerte, das Abkommen über ein Verbot von unterirdischen Kernwaffenversuchen zu ratifizieren, zeugt von einer Verantwortungslosigkeit, die Bill Clinton in Person aufs schärfste verurteilt. Die republikanischen Volksvertreter auf dem Capitol Hill könnten damit die Büchse der Pandora geöffnet haben.

Wird Musharaf, der neue militärische Machthaber, der pakistanischen Republik, die auf rein religiöser, das heißt islamischer, Grundlage errichtet wurde, eine verstärkt »fundamentalistische« Linie vorschreiben, wie das sein Vorgänger Zia ul-Haq einst tat? Pervez Musharaf gilt als frommer, aber gemäßigter Muslim, und es mutet fast erheiternd an, daß die ängstlichen Beobachter in Washington ihren Trost darin suchen, daß dieser General – der koranischen Vorschrift zum Trotz – gern zum Whiskyglas greift.

Kann ein Blinder Indonesien führen?

24. Oktober 1999

Von einem Sieg der Demokratie in Indonesien zu sprechen, ist wirklich verfrüht. Da wurde ein halbgelähmter, fast blinder Politiker, Abdurrahman Wahid, genannt Gus Dur, zum Staatspräsidenten gewählt, und jeder Abgeordnete mußte wissen, daß dieser Invalide der ungeheuerlichen Last der Regierungsgeschäfte in der Republik der 13 000 Inseln nicht gewachsen ist.

Der neue Staatschef gilt als »gemäßigter Moslem« und steht seit langem einer Massenorganisation vor, die 30 Millionen Anhänger umfassen soll und unter dem Namen »Nahdatul Ulama« – »Erwachen der Korangelehrten« in der Übersetzung – bekannt ist. Auch deren effektive Führung hat Wahid seit seinen zwei Schlaganfällen bestimmt nicht mehr wahrgenommen.

»Megawati oder Revolution!« hatte eine rasende Menge von Studenten gebrüllt, um ihrer Lieblingskandidatin Megawati Sukarnoputri zum Sieg zu verhelfen. Die Straßenunruhen, die bereits das Regime des Generals Suharto aus den Angeln gehoben hatten, trugen wohl dazu bei, daß die Tochter des Staatsgründers Indonesiens wenigstens zur Vizepräsidentin gewählt wurde.

Das ist ein beachtlicher Trostpreis, denn dieser Stellvertreterin fiele bei Amtsunfähigkeit Wahids die faktische Machtausübung, im Todesfalle sogar die automatische Nachfolge zu. Doch haftet ihr etwas Hausmütterliches an, und sie ist bekannt dafür, daß sie fast bei allen Gelegenheiten, wo ihre Entscheidung oder auch nur ihre Präsenz gefragt waren, in tiefen Schlaf versank.

Ihr Nimbus rührt von ihrem Vater Achmed Sukarno her, der in der Erinnerung verklärt wird, aber ein recht dubioser Regent war. Seine Macht hatte er durch ein Balancespiel zwischen seiner »Nationalen Partei«, den mächtigen Armeeführern und der Kommunistischen Partei Indonesiens zu konsolidieren versucht.

Seine wachsende Nähe zur marxistischen Massenbewegung ist

Sukarno im Juni 1965 zum Verhängnis geworden. Amerika schickte zu jenem Zeitpunkt seine Divisionen nach Vietnam, betrachtete jede Form von Neutralität als unmoralisch und befürchtete einen Domino-Effekt zugunsten der Weltrevolution in ganz Südostasien. Der Putsch des Generals Suharto, der danach drei Jahrzehnte lang Indonesien beherrschen und ausbeuten sollte, wurde 1965 auch mit Hilfe der amerikanischen CIA vollzogen.

Indonesien – mit etwa 200 Millionen Koran-Gläubigen – stellt jährlich die weitaus größte Menge von Mekka-Pilgern und neigt, wie die rapide Zunahme der weiblichen Verschleierung in einem früher äußerst frivolen Land bekundet, einer sich vertiefenden Religiosität zu.

An der Seite des Koran-Gelehrten Wahid steht Megawati Sukarnoputri heute als Symbol für »säkulare Demokratie«. Ihre Partei hatte es immerhin auf 37 Prozent der Stimmen gebracht. Aber es wird einem nicht wohl beim Anblick dieses ungleichen Paares, des blinden Muslim-Führers und der »freiheitlichen« Nationalistin, die sich übrigens gegen die Loslösung Osttimors ausgesprochen hatte.

Der starke Mann Indonesiens dürfte weiterhin Generalstabschef Wiranto bleiben, der wider alle Erwartungen am Wettlauf um Präsidentschaft und Vizepräsidentschaft nicht teilgenommen hat. Seine Armee von etwa einer halben Million Soldaten ist die einzige Gewähr dafür, daß die Republik nach der Abspaltung Osttimors nicht vollends auseinanderbricht. Die Ordnungskräfte Wirantos wären ohne große Anstrengung in der Lage, den Aufruhr der Studenten und einer zunehmend radikalisierten Masse ländlicher Proletarier zu bändigen. Noch bekennt man sich in der »Beratenden Versammlung« Djakartas zur malayischen Formel des Kompromisses, zum »Musjawarah«, aber dieser Konsens könnte auf der Straße sehr schnell in »Amok« umschlagen, ein ebenfalls malayisches Wort, das »Wut und Raserei« bedeutet.

Nichts ist durchschaubar in Indonesien. Da ist der hochintelligente Gaukler Habibie, der Übergangspräsident, zu Fall gekommen, weil er Suharto wohl zu nahe gestanden hatte, um dessen Nachfolger zu bleiben. Habibie, der bei seinen Kommilitonen der Technischen Hochschule Aachen »Rudi« genannt wurde, hat die »Reformasi« in Indonesien in Gang gebracht, aber mit dem übereilten Selbstbestimmungsangebot an die Osttimoresen hat er das Inselreich an den Rand der Auflösung gebracht. In dieser Hinsicht ließe er sich durchaus mit dem Russen Gorbatschow und dessen »Perestroika« vergleichen. Der kleine, wendige Habibie ist vorläufig von der Bühne abgetreten und lächelt noch fröhlich dazu. Doch Landeskennern zufolge vollzieht sich die Politik auf Java nach den Spielregeln des »Wajang Kulit«, jenes Schatten- und Puppentheaters, das noch aus fernem hinduistischen Erbgut stammt.

Die wirkliche Frage lautet deshalb – angesichts der politischen Unbeholfenheit des Mannes und der Frau an der Spitze des Staates –, wer der große »Dalang«, der Puppenspieler, der Drahtzieher dieser Inszenierung ist. Der »Dalang« hält sich hinter dem grell erleuchteten Vorhang im Schatten, und niemand weiß, ob er ein ranghoher Militär oder ein noch wenig bekannter muslimischer Volksführer, ein »Ustaz«, ist, ob er mit harter Hand die Kräfte neu bündeln wird oder das Chaos auslöst.

Ist die Türkei nicht reif
für einen Panzer?

31. Oktober 1999

Die Harlekinade um die Lieferung eines Leo-II-Panzers »zur Probe« an die Türkei ist Bestandteil einer Diplomatie des Schönredens und der Täuschung, die nicht erst unter der Regierung Schröder/Fischer eingeleitet wurde. Seit jedoch die Wahrung der Menschenrechte zum obersten und missionarischen Prinzip rot-grüner Außenpolitik deklariert wurde, gewinnt dieser Schildbürgerstreich eine fatale Dimension.

Die Türken sind von den Europäern oft irregeführt, sogar brüskiert worden. So hat man es in Ankara zu Recht als unerträgliche Hintansetzung empfunden, daß die Republik Zypern, deren Einheit nur im Wunschdenken der Uno existiert, deren Wohlstand die Frucht einer einmaligen Mafiakonzentration ist, zum Vorzugskandidaten für den Beitritt zur Europäischen Union gekürt wurde. Dabei würde eine Wiedervereinigung der Insel Aphrodites – im Zeichen der multi-ethnischen Utopie – lediglich neues Blutvergießen nach balkanischem Muster bescheren.

Wer sich zwischen Istanbul und Diyarbakir ernsthaft umhört, erfährt sehr schnell, daß mit rauher Ehrlichkeit mehr zu erreichen ist als mit belehrenden und anmaßenden Hinweisen auf eine »Humanrights-Ideologie«, die in ihrer Anwendung oft selektiv oder heuchlerisch erscheint. Die sehr unterschiedlichen Reaktionen Joschka Fischers gegenüber der Kosovo-Krise und dem Tschetschenien-Desaster dürften manche Illusion begraben.

Sehen wir die Dinge nüchtern. Wenn Ankara sich bereitfände, dem europäischen Drängen nachzugeben und den Kurden eine auch nur begrenzte Autonomie zu gewähren, wäre das ein Schritt zur tatsächlichen Verselbständigung Kurdistans, das heißt zur allmählichen Auflösung der Republik Atatürks. Im Orient – die Israeli wissen ein Lied davon zu singen – wird Nachgiebigkeit als Schwäche gedeutet.

Joschka Fischer möchte sich neuerdings als energischer Fürsprecher der türkischen Beitrittskandidatur zur EU profilieren. Gleichzeitig verweigert er den Türken die zur Partisanen-Bekämpfung im Kurdengebiet wenig tauglichen Leopard-Panzer. Der deutsche Außenminister versichert – um Sympathie werbend –, daß Ankara es in Brüssel nicht länger mit einem »Christen-Club« zu tun habe. Als ob das Modell einer permissiven, hedonistischen, weitgehend atheistischen Gesellschaft, die sich aus der deutschen 68er-Bewegung herausgebildet hat, für die Masse der Türken sonderlich attraktiv wäre. Die Anatolier sind einerseits im strengen nationalen Tugendkodex des Kemalismus aufgewachsen; andererseits wollen sie die Gottverbundenheit des Islam keineswegs abstreiten.

Vielleicht ist sich die deutsche Diplomatie folgender Tatbestände gar nicht bewußt: Indem sie sich zum Vorreiter für die Europa-Integration einer zur Demokratie und zur Aufklärung bekehrten Türkei aufschwingt, macht sie sich zum Instrument der amerikanischen Orient-Strategie. Washington ist brennend daran interessiert, daß sich die Wehrgrenze der EU – obwohl diese nicht einmal in der Lage ist, die balkanischen Wirren aus eigener Kraft zu ordnen – in die Nachbarschaft der persischen Mullahkratie, des kaukasischen Pulverfasses und des irakischen Dauerkonfliktes vorschiebt.

Sobald die Sprache auf die Türkei kommt, verdrängen die deutschen Politiker jeglicher Couleur die ernüchternde Wirklichkeit. Die demographische Dynamik Anatoliens und die Mobilität der dortigen Bevölkerung sind es doch, die den Durchschnittsbürger der Bundesrepublik vor einer Europa-Integration der Türkei zurückschrecken läßt. Die Parteien werden diese Grundstimmung ihrer Wähler noch zu spüren bekommen. Der EU-Beitritt beinhaltet das freie Niederlassungsrecht für sämtliche Staatsangehörige dieses kontinentalen Zusammenschlusses.

Im Gespräch mit türkischen Intellektuellen lohnt es sich, die Frage zu stellen: »Müssen die Europäer, insbesondere die Deutschen, nach der Aufnahme Ankaras nicht mit einer zusätzlichen türkischen Einwanderungswelle von etwa fünf Millionen Menschen rechnen?« Die Antwort wird dann oft mit entwaffnender, fast heiterer Offenheit vorgetragen: »Nicht fünf Millionen, zehn Millionen Türken würden sich sofort in Richtung Deutschland auf den Weg machen.«

Man unterstelle diesem Argument keine fremdenfeindliche oder gar »rassistische« Denkweise. Hier wird lediglich für ein Minimum an Aufrichtigkeit plädiert. Ein EU-Beitritt der »christlichen« Ukraine wäre mindestens ebenso verhängnisvoll, würde er doch Europa bis zum Don ausfransen lassen und mit der ewigen Feindschaft Rußlands belasten.

Die Republik Atatürks wird sich heute mehr und mehr bewußt, daß sie die Erbin des Osmanischen Großreiches ist. Die ethnisch-konfessionellen Bindungen der Türkei reichen nicht nur bis zum Nordrand des Kaukasus und bis nach Bosnien, sondern tief in die endlosen, türkisch bevölkerten Weiten der asiatischen GUS-Republiken hinein. Ein Staat mit einem solchen imperialen Bewußtsein und einer Scharnier-Rolle zwischen den Kontinenten wird sich auf Dauer nicht zum Anhängsel einer europäischen Konföderation hinabstufen lassen, die selbst noch nach ihrer Identität sucht.

Paradoxerweise sind es ausgerechnet die kemalistischen Generäle, gegen deren Machtposition die rot-grünen Ideologen Germaniens Sturm laufen, die sich der neo-osmanisch und islamisch gefärbten Rückbesinnung am energischsten in den Weg stellen. Die türkischen Militärs halten weiterhin Kurs auf Europa, besser gesagt auf die USA. Es ist wohl an der Zeit, daß die humanitäre Global-Illusion, die die deutsche Außenpolitik als Alibi für eine fast wilhelminisch anmutende Interventionslinie festlegt und die Erinnerungen an die Epoche der Bagdad-Bahn weckt, auf die bescheidene Norm realpolitischer Vernunft reduziert wird.

Der Kreml zeigt dem Westen,
wie mächtig Rußland noch ist

21. November 1999

Schon die Niederlage in Afghanistan war für die Rote Armee schwer zu verkraften gewesen. Der schmähliche Abzug der russischen Streitkräfte aus Grosny im August 1996 war vollends unerträglich. Was sich damals am Nordkaukasus ereignet hatte, grenzte an ein Wunder.

Wer an Ort und Stelle die Situation inspiziert hatte, wußte ja, daß es den Russen damals weder an schweren Waffen noch an befestigten Stellungen fehlte. Auch die Verpflegung der Truppe war längst nicht so schlecht wie oft geschildert. Dennoch ist die russische Garnison 1996 durch eine todesmutige Partisanen-Schar von schätzungsweise 3000 Mann zu Paaren getrieben worden. Die wirkliche Verantwortung für dieses Desaster war bei der Plan- und Ziellosigkeit der Kreml-Führung zu suchen.

Das scheint sich heute – mit der Regierungsübernahme durch Wladimir Putin – gründlich geändert zu haben. Die weltweiten Medien, die das verbliebene russische Waffenarsenal längst als Schrotthaufen verspotteten, nehmen jetzt mit Erstaunen zur Kenntnis, daß Moskau sehr wohl in der Lage ist – allen OSZE-Vereinbarungen zum Trotz –, mächtige Panzerverbände am Kaukasus zu konzentrieren und die kleine Autonome Republik von Grosny mit Artillerie oder Raketen systematisch einzuäschern.

Das tragischste Bild dieses zweiten Tschetschenien-Krieges stellt einen muslimischen Partisanen dar, der wacker, aber hilflos mit seiner Kalaschnikow auf einen titangepanzerten feindlichen Helikopter feuert. Bei der wütenden Entschlossenheit, die sich aller Parteien und der breiten Bevölkerung Rußlands bemächtigt hat, dem »terroristischen Spuk« am Nordkaukasus ein blutiges Ende zu bereiten, wird es auch an einsatzwilligen Soldaten nicht fehlen. Rußland präsentiert sich – für die meisten Experten völlig unerwartet – wieder als eindrucksvolle Militärmacht.

Die verantwortlichen Kommandeure, die Generäle Kwaschin, Manilow, Kasanzew und Schamanow, haben gedroht, daß sie sich die goldenen Epauletten abreißen würden, wenn irgendein Kreml-Fürst ihnen noch einmal in den Arm fallen sollte. Sie wollen diesen Feldzug bis zum bitteren Ende führen. Verteidigungsminister Sergejew hat den wirklichen Grund für dieses am Ende hochgefährliche Engagement genannt: Die Armee will verhindern, daß Moskau aus seinen Einflußzonen am Kaukasus, am Kaspischen Meer, in Zentralasien durch die amerikanische Hegemonialmacht vollends verdrängt wird.

Jetzt rächt sich, daß die Riesenkonzerne aus den USA – unter Mißachtung aller diplomatischen Spielregeln – das Monopol für Petroleum und Erdgas in dieser Region gierig an sich gerissen haben. Solange die russische Pipeline, die nach Noworossijsk führt, bei Grosny und auch in Dagestan dem Zugriff feindlicher Partisanen ausgesetzt war, verfügten die amerikanischen Produzenten über ein triftiges Argument, das »schwarze Gold« Aserbaidschans über Georgien und Ostanatolien zum türkischen Mittelmeerhafen Ceyhan umzuleiten.

Sobald der tschetschenische Widerstand auch nur halbwegs unter einer Walze von Feuer und Stahl erstickt sein wird, dürfte die Republik Georgien als nächstes Ziel der neuen russischen Kaukasus-Strategie anvisiert werden. Wenn es für Moskau noch eines Alarmsignals bedurfte, so war es der Besuch des Papstes in Tiflis. Der georgische Staatschef Schewardnadse hat gute Gründe, seine Assoziierung mit der Europäischen Union und vor allem den Beitritt seines Landes zur Nato zu forcieren, und der Westen ist diesen Wünschen schon weit entgegengekommen.

Aber die Russen verfügen im Heimatland Stalins über zahlreiche Möglichkeiten, das derzeitige Regime zu destabilisieren. Sie können die Unruhe in den autonomen Regionen der Abchasen, der Südosseten, der Adscharen sowie die latente Revolte in Mengrelien schüren. Armenien, das seit dem Krieg um Berg-Karabach ein Fünftel der Republik Aserbaidschan besetzt hält, wäre jederzeit als Prellbock gegen die pro-amerikanische Ausrichtung Heidar Alijews, des Staatschefs von Baku, einzusetzen. Es war wohl kein Zufall, daß die mörderische Schießerei im Parlament von Erivan sich präzise zu jenem Zeitpunkt ereignete, als der US-Beauftragte Strobe Talbot einen territorialen Kompromiß zwischen Armenien und Aserbaidschan einzufädeln schien.

Im Rückblick wird die Kosovo-Tragödie eines Tages vielleicht als der entscheidende Wendepunkt in der moskowitischen Einstellung zum Westen erscheinen. Hier vollzog sich – während am Brandenburger Tor das zehnjährige Jubiläum der Beendigung des Ost-West-Konflikts vorbereitet wurde – der Rückfall in eine neue Form des Kalten Krieges. Auf dem Amselfeld haben die Russen von der Nato gelernt.

Die Moskauer Strategen wissen seitdem, daß es sich nicht lohnt, Infanterie und Panzer übereilt in das chaotische Ruinenfeld von Grosny zu schicken, das den tschetschenischen Partisanen günstige Verteidigungspositionen bietet. Die Luftwaffe und die raketenspeienden Hubschrauber sind zum wesentlichen Instrument des unerbittlichen russischen Vorrückens geworden, und Boris Jelzin oder Wladimir Putin scheren sich den Teufel um die Zivilbevölkerung.

Greift die Armee nunmehr zur Macht im Kreml? Einen beachtlichen Einfluß übt sie dort wohl schon aus. Wenn es in der russischen Geschichte auch keinen lupenreinen »Bonapartismus« gegeben hat, so hat doch nach Iwan dem Schrecklichen bis zu Peter dem Großen die Palastgarde der Strelitzen oft darüber entschieden, wer Zar würde oder blieb. Im 18. Jahrhundert waren es die Garderegimenter von St. Petersburg, die diversen Zarinnen zur Macht verhalfen. Später revoltierten die »Dekabristen«, und selbst unter Stalin dürfte Marschall Tuchatschewski den Sturz des Tyrannen geplant haben.

Die Russen – um es kraß und preußisch auszudrücken – wollen sich durch amerikanische Bevormundungen nicht länger »kujonieren« lassen. Die Weigerung des US-Senats, den Vertrag über den atomaren Teststopp zu ratifizieren, wird – vermutlich zu Unrecht – als Drohgebärde gedeutet. Die Absicht des Pentagons, die USA durch ein Raketenabwehr-System gegen feindliche Atomschläge zu immunisieren, wird von den russischen Stäben vollends als ein Bruch des bestehenden nuklearen Gleichgewichts angeprangert. Schon läßt man die Muskeln spielen, feuert im Umkreis von Murmansk Interkontinental-Raketen ab und beabsichtigt, zu Übungszwecken schwerste Bomber nach Kuba und Vietnam zu entsenden.

Wladimir Putin, dieser blasse, unscheinbare KGB-Chef, schwimmt auf einer Welle der Popularität, seit er »Rußlands Ehre« verteidigt und die Demütigungen der Kosovo-Krise wettzumachen sucht. Beunruhigend ist dabei die Tatsache, daß selbst ein gewiefter Diplomat wie

Jewgeni Primakow im Hinblick auf die bevorstehenden Wahlen die gleiche Linie beziehen muß, ja, daß sogar der Reformpolitiker Jawlinski sich darauf ausrichtet. Die Zeit der heuchlerischen Schmuserei zwischen Ost und West ist vorbei. Daran wird auch der Internationale Währungsfonds nichts ändern können. Rußland tritt nunmehr mit harten Bandagen in den Ring.

Pekings Drohung aus dem All

28. November 1999

Der Mann des Jahres 1999 könnte Qi Faren heißen. Er ist der chinesische Konstrukteur jenes unbemannten Raumschiffes, das nach geglückter Erdumkreisung fehlerfrei in der mongolischen Wüste gelandet ist.

Seitdem ist die Volksrepublik China in der Lage, sogar die Super-Weltmacht USA einzuschüchtern. Auch Peking zieht seine Konsequenzen aus dem beklemmenden Anschauungsunterricht des Kosovo-Krieges.

Der totalen Luft- und See-Überlegenheit der Amerikaner, die jederzeit befähigt sind, einen beliebigen Feind, »wenn nicht in die Steinzeit«, so doch in das vorindustrielle Zeitalter zurückzubomben, können die potentiell bedrohten Staaten nur die Stirn bieten, wenn sie über Massenvernichtungswaffen und Interkontinental-Raketen verfügen, die auch das sakrosankte Territorium der USA nicht verschonen.

Das Pentagon arbeitet heute fieberhaft daran, unter Mißachtung aller ABM-Absprachen mit Moskau ein Raketen-Abwehr-Netz zu entwerfen, das dem SDI-System Ronald Reagans und dessen Konzept vom »Krieg der Sterne« sehr ähnlich ist. Diese gewaltige militärische Anstrengung richtet sich tatsächlich nicht so sehr gegen Rußland als gegen China und die neuen Nuklear-Mächte – »rogue states« oder »Schurkenstaaten« –, die sich im Zuge einer unvermeidlichen Proliferation das Rüstzeug der atomaren Apokalypse verschaffen.

Man beachte nur, wie außerordentlich rücksichtsvoll Washington mit Nordkorea umgeht. Dieses abscheuliche Terror-Regime von Pjöngjang besitzt Trägerwaffen, die zwar nicht an der kalifornischen Küste, wohl aber in Hawaii oder in Alaska einschlagen könnten, und niemand weiß, ob die Erben Kim Il Sungs nicht auch ein paar Atombomben entwickelt haben. Jedenfalls reicht diese latente Bedrohung aus, um die USA zur Kreditvergabe an Nordkorea zu veranlassen.

Wie aufwendig der Schutzschild auch sein mag, den die amerikanischen Wissenschaftler zum Schutz ihrer Heimat laborieren – eine absolute Sicherheitsgewähr gibt es natürlich nicht. Seit die chinesische Volksbefreiungsarmee bemannte Satelliten in den Weltraum schießen kann, sind die USA zur potentiellen Zielscheibe geworden und werden sich gegenüber dem Reich der Mitte wachsender Rücksichtnahme befleißigen müssen.

Wenn der irakische Diktator Saddam Hussein im Jahr 1991 auch nur über ein halbes Dutzend nuklearer Sprengladungen für eine Scud-B-Rakete verfügt hätte, wäre er immer noch der Herr von Kuwait. Auch die Russen haben bereits die Konsequenz aus der amerikanischen Abkehr von den ABM-Vereinbarungen gezogen. Ihre Interkontinental-Raketen vom Typ Topol M, die im Konsens mit dem Pentagon bislang nur mit einem nuklearen Sprengkopf ausgestattet waren, werden nunmehr auf drei oder mehr »war heads« umgestellt. Dagegen versagt wohl auch das neu entworfene US-System »Theatre Missiles Defence«.

Über kurz oder lang – die Chinesen bedürfen schätzungsweise eines Zeitraumes von fünf Jahren, um mit ihren Satelliten voll operativ zu werden – wird die Allmacht Amerikas vermutlich schrumpfen. Man denke nur an die Islamische Republik Iran, die wohl zu den geheimen Atommächten zählt. Zwar wäre das Arsenal Teherans bescheiden, und seine Raketen würden bestimmt nicht bis Nordamerika fliegen. Dafür liegt aber Israel im Radius der iranischen Trägerwaffen, und eine Atombombe auf Tel Aviv – so sagen die Zyniker – hätte fast den gleichen Effekt wie eine Nuklear-Zündung über New York.

Gemessen an diesen globalen Horrorvisionen mutet der europäische Versuch, endlich halbwegs brauchbare »Krisen-Reaktions-Kräfte« aufzubauen, kümmerlich und beschämend an. Nach Aussagen deutscher Experten wäre die Euroventions-Kapazität nicht einmal in der Lage, einen Regionalkonflikt vom Ausmaß des Kosovo aus eigener Kraft zu bewältigen. Wozu wäre sie dann überhaupt gut?

Bislang stellten sich die deutschen Wehr-Politiker taub, wenn die Frage der Nuklear-Proliferation im näheren oder weiteren Umfeld Europas gestellt wurde. Der amerikanische Schutzschild sieht keine Abschirmung der europäischen Verbündeten vor, und als selbständige Abschreckung steht dem Kontinent nur die vielgeschmähte französische »force de dissuasion« zur Verfügung. Das britische Nuklear-Arsenal ist auf engste Kooperation mit dem amerikanischen Vorzugs-verbündeten angewiesen und deshalb nur begrenzt im europäischen Interesse einsetzbar. Kann aus der französischen Atom-Streitmacht, deren Kapazität gegenüber der Rußlands völlig unzureichend ist, die aber durchaus tauglich wäre, die nukleare Erpressung sogenannter »Schurkenstaaten« abzuschrecken, der Grundstein einer europäischen Rundum-Verteidigung werden?

Malaysias zäher Patriarch

5. Dezember 1999

Ein sehr angenehmer Zeitgenosse ist der malaysische Premierminister Mahathir bin Mohamad gewiß nicht. Aber dieser 73jährige Patriarch, der seinen gefährlichsten Gegner und früheren Günstling Anwar Ibrahim durch einen dubiosen Korruptions- und Unzucht-Skandal aus dem Rennen warf, beeindruckt durch seinen hochentwickelten Machtinstinkt. Achtzehn Jahre regiert Mahathir nun die malaysische Föderation. Nach dem eben errungenen Wahlsieg bleibt ihm sein Amt weitere fünf Jahre erhalten.

Als die große Wirtschaftskrise über die »Tiger-Staaten« am Westrand des Pazifiks hereinbrach, als sogenannte »global players« und Spekulanten vom Schlage eines George Soros das Währungssystem zwischen Seoul und Djakarta in seinen Grundfesten erschütterten, hatte Mahathir Front gemacht gegen die kombinierten Manöver der angelsächsischen Konzerne, des Internationalen Währungsfonds und der amerikanischen Hegemonialmacht. Allen Mahnungen aus Washington, New York und London zum Trotz ist der malaysische Regierungschef dem drohenden Währungsverfall mit einer zeitlich begrenzten Autarkie-Politik entgegengetreten. Dabei kam ihm zugute, daß die Föderation Malaysias über vielfältige Bodenschätze sowie reiche Plantagen verfügt und daß er sich bei den dort ansässigen chinesischen Bankiers auf eine mit allen Wassern gewaschene Finanz-Elite stützen konnte.

Heute hat die Wirtschaft Malaysias ihre Stabilität und ihre Dynamik wiedergefunden. Die Wähler haben das honoriert, indem sie der breiten regierenden Koalition »Nationale Front« mehr als zwei Drittel der Parlamentssitze zusprachen. Die Politik Malaysias wird durch das ethnische und religiöse Nebeneinander von etwa 70 Prozent muslimischen Malaien, 25 Prozent teils christlichen, teils buddhistischen oder konfuzianischen Chinesen und knapp fünf Prozent hinduistischen Indern bestimmt. Dabei ist es stets zu Spannungen gekommen, denn die Chinesen, die von den britischen Kolonialherren des 19. Jahrhunderts als Kulis für ihre Kautschuk-Pflanzungen rekrutiert worden waren, haben mit dem ihnen eigenen Geschäftssinn die führenden Wirtschafts- und Finanzpositionen an sich gerissen. Die malaiischen Ureinwohner, die »Söhne des Bodens« oder »Bumiputra«, wie sie sich nennen, haben sich gegen diese ökonomische Dominanz der Zuwanderer heftig zur Wehr gesetzt und die höchsten Ämter in Politik, Verwaltung und Armee okkupiert. Der Wortführer dieser nationalistischen und zunehmend islamischen Reaktion war vor 40 Jahren kein anderer als Mahathir bin Mohamad, der mit seinem Pamphlet »The Malay Dilemma« eine anti-chinesische Kampagne auslöste.

Seitdem haben sich die Verhältnisse in Kuala Lumpur grundlegend geändert. Der neu bestätigte Regierungschef, dessen eigene Partei UMNO erhebliche Verluste hinnehmen mußte, stützt sich heute auf die breite Zustimmung der chinesischen Bevölkerung und gilt als Garant rassischer Toleranz. Die von Washington begünstigte »Reform-Bewegung« des inhaftierten Politikers Anwar Ibrahim, dessen Ehefrau Azizah Ismail in die Bresche gesprungen war, konnte nur fünf Parlamentssitze für sich buchen. Hingegen legte die als »fundamentalistisch« eingestufte »Islamische Partei Malaysias« kräftig zu und gewann die Mehrheit in zwei Regional-Parlamenten. Ihrem Führer Fazil Nur wird unterstellt, daß er für die Einführung der koranischen Gesetzgebung, der »Scharia«, eintritt, was die überwältigende Mehrheit der Chinesen, denen die Verfolgungen ihrer Landsleute in Indonesien lebhaft vor Augen stehen, zur Stellungnahme zugunsten Mahathirs veranlaßte.

Überhaupt scheint die Nachbarschaft des ethnisch und religiös verwandten Indonesien die politische Entwicklung in Kuala Lumpur stark beeinflußt zu haben. Die chaotischen Zustände in Djakarta und die blutige Tragödie auf Osttimor haben eine abschreckende Wirkung auf alle Malaysier ausgeübt. Zudem befindet man sich hier in der unmittelbaren Nachbarschaft jener indonesischen Provinz Aceh, wo sich ein Sezessionskrieg im Namen strenger islamischer Religiosität abzeichnet. In diesem Umfeld dürfte sogar den Amerikanern der widerspenstige Premierminister Mahathir als das geringere Übel erscheinen.

Israel und Syrien wollen
sich die Hand reichen

12. Dezember 1999

Der Verzicht auf die Golan-Höhen wäre für Israel schmerzlich; existenzgefährdend wäre er nicht. Auch in Damaskus ist stets versichert worden, daß die Verhandlungen zwischen dem Judenstaat und Syrien im Februar 1996 unmittelbar vor dem Abschluß standen. Die Bedingungen waren zwischen den Generalstabschefs der beiden Nachbarstaaten – auf israelischer Seite hieß dieser Offizier Ehud Barak – im wesentlichen vereinbart.

Der damalige Regierungschef Shimon Peres hatte dem syrischen Staatschef den Rückzug der israelischen Streitkräfte auf die Waffenstillstandslinie von 1967 – vor dem 6-Tage-Krieg – konzidiert, und zwar bis auf den letzten Quadratmeter. Der Golan wäre der syrischen Verwaltung unterstellt, aber demilitarisiert worden. Dieser Zustand sollte durch ein internationales Truppenkontingent überwacht und garantiert werden, im wesentlichen durch Amerikaner, ähnlich dem Übereinkommen, das sich zwischen Israel und Ägypten auf der an Kairo zurückerstatteten Sinai-Halbinsel bewährt hat. Nur noch zwei Punkte blieben damals offen: Der Zeitplan der Räumung war nicht abgesteckt, und es bestand keine Einigung mit Damaskus über die von Jerusalem gewünschte friedliche Kooperation zwischen den beiden »Front-Staaten« des Nahen Ostens.

Der Abbruch dieser Gespräche fiel übrigens nicht erst mit der Regierungsübernahme Benjamin Netanyahus zusammen, sondern war die Folge des massiven Bombardements des Südlibanons durch israelische Luftwaffe und Artillerie, jener Vergeltungsaktion, die den Namen »Trauben des Zorns« trug. Unter Netanyahu fanden weiterhin Kontakte, aber keinerlei Fortschritte mehr statt. Wenn heute das Friedensprojekt mit Damaskus wieder Schlagzeilen macht, so entspricht das wohl der strategischen Nahost-Option Ministerpräsident Baraks, aber auch der Absicht des schwerkranken Syrers Hafez el-Assad, durch diese spektakuläre Rückgewinnung verlorenen nationalen

Territoriums sein Prestige im Innern zu mehren und die Position seines Clans im Hinblick auf das anstehende Nachfolgeproblem zugunsten seines Sohnes Baschar zu konsolidieren.

Meinungsumfragen zufolge wird die Mehrheit der Israelis der Preisgabe der Golan-Höhen bei dem angekündigten Referendum zustimmen. Die militärische Überlegenheit des Judenstaates gegenüber seinen arabischen Nachbarn ist so erdrückend, daß die feindliche »Sprungschanze« Golan sich zu einem Überraschungsangriff aus Osten kaum noch eignen würde. So schnell wie die syrischen Panzerspitzen wären auch die israelischen Hubschrauber-Kommandos auf dem Plateau zugegen. Zudem ist die Arabische Republik Syrien, die ihren sowjetischen Protektor verloren hat, durch die enge Zusammenarbeit der Stäbe von Tel Aviv und Ankara umklammert und besäße keine offensive Chance.

Für die jüdischen Kolonisten wäre der Verzicht auf ihre blühenden Golan-Dörfer zwar schwer zu verkraften, aber dieses Territorium ist ja – im Gegensatz zum Westjordan-Ufer, zu Judäa und Samaria – kein biblisches Kernland Israels. Sein Verlust würde den Mythos vom »Gelobten Land« nicht tangieren.

Ein Friedensabschluß mit Damaskus wäre für Israel ein immenser Gewinn. In diesem Rahmen ließe sich auch die Kampftätigkeit der schiitischen »Hisbollah« an der Nordgrenze Galiläas in Zusammenarbeit mit Damaskus unterbinden. Der Judenstaat hätte eine Normalisierung seiner Beziehungen zu seinen sämtlichen Nachbarn realisiert, und Barak wäre in der Lage, dem zerstückelten palästinensischen Staatsgebilde Yassir Arafats seine drakonischen Bedingungen zu diktieren.

Feindbild Islam

19. Dezember 1999

»Die Türkei ist der erste muslimische Beitrittskandidat für die Europäische Union«, so schrieb triumphierend die türkische Zeitung »Hürriyet«, die sich ansonsten stets in der vordersten Front gegen die islamischen »Fundamentalisten« befand. Wenn also selbst die türkischen Anhänger des Säkularismus den konfessionellen Charakter ihres neuen kontinentalen Vorzugsstatus hervorheben, dann hat wohl ein Erdrutsch stattgefunden. Wie hatte man sich doch in Ankara entrüstet, als europäische Politiker in Luxemburg ihre keimende Konföderation als einen »christlichen Klub« beschrieben. Nun wird deutlich, daß der Islam nicht nur in engster Nachbarschaft Europa umklammert, sondern daß er zu einer bestimmenden Schicksalskraft des Kontinents heranwächst. Für Deutschland, dessen Diplomatie unter amerikanischer Anleitung die Ost- und Südosterweiterung der Nato, gekoppelt mit der entsprechenden Expansion der Europäischen Union, bis in den Kaukasus, zum Donez-Becken, bis Kurdistan und an die Schwelle Mesopotamiens betreibt, steht besonders viel auf dem Spiel. Die künstliche Euphorie, die die Berliner Politiker auf ihrem Gipfeltreffen zur Schau trugen, steht in krassem Gegensatz zu den bösen Ahnungen, die sich weiter Bevölkerungsschichten der Bundesrepublik bemächtigt.

Die Ignoranz über die islamische Wirklichkeit bleibt groß an der Spitze des Staates und in der öffentlichen Meinung. »Müssen wir Europäer uns vor den Mohammedanern fürchten?« Wie oft ist mir diese Frage bei öffentlichen Veranstaltungen aus dem Publikum entgegengeklungen. Diese Angst vor der koranischen Lehre und ihrer eminent politischen Botschaft ist die Frucht einer systematischen, wenn auch oft unabsichtlichen Irreführung, und diese Kampagne schlägt sich in den Medien, aber auch in den wissenschaftlichen Veröffentlichungen nieder. Da stehen auf der einen Seite die westlichen Säkularisten, die dem »Dar-ul-Islam« mit bevormundender Arroganz die eigenen Denkschablonen einer verspäteten und sich allmählich abnutzenden Aufklärung verordnen möchten. Sie messen den sogenannten »Fundamentalismus«, die »Usuliya«, wie es auf arabisch bei Sayid Qutb heißt, an ihrer eigenen Menschenrechts-Ideologie – gepaart mit Marktwirtschaft natürlich – und wollen gar nicht erkennen, wie heuchlerisch und selektiv diese neue Heilslehre à la Fukuyama in der Praxis der herrschenden Globalmacht USA praktiziert wird. Um mich nicht dem Vorwurf des billigen Anti-Amerikanismus auszusetzen, zitiere ich den Kolumnisten William Pfaff aus der »International Herald Tribune«: »Es ist zutiefst beunruhigend, daß die Vereinigten Staaten während der letzten Dekade seit dem Untergang des sowjetischen und des europäischen Kommunismus der Welt lediglich ihr Konzept eines utopischen Materialismus angeboten haben, einen naiven und unbegründeten Optimismus, dem zufolge das Geld über alle Klippen hinweghilft und sogar die Demokratie inspiriert. Damit gibt man vor, alle sozialen und wirtschaftlichen Ursachen menschlichen Konflikts und Widerspruchs hinwegspülen zu können.« Dieses Mißverhältnis ist in der immer noch theozentrischen Atmosphäre des Islam vielleicht klarer erkannt worden als in den westlichen Demokratien, wo allmählich der Begriff des »Citoyen« durch den des »Shareholders« abgelöst wird.

Die andere Denkschule – in Deutschland stark vertreten – betreibt eine systematische Verharmlosung des Islam, sucht ihre Inspiration bei den überwiegend persischen Mystikern oder Sufi, ungeachtet der Tatsache, daß aus der Gefolgschaft dieser heiligen Männer, die im Namen Allahs die »mahabba«, die kosmische Liebe zu allen Kreaturen predigten, kriegerische Derwisch-Orden hervorgegangen sind, sogenannte »Tarikat«, die bis auf den heutigen Tag militanten Einfluß im gesamten Dar-ul-Islam ausüben.

Ohne Zweifel war der Islam von Anfang an – und nicht nur in der frühen Phase der »Futuhat« – eine kämpferisch ausgreifende Religion. Im Gegensatz zu dem Gottessohn Jesus, dessen Reich nicht von dieser Welt war, präsentiert sich Mohammed als »perfekter Mensch«, der sich als Künder der Offenbarung, aber auch als Staatsgründer, Gesetzgeber und als Feldherr hervortrat. Da jeder fromme Muslim diesem Ideal nacheifern soll, ist auch das Streiten auf dem Pfade Allahs ein im Koran unaufhörlich wiederholtes heiliges Gebot für alle Gläubigen. Wer diesen kriegerischen Aspekt des Islam, den »qital fi sabil

Allah«, leugnet, verkennt die koranische Lehre. An dieser Stelle sei jedoch anzumerken, daß das Christentum in seinem universalen Bekehrungsdrang sich nicht weniger offensiv verhielt. Die Christen hätten sich schwerlich vorstellen können, daß die aufs Jenseits gerichtete Botschaft Christi in späteren Jahrhunderten mit Feuer und Schwert verbreitet würde.

Wenden wir uns der Gegenwart zu. Da sehen wir uns der typisch amerikanischen Veranlagung zur Schwarzweißmalerei ausgesetzt, einer hemmlungslosen Propaganda, die die Künder des strengen islamischen Glaubens immer wieder als Gewaltverbrecher oder potentielle Terroristen anzuprangern sucht. Daß der Westen, dem der Kommunismus als »Reich des Bösen« abhanden gekommen ist, sich nunmehr auf ein neues »Empire of Evil«, den islamischen Fundamentalismus, einschießt, führt nicht nur zu fatalen politisch-strategischen Fehleinschätzungen, sondern beraubt die Menschenrechts-Ideologen ihrer Glaubwürdigkeit, entlarvt sie ihrerseits als unduldsame Sektierer eines universalen Pseudo-Moralismus. Es wird höchste Zeit, daß die Europäer sich aus gewissen transatlantischen Denkschablonen lösen und ihr eigenes Verhältnis zur islamischen Umwelt entwickeln. Unser Kontinent lebt bereits weitgehend in Symbiose mit dem Islam. Der größte Unterschied zwischen Abendland und Morgenland, wenn man diese geographisch inkorrekten Begriffe benutzen will, besteht doch darin, daß die Masse der Muslime weiterhin nicht nur bei ihren Kultübungen, sondern auch bei sämtlichen Handlungen des täglichen Lebens – nolens volens – in einer umfassenden Religiosität eingebettet bleibt, während der europäischen Zivilgesellschaft – inklusive vieler Kleriker – das profunde Verständnis für die Jenseitigkeit und göttliche Allgegenwart abhanden gekommen ist. Während jeder muslimische Redner seine Ansprache mit der Formel »bismillah rahman rahim – im Namen Gottes des Gnädigen, des Barmherzigen« einleitet, verweigert sich eine Vielzahl deutscher Politiker der Eidesformel »so wahr mir Gott helfe«. Bassam Tibi, der nun wirklich alles andere als ein islamischer Fundamentalist ist, hat eines Tages seinen Kritikern entgegnet: »Ich lasse mich doch nicht durch deutsche Atheisten darüber belehren, was der wahre Islam ist.« In einem Punkt sind – trotz der jüngsten Kontroversen – Russen und Amerikaner einig geblieben, nämlich in der Behauptung, mit ihren Kampfhandlungen gegen die islamische Revolution, sei es bei der

Auslöschung Tschetscheniens oder bei der völkerrechtswidrigen Bombardierung des Irak, stellten sie sich dem weltweiten Terrorismus finsterer Fanatiker in den Weg. Dabei hat die Russische Föderation mit 20 Millionen überwiegend turkstämmigen Muselmanen innerhalb ihres Rest-Imperiums und der traumatischen Erinnerung an die lange Zeit des »Tataren-Jochs« im Mittelalter überzeugendere Beweggründe, die Kräfte des Halbmondes zu beargwöhnen. Für die einen gibt der Kaukasier Schamil Bassajew, für die anderen der ominöse Osama bin Laden einprägsame Verkörperungen eines geradezu satanischen Feindbildes ab. In Wirklichkeit ruhen die meisten Anklagen gegen den islamischen Terrorismus auf recht fragwürdiger Beweisführung.

Gemessen an der Brisanz der täglich neu aufkommenden Konfliktherde ethnischer oder konfessioneller Natur im gesamten Orient sind die Terroranschläge muslimischer Extremisten in Europa und in den USA recht selten geblieben. Wenn sie sich tatsächlich ereignen, stehen sie entweder im Zeichen der fatalen israelisch-arabischen Rivalität um den Besitz des Heiligen Landes – der »Mossad« versteht es dabei, unerbittliche Vergeltung zu üben –, oder sie richten sich gegen westliche Komplizenschaft mit den Herrschaftssystemen im eigenen Land, mit jenen Militärdiktaturen, dynastischen Cliquen oder Despoten, denen die Völker des Dar-ul-Islam in mehr oder weniger repressiver Form ausgeliefert sind. Wenn ausländische Touristen im Nil-Tal beschossen werden, so sind sie nicht selbst gemeint, sondern der allmächtige General Mubarak, der seit 18 Jahren Ägypten wie ein Pharao regiert und sich eben noch als einziger Präsidentschaftskanditat mit 95 Prozent der Stimmen neu im Amt bestätigen ließ. Wenn amerikanische Soldaten in ihren Wohnblocks bei Dahran den gewaltsamen Tod finden, so soll Washington für die Unterstützung der monarchischen Willkür Saudi-Arabiens bestraft und ein System geschwächt werden, das sich hinter einer angemaßten islamischen Fassade als Instrument der transatlantischen Supermacht mißbrauchen läßt. In Frankreich wiederum kam es zu dilettantischen Bombenanschlägen in Metro- und TGV-Zügen, um die Pariser Regierung als heimlichen Verbündeten der algerischen Militärdiktatur bloßzustellen.

Es ist übrigens an der Zeit, daß die Europäische Union sich intensiv mit den bluttriefenden Zuständen im zentralen Maghreb befaßt.

Was geht Algerien die Deutschen an, wo der Balkan weiterhin brodelt und im Nordkaukasus die Hölle los ist? So mögen manche fragen. Aber Algerien liegt uns geographisch viel näher als Tschetschenien. Zudem ist die Bundesrepublik, so wollen wir hoffen, eine Schicksalsgemeinschaft mit Frankreich eingegangen, und in diesem Nachbarland sind die Nordafrikaner stärker vertreten als die Türken zwischen Rhein und Oder. Die Verknüpfung Algeriens mit Südeuropa ist so eng, daß sich Samuel Huntington in seinem Horror-Szenario über den »Clash of civilizations« die Explosion einer algerischen Atombombe über der französischen Hafenstadt Marseille als Auftakt zur Apokalypse einfallen ließ. Noch vor 40 Jahren schienen sich die gallischen Ultra-Nationalisten mit ihrer Vorstellung der »Algérie française« durchzusetzen, die eine totale Integration dieser nordafrikanischen Gegenküste bis zur Oase Tamanrasset, im Herzen der Sahara, in das eigene Mutterland verlangte. Damals lebten acht Millionen Muselmanen in Algerien – »Français musulmans«, wie sie genannt wurden –, heute ist die dortige Bevölkerungszahl auf etwa 30 Millionen hochgeschnellt. Wenn de Gaulle den Annexionsplänen und dem Putsch seiner Generäle so nachhaltig entgegentrat, so tat er das – wie Alain Peyrefitte berichtet –, um zu verhindern, daß sein lothringisches Dorf Colombey-les-deux-Eglises – Colombey zu den beiden Kirchen – eines Tages »Colombey-les-deux-Mosquees«, also Colombey zu den beiden Moscheen heißen würde. In der Stunde einer hemmungs- und planlosen Erweiterung der Europäischen Union, die sich mehr an den strategischen Vorgaben Washingtons orientiert als an den eigenen Interessen, gewinnen die Worte de Gaulles eine kontinentale Dimension.

Der diesjährige islamische Fastenmonat Ramadan hat in Algerien blutig begonnen. Noch vor kurzem hatte Hoffnung bestanden, daß Präsident Abdelaziz Bouteflika, auch wenn er – wie man heute weiß – im April 1999 nicht von 73, sondern nur von 28 Prozent seiner Landsleute zum Staatschef gewählt wurde, eine Versöhnung anbahnen würde zwischen den sich befehdenden Bürgerkriegsparteien. Dem schrecklichen Gemetzel der Militärregierung und der islamistischen Aufstandsbewegungen sind seit 1992 mehr als 100 000 Menschen zum Opfer gefallen, also mehr als das Dreifache jener Hekatombe, die die Kurden-Revolte in der Osttürkei innerhalb von 15 Jahren gefordert hat. Doch alle positiven Verhandlungsansätze wurden am 22. November 1999 zunichte gemacht, als der letzte glaubwürdige Vermittler auf seiten der »Islamischen Heilsfront«, Abdelkader Hachani, der im Friedensprozeß eine Schlüsselrolle einnehmen sollte, durch einen perfekt inszenierten Mordanschlag eliminiert wurde.

Warum hat sich die französische Republik unter Mitterrand und heute unter Chirac auf die Seite der Militärdiktatur geschlagen und sie sogar mit Waffen zur Bekämpfung der Partisanen beliefert? Da haben natürlich handfeste ökonomische Interessen den Ausschlag gegeben. Und wieder einmal spielt das Erdöl- und Erdgasgeschäft eine entscheidende Rolle. Bezeichnenderweise wurde niemals eine Raffinerie oder eine Pipeline sabotiert. Dazu gesellt sich jedoch eine zusätzliche Befürchtung, die mir von dem heutigen Innenminister Jean-Pierre Chevénement schon vor einigen Jahren erklärt wurde: Im Falle einer islamistischen Machtergreifung müsse Frankreich damit rechnen, daß jene emanzipierten und liberalen Bevölkerungsschichten Algeriens, die von Frankreich kulturell stark geprägt wurden, den Zwängen eines »koranischen Gottesstaates« mit allen Mitteln zu entkommen und ihr Heil jenseits des Mittelmeers suchen würden. Über Frankreich bräche also eine zusätzliche Migrationswelle von mindestens zwei Millionen Nordafrikanern herein, was den Rechtsextremisten vom Schlage eines Le Pen beachtlichen Zulauf verschaffen könnte.

Hier am südlichen Rand unseres Kulturkreises zeigt sich, was von den Schimären und Verheißungen der »demokratischen Globalisierung« zu halten ist. Ägypten wird trotz der despotischen Alleinherrschaft des General Mubarak mit der nach Israel größten Finanzzuwendung Amerikas belohnt, weil dieser Staatschef die Moslem-Brüder des Nil-Tals in Schach hält. Tunesien, wo der Islamismus durch das unerbittliche Regiment des Staatschefs Ben Ali geknebelt wird, erfreut sich der Sanierung seines Staatshaushaltes durch den Zustrom deutscher Touristen. Außer der Mullahkratie des Iran, die von Ruhollah Khomeini ins Leben gerufen wurde und dem schiitischen Glaubenszweig anhängt, ist es den »Fundamentalisten« nirgendwo gelungen, die Regierung zu übernehmen. Das Verlangen breiter Bevölkerungskreise nach der Ausrufung eines auf Koran und Scharia begründeten Gottesstaates hat nirgendwo Erfüllung gefunden, ja, in der Islamischen Republik Iran ist deutlicher Überdruß an der Omnipotenz der Ayatollahs festzustellen. Im Sudan von Khartum, wo der Prediger Hasan Turabi mit seiner »Nationalen Islamischen Front« das Parlament beherrschte, sind Machtkämpfe mit dem Staatschef General Baschir entbrannt. Das intolerante Willkür-Regime, das die »Taliban«, die sogenannten Koranschüler, im Namen eines fehlinterpretierten Islam und paradoxerweise mit anfänglicher Unterstützung der amerikanischen CIA in weiten Teilen Afghanistans errichteten, übt auf die meisten Nachbarn eine abschreckende Wirkung aus und ist selbst den persischen Mullahs ein Greuel. Der Westen sollte sich dennoch bewußt werden, daß bei Abhaltung freier Wahlen, bei Gewährung von Presse- und Meinungsfreiheit in fast allen Staaten der weltweiten »Umma« die Islamisten ganz demokratisch mit Hilfe des Stimmzettels die Regierung übernehmen würden, so unterschiedlich die Vorstellungen über die Realisierung ihrer politisch-religiösen Utopie sich in der Wirklichkeit auch auswirken dürften. Eine schleichende Islamisierung ist ohnehin im Gang. Während sich die offiziellen Machthaber mit Hilfe eines perfektionierten Polizeiapparats und gestützt auf ein privilegiertes Offizierskorps gegen die revolutionäre Grundstimmung der Massen behaupten und sich dabei im Fahrwasser des großen amerikanischen Protektors bewegen, hat in den Provinzstädten und in den Agrargebieten zwischen Senegal und Insulinde die Bevölkerung längst zurückgefunden zu einer täglich gelebten islamischen Frömmigkeit, zur Verschmelzung von Gesellschaft und Religion, wie sie der Koran gebietet. Und wehe dem, der dort aus der Reihe tanzt. Dazu gesellt sich eine sozial-revolutionäre, egalitäre Komponente gemäß der Koran-Aussage, daß alle Menschen gleich sind »wie die Zähne eines Kammes«. Diese mythische Rückbesinnung auf die eigenen kulturellen Wurzeln, deren Realität sich im Straßenbild durch die Verschleierungspflicht der Frauen am deutlichsten manifestiert, dieser Konformismus eines religiösen Lebensstils, der dem flüchtigen Besucher aus dem Westen als Folklore erscheinen mag, prägt das Antlitz des zeitgenössischen Islam selbst in Malaysia und Indonesien.

Gewiß, die islamische Erweckungsbewegung wird immer wieder von Rückschlägen gezeichnet. Für sie gelten immer noch die Thesen eines zyklischen Wellenschlages von militant-religiösem Eiferertum einerseits, sündiger Erschlaffung im Glaubensabfall andererseits, die der Maghrebiner Ibn Khaldun schon im 14. Jahrhundert in seinen soziologischen Studien entworfen hatte. Aber der Niedergang des frommen Erneuerungswillens in der einen Region wird kompensiert durch die Explosion des religiösen Zelotentums in einer anderen Gegend des weitgespannten Dar-ul-Islam. Dieses »Perpetuum mobile« trägt zur Verwirrung der meisten Beobachter bei. Gibt es ihn überhaupt, diesen idealen islamischen Gottesstaat, von dem schon die Anhänger der »Salafiya«, Vorläufer des »Fundamentalismus«, träumten und auch jene Nostalgiker, die der anachronistischen Rückwendung zur perfekten Gemeinschaft des Propheten Mohammed in der Oase Yathrib, dem späteren Medina, den Vorzug geben. Andere wiederum berufen sich auf die vorbildliche Staatsform der vier ersten Kalifen, der »Raschidun«, als ob zu deren Zeiten nicht blutige Nachfolgekämpfe entbrannt wären.

Als der Ayatollah Khomeini noch in Neauphle-le-Château kampierte und für Gespräche zugänglich war, habe ich ihn einmal gefragt, ob es einen einzigen muselmanischen Staat gebe, der seinen Wunschvorstellungen entspreche. Die Antwort war ein klares Nein. Ob denn Saudi-Arabien, dessen einzige Verfassung und dessen ausschließliches Gesetz der Koran ist, nicht diesem theokratischen Begriff nahe komme, forschte ich weiter, und Khomeini erwiderte kategorisch: »Saudi-Arabien ist kein islamischer Staat.« Weder der palästinensische Hamas-Führer Sheikh Ahmed Yassin noch der sudanesische »Fundamentalist« Hasan Turabi waren in der Lage, ein befriedigendes und praktikables Modell aufzuzeichnen. Nur einmal ist meine Suche auf eine positive, ja freudige Bejahung gestoßen. In der zentralanatolischen Stadt Konia beteuerte ein hoher Funktionär der damals noch siegesgewissen islamistischen Refah-Partei, das Osmanische Reich der Sultane und Kalifen habe fast alle Voraussetzungen für eine vorbildliche islamische Ordnung erfüllt.

Damit sind wir wieder bei der Türkei angelangt und bei ihrer Beitrittskandidatur zur Europäischen Union. Dieses Kerngebiet des alten osmanischen Imperiums ist von dem Republikgründer Atatürk in die Zwangsjacke der Europäisierung gepreßt worden, und das ist dem Land gut bekommen. Die Türkei ist ein moderner, dynamischer Staat geworden, auf den als Bündnispartner Verlaß ist. Die radikale Absage an den Islam, nicht nur an dessen religiöse Prärogative, die Erhebung der »Laizität« zum unveräußerlichen Regierungsprinzip haben sich nach dem Verschwinden des autoritätsbewußten Ziehvaters jedoch schrittweise abgeschwächt. Seit Ankara das Ein-Parteien-System Kemal Paschas durch parlamentarischen Pluralismus ersetzt hat, seit demokratische Wahlen stattfinden, bei denen nur der kurdische Bevölkerungsanteil keine angemessene Repräsentanz findet, bietet die Türkei mit ihrer wild auswuchernden, aber insgesamt freiheitlichen Presse ein oberflächliches Bild reüssierter Verwestlichung. Die Verwurzelung im koranischen Glauben ist dennoch stark geblieben. In den letzten zehn Jahren der Republik wurde mehr gebaut als in den langen Jahrhunderten des osmanischen Sultanats. Der Streit um die Verschleierung der Frau nimmt die Form eines Glaubenskrieges an. Kaum ein türkischer Politiker kann ohne die diskrete Unterstützung jener offiziell verbotenen religiösen Bruderschaften, Derwisch-Orden, Sufi-Gemeinden oder »Tarikat« gewählt werden, bei denen der Volks-Islam – ähnlich übrigens wie in den muslimischen Regionen der früheren Sowjetunion – vor den anti-religiösen Regierungskampagnen Zuflucht fand und in deren Schatten er beinahe intakt überlebte. Als Hort des Säkularismus, als Anwalt der scharfen Trennung von Staat und Religion behaupten sich im wesentlichen die »Sozialdemokraten« des derzeitigen Ministerpräsidenten Bülent Ecevit. Dessen Gefolgschaft setzt sich mehrheitlich aus dem aufgeklärten, kemalistischen Kleinbürgertum und aus der vom sunnitischen Islam stark abweichenden Sekte der Aleviten zusammen. Diese teils schiitisch, teils schamanistisch anmutende Gemeinde der Aleviten, deren Anhängerschaft auf 15 Millionen geschätzt wird, war von Anfang an eine unentbehrliche Stütze der kemalistischen Staatsdoktrin. Eine Rückkehr zur sunnitischen Theokratie würden die »ketzerischen« Aleviten, die der pausenlosen Verfolgung durch die osmanischen Sultane ausgesetzt waren, als tödliche Bedrohung empfinden.

Bleibt vor allem die türkische Armee als Bollwerk des kemalistischen Erbes, als resoluter Gegner jeder fundamentalistisch-islamischen Verirrung. Das Offizierskorps bringt dem Staatsgründer Atatürk eine geradezu kultische Verehrung entgegen. Die innere Geschlossenheit, ja Abkapselung dieser selbstbewußten militärischen Elite verleiht ihr den Charakter eines säkularen Männerordens, einer auf den Kemalismus eingeschworenen Bruderschaft, einer »Tarikat« ganz spezieller Art. Die Armee bleibt der Garant jener republikanischen und laizistischen Ordnung, die im Testament Atatürks enthalten ist. Mit den komplottierenden, zwielichtigen Generälen von Algier lassen sich diese stolzen Hierarchen von Ankara in keiner Weise vergleichen. Es ist andererseits bezeichnend, daß die türkischen Islamisten sich keines nennenswerten Terroraktes schuldig gemacht haben. Gelegentliche Attentate gehen hier auf das Konto versprengter Linksextremisten und der immer noch schwelenden kurdischen Aufstandsbewegung.

Die westliche Staatengemeinschaft befindet sich gegenüber der Türkei in einer paradoxen Situation. Die europäischen Regierungen haben sich durch Amerika dazu drängen lassen, dem Nato-Verbündeten Türkei den Beitritt zur Europäischen Union verbindlich in Aussicht zu stellen. Es geht den USA, aber auch vielen europäischen Menschenrechts-Ideologen um die Zurückdrängung des militanten Islamismus, und so sollen die Regierung, das Parlament von Ankara und sogar das Oberkommando der Streitkräfte flammende und verpflichtende Bekenntnisse zu den westlichen Vorstellungen von Demokratie und »human rights« ablegen. Daß auch der Koran dem Menschen klar umrissene und für die damalige Zeit geradezu revolutionäre Rechte oder Pflichten verordnet, die allerdings nicht in der Natur des Individuums, sondern in der Allmacht und der Barmherzigkeit Gottes begründet sind, wird im Okzident konsequent übersehen. Die Europäer werden also mit deutscher Gründlichkeit darüber wachen, daß die Todesstrafe in der Türkei abgeschafft wird. Sie wurde seit 14 Jahren – im krassen Gegensatz zu den USA – auch kein einziges Mal mehr vollstreckt. Aber hier wird eine Relation hergestellt zwischen der Begnadigung des PKK-Führers Abdullah Öcalan und der Europa-Tauglichkeit der türkischen Republik, was manche als nationale Demütigung empfinden dürften. Die Europäer werden einschneidende Konzessionen in der Behandlung des Kurden-Problems einfordern, kulturelle Eigenentfaltung und eine Autonomie für Südostanatolien, die eines Tages unweigerlich in einen Unabhängigkeitsantrag zugunsten Kurdistans innerhalb der Europäischen Union einmünden dürfte. Wie die türkische Nation einen solchen Separatismus überleben könnte, bleibt höchst ungewiß. Vor allem ist das diskrete, aber reale Wächteramt des Generalstabs über Parlament und Regierung von Ankara den europäischen Demokraten ein Dorn im Auge. Die Armee soll ihre exorbitanten Prärogativen preisgeben, sich in die Kasernen zurückziehen. Damit würde die oberste Macht im Staat einer Parteien-Oligarchie überantwortet, die allzu häufig in einen Sumpf von

Korruption und Mafia-Skandalen verstrickt ist. Die Extremisten diverser Lager hatten in den vergangenen Jahrzehnten die Republik mehrfach an den Rand des Bürgerkrieges gebracht, und die Streitkräfte waren als letzte Ordnungsinstanz beinahe zwangsläufig auf den Plan gerufen worden. Wer soll darüber hinaus der unwiderstehlichen Hinwendung zur islamischen Religiosität auch im politischen Umfeld mehr Einhalt gebieten, wenn auf Geheiß der Europäischen Union die kemalistische Armee ausgeschaltet und als letzte Bastion des Laizismus aus dem Weg geräumt wird?

Der Islam und Europa. Was das Thema des »Fundamentalismus« betrifft, so sollte es dem Abendland ziemlich gleichgültig sein, zu welcher Art der Religionsausübung die Muselmanen, die in unserer Nachbarschaft leben oder bereits im europäischen Kerngebiet siedeln, sich entschließen. Vielleicht werden die deutschen Aufklärer eines Tages entdecken, daß mit tugendhaften muslimischen »Integristen«, die über die Gesetzestreue ihrer Anhängerschaft wachen, besser auszukommen ist als mit einer entwurzelten Masse von Einwanderern, die ihre ethischen Verpflichtungen mit der Absage an die angestammte Moral verloren haben.

Bei zahlreichen Begegnungen mit türkischen Intellektuellen in Ankara und Istanbul habe ich die Erwartung geäußert, daß im Falle eines Beitritts der Türkei zur EU das verbriefte Recht auf Niederlassungsfreiheit binnen weniger Monate eine zusätzliche Einreise von fünf Millionen Anatoliern nach Deutschland bewirken würde. Die Antwort klang stets ehrlich und irgendwie heiter: »Nicht fünf Millionen Türken werden bei euch eintreffen, sondern zehn Millionen.« Dem entgegnen stirnrunzelnde deutsche Politiker, daß in diesem Punkt für die Türkei doch einschränkende Sonderbestimmungen in dem Beitrittspakt eingefügt werden müßten. Doch wie ließe sich eine solche Diskriminierung mit der Gleichstellung vereinbaren, auf die doch alle Mitglieder der Europäischen Union Anspruch haben? Die Menschenrechts-Ideologen hoffen insgeheim, daß Ankara die Hürde der angeforderten vollen Demokratisierung gar nicht überspringen kann. Am Ende würden sie den berechtigten Zorn der in ihrem Nationalstolz getroffenen Türken zu spüren bekommen, wenn sie jenseits aller Phraseologie erkennen, daß die Berliner Regierung – mit Rücksicht auf die eigene deutsche Wählerschaft – die vollgültige EU-Mitgliedschaft Ankaras zu verschleppen und am Ende zu verhindern sucht.

Schafft Assad Frieden mit Israel?

9. *Januar* 2000

Bei den syrisch-israelischen Friedensgesprächen im amerikanischen Shepherdstown verhandelt auf syrischer Seite Außenminister Faruk el Schara und nicht Präsident Hafez el-Assad mit Israel-Premier Ehud Barak.

Das Geheimnis, mit dem er sich umgibt, ist die oberste Herrschafts-Maxime von Hafez el-Assad, und in diesem Mysterium wurzelt die Macht des Despoten, den man mit dem »Alten vom Berge« verglichen hat. Die Zeit, da Assad für ausländische Journalisten zu sprechen war und sogar westliche Fernseh-Teams in seine schwerbewachte Villa am Strand bei Lattaquié zugelassen wurden, um der Außenwelt Bilder eines harmonischen Familienlebens zu vermitteln, liegt ein Viertel-jahrhundert zurück.

Seitdem hat dieser wortkarge, unergründliche Staatsmann sich mehr und mehr abgekapselt. Eine schleichende schwere Erkrankung mag dazu beigetragen haben, daß man ihn nur noch selten bei Massenveranstaltungen der ihm total ergebenen Baath-Bewegung, der »Sozialistischen Partei der arabischen Wiedergeburt«, zu sehen bekommt.

Beim Empfang ausländischer Staatsmänner, denen er hager und steif in einem riesigen Sessel gegenübersitzt, huscht allenfalls ein erzwungenes Lächeln über seine Lippen. Die in Damaskus akkreditierten Botschafter – auch der deutsche – können von Glück reden, wenn sie nach endloser Wartezeit zur Überreichung ihres Beglaubigungsschreibens vorgelassen werden.

Die Beziehungen Assads – des »Löwen«, wie sein Name übersetzt wird – zur Bundesrepublik Deutschland sind seit einigen Jahren unterkühlt, fast auf den Nullpunkt reduziert. Dem war nicht immer so. Franz Josef Strauß war im nüchternen Präsidentenpalast von Damaskus ein gerngesehener Gast, wenn er im Orient nicht nur um Geschäftsabschlüsse für die deutsche Industrie bemüht war, sondern sich auch tatkräftig für die christlichen Minderheiten in der von Syrien beherrschten Levante einsetzte. Hans-Dietrich Genscher, der – zum Verdruß der Amerikaner – einen sicheren Instinkt für den Orient besaß, pflegte seine Beziehungen zu dem damals geächteten syrischen Staatschef ebenso geschickt wie den Kontakt zu den verteufelten Mullahs von Teheran.

Hafez el-Assad, als Pilot im Ostblock ausgebildet, war Oberbefehlshaber der syrischen Luftwaffe, als er im »Schwarzen September« 1970 – die Palästinenser Yassir Arafats hatten sich gerade erfolglos gegen König Hussein von Jordanien erhoben – die Macht in Damaskus an sich riß und das damalige chaotische Regierungstriumvirat der Baath-Partei unter Hausarrest stellte. Zweimal wurde er von den Israeli besiegt, aber im Yom-Kippur-Krieg waren seine Panzerspitzen immerhin über den Jordan bis nach Galiläa vorgestoßen.

Im eigenen Land übt er mit Hilfe von mindestens acht miteinander konkurrierenden Geheimdiensten eine Überwachung im Orwellschen Sinne aus. Im Februar 1982, als die sunnitischen Moslem-Brüder gegen ihn revoltierten, ließ er die Stadt Hama in einen Trümmerhaufen verwandeln und 20 000 ihrer Einwohner darunter begraben.

Hatte Assad sich jahrzehntelang als verläßlicher Verbündeter Moskaus gebärdet, so wechselte er Anfang 1991 nach dem Zusammenbruch des Sowjet-Imperiums blitzartig das Lager und reihte sich in die amerikanische Allianz gegen Saddam Hussein ein.

Für Hafez el-Assad schlug die schmerzliche Stunde, als sein Lieblingssohn und designierter Nachfolger Basil, ein beim Volk recht beliebter Macho-Typ, bei einem Autounfall den Tod fand. Seitdem versucht der 69jährige seinen zweiten Sohn Baschar als künftigen Staatschef und Erben aufzubauen. Zu diesem Zweck mußte er unlängst die Intrigen seines eigenen zwielichtigen Bruders Rifaat el-Assad in kurzer, blutiger Auseinandersetzung abwehren.

Für den Machterhalt seiner Familie, seines Clans, seiner esoterischen alavitischen Glaubensgemeinde ist Präsident Assad zu jedem Gewaltakt, zu jeder Kehrtwendung bereit, also auch zu einem Friedensschluß mit dem bisherigen Todfeind Israel. Notfalls würde er sich sogar der amerikanischen Orient-Strategie als Bollwerk gegen den sunnitisch geprägten »Fundamentalismus« empfehlen.

Doch der Konzessionsfähigkeit des »Löwen« gegenüber dem Judenstaat werden durch den persönlichen Selbsterhaltungstrieb und die zwingende Erwartungshaltung der eigenen Bevölkerungsmehrheit Grenzen gesetzt: Die entmilitarisierten Golan-Höhen müssen bis zum letzten Quadratmeter an Syrien zurückgegeben und an der syrischen Schutzherrschaft über den Libanon darf nicht gerüttelt werden.

Putin wie einst Peter der Große

10. Januar 2000

Hat für Rußland die Zeit der Demütigung und der Schwäche, die neue »Smuta«, wie man in Moskau sagte, mit der Machtergreifung Wladimir Putins ein Ende gefunden? Das ist jedenfalls die Hoffnung der Mehrzahl ehemaliger Sowjetbürger, seit Boris Jelzin mit einer letzten grandiosen Geste, die ihm niemand zugetraut hätte, die Macht an seinen 47jährigen Günstling und Regierungschef weiterreichte. Nachdem der alte, todkranke Bär aus dem Ural mit Tränen in den Augen seine eigenen Fehler eingestanden hatte, waren bei der Amtsausübung zwei Symbolfiguren zugegen: der Patriarch der prawoslawisch-orthodoxen Kirche, Alexej, als Repräsentant sakraler Tradition; Moskau, so schien es, beanspruchte wieder den Titel eines »Dritten Roms«. Anwesend war auch ein unscheinbarer Beamter des Verteidigungsministeriums, dessen Aktenkoffer den Geheimcode für den Abschuß der russischen Atomraketen enthält.

Alles deutet darauf hin, daß Wladimir Putin bei der vorgezogenen Parlamentswahl am 26. März als neuer »Zar aller Reußen« möglicherweise schon im ersten Urnengang bestätigt wird. Dieser unscheinbare, blasse, eiskalt wirkende Geheimdienstchef, den noch vor einem halben Jahr niemand kannte, hat es verstanden, sich mit seinem gnadenlosen Feldzug gegen die abtrünnigen Tschetschenen breite Popularität und eine solide Machtbasis zu verschaffen. Aus dem Nichts kommend, aber mit Hilfe einer erdrückenden Medienkampagne hat er der ihm ergebenen Sammlungsbewegung »Einheit« in der Duma eine zahlenstarke Parlamentsfraktion verschafft, die es sogar mit den straff organisierten Kommunisten aufnehmen kann. Jewgeni Primakow, der sich als Nachfolger Jelzins zu profilieren suchte, büßte alle Erfolgschancen ein.

Bricht nunmehr für Rußland ein neues »petrinisches« Zeitalter an? Fast scheint es, als wolle Wladimir Putin in die Fußstapfen Peters des Großen treten. So, wie der »Bombardier-Pjotr« vor 300 Jahren den

Sturm am Schwarzen Meer anführte, hat Putin im Cockpit einer MiG-Maschine Platz genommen, um Raketen auf die tschetschenischen Aufständischen abzufeuern. So, wie sich der junge Zar Peter seinerzeit gegen den erstarrten Obskurantismus der russisch-orthodoxen Geistlichkeit durchsetzte, mußte Putin die vermoderte Hierarchie der Kommunistischen Partei zerschlagen. Noch wichtiger wird es für ihn sein, die zeitgenössischen »Bojaren«, die Feudalkaste der allmächtigen und korrupten Finanzoligarchie, die Bosse einer hydraähnlichen Mafia, seinem Herrschaftswillen zu unterwerfen. Bis zur Wahl werden die Beresowskis, Tschubais und wie sie alle heißen, die sich bislang als angebliche Reformer in der Umgebung Jelzins tummelten, noch unentbehrlich sein, um die Propagandaschlacht Putins zu subventionieren. Aber nach dem 26. März wird der neue Kreml-Chef gnadenlos durchgreifen müssen, wenn er nicht selbst im Morast des kriminellen »Bisness« versinken will. In dieser Richtung hat er bereits ein erstes Zeichen gesetzt, indem er die »Zarevna« Tatjana, die Lieblingstochter Jelzins, ihres okkulten Einflusses beraubte.

Für Demokratie im westlichen Sinne wird nicht viel Raum übrigbleiben. In Washington und in den europäischen Hauptstädten sollte man sich endlich von der Illusion befreien, das russische Volk – außerhalb einer privilegierten Oberschicht – sei an den Spielen des liberalen Parlamentarismus sonderlich interessiert. Die breite Masse sehnt sich eher nach einer wohlwollenden, aber starken Hand, nach einem Autokraten, der die Würde Rußlands wiederherstellt und den Wohlstand fördert. Auf Meinungsfreiheit wird die junge Generation allerdings nicht verzichten wollen. In seiner Abschiedsbotschaft hat Jelzin noch einmal die unabdingbare Forderung nach einer multipolaren Welt betont, das heißt, seinem Nachfolger wurde aufgetragen, den Hegemonial-Anspruch der USA mit allen Mitteln, notfalls auch im Verbund mit China, einzudämmen. Dieses neue Selbstbewußtsein könnte es für den Westen höchst riskant machen, die Einflußzone von Atlantikpakt und Europäischer Union über die Grenzen Polens in Richtung Baltikum, Ukraine oder gar Kaukasus auszuweiten.

Bleibt die Belastung des Tschetschenien-Krieges, der nicht fristgerecht zum Jahreswechsel durch die Eroberung Grosnys beendet wurde. Doch daran wird Putin aller Voraussicht nach nicht scheitern. Welch ungeheure psychologische Wandlungen sich am südöstlichen Rand Europas bereits vollzogen haben, wird bei den Nah- und Häuserkämpfen von Grosny deutlich, wenn die tschetschenischen Verteidiger mit dem islamischen Kampfruf »Allahu akbar – Allah ist groß!« in den Tod gehen, während die russischen Infanteristen – als hätte es nie eine atheistische Sowjetunion gegeben – mit dem christlich-orthodoxen Ostergruß nach vorn stürmen: »Christos wosskressje – Christus ist auferstanden!«

Reise nach Absurdistan

6. Februar 2000

Protektorat Bosnien, Ende Januar 2000.

Wie schnell die Ortsnamen Bosniens ihren kriegerischen Klang verlieren und aus dem Gedächtnis der Öffentlichkeit verdrängt werden! Da sitze ich in dem tiefverschneiten Städtchen Gorazde dem Bürgermeister und dem Mufti gegenüber. Die Gaststätte »Drei Löwen« ist in lateinischen, nicht kyrillischen Buchstaben beschildert, und daran erkennt der Fremde, daß er sich auf dem Territorium der artifiziellen muslimisch-kroatischen Föderation befindet und nicht in jenen serbisch besiedelten Gebietsfetzen, die sich den Namen »Republika Srpska« zugelegt haben.

Bürgermeister Mustafa Kurtovic ist ein mürrischer, karger Gesprächspartner. Seiner Stadt hatte gegen Ende des Bürgerkriegs ein ähnliches Schicksal gedroht wie dem knapp vierzig Kilometer entfernten Srebrenica, wo die Horden des serbischen Generals Mladic – völlig ungehindert durch die dort befindlichen Uno-Soldaten aus Holland – 7000 Muslime abschlachteten, deren Frauen und Kinder in die Wälder jagten.

»Unser Überleben verdanken wir einem Wunder«, meint Kurtovic, »und wohl auch der Tatsache, daß die Greuel von Srebenica endlich ein aktiveres Eingreifen der ›Internationalen Gemeinschaft‹ auslösten. Wir hatten ja nicht viel mehr als Jagdgewehre, um uns zu verteidigen, und ausgehungert waren wir auch.«

Auf den Landkarten, die in Sarajevo gedruckt werden, ist Gorazde, das ringsum von der Republika Srpska eingeschnürt ist, durch einen Korridor mit dem Gebiet der »Föderation« verbunden. In Wirklichkeit ist diese schmale Zugangsstraße nie gebaut worden. Es war lebensgefährlich für die »Muslimani« von Gorazde, das serbisch kontrollierte Gebiet zu passieren, bis die »International Community« – das Wort klingt hier noch verlogener als bei der Uno in New York – auf die Idee kam, sämtliche Autoschilder Bosniens zu vereinheitlichen, so daß man ein kroatisches, ein serbisches oder muslimisches Fahrzeug nicht unterscheiden kann. Dieser einfache Trick hat sich offenbar bewährt.

Ansonsten sind die Belagerten von Gorazde nicht besonders gut auf die obersten Aufsichtsorgane des »Hohen Repräsentanten« zu sprechen. Diese Gouverneurs-Funktion, die im Dayton-Abkommen mit exorbitanten, quasi-kolonialen Vollmachten ausgestattet wurde, wird zur Zeit von dem Österreicher Wolfgang Petritsch ausgeübt.

Die Habsburger, die in Bosnien-Herzegowina zwischen 1878 und 1918 das Sagen hatten, dürften liberale Administratoren gewesen sein, denn Petritsch, in der Nachfolge des Spaniers Westendorp, schaltet und waltet mit einer an Willkür grenzenden Unbekümmertheit.

Mustafa Kurtovic, von Beruf Professor der Soziologie, ist noch nicht lange im Amt. Sein Vorgänger ist durch Ukas des »Hohen Repräsentanten« abgesetzt worden. Ähnlich erging es 22 anderen Bürgermeistern in den diversen Regionen Bosniens, obwohl sie frei gewählt waren. Als Grund für diese autoritären Verfügungen wird immer wieder der Artikel 7 des Abkommens von Dayton erwähnt, dem zufolge die vertriebenen Angehörigen der diversen Ethnien, besser gesagt: der diversen Konfessionen, in ihre Heimatortschaften zurückkehren sollen und bei dieser Niederlassung in ihren früheren Wohngebieten nicht behindert werden dürfen.

Nun hat aber – als Folge der gegenseitigen Gemetzel – eine von allen drei Bürgerkriegsparteien unerbittlich praktizierte »ethnische Säuberung« stattgefunden. Bis auf wenige Ausnahmen ist die törichte, die utopische Absicht, das multikulturelle Mosaik von einst wiederherzustellen, am resoluten Widerstand sämtlicher Volksgruppen gescheitert. Nicht nur Bürgermeister wurden durch Petritsch geschaßt, auch demokratisch bestätigte Gouverneure wurden durch willfährige Mitarbeiter ersetzt. In der Republika Srpska war der von einer breiten Mehrheit getragene Präsident Poplasen schon durch den Spanier Westendorp in die Wüste geschickt worden, und die Berufung seines Nachfolgers spricht allen parlamentarischen Regeln hohn. »Selbst der Padischah des Osmanen-Reiches wäre wohl nicht so unbedenklich mit seinen Untertanen umgesprungen«, bemerkt der Mufti Hamed Efendija Efendic, ein blonder, bärtiger Hüne.

Vor dem Fenster des Gasthofs stapfen zwei blau uniformierte Angehörige der internationalen Polizei-Task-Force, ein weißer und ein schwarzer US-Amerikaner, durch den Schnee. Sie sind in Gorazde wohlgelitten. Das kann man von dem ständigen Beauftragten des »High Representative« wohl nicht sagen, der an allen Sitzungen des Gemeinderates teilnimmt und immer wieder in die Entscheidungsfindung eingreift. Aus welchem Land denn dieser Kontrolleur komme, frage ich und traue kaum meinen Ohren: »Aus Nepal«, antwortet Hamed Efendija mit breitem Grinsen. Er mokiert sich zu Recht darüber, daß die Bosniaken sich am Himalaja ihre Lehrmeister in Sachen Demokratie und Menschenrechte holen müssen.

Der Bürgermeister nennt ein paar Zahlen: Etwa 30 000 Menschen, ausschließlich »Muslimani« – neuerdings bezeichnet man sie offiziell als »Bosniaken« –, leben in seinem Verwaltungsbezirk. Nur 3000 davon gehen einer geregelten Arbeit nach. Auf den Feldern könne man wegen der Minengefahr kaum säen und ernten. Also seien sie auf Spenden aus aller Welt angewiesen.

Filipovic, Ende Januar 2000.

Wir sind mit dem Geländewagen der Bundeswehr längs der Drina nach Süden vorgestoßen. Dabei passieren wir am Ortsausgang ein großes Plakat: »Welcome in the Republic Srpska«. Der Stützpunkt Filipovic, bislang von Franzosen – Marine-Infanteristen und Fremdenlegionären – gehalten, wird gerade von einer deutschen Kompanie übernommen. Seit der vom Sfor-Kommando verfügten Umgruppierung reicht nunmehr das Kontrollgebiet der Bundeswehr bis an die Grenze Montenegros. Filipovic ist ein isolierter Außenposten inmitten einer bedrohlich zerklüfteten Fels- und Waldlandschaft. Die serbische Bevölkerung ringsum dürfte eher feindselig gestimmt sein, dient doch diese Horchstation der Überwachung der konspirativen Vorgänge im montenegrinischen Nachbarsektor, wo es zu erheblichen Spannungen mit Belgrad gekommen ist. Die Panzerspähwagen, die der kleinen deutschen Einheit zur Verfügung stehen, wären ein unzureichender Schutz, wenn es in dieser Krisenecke zum Wiederaufflammen der Kampftätigkeit käme. Im Partisanenkrieg würden die Bundeswehrsoldaten sehr schnell zu potentiellen Geiseln.

Foca, im Februar 2000.

Über der Rundfunkstation des Städtchens Foca weht die serbische Trikolore mit dem imposanten, von Byzanz übernommenen Adler. Der Sender gilt als Militärgebiet. Zwei unfreundliche Soldaten der

Armee der »Republika Srpska« prüfen grußlos unsere Ausweise. Von dem deutschen Oberstleutnant, der uns begleitet, nehmen sie keine Notiz und salutieren nicht. Der Radio-Direktor Radislav Masic überrascht uns hingegen durch seine höfliche Gesprächsbereitschaft. Über seinem Schreibtisch hängt das Bild des heiligen Sava, des Gründers des mittelalterlichen Serbenreichs.

Auch die Serben von Foca sind den kafkaähnlichen Anordnungen des Herrn Petritsch aus Österreich ausgeliefert. Hier wurde der gewählte Abgeordnete kurzerhand abgesetzt. Sein Parlamentssitz ist seitdem vakant. Der »High Representative« greift neuerdings auch in die serbische Legislative von Banja Luka ein, annulliert Gesetze, die ihm nicht gefallen, und ergänzt sie durch eigene Verfügungen. Die Uno-Polizei ist in Foca durch einen Letten und einen Kenianer vertreten, als ob ausgerechnet Nairobi ein leuchtendes Vorbild für Sicherheit und Korruptionsbekämpfung bieten könnte.

Direktor Masic ist kein Extremist. »Mir wäre es lieb, wenn Milosevic in Belgrad abgesetzt würde«, sagt er, »aber die Opposition ist dort hoffnungslos gespalten, und bei Neuwahlen würde der jetzige Präsident vermutlich neu bestätigt.« Im übrigen sei es ein schwerer Fehler gewesen, Milosevic als Kriegsverbrecher auf die Verhaftungsliste von Den Haag zu setzen. Jetzt gebe es für ihn keine Alternative mehr, keine ausländische Zuflucht, und er sei zum Verharren in Belgrad verurteilt. Hinter den selbstherrlichen Entscheidungen Wolfgang Petritschs, so vermutet Radislav Masic, zeichne sich die politische Einmischung, ja Weisungsbefugnis der USA ab. Das Engagement Washingtons auf dem Balkan lasse sich doch nur durch ein »grand design« erklären. Hier solle eine strategische Brücke geschlagen werden zu den Krisenherden des Orients und des Kaukasus.

Dem Regierungs- und Präsidentschaftswechsel in Kroatien nach dem Tod Franjo Tudjmans traut Masic keine Wende zur Konzilianz zu. Zagreb habe seine Annexionspläne in Bosnien-Herzegowina längst nicht aufgegeben. Mit besonderem Mißtrauen hat der serbische Radio-Chef eine Erklärung des bosnisch-muslimischen Regierungschefs Haris Silajdzic, eines in der Bundesrepublik hochgeschätzten Politikers, zur Kenntnis genommen. Die Meldung kam eben über den Ticker. »Das Dayton-Abkommen ist eine Schirmwand, hinter der Bosnien faktisch vernichtet wird«, hat Silajdzic erklärt und zu einer straffen Zentralisierung seines zerstückelten Landes aufgerufen. »Wenn das geschähe«, so kommentiert Masic sorgenvoll, »dann würden wir Serben zur ethnischen Minderheit. Wir gerieten unweigerlich unter die Vorherrschaft der demographisch expandierenden Muslimani. Kurzum, wir fielen in die Zeit des ›osmanischen Joches‹ zurück, und ehe wir das zulassen, kommt es hier wieder zum Krieg.«

Visegrad, im Januar 2000.

Eine gespenstische, grandiose Landschaft schließt uns ein. Nebel hat sich über die Drina-Schlucht gesenkt. Auf den Schneehängen zeichnen sich schwarze Nadelholzbäume wie düstere Grabmale ab. In der Tiefe schäumt das dunkelgrüne Wasser der Drina. Der schmale, bleierne Himmelsstreifen wird durch ungeheuerliche Felsbrocken eingeengt. Immer wieder sind Tunnel durch die Gesteinsmassen gebohrt, und darüber lesen wir den Ehrennamen: »Partizanski Put« – Partisanen-Straße.

Hier wird mir klar, warum im Zweiten Weltkrieg die Übermacht der Wehrmacht mitsamt ihren balkanischen Verbündeten der Partisanen nicht Herr werden konnte. Wir rollen auf vereisten Haarnadelkurven nach Norden in Richtung Visegrad. Unser Ziel ist die aus osmanischer Zeit stammende »Brücke über die Drina«, die der Nobelpreisträger Ivo Andric besungen hat. Wir verharren eine Weile vor dem großartigen, unversehrten Bauwerk. Der Groß-Vizir Mehmet Sokolu Pascha, ein gebürtiger Serbe, der als geraubter Christenknabe am Hof des Sultans zu höchsten Ehren gelangt war, hat diesen formschönen Flußübergang in Auftrag gegeben. Aber die Welt des Schriftstellers Andric, eine verzweifelte Hoffnung auf multikonfessionelles, friedliches Zusammenleben der Völker, ist der serbischen Unduldsamkeit, dem »clash of civilizations«, zum Opfer gefallen. Die Moscheen von Visegrad sind gesprengt worden, und aus dem Schneegestöber ragt nur noch der Turm einer orthodoxen Kirche, deren barocker, verspielter Zuschnitt nicht in diese rauhe Landschaft passen will.

Der Oberstleutnant der Bundeswehr rät von einer intensiven Besichtigung Visegrads ab. Die Stimmung sei dort angespannt, seit vor ein paar Tagen ein deutsch-französisches Greifkommando einen serbischen Kriegsverbrecher verhaftet und mit dem Hubschrauber nach Sarajevo entführt habe. Dort wurde der Angeklagte auf seinen Gesundheitszustand überprüft und dann nach Holland weitertransportiert. Italienische Sfor-Soldaten hatten die Aktion nach allen Seiten abgeschirmt.

Brcko, im Februar 2000.

In der Posavina-Gegend, wo bereits die Unendlichkeit der pannonischen Tiefebene beginnt, hilft nur noch der Blick auf die Landkarte. Wie an einem gordischen Knoten ist das Flickwerk Bosnien-Herzegowina, das der Dayton-Vertrag hinterließ, in Brcko, dieser nördlichen Uferstadt an der Save, festgezurrt und zusammengeschnürt. Einen Korridor von etwa fünf Kilometer Breite hatten die Serben im Krieg erobert, ethnisch gesäubert und gegen Durchbruchsversuche der Muslimani behauptet. Durch diesen engen Schlauch wurden nämlich die beiden Gebietsfetzen der Republika Srpska zusammengehalten. Aber jetzt erklärt mir eine aufgeregte Spanierin, die hysterische Sprecherin des »Hohen Repräsentanten«, daß Brcko – laut einseitigem Beschluß des zum »Schiedsrichter« berufenen US-Diplomaten Robert Owen – auf Kosten der Serben, aber auch der muslimisch-kroatischen Föderation, zu einem gesonderten Distrikt vergrößert wird, der direkter internationaler Verwaltung unterstellt und nur noch von Sfor-Kontingenten überwacht wird.

In dieser habsburgisch geprägten, immer noch reizvollen Ortschaft, deren Stahlbrücke über die Save von amerikanischen Panzern geschützt ist, soll wohl ein Modellfall multi-ethnischer oder multikonfessioneller Koexistenz vorexerziert werden.

Als Gouverneur dieser neugeschaffenen Verwaltungseinheit, die von den betroffenen »Eingeborenen« vorläufig noch mit müdem Achselzucken akzeptiert wird, fungiert der eigenwillige Amerikaner Robert Farrand, der nominell Wolfgang Petritsch und dessen fiktivem Beratungsgremium der »International Community« unterstellt ist. Trotz der Spannungen, die sich hier zusammenbrauen – immerhin ist jetzt der wichtigste Westteil der Republika Srpska mit der Hauptstadt Banja Luka vom Ostterritorium mit dem früheren Verwaltungssitz Pale getrennt – bietet Brcko ein Bild erzwungener Normalität und dubioser Geschäftigkeit.

Wenn ganz Bosnien zur Stunde ein ähnliches Bild passiver Resignation bietet, so liegt das wohl daran, daß das Land buchstäblich ausgeblutet und durch die Erinnerung an den Horror gelähmt ist. Auf der Hinfahrt waren mir einige zur Versöhnung aufrufende Plakate der Protektorats-Behörden aufgefallen. Da sitzen Hund und Katze friedlich nebeneinander, und darunter liest man den Slogan: »Toleranzija«. Ein anderes Poster ermahnt die Einheimischen: »Der Weg nach Europa hängt von euch selbst ab.«

Auf der Strecke nach Tuzla sind wir durch das riesige Schwarzmarkt-Areal »Arizona« gefahren, wo das chinesische Waren- und Schmuggelangebot besonders ins Auge fällt und groteskerweise durch chinesische Schriftzeichen beworben wird. Die Umgebung von Brcko ist als abscheulicher Sündenpfuhl beschrieben worden. Tatsächlich fehlt es hier nicht an erbärmlichen Bordellen, die als Nightclubs getarnt sind. Die Prostituierten und rundlichen Go-go-Girls stammen überwiegend aus der Ukraine, aus Rumänien, aus Bulgarien. Doch dieser Skandal des Mädchenhandels ist ja keineswegs auf Bosnien zentriert. Er existiert ebenso trostlos im türkischen Erzerum oder im syrischen Aleppo, und an der Ostgrenze der Bundesrepublik geht es ja keineswegs tugendhafter zu.

Brcko wie auch die südlich gelegene Industriestadt Tuzla werden demonstrativ vom US-Kontingent der Sfor beherrscht, und vermutlich ist das gut so. In ihrer schwer befestigten »Eagle Base« haben die amerikanischen Streitkräfte eine Position ausgebaut, die einem rabiaten Neuausbruch der Feindseligkeiten standhalten würde. Für die Stützpunkte anderer Kontingente wäre das nicht so sicher, zumal die Mannschaftsstärke von Sfor ab April 2000 auf 22 000 Mann reduziert werden soll. Trotz ihres spektakulären Waffenaufgebots und ihrer Überlegenheit begegnen die amerikanischen GIs dem ortsunkundigen Fremden, aber auch der Lokalbevölkerung mit jener ungezwungenen, harmlosen Freundlichkeit des Mittelwestens. Im zentralen Café von Brcko, wo es recht zivilisiert, fast gemütlich zugeht, tragen die sonst übervorsichtigen Amerikaner weder Helm noch kugelsichere Weste.

Ich bin dort mit Nikola Ristic verabredet, einem führenden serbischen Stadtverordneten. Er ist Parteigänger einer radikalen Nationalisten-Fraktion, die früher dem Kriegsverbrecher Radovan Karadzic unterstand. Nikola ist ein gedrungener, sehr balkanisch wirkender Mann. Zunächst rückt er mit der Sprache nicht heraus. Sein Posten als stellvertretender Bürgermeister dürfte für dortige Verhältnisse gut dotiert sein, und da will er es nicht riskieren, daß ihn der Delegierte des »High Representative«, Robert Farrand, kurzerhand aus dem Amt jagt. Einmal habe man ihm schon die »gelbe Karte« gezeigt. Aber dann bricht es aus dem Serben heraus. Ob ich denn nicht wisse, daß der Papst und Bill Clinton einen förmlichen Pakt zur Beseitigung der Serben aus Bosnien unterzeichnet haben. Noch mehr beunruhigt den Serben die weltweite Gefahr der »mohammedanischen Expansion«, die sich bereits wie ein Stahlnetz über Europa ausbreite. In Anspielung auf die zahlreichen Türken der Bundesrepublik fragt er ironisch: »Wann wird eigentlich Deutschland eine islamische Republik?«

Sarajevo, im Februar 2000.

In der frühen Dämmerung werde ich im Hotel von Sarajevo nicht mehr – wie im Herbst 1992 – durch das Einschlagen der Granaten geweckt, sondern durch das Quietschen von Straßenbahnen auf den verbeulten Schienen. Das »Holiday Inn«, damals zerschossen, hat zum Alltag zurückgefunden. Aus dem Fenster blicke ich auf den geschwärzten Turm des Hochhauses, das damals lichterloh brannte.

In einem schmucken österreichischen Verwaltungsbau, der jetzt das bosnische Oberkommando beherbergt, treffe ich den muslimischen General Rasim Delic. Dem Typus nach könnte er auch ein hoher serbischer Militär sein. Delic, so hatte ich erfahren, werde aus Gesundheitsgründen demnächst zurücktreten. In Wirklichkeit hat auch diesen robusten Offizier der Bannstrahl des »High Representative« getroffen, weil er sich auf die widersinnige Verschmelzung seiner bosnisch-muslimischen Truppe mit den kroatischen Todfeinden von gestern nicht einlassen wollte.

Die deutschen Offiziere von Sfor haben sich in einem eiskalten Briefing-Raum des Zeltlagers Railovac, ein paar Kilometer außerhalb der Hauptstadt, versammelt. Die Atmosphäre ist kameradschaftlich und professionell. Was soll ich in diesem Kreis umständliche Bedenken vortragen gegen die unzeitgemäße Schaffung von Protektoraten, von quasi-kolonialen Verwaltungsstrukturen der »Internationalen Gemeinschaft« in Bosnien-Herzegowina, im Kosovo, in Albanien? Wie lang wird die Sfor-Koalition im Land bleiben? Mindestens fünf Jahre, lautet die Antwort. In Railovac weiß man, daß Dayton keine Lösung bringt und daß der Tod auf seine Stunde wartet.

Der Islam in Bosnien? Die Verwirrung, die Unkenntnis, die Zwietracht innerhalb der koranischen Gemeinde könnten kaum größer sein.

In einem ehemaligen Kurhotel von Ilidza, wo Erzherzog Franz Ferdinand vor seiner Ermordung übernachtete und jetzt das Headquarter von Sfor eingerichtet ist, hat mich der amerikanische Oberbefehlshaber, General Ronald Emerson Adams, zu einem »Background«-Gespräch geladen. Wir haben uns wohl getroffen, als er noch als junger Offizier in Vietnam diente. Ein solcher Veterancnbezug schafft Vertrauen. General Adams strahlt Selbstbewußtsein und Energie aus. In vielen Punkten stimmen wir in der Lagebeurteilung überein. Wieder drängt sich mir – wie schon im Kosovo – der Gedanke auf, daß die hohen Militärs, auch die deutschen, oft über eine ehrlichere und realistischere Vorstellung der Balkan-Verhältnisse verfügen, als die im unterwürfigen Konformismus oder in der ideologischen Verblendung der »political correctness« fixierten Politiker und Diplomaten.

Der serbische Metropolit, Nikolaj Mrdca, hat zu Ehren des Festtages des heiligen Sava die kleine orthodoxe Gemeinde von Sarajevo zu einem Empfang um sich versammelt. Es sind auch katholische Geistliche und manche Diplomaten in das ansehnliche, mit griechischer Finanzhilfe restaurierte Gebäude gekommen. Am Ende der eher mondänen Veranstaltung stimmt ein Dutzend serbischer Gläubiger einen kirchlichen Choral an. Ich verstehe kein Wort von dem Lied, aber es klingt trotzig, als wolle es beteuern: »Noch ist Serbien nicht verloren.«

Zwei Stunden vor dem Abflug nach Zürich habe ich die große Moschee Begova Dzamija am Rande des alten Türkenviertels aufgesucht. Das Gebetshaus ist mit Gläubigen gefüllt. Der Prediger in der Moschee hält seine »Khutba« zum Thema der Sure »Ibrahim«. Er kommentiert unter anderem jenen Koranvers, der besagt: »Siehst du nicht jene, die Allahs Gnade mit dem Unglauben vertauschten und ihr Volk in die Stätte des Verderbens führten?«

Alte Blutfehden

21. Februar 2000

Wer gemeint hatte, der Luftkrieg gegen Serbien und das Nachgeben Slobodan Milosevics hätten die Kernprobleme des Balkans bereinigt, wird heute eines Besseren belehrt. Im nördlichsten Zipfel des Kosovo, wo sich eine kompakte serbische Minderheit gegen die albanische Bevölkerungsmehrheit behauptet und abgekapselt hat, kommt es fast täglich zu Schußwechseln und Attentaten. Mitten in der Stadt Mitrovica bildet der Fluß Ibar die natürliche Trennungs- und Frontlinie dieses fortdauernden Bürgerkrieges. Die Soldaten des französischen Kfor-Kontingents, die diesen schwierigen Sektor überwachen sollen, geraten immer wieder unter Feuer und stehen bei den Albanern im Verdacht, aus historischen Gründen die serbische Seite zu begünstigen.

Es sieht düster aus um jenes multi-ethnische Zusammenleben, das Nato und Uno für das Amselfeld ausgegeben hatten. Mit Ausnahme des winzigen Territorialdreiecks nördlich von Mitrovica müssen die im Kosovo verbliebenen Serben täglich um ihr Leben fürchten. Die Wut und die Mordlust der albanischen Rächer machen tragischerweise auch vor den der Kollaboration mit Belgrad bezichtigten Zigeunern oder Roma nicht halt, richten sich sogar gegen jene zum Islam bekehrten Südslawen, die man als Goranen bezeichnet. Kurzum, alte Blutfehden werden ausgetragen, die Eiterbeule Kosovo droht das balkanische Umfeld weiter zu vergiften.

Von Anfang an hätten die westlichen Demokratien wissen müssen, daß sich das Diktat, das sie nach 78tägigem Bombardement dem Regime von Belgrad auferlegten, auf Illusionen und Lügen ausrichtete. Da hatte die sogenannte G8-Gruppe den serbischen Nationalisten versichert, das albanisch bevölkerte Kosovo werde Bestandteil der jugoslawischen Föderation bleiben. Nach den Massakern und Vertreibungen, deren sich die serbischen Freischärler schuldig gemacht hatten, mußte eine solche völkerrechtliche Zusage von Anfang an als schierer Unsinn erscheinen. Wenn heute die Kosovaren, gestützt auf die im Untergrund aber immer noch allmächtige Kampforganisation UCK, die Unabhängigkeit ihres Territoriums verlangen und insgesamt wohl auch die staatliche Vereinigung mit den albanischen Blutsbrüdern in Mazedonien anstreben, stoßen sie bei Uno und Europäern auf heftigen Widerspruch. Es geht sogar das Gespenst eines bedrohlichen »Groß-Albaniens« um.

Nun steht es den westlichen Demokraten schlecht an, wenn sie den Kosovaren die Eigenstaatlichkeit verweigern. Die Deutschen ihrerseits, die vor zehn Jahren erst die eigene Wiedervereinigung vollzogen, setzen sich voll ins Unrecht, wenn sie den Albanern einen vergleichbaren nationalen Zusammenschluß verweigern. Zudem wäre »Groß-Albanien« – mit etwa sieben Millionen Einwohnern – alles andere als eine regionale Führungsmacht. Was jedoch auf dem Spiel steht, ist der Bestand der extrem krisenanfälligen Republik Mazedonien, die sich zu zwei Dritteln aus christlich-orthodoxen Südslawen und zu einem Drittel aus muslimischen Albanern zusammensetzt. Die beiden Ethnien stehen sich ablehnend gegenüber. In Skopje, der Hauptstadt Mazedoniens, hat man mit bösen Ahnungen vernommen, daß Hashem Thaci, der Führer der UCK, der sich weiterhin als wahrer Regierungschef des Kosovo betrachtet, nach Bulgarien gereist ist, um sich mit dortigen Politikern über eine eventuelle Balkanföderation zu beraten. Damit soll angeblich der heillosen Zersplitterung Südosteuropas in eine Vielzahl lebensunfähiger Ministaaten ein Riegel vorgeschoben werden. In Skopje hat man nicht vergessen, daß die Bulgaren niemals ihre Ansprüche auf weite Gebiete Mazedoniens preisgegeben haben.

Die Pläne einer Neuordnung des Balkans werden vornehmlich in Washington ausgearbeitet, während die Europäer durch eigenes Versagen einmal mehr in die Rolle von Zuschauern geraten. Unter Berücksichtigung der griechischen Ansprüche auf Südmazedonien und des traditionellen türkischen Einflusses in dieser Region zeichnen sich neue Konfrontationen ab. Diejenigen, die solche Prognosen als Schwarzmalerei abtun, sollten sich erinnern, daß sie vor zehn Jahren auch eine blutige Auseinandersetzung um Kosovo weit von sich wiesen und die dortige Entwicklung in die Katastrophe treiben ließen. Nichts ist geregelt auf dem Balkan, wo Nato, Uno, OSZE und die EU in Bosnien und Kosovo – de facto auch in Mazedonien und Albanien

– Protektorate geschaffen haben, die wie Kolonien verwaltet werden. Bislang konnte die westliche Allianz in Sarajevo und Pristina noch recht selbstherrlich schalten und walten. Demnächst dürfte sich jedoch Rußland – nach der Wahl Putins zum Präsidenten – auf dem Balkan wieder machtvoll zu Wort melden und manches Experiment der Atlantika ins Wanken bringen.

Der neue Streit mit Taiwan
ist keine Peking-Oper

12. März 2000

Die Kommentatoren des Westens – überheblich wie so oft – neigen dazu, das chinesische Säbelrasseln an der Straße von Taiwan als grotesken Auftritt einer politischen Peking-Oper abzutun. In Wirklichkeit knüpft das Reich der Mitte unter Präsident Jiang Zemin bei der sich anbahnenden Konfrontation mit den USA an eine alte Tradition kriegerischer und kultureller Expansion an, die erst zu Beginn des 19. Jahrhunderts jäh abbrach. Im Falle der abtrünnigen Provinz »Taiwan« versteht man in Peking keinen Spaß. Nach der Heimführung Hongkongs und Macaos ist nun die Insel Formosa an der Reihe. Dort finden am 18. März Präsidentschaftswahlen statt, aber keiner der drei Kandidaten wagt es mehr, den feuerspeienden kontinentalen Drachen mit separatistischen Parolen oder einer Neuauflage der »Zwei-Staaten-Theorie« in Rage zu versetzen.

Die Situation hat sich dramatisch verschärft, seit Peking gebieterisch die Aufnahme von Verhandlungen über die nationale Wiedervereinigung verlangt hat. Ansonsten müsse die Volksbefreiungsarmee mit Waffengewalt vorgehen. Sehr bald könnte diese Forderung die Form eines Ultimatums annehmen und den gewieften Taktikern der »Verbotenen Stadt« erlauben, mit der abtrünnigen Provinz Katz und Maus zu spielen. Gleichzeitig würde die U.S. Navy im Pazifik in einen hektischen Zustand permanenter Interventionsbereitschaft versetzt. Natürlich sind die chinesischen Streitkräfte zur Zeit nicht in der Lage, die 160 Kilometer breite Straße von Taiwan mit Landungstruppen zu überwinden. Erst in fünf bis sieben Jahren – so spekulieren die Experten – sei die Kriegsmarine der Volksrepublik zu einer solchen fernöstlichen Operation »Seelöwe« befähigt. Aber der Kontinental-Armee könnte es durchaus gelingen, mit ihrem heute schon beachtlichen Arsenal an Kurz- und Mittelstreckenwaffen den Taiwanesen das Leben unerträglich zu machen. Zudem verfügt die Volksrepublik über die elektronischen »Interference«-Anlagen, um das gesamte Computersystem des nationalchinesischen Gegners zu verwirren und zu lähmen.

Es hat lange gedauert, bis die von Deng Xiaoping schon 1980 geforderte »Vierte Modernisierung« der Streitkräfte Gestalt angenommen hat. Die jungen von High-Tech besessenen Offiziere und Ingenieure der Volksbefreiungsarmee stellen sich auf ein Kräftemessen mit dem immensen Potential der USA ein. Inzwischen hat sich ja sogar in Deutschland herumgesprochen, daß die Asiaten – Inder und Chinesen – offenbar die weltweit begabtesten Computer-Freaks sind und auf dem Feld der Elektronik den USA mit ihren Einwanderern zu ihrer jetzigen Führungsstelle verholfen haben.

Die chinesische Führung weiß, daß sich kein US-Präsident nach dem Vietnam-Fiasko auf einen konventionellen Feldzug einlassen wird, daß selbst ein maritimer Abnutzungskrieg rund um Taiwan für Amerika extrem strapaziös würde. China kann sich vieles erlauben, weil es praktisch unangreifbar geworden ist, auch wenn die »Söhne des Himmels« die Gefahr einer atomaren Apokalypse nicht mehr mit der gleichen, furchterregenden Gelassenheit in Kauf nehmen wie seinerzeit Mao die nuklearen Drohgebärden Chruschtschows.

Die Rückständigkeit Chinas gegenüber dem Abendland war nur eine kurze Zwischenphase gewesen. Erst mit Ausbruch des schändlichen Opiumkrieges der Briten war das Reich der Mitte auf einen Zustand industrieller Rückständigkeit, der sterilen Abkapselung gegenüber der Außenwelt, der zunehmenden Ohnmacht und Demütigung durch den Westen zurückgefallen.

»Wenn zwei Eheleute sich streiten, mischt sich nicht einmal ein Hund ein«, besagt ein chinesisches Sprichwort. Der Westen sollte das beherzigen, auch angesichts der Tatsache, daß bereits 40 000 Betriebe und 200 000 Staatsbürger aus Taiwan sich auf dem Festland niedergelassen haben, daß die Insel-Provinz dort für mehr als 30 Milliarden Dollar investiert hat und jedes Jahr zwei Millionen ihrer Einwohner in die Volksrepublik reisen läßt. Am Präzedenzfall Hongkongs gemessen, wäre das Modell »ein Staat – zwei Systeme« für die durch Wohlstand verwöhnten Taiwanesen zweifellos vorteilhafter als die Wiederaufnahme eines ruinösen und am Ende aussichtslosen Bürgerkrieges.

Israels »Vietnam«

Es besteht kein Grund für die liberale Friedenspartei Israels, den nunmehr vom Kabinett in Jerusalem beschlossenen einseitigen Abzug aus dem Südlibanon als Erfolg zu feiern. Für die Armee des Judenstaates ist diese Räumung ein ähnlich harter Schlag wie das Vietnam-Fiasko für die Amerikaner oder der afghanische Fehlschlag für die Sowjetrussen. Nur die Proportionen sind unterschiedlich. Achtzehn Jahre lang hat sich Israel in diesem Grenzstreifen nördlich von Galiläa festgekrallt, nachdem seine Streitkräfte aus dem eroberten Beirut abzogen. Dieses heillose Libanon-Engagement hat auf jüdischer Seite 1547 gefallene Soldaten gefordert, ein unerträglicher Aderlaß für den kleinen Staat.

In vier Monaten werden also die kampferprobten Freischärler der schiitischen Hisbollah an den Rand des eigentlichen israelischen Staatsgebietes vorrücken. Es stellt sich die Frage, ob sich diese kriegerische »Partei Gottes« mit diesem territorial begrenzten »Sieg« zufriedengeben wird. Die Versuchung wird groß sein, Israel weiter unter Druck zu setzen. Die jüdischen Einwohner von Nordgaliäa wären gut beraten, ihre Schutzbunker gegen eventuelle Katjuscha-Einschläge zu verstärken.

Selbst wenn die Führung der Hisbollah auf die Ausweitung ihrer Kampftätigkeit in Richtung Süden verzichten würde, wäre die Versuchung übergroß, den palästinensischen Untergrundkämpfern von »Hamas« oder »Islamischem Heiligen Krieg« Zuflucht und Beistand zu gewähren. Bislang haben sich die Palästinenser als höchst untaugliche Krieger erwiesen, und ihre extremistischen Attentatszellen wurden teils vom israelischen Geheimdienst unterwandert, teils von der Fatah-Bewegung Yassir Arafats verfolgt und gelähmt. Das könnte sich paradoxerweise ändern, falls sich der Schwerpunkt des arabischen Widerstandes im Heiligen Land auf jene Muslime ausdehnen sollte, die innerhalb der Grenzen Altisraels leben und dort als nomi-

nelle Bürger des Judenstaates immerhin ein Fünftel seiner Bevölkerung ausmachen. Nicht nur die Israeli, auch die Anhänger des
»Rais« Yassir Arafat sehen sich durch die Blockierung der »Frie-
densgespräche« vor düstere Perspektiven gestellt. Eine neue »Intifada« ist nicht auszuschließen, die dieses Mal auch auf arabische Ortschaften in Galiläa inklusive Nazareth übergreifen könnte. Deshalb
hat es Arafat plötzlich so eilig mit der einseitigen Proklamierung
seines Palästinenser-Rumpfstaates, die er bislang immer wieder ver-
schleppte.

Der israelische Premierminister Ehud Barak hat sich inzwischen
in eine Situation manövriert, die von der seines Vorgängers Netanyahu kaum noch zu unterscheiden ist. Mit der Ankündigung des einseitigen Abzugs der »Zahal« aus dem Südlibanon bestätigt er gewissermaßen den Stillstand seiner Verhandlungen mit Hafez el-Assad,
dem Staatschef der Arabischen Republik Syrien, über die Rückgabe
der strategischen Golan-Höhen. Wenn heute in Jerusalem behauptet
wird, Damaskus gerate unter Zugzwang, so ist das eine Fehleinschätzung. Die Preisgabe der sogenannten Sicherheitszone im Südlibanon wird im Orient als Zeichen der Schwäche gedeutet, und die
Position Syriens dürfte sich verhärten. Zwar bleibt eine Einigung
zwischen Jerusalem und Damaskus vorstellbar. Aber bevor dieses
Plateau von seinen 17 000 jüdischen Siedlern geräumt und an Syrien
zurückgegeben wird, müßte Israels Bevölkerung in einem Referendum darüber entscheiden, und die Chancen Baraks, dafür die Zustimmung seiner Landsleute zu erhalten, werden von Tag zu Tag geringer.

Unter diesen Umständen sieht sich die libanesische Regierung des
Ministerpräsidenten Selim Hoss in keiner Weise veranlaßt, die extrem gefährliche Miliz der Hisbollah durch die eigene reguläre Armee
kontrollieren oder gar entwaffnen zu lassen. Die Schiiten des Libanons bilden etwa 40 Prozent der dortigen Bevölkerung und werden –
aufgrund hoher Geburtsraten – bald die absolute Mehrheit unter den
Konfessionsgruppen erreichen. Es ist auch gar nicht sicher, daß sich
der schwerkranke Staatschef Syriens in einen Konflikt mit den todesmutigen »Streitern Gottes« des Südlibanons einlassen wird. Die Führer der Hisbollah haben zwar Kompromisse mit Damaskus geschlossen, doch ihre wahre, glühende Zuneigung gilt den Glaubensbrüdern
der Islamischen Republik Iran, den Ayatollahs von Teheran. Es heißt
bei den westlichen Nachrichtendiensten, daß die persischen »Revo-

lutionswächter« über Trägerwaffen verfügen, die bis Tel Aviv reichen, und daß Iran an der Schwelle zur nuklearen Waffentauglichkeit steht. Da die schiitischen Iraner wenig Sympathie für ihre überwiegend sunnitischen Nachbarn empfinden und sich durchaus pragmatisch verhalten können, wäre für Ehud Barak die wirkliche Lösung für die Probleme an seiner Nordgrenze eher in Tehcran als in Damaskus zu suchen. Wer denkt da in Jerusalem nicht an die Perser des biblischen Altertums, die einst die Hebräer aus der Babylonischen Gefangenschaft erlösten?

Die Stunde der Partisanen

Seit dem Beginn des Nato-Bombardements gegen die serbischen Positionen im Kosovo ist gerade ein Jahr vergangen, und schon zeichnen sich neue Konflikte ab.

Zur Stunde sind die Blicke der Weltöffentlichkeit vornehmlich auf die Brücken über den Fluß Ibar gerichtet, an dem die Trennungs-, man möchte fast sagen: Frontlinie, zwischen dem albanischen und dem serbischen Stadtteil von Mitrovica verläuft. Nördlich davon hat sich ein winziger Zipfel erhalten, wo nach Vertreibung der albanischen Minderheit die Serben das Sagen haben. Aus den südlichen Vierteln sind längst alle Serben verjagt.

Wäre es dem Massenansturm von 50 000 Albanern Ende Februar gelungen, die französische Militärsperre zu durchbrechen, hätte wohl ein grausames Massaker in der letzten serbischen Exklave des Kosovo und eine zusätzliche »ethnische Säuberung« stattgefunden.

Es ist ein Wunder, daß die Kfor-Friedenstruppe bis jetzt ohne größere eigene Verluste davongekommen ist. Immer wieder sind es die Franzosen, die am Ibar eigene Verwundete davontragen, und in Paris nimmt man davon erstaunlicherweise kaum Notiz.

Ein russischer Soldat wurde in der UCK-Hochburg von Drenica von einem Heckenschützen erschossen, und auch Moskau schwieg dazu. Das muß aber nicht immer so bleiben in dem Maße, wie die diversen Truppenkontingente – auch das deutsche – zwangsläufig in die internen Wirren des Kosovo, in die Stammes- und Sippenfehden der Skipetaren, einbezogen werden.

Sollte die Nato ernsthaft versuchen, das immer noch vorhandene Macht-Monopol der offiziell aufgelösten »Kosovo-Befreiungsarmee« UCK zugunsten einer illusorischen Demokratie zu beseitigen, könnten die Gewehre von selbst losgehen. Noch gefährlicher wäre es, sich mit jenen Verbrecherbanden anzulegen, die – zumindest im Hinblick auf kriminelle Ausschreitungen – die Vereinigung mit der chaotischen Republik Albanien von Tirana längst vollzogen haben. Ihre Drogen- und Menschenraub-Geschäfte betreiben sie nun auch auf dem Amselfeld fast ungehindert.

Der Uno-Bevollmächtigte in Pristina, der Franzose Bernard Kouchner, ist sich seiner beschämenden Ohnmacht bewußt geworden. Wenn dieser auf Publikumswirkung bedachte »Gouverneur« dennoch die französischen Soldaten am Ibar anhält, das in diesem Umfeld grotesk und mörderisch wirkende Prinzip der »Multi-Ethnizität« notfalls mit Gewalt gegen die letzten Serben von Mitrovica durchzusetzen, stößt er verständlicherweise auf wachsende Vorbehalte bei den Offizieren seines eigenen Landes.

Neben britischen und deutschen Einheiten waren auch 250 amerikanische Paratrooper zur Verstärkung der Franzosen von Nato-Oberbefehlshaber General Clark nach Mitrovica abkommandiert worden. Die GIs wurden im serbischen Sektor mit Stein- und Schneeballwürfen empfangen. Das reichte aus, um in Washington Alarmstimmung auszulösen.

Wesley Clark wurde von seinem obersten Stabschef Henry Shelton scharf gerügt. In den USA ist der Wahlkampf im Gange, und nun muß auf dem Balkan strikter denn je darüber gewacht werden, daß kein »amerikanisches Leben« aufs Spiel gesetzt wird. So hat sich der amerikanische Sektor im Südosten des Kosovo zu einer Zone der Unsicherheit entwickelt. Bis auf wenige Patrouillenfahrten bleiben die Soldaten der U.S. Army in ihren Stellungen, vor allem in ihrer Monumental-Basis »Steelbond«, eingebunkert und überlassen die Kontrolle der albanischen Bevölkerung – die Serben sind hier längst verschwunden – der Willkür und der Selbstherrlichkeit der UCK.

Auch hier steht wieder einmal der amerikanische Geheimdienst CIA im Verdacht finsterer Machenschaften. Jenseits der serbischen Grenze, im Umkreis der Ortschaften Precevo, Bujanovac und Medvedja, hat bislang eine Bevölkerungsgruppe von etwa 50 000 Albanern ein relativ ungestörtes Dasein geführt. Das hat sich geändert, seit in dieser Übergangszone eine »Befreiungsarmee« für das sogenannte Ostkosovo auftrat und sich als Unterabteilung der UCK zu erkennen gab.

Amerikanische Geheimagenten sollen an der Bewaffnung und Ausbildung dieses Partisanenhaufens, UCPBM genannt, beteiligt gewesen sein. UCPBM-Kämpfer nahmen einige Überfälle auf serbische Polizeistationen vornehmlich in jenem Grenzstreifen vor, der durch den Waffenstillstand von Kumanovo entmilitarisiert wurde. Die CIA-Agenten, denen der gewaltsame Regimewechsel in Belgrad aufgetragen ist, sahen vielleicht in diesen Übergriffen auf das serbische Staatsgebiet endlich eine Chance, die Position des Präsidenten der jugoslawischen Föderation, Slobodan Milosevic, zu erschüttern, auf dessen Kopf – nach Wildwest-Manier – eine Prämie von fünf Millionen Dollar ausgesetzt ist.

Die Vorhaltungen des deutschen Kfor-Oberbefehlshabers, General Klaus Reinhardt, der lebhaft vor einer Ausweitung des Kosovo-Konfliktes warnte, fruchteten zunächst wenig bei den amerikanischen Militärs. Die sind es gewöhnt, Befehle nur von ihren eigenen Vorgesetzten entgegenzunehmen und ausländische Kommando-Befugnisse weitgehend zu ignorieren, seien sie nun britisch, wie seinerzeit unter dem Engländer Michael Jackson, seien sie deutsch wie unter Klaus Reinhardt, oder spanisch, wenn demnächst General Ostuno an der Spitze des die Kfor ablösenden Eurocorps stehen wird.

Aber auch in Washington entstanden plötzlich Sorge und Beunruhigung. Sogar Außenministerin Madeleine Albright, die »Mutter des Kosovo-Krieges«, wie sie auf dem Balkan heißt, rief ihre albanischen Freunde der UCK energisch zur Ordnung. Endlich schien man im State Department zu erkennen, daß diese zusätzliche Kriegsausweitung die Stellung Milosevic' in Belgrad zusätzlich stärken könne, daß dieses Mal heftige Reaktionen des Russen Wladimir Putin und vor allem der chinesischen Vorzugsverbündeten Rest-Jugoslawiens zu erwarten seien.

In Belgrad hatte man es zudem mit dem neuernannten Oberbefehlshaber Pavkovic zu tun, der als Kommandeur der Dritten Armee das Bombardement durch die Nato ohne nennenswerte Verluste überstanden und seine »im Felde unbesiegte« Truppe in guter Verfassung aus dem Kosovo zurückgeführt hatte. Nun konzentriert Pavkovic verständlicherweise seine Elite-Einheiten im Umkreis der bedrohten Grenzzone.

An dem ungebrochenen Potential des serbischen Heeres und seiner Erfahrung im Partisanen-Krieg gemessen, nehmen sich die disparaten Kfor-Kontingente, die auf 37 000 Mann geschrumpft sind, recht bescheiden aus. Auf einen terrestrischen Feldzug gegen Serbien kann sich die Nato weniger denn je einlassen.

In Belgrad stimmen alle erfahrenen Beobachter darin überein, daß die große Balkan-Krise noch bevorsteht und ihren Höhepunkt in der artifiziellen Vardar-Republik Mazedonien erreichen dürfte. Noch klammern sich die westlichen Diplomaten an die Tatsache, daß in der Koalitionsregierung von Skopje südslawische und albanische Minister am gleichen Tisch sitzen. Zwei Drittel christlich-orthodoxe Mazedonier stehen in diesem Staat einem Drittel muslimischer Albaner gegenüber.

Die Katastrophe am Vardar aber sei heute ebenso programmiert wie vor sieben Jahren die Tragödie des Amselfeldes, so hört man in Serbien. Die UCK hat längst mit der Unterwanderung der albanischen Bevölkerungsgruppe zwischen Tetovo und Ohrid begonnen. Der Traum von »Groß-Albanien« ist bei den Muslimen von Skopje stärker ausgeprägt als andernorts.

Der staatliche Zerfall Mazedoniens würde sämtliche Nachbarländer, insbesondere Bulgarien und Griechenland, auf den Plan rufen, und in Sofia hat man nicht vergessen, daß die von Tito erfundene mazedonische Nation noch im Zweiten Weltkrieg als Bestandteil des bulgarischen Volkstums galt. Wenn Hashem Thaci, der jugendliche und gefürchtete Chef der UCK, den seine Gegner »die Schlange« nennen, in Sofia vertrauliche Gespräche führt, kommen bei den mazedonischen Nationalisten von Skopje böse Vorahnungen und der Verdacht eines Teilungsplanes auf.

Noch ist die Welt blind gegenüber den Gewitterwolken am Vardar. Dafür wird in Washington und auch in Berlin für die Autonomie Montenegros um so heftiger die Trommel gerührt. Das winzige Land der »Schwarzen Berge« mitsamt seinen 600 000 Einwohnern ist weiterhin Bestandteil der jugoslawischen Föderation. Doch mit Ermutigung der Vereinigten Staaten setzt der derzeitige junge Präsident von Montenegro, Milo Djukanovic, auf Sezession gegenüber Belgrad, ja auf volle Unabhängigkeit.

Da die jugoslawische Bundesarmee mit starken Verbänden zwischen Podgorica und Cetinje präsent ist, haben die Amerikaner eine paramilitärische Polizeiformation – etwa 20 000 Mann – als Gegenkraft ausgerüstet. Mögen auch die Grenzübergänge nach Serbien einer strikten Kontrolle unterliegen, es herrscht noch keine Kriegsstimmung im ehemaligen Königreich der Petric-Dynastie, deren »Palast« einer Plüsch-Kulisse der »Belle Époque« ähnelt. Aber in dieser eindrucksvollen Gebirgsfestung, die sogar dem Ansturm der Osmanen widerstand, gehört Gewalttätigkeit zum Alltag.

Auch in Montenegro wird mit gezinkten Karten gespielt. Djukanovic war ein getreuer Gefolgsmann des Serben Milosevic, bis ihn seine Separationsgelüste überkamen. Dieser balkanische »Beau«, den Außenminister Joschka Fischer als »mutigen Reformer« lobt, steht in seiner Begabung für Mafia-Umtriebe seinen albanischen oder serbischen Kumpanen in keiner Weise nach. Montenegro verfügt über eine eindrucksvolle Zahl luxuriöser Automobile jeder Kategorie. »Von hundert Wagen sind hier mindestens achtzig gestohlen, und sechzig stammen aus Deutschland«, wird ganz offen eingestanden. Trotzdem gewährt die Bundesrepublik dem gegen Belgrad konspirierenden Djukanovic einen Kredit von vierzig Millionen Mark.

In Podgorica ist der Kampf der Geheimdienste voll entbrannt. Man könnte ja eine Volksbefragung veranstalten, aber in Montenegro weiß jedermann, daß das Land in einen pro-serbischen Norden und einen nach Unabhängigkeit strebenden Süden zerfallen würde. Das Ergebnis des Referendums läge vermutlich bei 50:50, und dann würde sich der Verfassungsstreit von einem Tag zum anderen in einen Bürgerkrieg verwandeln.

Vor dieser Perspektive schrecken neuerdings sogar die Amerikaner zurück, denn wer möchte sich schon auf Partisanen-Überfälle in den gefürchteten »Schwarzen Bergen« einlassen. Eine extrem brisante Situation entstünde, falls Slobodan Milosevic die jugoslawische Oberhoheit über diese abtrünnige Region mit Waffengewalt wiederherzustellen suchte. Dann würde auch die Stunde jener albanischen Minderheit Montenegros schlagen, in der es längst zu rumoren begonnen hat.

Angesichts so vieler Ungewißheit haben sich diverse amerikanische Senatoren gegen Präsident Bill Clinton gestellt und pochen auf die Heimkehr der »Boys« aus dem Kosovo. Für die übrigen Kfor-Kontingente und das anrückende Eurocorps käme das einer Katastrophe gleich. Ohne die Amerikaner wären sie relativ hilflos einem heimtückischen Balkan-Konflikt ausgeliefert.

Im Schatten der absurden Resolution 1244 des Weltsicherheitsrates, die den föderativen Verbleib des Kosovo bei Jugoslawien und gleichzeitig seine »substantial autonomy« stipuliert, steuert das Amselfeld auf Anarchie und Gemetzel zu. Briten und Franzosen mögen bei ihren diversen Übersee-Einsätzen einige Erfahrung mit Guerilla- und Partisanen-Bekämpfung gesammelt haben.

Das deutsche Kontingent geriete jedoch in eine Situation, auf die es weder materiell noch psychologisch vorbereitet wäre. Das Gespenst der Wehrmacht-Okkupation des Balkans würde dann wieder lebendig, und die Lüge vom »humanitären Krieg« wäre auf schreckliche Weise entlarvt.

Die USA nähern sich dem Iran an

2. April 2000

Zwischen Teheran und Washington geht es um mehr als um Erd-
nüsse, Kaviar und Teppiche, deren weltweiter Verkauf jetzt freigegeben wurde. Im Orient bahnt sich möglicherweise eine Umschichtung
der amerikanischen Strategie an, und die Europäer versuchen krampfhaft, auf den fahrenden Zug aufzuspringen. Gewiß, der Erdöl-Boy-
kott gegen die Islamische Republik Iran ist noch nicht aufgehoben,
aber auch hier sind Kompromisse in Sicht.

Die amerikanischen Forderungen an die Mullahs sind bekannt: Die
Menschenrechte sollen respektiert werden; in dieser Hinsicht ist Persien unter Präsident Khatami trotz mancher betrüblicher Rückschläge weit »liberaler« geworden als so mancher arabische Staat, der
als treuer Verbündeter des Westens gilt. Iran soll dem internationalen Terrorismus abschwören; auch auf diesem Gebiet befleißigt sich
die Islamische Republik beachtlicher Zurückhaltung. Was die Duldung des Friedensprozesses im Heiligen Land betrifft, so scheint sich
selbst in diesem Punkt eine diskrete Revision der bislang unnachgiebigen persischen Haltung abzuzeichnen. In Jerusalem hat man ebenfalls begriffen, daß es keine profunde persisch-arabische, schon gar
keine persisch-palästinensische Solidarität gibt. Und im Hinblick auf
die schiitischen Hisbollah-Partisanen im Südlibanon könnte sich ein
mäßigender Einfluß aus Teheran eventuell positiver für die Sicherheit Galiläas auswirken als die vagen Versprechungen aus Damaskus.

Bleibt das amerikanische Verlangen, der Iran möge auf Massenvernichtungswaffen und weitreichende Raketen verzichten. Da liegt der
Hase im Pfeffer, denn möglicherweise ist das Einlenken Washingtons
gegenüber Teheran auf die geheimdienstliche Erkenntnis zurückzuführen, daß die iranischen Streitkräfte bereits über ein bescheidenes
Atombomben-Arsenal – etwa von pakistanischem Ausmaß – verfügen sowie über Trägerwaffen, die bis Israel reichen. Eine nukleare
Bedrohung Tel Avivs wäre für einflußreiche amerikanische Kreise

mit der Gefährdung New Yorks durchaus zu vergleichen. In diesem Zusammenhang sollte der Parallelfall Nordkoreas – vermutlich der schlimmste »Schurkenstaat« überhaupt – erwähnt werden. Dort befleißigt sich die US-Diplomatie einer verblüffenden Zurückhaltung.

Es war eine sensationelle Kehrtwendung, als Madeleine Albright, die ansonsten mit knallharten Einschüchterungen operiert, gegenüber den Mullahs plötzlich milde Töne anschlug, ja, sich zu einer Art Kanossagang bereitfand. Im Namen Amerikas entschuldigte sie sich für den Sturz des moderaten Teheraner Regierungschefs Mossadeq durch die CIA im Jahr 1953 und die nachfolgende, von Washington gebilligte Repressionspolitik des Schah Mohammed Reza Pahlevi. Sie bedauerte sogar ganz offiziell die massive Unterstützung, die Iraks Diktator Saddam Hussein acht Jahre lang während seines Aggressionskrieges gegen den Iran des Ayatollah Khomeini von US-Seite gewährt wurde.

Iran, so hofft man wohl in Washington, könnte allmählich wieder eine stabilisierende Funktion in der brisanten Krisenzone zwischen Kaukasus und Afghanistan einnehmen. Und es geht auch darum zu verhindern, daß Teheran zu eng an das Rußland Wladimir Putins heranrückt.

Am Pulverfaß Kosovo glimmt die Lunte

9. April 2000

Haben etwa die Russen den Krieg um das Amselfeld gewonnen? Die Frage drängt sich auf, während die slowenische Linienmaschine auf das bescheidene Flugplatzgebäude von Pristina zurollt. Dort weht neben dem Union Jack nur noch die übergroße russische Fahne. Die Mannschaftspanzer und Hubschrauber, die längs der Rollbahn aufgereiht sind, stammen aus sowjetischer Produktion und sind mir aus Afghanistan wohlbekannt. In ihren verbunkerten Hangars, denen das Nato-Bombardement nichts anhaben konnte, sollen jugoslawische MiGs geparkt sein. Aber auch darüber wissen nur die Russen Bescheid.

Im übrigen Kosovo ist die Truppenpräsenz Moskaus weit unauffälliger und in unzusammenhängenden Stellungen über die amerikanische, die französische, die deutsche Kfor-Zone verstreut. Aber da haben sich wachsame Beobachter installiert, denen keine alliierte Umdisposition entgeht. Im lockeren Gespräch mit russischen Offizieren bemerke ich den Stimmungsumschwung, der seit vergangenem Sommer stattgefunden hat. Damals wirkten die Moskowiter verunsichert, waren sich ihrer materiellen Unterlegenheit schmerzhaft bewußt. Seit Wladimir Putin die Nachfolge Peters des Großen antrat, haben sich bei seinen Soldaten Zuversicht und gesteigertes Selbstbewußtsein eingestellt.

Etwa 60 Kilometer südlich von Pristina sind wir bei Urosevac nach Osten abgezweigt. Der albanische Dolmetscher Ramadan reißt mich aus dem Halbschlaf. »Vor uns liegt ›Bondsteel‹«, sagt er fast ehrfürchtig; »hier haben die Amerikaner ihre große, beherrschende Festung auf dem Balkan errichtet. Sie haben sogar einen ganzen Berg planiert, um Raum für diese Basis zu schaffen.« Der Anblick ist in der Tat beeindruckend. Wäre nicht der schneebedeckte Höhenzug im Hintergrund, würde ich mich nach Vietnam zurückversetzt fühlen. Die gleichen zweckmäßigen Baracken wie einst in Danang oder Bien

Hoa reihen sich in exakter Ausrichtung, um 4000 GIs Unterkunft zu gewähren.

Die erste US-Infanterie-Division, die hier stationiert ist, »the big Red One«, wie sie sich nennt, ist mir vertraut. Sie hatte versucht, die durchlässige Grenze nach Kambodscha abzuriegeln, und der Sergeant »Bondsteel« hatte sich dort durch epische Heldentaten gegen den Vietcong hervorgetan.

Die gewaltigen Erd- und Untertunnelungsarbeiten auf diesem riesigen Areal sind noch in vollem Gange. Die US-Offiziere verstehen sich neuerdings wieder auf »public relations«, lassen unser Kamerateam nach Belieben filmen, obwohl in Belgrad und auch in anderen Balkan-Hauptstädten das Gerücht umgeht, das Pentagon beabsichtige hier, eine Raketenabschuß-Basis, eine gigantische Horchanlage und gewissermaßen ein Sprungbrett für künftige Blitz-Operationen in Nahost und im Kaukasus einzurichten.

Die europäischen Kfor-Offiziere, vor allem die deutschen, weisen solche Spekulationen weit von sich. Es sei dort ein »little America« und – im Hinblick auf den übertriebenen Komfort – eine Art »Disney-Land« entstanden. Der endlose Hubschrauber-Landeplatz, wo auch »Apaches« bereitstehen, sei nicht einmal zu einer ordentlichen Rollbahn ausgebaut.

Ich spreche den US-Colonel, der sich sofort zum Briefing bereitfindet, auf die phantastischen Vermutungen der Einheimischen an. Er habe vor allem für die Sicherheit seiner Männer zu sorgen, und darin sei der Sinn dieser perfektionierten Festungsanlage zu sehen, wiegelt er ab. Aber damit verwischt er nicht den geradezu imperialen Anspruch, den »Bondsteel« vermittelt. Hier kampiert eine Weltmacht unter dem Motto: »We are here to stay.«

Im Gespräch mit dem Oberst wird mir die Diskrepanz zwischen den geradezu futuristisch wirkenden Planungen der Amerikaner und den konventionellen, ja antiquierten Strategiekonzepten der Europäer deutlich. Im Pentagon denkt man global und ist auf die Gefahren nuklearer Proliferation von seiten irgendwelcher »Schurkenstaaten« fixiert. Dieses Thema ist bei den regierenden deutschen Atomgegnern »tabu«.

Auf Drängen des deutschen Kfor-Oberbefehlshabers Klaus Reinhardt haben die Amerikaner einen vorgeschobenen Stützpunkt unmittelbar an der Grenze zwischen der »Provinz« Kosovo und dem eigentlichen Serbien installiert. Die Fahrt dorthin führt durch eine liebliche, hügelige Landschaft. In den albanischen Dörfern sind nur wenige Menschen zu sehen, und diese Vereinsamung – so habe ich in zahlreichen Partisanenkriegen gelernt – ist ein Warnzeichen für Unsicherheit, ja Gefahr.

Im Gegensatz zu »Bondsteel« ist dieser Außenposten unzureichend abgeschirmt. Leutnant Lee, ein Amerikaner asiatischer Abstammung, gibt uns ein paar Hinweise. Jenseits der Grenze zieht sich ein fünf Kilometer tiefer entmilitarisierter Streifen entlang, wo die Serben nur mit gewöhnlicher Ordnungspolizei Kontrollen durchführen dürfen. Aber die Abwesenheit jugoslawischer Streitkräfte ist in den dortigen, überwiegend albanisch bevölkerten Dörfern von der irregulären albanischen »Befreiungsarmee« UCPMB genutzt worden, um serbische Polizeistationen zu überfallen. Ganz eindeutig bestätigen sich hier die albanischen Freischärler als Provokateure und beunruhigen die UN-Verwaltung des Kosovo wie auch das Kfor-Kommando mindestens so sehr wie die Regierung von Belgrad.

Wir sind in das Dorf Dobrosin vorgerollt, das sich schon in Serbien befindet. Zwei alte Albaner mit runden weißen Filzkappen haben uns versichert, es sei keine jugoslawische Polizei zugegen. Als ich vor der Moschee von Dobrosin den Wagen wenden lasse, wird uns plötzlich der Weg von drei Partisanen der UCPMB versperrt. Sie tragen funkelnagelneue Tarnuniformen amerikanischen Zuschnitts und schwarze Baretts mit einem rot-gelben Emblem. Sie halten ihre Kalaschnikows auf uns gerichtet, verlangen, daß wir uns mit dem Gesicht zur Mauer aufreihen, und tasten uns nach Waffen ab.

Ein Gespräch mit ihrem Kommandanten wird abgelehnt, aber dann lassen sie uns unbehelligt davonfahren. Ein paar Minuten lang habe ich die explosive Gefahr ermessen können, die für die weitere Stabilität des Balkans von dieser bewaffneten Irredenta und vom albanischen Expansionsdrang ausgeht, der nicht so sehr das schwergerüstete Serbien, sondern vor allem die schwache Republik Mazedonien bedroht.

Wiedersehen mit Prizren. Die Bundeswehr genießt weiterhin hohe Achtung bei der Bevölkerung. Ihre Generäle, Klaus Reinhardt in Pristina, Roland Kather als Kommandeur der Brigade Süd, strahlen Autorität und Sachkenntnis aus. Doch gemessen an der begeisterten Aufbruchstimmung im vergangenen Sommer ist bei den Deutschen von Prizren Ernüchterung eingekehrt. Wozu dient das multinationale Truppenaufgebot, das demnächst unter dem Befehl des spanischen Generals Ortuno dem Eurocorps einverleibt wird?

Von drei Soldaten sind zwei ausschließlich damit beschäftigt, bedrohte Minderheiten – vor allem Serben, aber auch Roma, Bosniaken, serbische Muslime, sogar Türken – gegen den rabiaten Chauvinismus der albanischen Kosovaren zu schützen. Vor jeder christlichen Kirche des Amselfeldes ist rund um die Uhr ein bemanntes Panzerfahrzeug plaziert. In Prizren wird eine serbische Greisin ununterbrochen von vier deutschen Soldaten in ihrer Wohnung bewacht. In dem Städtchen Orahovac, einer früheren Hochburg der UCK, hat sich ein serbisches »Getto« – anders kann man diese Ansammlung eingeschüchterter, verzweifelter Menschen nicht bezeichnen – unter massivem Militärschutz zusammengedrängt. Rund um das benachbarte serbische Dorf Velika Hoca mit 600 Einwohnern, dessen herrliche Kirchen-Fresken aus dem 16. Jahrhundert ich schon im Sommer 1999 bewunderte, stehen schwere holländische Artillerie- und deutsche Leopard-Panzer in permanenter Einsatzbereitschaft.

Grotesker geht es nicht. Um dem absurden Prinzip der Multi-Ethnizität und den Vorschriften der UN-Resolution 1244 zu genügen, verzettelt sich die Nato-Truppe, büßt jede Schlagkraft im Falle einer Krisen-Eskalation ein und verliert allmählich ihre Kampftauglichkeit.

Das Eurocorps, das an dieser Stelle in seine erste Bewährungsprobe geht, ist von Anfang an zur Funktion eines schwergerüsteten »Babysitters« für bedrohte Minderheiten herabgestuft. Für strategische Aufträge ist kaum noch Raum. Der UN-Gouverneur des Kosovo, der französische Arzt Bernard Kouchner, hatte sich über die unzureichende Zahl der ihm versprochenen internationalen UN-Polizisten beklagt. Jetzt sind sie überall zu sehen in ihren rot-weißen Dienstautos. Die deutschen Beamten rund um Prizren haben den Kampf gegen die allgegenwärtige Kriminalität noch nicht aufgegeben, obwohl kein albanischer Richter es wagen kann, einen überführten Übeltäter, soweit er über UCK-Verbindungen verfügt, zu verurteilen. Er müßte um sein Leben fürchten.

Die meisten UN-Polizisten – aus Ländern der Dritten Welt stammend und mehrheitlich an Linksverkehr gewöhnt – begnügen sich bestenfalls damit, mit der Kelle in der Hand die in sich verschachtelten Autokolonnen zu entwirren. Die Bevormundung durch Abgesandte aus Drittwelt-Ländern, deren Entwicklungsstand weit hinter dem Kosovo rangiert, wird von den Albanern als Demütigung empfunden. »Wenn man bei uns einen chaotischen Zustand beschreiben will«, so erklärte mir Dolmetscher Ramadan, »benutzt man den Ausdruck ›Bangladesch‹.«

Mir fällt auf, wie zügig der Wiederaufbau der zerstörten albanischen Häuser und Gehöfte vorangekommen ist. Die skipetarischen Sippen haben sich in bemerkenswerter Zusammenarbeit bewährt. Wenn man im Amselfeld dennoch immer wieder auf rauchende Ruinen stößt, dann handelt es sich um ehemals serbische Anwesen, die systematisch – auch im Stadtkern von Prizren – abgefackelt werden. Die Kfor-Offiziere gestehen ihre zunehmende Ratlosigkeit ein: »Wir sind hier für mindestens fünf, vermutlich für zehn Jahre.« Im UN-Hauptquartier von Pristina spricht man sogar von »einer Generation«.

In Prizren ist man weit entfernt von dem offiziellen Optimismus, der in Pristina, im Umkreis der UNMIK-Verwaltung, noch vorgetäuscht wird. Dabei müßte Bernard Kouchner es besser wissen. Ich habe die französischen Soldaten im schwierigsten Sektor von Mitrovica aufgesucht, wo sich nördlich des Flusses Ibar ein fast ausschließlich serbischer Gebietszipfel de facto abgespalten hat. Dort weht die jugoslawische Trikolore, und die verzweifelte Bevölkerung richtet sich auf Selbstschutz ein. Ich hielt mich in der sogenannten »Vertrauenszone« am Flußufer auf, einer illusorischen Begegnungsstätte der verfeindeten Volksgruppen, als aus dem Stadtviertel »Bosnien« Feuerstöße herüberhallten. Die französischen Fallschirmjäger reagierten professionell und lagen sofort im Anschlag. Sie sind es inzwischen gewöhnt, von albanischen Heckenschützen ins Visier genommen zu werden.

In Serbisch-Mitrovica, wo eine grimmige und düstere Stimmung vorherrscht, hat eine junge blonde Kioskhändlerin neben anti-amerikanischen Postkarten auch jugoslawische Offiziersmützen im Angebot. Ich erstehe eine davon für 30 Mark. »Die gleiche Mütze trägt General Mladic«, sagt mir das serbische Mädchen mit strahlenden Augen. Sie stört es nicht im geringsten, daß Mladic als Kriegsverbrecher gesucht wird.

Die französischen Truppenoffiziere entrüsten sich inzwischen über die angeblich pro-albanische Beschwichtigungspolitik ihres Landsmanns Kouchner. Doch auch die Deutschen beobachten mit zunehmender Ernüchterung die erschreckende Inkompetenz und die Anmaßung einer auswuchernden UN-Verwaltung, die neue Komplikationen heraufbeschwört.

In einem »Luxus-Restaurant« von Pristina habe ich Kouchner und den ehemaligen »Regierungschef« der UCK, Hashem Thaci, beim Abendessen beobachtet. Der junge, undurchdringliche Albaner verhielt sich wie ein lauerndes Raubtier. Auch ihm ist zu Ohren gekommen, daß laut Meinungsumfragen seine »Prosperitäts-Partei«, die aus der UCK hervorgegangen ist, weit hinter der »Demokratischen Liga« des einstigen Schattenpräsidenten des Kosovo, Ibrahim Rugova, liegt, obwohl sich dieser bizarre Intellektuelle seit Monaten vor der Öffentlichkeit verbirgt. Doch in der Umgebung Thacis macht man sich keine Sorgen. »Wir sind teilweise noch bei den Erben Enver Hodschas in Albanien ideologisch erzogen worden«, so schwadronieren sie, »und wir haben von Mao Tse-tung gelernt, daß die Macht sich am Ende des Gewehrlaufes und nicht in irgendeiner Wahlurne befindet.«

Sämtliche politischen Fraktionen des Kosovo verlangen die volle Unabhängigkeit ihres kleinen Landes, die endgültige Absage an jene absurde staatsrechtliche Bindung an Jugoslawien, die die UN-Resolution 1244 vorschreibt. Aber da werden Russen und Chinesen ihr Vetorecht einlegen, und selbst die europäischen Protektoratsbehörden sehen in der Proklamation der kosovarischen »Independence« den Auftakt zu staatlicher Auflösung der zu einem Drittel von Albanern bevölkerten Republik Mazedonien. Dann wäre der nächste Balkan-Krieg fällig und ein Flächenbrand, dem die EU – in ihrer erbärmlichen, selbstverschuldeten Machtlosigkeit – in keiner Weise gewachsen wäre.

Mag sein, so argumentieren deutsche Beobachter in Prizren, daß die »Kosovo-Befreiungsarmee«, die trotz offizieller Auflösung noch über ein beachtliches Waffenarsenal verfügt, in sich befehdende Clans und mafiöse Gruppen zerfällt. »Gewiß«, so höre ich von meinen Informanten, »weder die Kosovaren noch die Regierung von Tirana wollen sich für die Idee eines groß-albanischen Staates erwärmen. Aber diese nationale Vereinigung könnte sich auf dem Umweg einer grenzüberschreitenden, allmächtigen Kriminalität vollziehen.« Heute beherrschen diese Banden bereits ein fiktives, aber mit internationalem Warenangebot überreich ausgestattetes Wirtschaftssystem.

Bujar Bukoshi, der in den Jahren der serbischen Unterdrückung den Titel eines »Premierministers« des Kosovo beanspruchte, beschreibt mir bei unserem Treffen im Parteibüro von Pristina die albanische Republik von Tirana als »großes schwarzes Loch, aus dem nur Anarchie und Verbrechen über die Grenzen drängen«. Da muß ich an jenen verzweifelten Koran-Lehrer Ismail in Prizren denken, der den Abfall fast aller Albaner von den ererbten islamischen Religions- und Moralbegriffen als Ursache des abgrundtiefen Übels beschreibt. »Der rote Diktator Enver Hodscha hatte in Tirana den ersten ›atheistischen Staat‹ geschaffen«, so sagt Ismail, »und nun bewahrheitet sich der Vers des Koran: ›In der Hölle ist die Wohnstätte der Gottlosen.‹«

Globalisierung – ohne Afrika

10. April 2000

Für Afrika gibt es wohl nur negative Schlagzeilen, und die Verheißungen der Globalisierung, die der Menschheit angeblich demokratische Freiheiten und zumindest ein Minimum an Wohlstand bescheren soll, gehen am Schwarzen Kontinent wirkungslos vorbei. Da hat in der vergangenen Woche in Kairo eine europäisch-afrikanische Mammut-Konferenz stattgefunden. Das Ergebnis ist dürftig. Nicht einmal auf einen Schuldenerlaß für die ärmsten Staaten konnte man sich einigen. Die Absichtserklärung der Europäer, die Armut in Afrika bis zum Jahr 2015 zu halbieren, ist ein hohles Versprechen. Hingegen war von einem wirtschaftlichen Kollaps südlich der Sahara die Rede. Der Anteil von 48 afrikanischen Staaten am Welthandel erreichte gerade mal zwei Prozent, und deren summiertes Bruttosozialprodukt entspricht dem der Niederlande, obwohl die Bevölkerungsziffer fünfzigmal höher liegt als in Holland.

Nun wäre es leichtfertig, den westlichen Ländern lediglich Habgier und Hartherzigkeit vorzuwerfen. Nehmen wir das Beispiel Äthiopien. Wieder einmal zeichnet sich eine Hungerkatastrophe ab, die Millionen von Menschen das Leben kosten könnte. Dieses Unheil kommt nicht unerwartet, und die Regierung hat es sträflicherweise versäumt, einfachste Infrastruktur-Arbeiten wie Straßenbau vorzunehmen, um die fruchtbaren Regionen Abessiniens mit den Dürregebieten des Hochlandes zu verbinden. Dazu kommt ein widersinniger Grenzkrieg mit dem benachbarten, ebenfalls von Dürre geplagten Eritrea um einen Zipfel steinigen, ertraglosen Territoriums.

In anderen Regionen des Schwarzen Erdteils toben Stammeskriege von urzeitlicher Grausamkeit. Da kommt es in Sierra Leone oder Liberia zu kollektiven Verstümmelungen, ja zu Fällen von Kannibalismus, zu rituellen Horror-Veranstaltungen. Arm sind diese beiden Staaten keineswegs. Ebensowenig wie Angola, das mit Diamantengruben, Petroleum-Vorkommen und Kaffeeplantagen von der Natur begünstigt wurde. In Angola dauert ein bewaffneter Zusammenprall zwischen der ehemals kommunistischen MPLA-Regierung von Luanda und den Rebellen der Unita seit drei Jahrzehnten unvermindert an. Hier wird die Fratze eines menschenverachtenden »globalen« Kapitalismus sichtbar, dem es um den Erhalt von dubiosen Monopolen im Edelstein- und Erdölgeschäft geht.

Nicht die Regierungen Europas sollten zur Rechenschaft gezogen werden, wenn in Zentralafrika, insbesondere im riesigen ehemaligen Belgisch-Kongo-Becken, Völkermord und Eroberungszüge einer entfesselten schwarzen Soldateska angefacht wurden, sondern jene internationalen Konzerne, die im Hintergrund die Fäden ziehen und mit Waffenlieferungen oder Bereitstellungen von »weißen Söldnern« das Feuer schüren. In Kongo stehen sich nicht nur verfeindete Stämme gegenüber. Auf beiden Seiten haben sich Koalitionen benachbarter Staaten zusammengeschlossen. Sogar Namibia und die Republik Tschad haben Soldaten in dieses »Herz der Finsternis« entsandt, ganz zu schweigen von Uganda, Ruanda und Burundi, die den grauenhaften Genozid an einer halben Million Tutsi rächen wollen und ihrerseits zur Vernichtung der Hutu ausholen.

In Uganda hat diese Faszination des Todes auch auf christliche Sekten übergegriffen und jenen Massen-Suizid ausgelöst, der den Anbruch des Jahres 2000 begleiten sollte. Noch klammern sich alle Hoffnungen auf eine Normalisierung, auf eine Befriedung dieses unglücklichen Kontinents, an die Republik Südafrika, die es unter Nelson Mandela verstanden hat, das vorausgesagte Blutbad zwischen Schwarz und Weiß zu verhindern, ja, eine Form der Kooperation zwischen den Apartheid-Unterdrückten von gestern und den von ihnen verachteten »Kaffern« einzuleiten. Doch auch zwischen Kapstadt und Pretoria sind Alarmsignale zu erkennen. Johannesburg ist eine extrem unsichere Stadt geworden. Im benachbarten Namibia hat Staatschef Sam Nujoma den Weg zur Ein-Parteien-Tyrannerei beschritten. Und in Simbabwe scheitert die pragmatische Eingliederung einer Minderheit britischer Farmer am verständlichen Wunsch der Bantu-Mehrheit, den Boden für sich zu besitzen.

Dazu gesellen sich Heimsuchungen apokalyptischen Ausmaßes, für die niemand verantwortlich gemacht werden kann. So wurde Mosambik von einer sintflutartigen Überschwemmung verwüstet. Und in fast allen Ländern südlich der Sahara hat die Aids-Seuche inzwischen grauenhafte Ausmaße angenommen, die stellenweise ein Drittel der Bevölkerung auszulöschen droht.

Die bange Frage stellt sich, wie lange es im Zeitalter der Globalisierung noch dauern mag, bis die elenden Massen des Schwarzen Kontinents sich in einer riesigen Migration der Verzweiflung in Bewegung setzen werden, in Richtung wohlhabendes, aber abwehrunfähiges Europa.

Rückblick: Die letzten Tage von Saigon

23. April 2000

Die letzten Tage vor dem Fall von Saigon haben sich ganz anders abgespielt als in den bombastischen Inszenierungen der amerikanischen Kinoindustrie. Nehmen wir nur das Beispiel des preisgekrönten, von den Medienkritikern umjubelten Films »Deer Hunter« mit Robert de Niro in der Hauptrolle. »Die durch die Hölle gehen«, lautet die anmacherische deutsche Übersetzung.

Da wird eine gewaltige Feuersbrunst vorgeführt, die über die Hauptstadt Südvietnams vor der Eroberung durch die Kommunisten hereingebrochen sei. Aber in Saigon hat damals kein einziges Haus gebrannt. Da werden verzweifelte amerikanische Soldaten gezeigt, die in den Kaschemmen von Cholon russisches Roulette spielen. Doch diese selbstmörderische Revolver-Lotterie zählte nicht zu den zahlreichen Lastern, denen die GIs in Fernost gefrönt hatten. Im übrigen gab es keine uniformierten Amerikaner mehr in Saigon, als die Stunde des Untergangs nahte.

Deshalb greife ich lieber auf meine persönlichen Erinnerungen und Notizen aus dieser dramatischen Woche zurück:

Wir schreiben den 20. April 1975. Noch nie ist mir Saigon so asiatisch erschienen. Sobald man von der Tu-Do-Straße und vom Blumenmarkt abweicht, treibt man schnell als einziger Weißer in einer kompakten gelben Masse. Die Vietnamesen haben den Ausländern gegenüber die Maske der Indifferenz aufgesetzt. Nur wenn sie sich unbeobachtet fühlen, spricht aus ihren Augen die Sorge und die Erwartung der nahen Katastrophe.

Mein Fahrer Canh, den ich seit vielen Jahren kenne, ist noch nie so unachtsam und zerstreut durch das Verkehrsgewühl der Innenstadt gefahren. Als ich ihn zurechtweise, bricht die Angst aus ihm heraus: »Sie wissen doch, Monsieur: 1954 bin ich vor den Kommunisten aus Hanoi nach Süden geflohen, und jetzt holen sie mich wieder ein.« Die Vorsteherin des Telegrafenamtes, eine bedächtige Annamitin mit strengem Haarknoten, nimmt mich auf die Seite: »Stimmt es, Monsieur, daß die Nordvietnamesen die Beamten der Saigoner Regierung umbringen werden?« Im eroberten Danang hätten die Kommunisten in jedem Stadtviertel wahllos hundert Personen aufgegriffen und zur Einschüchterung öffentlich erschossen, so hat man ihr erzählt.

Die Menschen von Saigon wollen mit ihrem Kummer und ihrer Ungewißheit allein sein. Für Vietnam geht das Kapitel der 200jährigen Öffnung nach Westen mit einer schrecklichen Enttäuschung über den amerikanischen Partner zu Ende. Die flatterhafte Stadt Saigon, la Perle de l'Extrême Orient, schickt sich an, dem Luxus, der Korruption, der hektischen Betriebsamkeit und der sprudelnden Lebensfreude zu entsagen. Bald wird es puritanisch und langweilig zugehen wie in Hanoi.

Im Westen sind natürlich die üblichen Sensationsbilder publiziert worden mit Menschen, denen das Grauen in den Augen steht. Aber das darf nicht darüber hinwegtäuschen, daß dieses Land mit einer Würde ohnegleichen seinen Schicksalsgang angetreten hat. Seien es die Flüchtlinge, deren scheinbare Resignation mit stählerner Energie und Überlebenswillen geladen bleibt, seien es die Regierungssoldaten, die ebensogut wissen wie die ausländischen Reporter, daß der Krieg verloren ist, daß sie sich demnächst vor Volkstribunalen zu verantworten haben werden – sie alle wahren auf fabelhafte asiatische Weise das Gesicht. Dieses ist ein großes Land, das sich anschickt, unter dem strengen Regiment des proletarischen Sparta im Norden wiedervereinigt zu werden, wo eiserne Ordnung und mönchische Disziplin herrschen. Wie sollten die Amerikaner in einem solchen Land und mit einem solchen Volk zurechtkommen, das sie auf ihren stets irreführenden Briefings in »good guys and bad guys« einteilten?

Vor der amerikanischen Botschaft stauen sich die Bittsteller, die mit den letzten Flugzeugen oder Hubschraubern herausgebracht werden wollen. Die dort Schlange stehen, sind die kleinen Fische der Kollaboration, verschreckte Saigoner Bürger, Bräute von GIs, kleine Angestellte der unzähligen US-Dienststellen. Die wahren Profiteure und Haifische, die in den zehn Jahren amerikanischer Präsenz Vermögen ansammelten, haben längst für ihre Sicherheit gesorgt, die Drahtzieher des Schwarzmarktes, des Heroinhandels und der Prostitution. Jene hochanständigen Offiziere und Beamten des Saigoner Regimes, von denen es mehr gab, als die westliche Presse berichten wollte, und die es nicht über sich bringen, unter unwürdigen Bedingungen um einen Flugschein zu betteln, die bleiben zurück.

Mit der Plötzlichkeit eines Taifuns ist die Niederlage über das Regime des Präsidenten Nguyen Van Thieu gekommen. Mitte März 1975 hatten die Nordvietnamesen im annamitischen Hochland die Ortschaft Ban Me Thuot mit Panzern und Artillerie angegriffen. Die Südvietnamesen hatten sich knappe vier Stunden halbherzig gewehrt. Dann waren die Soldaten Hanois Herr der Lage, und es gab kein Halten mehr. Ein geordneter Rückzug ist wohl die schwierigste militärische Operation und setzt perfekte logistische Vorbereitungen sowie eine hohe Kampfmoral der Truppe voraus. Beides war nicht vorhanden. In Hue und Danang brach Panik aus. Die Garnison der alten Kaiserstadt hetzte wie die wilde Jagd auf den Hafen Danang zu.

Am schamlosesten benahmen sich die kampferprobten südvietnamesischen Marines. Sie drängten die zivilen Flüchtlingskolonnen in die Straßengräben und schossen sich den Weg zu den Kais und den rettenden Schiffen frei. Es kam zu wüsten Szenen der Plünderung und Brutalität. An Bord der Transporter und Lastkähne, die zum Bersten überfüllt aus Danang ausliefen, nahmen die Marines den Zivilisten Geld und Schmuck ab. Sie vergewaltigten Frauen und Mädchen. Wer ihnen nichts bieten konnte, wurde über Bord gestoßen.

Die Kriegsberichterstattung ist in diesen letzten April-Tagen eintönig geworden. Die einzigen Gefechte spielen sich im Umkreis der Straße 1 ab, die nach Osten in Richtung auf Xuan Loc führt. 60 Kilometer Fahrt mit dem Mietwagen an der verlassenen und verwahrlosten US-Basis Long Binh und am Luftstützpunkt Bien Hoa vorbei, und schon befindet man sich in Frontnähe. In der Gegend von Bien Hoa hatten sich nach der französischen Niederlage von Dien Bien Phu und dem Genfer Waffenstillstandsabkommen von 1954 rund 300000 katholische Flüchtlinge aus dem Norden angesiedelt und mit viel Fleiß bescheidenen Wohlstand geschaffen, im Schatten ihrer schmucklosen Betonkirchen, ihrer Mariensäulen und Lourdes-Grotten.

Jetzt sind diese Menschen, die seitdem das Rückgrat des vietnamesischen Abwehrkampfes gegen den Kommunismus gebildet haben, wieder auf der Flucht vor den anrückenden Divisionen Hanois. Wie im Jahr 1954 haben Geistliche und Nonnen die Führung der Evakuierungskolonnen übernommen, doch dieses Mal gibt es kein sicheres Asyl im Süden, sondern nur den Tagesmarsch bis in die übervölkerten Vororte einer bereits vom Untergang gezeichneten Metropole.

Die südvietnamesische Armee hat ein paar Batterien gruppiert und feuert auf einen unsichtbaren Gegner. Eine Verteidigungslinie ist nicht zustande gekommen.

Für ernsthafte Gegenwehr fehlt jede Voraussetzung. Wir fahren weiter, bis die Straße 1 ganz leer wird, ein untrügliches Zeichen dafür, daß Gefahr im Verzug und der Gegner nahe ist. Die Regierungssoldaten geben sich bei aller Aussichtslosigkeit der Situation freundlich und scherzen sogar mit uns. Wir haben schwarz-rot-goldene Plaketten angesteckt, auf denen »Bao Chi Duc – Deutsche Presse« steht. Auf den Fluchtstraßen in vorderster Linie wird man besser nicht mit einem Amerikaner verwechselt. Die Soldaten mahnen uns zur Vorsicht. Hinter dem nächsten Hügel, so warnen sie, befänden sich die Nordvietnamesen.

Ich lasse den Wagen wenden und gehe mit dem Team zu Fuß bis zum letzten Beobachtungsposten. In den leeren Feldern bewegt sich nichts, aber in 300 Meter Entfernung versperrt ein Erdwall die Straße. Die Nordvietnamesen haben dort ihre Panzerminen verbuddelt.

Die fremden Armeen haben Saigon verlassen. Sogar jene amerikanischen Militärberater, die als Zivilisten getarnt waren, sind, den Code-Signalen des US-Senders folgend, beinahe wie Verfemte zum Flugplatz Tan Son Nhut gefahren und ausgeflogen worden. Es bleibt nur noch eine leere weiße Söldnertruppe zurück, die Kohorte der Journalisten. Die Vorboten der Katastrophe und das Nahen der ideologisch-puritanischen Säuberungswelle, die von Norden auf das südliche Saigon zuschwappt, wecken wohl auch bei den braven Presseberichten tief vergrabene Landsknecht-Instinkte.

Um acht Uhr trifft sich dann alles in den Hotelzimmern des Hotels »Continental«. Eine vermoderte Kolonial-Atmosphäre ist in diesem altertümlichen Kasten im Herzen Saigons erhalten geblieben. Die Kellner und Zimmerboys sind noch die gleichen wie vor 30 Jahren. Und diese runzligen kleinen Männlein servieren jeden Abend mit Trippelschritten Eis und Soda für die lärmende Journalistenrunde, die sich über die Alkoholbestände der verlassenen Botschaften hergemacht hat. Bis spät in die Nacht wird getrunken, und immer die gleichen Geschichten werden erzählt, Episoden von der Tet-Offensive 1968, von der Frühlingsoffensive 1972, Anekdoten von Präsident Diem und Präsident Thieu, von Bonzen, Generälen und Ganoven.

Daneben sitzen junge Vietnamesinnen wie exotische Blumen und werden mit jedem Glas Alkohol, das die Europäer kippen, schöner. Sie selber trinken kaum. An der Wand hängt ein Werbeplakat aus den Tagen, als Südvietnam noch Touristen anlocken wollte: Eine attraktive Asiatin in der Nationaltracht Ao Dai ist dort dargestellt, verschwommen und verführerisch zwischen Blumen und Pastelltönung. »Follow me to Saigon!« steht darunter.

So sind die Journalisten die letzten Kunden der Mädchen von Saigon, so etwas wie Beichtväter in der Stunde vor der großen Prüfung. Die eine gibt sich fatalistisch: »Dann werde ich eben beim Vietcong Reis pflanzen; ich komme ohnehin vom Land.« Die zweite meint, daß sie niemals auf schöne Kleider und das leichte Leben verzichten kann, daß sie die Schmach nicht ertragen wird und daß das Wasser des Saigon-Flusses tief genug ist, um sie aufzunehmen. Die dritte kehrt Trotz heraus: »Als es meinem Volk materiell gutging hier in Saigon und alle Güter zur Verfügung standen, wollte ich daran teilhaben; doch wenn mein Volk hart arbeiten muß und arm sein wird, dann will auch ich arm sein.«

Während ich an jenem Abend im »Continental« diese Mädchen betrachte, die artig, wenn auch nicht sittsam, mit stark geschminkten Katzenaugen regungslos wie Puppen verharren, fällt mir ein Zitat aus dem »Stillen Amerikaner« von Graham Greene ein: »Sie ist kein Kind. Vielleicht ist sie widerstandsfähiger, als Sie jemals sein werden. Kennen Sie die Art von Politur, die unzerkratzbar ist? So ist Phung.«

Am frühen Morgen haben wir noch einmal in Richtung Xuan Loc auf der Straße 1 gekundschaftet. Die Nordvietnamesen sickern beiderseits dieser Rollbahn ein. Im nahen Tu Duc sind ihre Propaganda-Trupps bereits öffentlich aufgetreten und haben der Bevölkerung mitgeteilt, daß sie bis zum 1. Mai eine Schonfrist setzen würden; wenn aber bis dahin General Thieu als Präsident nicht zurückgetreten sei, werde die Schlacht um Saigon beginnen, und dann solle jeder sehen, wo er bleibt.

An diesem Tag bin ich in der Rikscha von der Front ins Hotel zurückgefahren. In Saigon warten alle auf die Abdankung des Präsidenten Nguyen Van Thieu. Seine Ansprache zum großen konfuzianischen Ahnenfest der Vietnamesen hatte er in letzter Minute abgesagt.

Dafür tritt er abends um acht Uhr im Fernsehen auf, während gerade die Ausgangssperre beginnt.

Nguyen Van Thieu, dieser unauffällige Mann mit dem unbeweglichen Pokerface, der zu Unrecht von so vielen westlichen Zeitungsschreibern dämonisiert worden ist, wächst in dieser Stunde des Abschieds von der Regierung über sich selbst hinaus. »Die Vereinigten Staaten haben ihre Versprechen nicht gehalten«, sagt er mit verhaltener Wut vor der Kamera, »sie sind unfair, sie sind unmenschlich. Sie sind nicht glaubwürdig. Sie sind unverantwortlich. Ich habe nie geglaubt, daß ein Mann wie Henry Kissinger unser Volk einem so schrecklichen Schicksal ausliefern würde.«

Für das abergläubische Volk von Saigon stand der Untergang Thieus seit dem letzten vietnamesischen Neujahrsfest, dem »Tet« der Katze, ohnehin fest. Der Staatschef stand unentrinnbar im astrologischen Zeichen der Maus, und so mußte ihm das Jahr der Katze, das nunmehr unter dramatischen Vorzeichen begann, zum Verhängnis werden. Wenn dennoch Thieu mit dem Leben davonkomme, dann würde er das vielleicht seiner Frau verdanken, die im Zeichen des Pferdes geboren war.

Mit einem Wagen des diplomatischen Korps sind wir um Mitternacht trotz Sperrstunde durch die verwaiste Stadt gefahren. Polizeipatrouillen sperren die Straßenkreuzungen mit Stacheldraht und Spanischen Reitern.

Am Flugplatz Tan Son Nhut geht unter amerikanischer Regie die Evakuierung pausenlos und beklemmend weiter. Neben vietnamesischer Polizei und Feldgendarmerie tauchen neuerdings verdächtige Gestalten in den schwarzen Pyjamas der freiwilligen Miliz auf. Sie stellen wohl die letzte Reserve des Regimes dar. Diese unsicheren Kantonisten haben schon mit Plünderungen begonnen. Je schneller und reibungsloser jetzt die Nordvietnamesen die Kontrolle über Saigon übernehmen, desto besser wird es für die Stadt sein.

Die letzten Tage vor dem Fall Saigons vergehen in hektischer Spannung. Die Amerikaner haben den verbleibenden westlichen Ausländern den Evakuierungsplan für den Tag X mitgeteilt. Über den US-Sender von Saigon werde dann die Code-Ankündigung verlesen: »Die Temperatur hat 105 Grad Fahrenheit erreicht.« Anschließend werde eine Platte von Bing Crosby abgespielt: »I'm dreaming of a white Christmas«. Auf dieses Signal soll jedermann zu den Startplätzen der amerikanischen Hubschrauber eilen und sich zu den Schiffen der 7. US-Flotte ausfliegen lassen.

Ich war fest entschlossen, an diesem verzweifelten Run nicht teilzunehmen. Ich wollte mich nicht wie ein Verstoßener im Schutz amerikanischer Marines aus diesem Land herausstehlen, das ich vor dreißig Jahren in den Reihen des französischen Expeditions-Korps für Fernost in Conquistadorenstimmung entdeckt hatte.

Mit einer Reihe von ausländischen Kollegen hatten wir beschlossen, uns in Saigon von den Nordvietnamesen überrollen zu lassen. Das Risiko war kalkulierbar, zumal ich zwei Jahre zuvor aus meiner Gefangenschaft beim Vietcong in gutem Einvernehmen aus dem Dschungellager entlassen worden war.

Aber ein Kabel aus der Zentralredaktion hatte mir mitgeteilt, daß meine Sondersendung über Vietnam auf den 2. Mai anberaumt war. Schnitt und Endfertigung würden unter äußerstem Zeitdruck stehen. Unmittelbar danach wollte ich nach Saigon zurückkehren. Am 26. April fand unser Abflug von Tan Son Nhut statt an Bord der letzten regulären Air-France-Maschine, die nicht einmal voll ausgebucht war.

Drei Tage später, eine Woche früher, als ich erwartet hatte, brausten die T-54-Panzer der Nordvietnamesen – ohne auf irgendeine Gegenwehr zu stoßen – an der verwaisten US-Botschaft vorbei auf den verlassenen Doc-Lap-Palast des Präsidenten Thieu zu. Sie walzten die eisernen Gitter nieder. Die »Bo Doi«, wie man die Soldaten des Nordens nannte, hißten ihre Fahne mit dem gelben Stern und konnten sich rühmen, die Weltmacht Amerika besiegt zu haben.

Schon im Sommer 1976, ein Jahr später, habe ich Saigon, das inzwischen Ho-Tschi-Minh-Stadt hieß, wieder aufsuchen können. Es war ein schmerzliches Wiedersehen, und meiner Fernseh-Dokumenation gab ich den Titel »Bitterer Sieg«. Die großartige nordvietnamesische Armee hatte ihren Triumph verspielt, hatte sich von den marxistisch-leninistischen Dogmatikern in Hanoi zum Instrument einer rachsüchtigen Repression gegen die meist unschuldigen Südvietnamesen mißbrauchen lassen. Fast alle Soldaten des Generals Thieu wurden in Konzentrationslager gesperrt. Über die Zivilbevölkerung brachen das Strafgericht einer unerbittlichen ideologischen Umerziehung und tiefes Elend herein.

Es bedurfte langer Jahre, ehe im wiedervereinigten Vietnam nach dem Fehlschlag seines Eroberungsfeldzuges in Kambodscha und der verlustreichen Abwehr der chinesischen »Strafaktion« im Norden eine erträgliche Normalität des Lebens aufkam. Inzwischen hat Saigon wieder zu Lebensfreude und einer unzähmbaren Dynamik zurückgefunden. US-Verteidigungsminister William Cohen hat im vergangenen Monat sogar einen Versöhnungsbesuch in Hanoi abgestattet.

Amerika, das inzwischen gelernt hat, daß in Asien kein Landkrieg zu gewinnen ist, sucht paradoxerweise bei den immer noch kommunistischen Erben Ho Tschi Minhs Verbündete für das sich abzeichnende Kräftemessen mit der Volksrepublik China.

Und was ist aus der deutschen 68er-Generation geworden, die in dichtgedrängten Rotten mit dem Kampfruf »Ho-Ho-Ho-Tschi-Minh« gegen die bürgerliche Gesellschaft angetreten war und amerikanische Fahnen verbrannte? Die Prominentesten unter ihnen haben den Marsch durch die Institutionen vollzogen. Diese glühenden Pazifisten von einst sind auf ihre Weise Erfüllungsgehilfen der damals verpönten »Yankees« geworden und haben sich während des Kosovo-Konfliktes als Apologeten eines absurden »humanitären Krieges« hervorgetan. Für die deutschen Phantasten wird Vietnam ein ewiger Vorwurf bleiben. Für mich bleibt Indochina das verlorene Land einer unstillbaren Nostalgie.

Piratenstück und Heiliger Krieg

8. Mai 2000

Die Geiselentführung auf den Südphilippinen hat eines vor Augen geführt: die Globalisierung des Terrorismus. Es ist immerhin merkwürdig, daß es der Entführung von zehn Europäern bedurfte, um die Welt auf einen religiösen Konflikt aufmerksam zu machen, der seit der Besitznahme dieses südostasiatischen Archipels durch die Spanier im 16. Jahrhundert andauert. Jetzt sind die »Moros«, jene Malaien der Inseln Mindanao, Basilan und des Sulu-Archipels, im Mittelpunkt des internationalen Interesses.

Anfangs sah das »Kidnapping« auf der malaysischen Taucherinsel Sipadan nach gewöhnlicher Piraterie aus. Der islamische Name der Entführergruppe, »Abu Sayyaf«, sollte – so wurde angenommen – nur ein religiöses Alibi verschaffen. Aber die Situation hat sich dramatisiert. Die europäischen und asiatischen Gefangenen, die von den muslimischen Guerilleros auf Jolo und Basilan von einem Dschungelversteck zum anderen verschleppt werden, dienen den aufständischen Moros primär dazu, die internationale Gemeinschaft auf ihre Situation der Diskriminierung in einem zu neunzig Prozent katholischen Staat aufmerksam zu machen. Präsident Estrada, der eine schlechte Figur abgibt, hat dem Drängen der deutschen, französischen und finnischen Regierung nicht nachgegeben, seinen Armee-Einheiten Zurückhaltung aufzuerlegen. Die philippinischen »Rangers« sind gegen die Dschungelverstecke von Abu Sayyaf vorgegangen, aber als sie die Hütten erreichten, die den Touristen als Gefängnis dienten, waren die Untergrundkämpfer mitsamt ihren Opfern längst in ein anderes Versteck entkommen. Für die philippinischen Streitkräfte bestehen geringe Chancen, diesen Freischärlern beizukommen. An den »Moros« waren schon die Spanier in 300jähriger Auseinandersetzung gescheitert. Sogar die U.S. Marines, die nach der Übernahme der Philippinen durch die Vereinigten Staaten auf Jolo für Ordnung sorgen wollten, haben sich dort blutige Köpfe geholt. Der Krieg der unabhängigen Regierung von Manila gegen die muslimische Minderheit im eigenen Land dauert seit dem Zweiten Weltkrieg an.

Doch zumindest auf der großen Insel Mindanao konnte man hoffen, daß sich eine Normalisierung einstellen würde. 1996 hatte die Nationale Moro-Befreiungsfront unter ihrem Führer Nur Misuari, dem Inspirator des muslimischen Separatismus, eine Teilautonomie für vier überwiegend islamische Provinzen ausgehandelt. Der frühere Protektor Misuaris, Oberst Gaddhafi von Libyen, hatte dies gefördert. Doch der Kompromiß war offenbar faul. Die Moros auf Mindanao waren nach 1945 durch eine massive Zuwanderung von Katholiken aus dem verarmten Visaya-Archipel in die Minderheit gedrängt worden, und diese Zuwanderer bedienten sich brutaler Methoden, um die besten Ländereien an sich zu reißen.

Besagter Nur Misuari hat sich in der Geiselaffäre als Vermittler eingeschaltet. Aber von der Mehrzahl seiner früheren Anhänger wird er heute abgelehnt und aufgrund seiner Nachgiebigkeit gegenüber Manila fast als Verräter gebrandmarkt. Misuari hat sich nicht nur die Extremisten-Gruppe Abu Sayyaf zum Feind gemacht, sondern auch die neugegründete Islamische Befreiungsfront der Moros, die volle Unabhängigkeit fordert. Diese Islamisten sind es auch, die plötzlich – ermutigt durch die Geiselnahme Abu Sayyafs – zu bewaffneten Überfällen auf philippinische Militärposten und katholische Ortschaften auf Mindanao übergegangen sind.

Der Moro-Aufstand droht zu einer existentiellen Krise für die philippinische Republik zu werden. Er verdeutlicht vor allem, welch explosives Potential sich in ganz Südostasien angestaut hat als Folge einer religiösen Erweckungsbewegung der dort lebenden islamischen Masse von etwa 200 Millionen Koran-Gläubigen. Abgesehen vom Schicksal der gepeinigten Touristen steht hier unendlich viel auf dem Spiel. Eine schleichende Re-Islamisierung hat bereits stattgefunden. Noch vor ein paar Jahrzehnten war in Indonesien – mit 160 Millionen Gläubigen der zahlenstärkste Staat des gesamten »Dar-ul-Islam« – die Verschleierung, sogar das Kopftuch für Frauen eine Ausnahmeerscheinung. Das hat sich geändert. Auch die muslimische Bevölkerungsmehrheit in Malaysia findet zu einer koranischen Frömmigkeit zurück. Noch übt der Präsident von Indonesien, Abdurrahman Wahid, sein Amt im Sinne religiöser Toleranz für die christlichen und hinduistischen Minderheiten aus. Doch dieser schwerkranke Staatschef bietet keine Dauerlösung. Sein Abgang ist nur eine Frage des Termins. Dann könnten die Kräfte eines muslimischen Fundamentalismus die Oberhand auf Java gewinnen. Die Moros auf den Philippinen, die heute schon durch indonesische Sympathisanten unterstützt werden, könnten dann über gewaltigen Rückhalt verfügen. Die weltpolitisch noch unbedeutende Guerilla der Moros gäbe möglicherweise das Signal für chaotische Auflösungserscheinungen, die ganz Südostasien erschüttern würden.

Die Tragödie des Schwarzen Kontinents

14. Mai 2000

Der grauenvolle Stammeskrieg, der in der westafrikanischen Republik Sierra Leone erneut aufgeflammt ist und zur Gefangennahme von fast 500 afrikanischen Uno-Soldaten durch halbwüchsige Rebellen einer sogenannten »Vereinigten Revolutionsfront« RUF geführt hat, sollte jenen deutschen Politikern zu denken geben, die zur gleichen Stunde über die Umstruktuierung der Bundeswehr und die massive Schaffung von »Krisen-Reaktionskräften« reflektieren. Wenn es um blitzschnelles und effizientes Eingreifen geht, sind immer noch die Briten mit ihren erprobten Fallschirm-Kommandos und dem »Special-Air-Service« die unschlagbaren Vorbilder.

In Sierra Leone sind die »Paratroopers« Ihrer Majestät blitzartig zur Stelle gewesen, als es galt, ein paar hundert ihrer Landsleute und auch die Bürger befreundeter Staaten, darunter 35 Deutsche, dem entfesselten Horror zu entreißen. Die Horden des Aufstandsführers Foday Sankoh, die aus dem Urwald zum Sturm auf die Hauptstadt Freetown ansetzen, haben einen fürchterlichen Ruf erworben, seit sie Tausenden ihrer angeblichen Feinde die Arme abhackten, teilweise mit dem Argument, daß die Hände, die bei der letzten Präsidentschaftswahl den Stimmzettel für den falschen Kandidaten in die Urne gesteckt hätten, kein besseres Schicksal verdienten.

In der benachbarten Republik Liberia kann sich der ehemalige »Corporal« Foday Sankoh auf einen Gesinnungsgenossen, den Präsidenten Charles Taylor, stützen, der sich mit folgendem Regierungsprinzip der Macht behauptet: Absoluter Terror in dieser Region schafft bedingungslose Unterwerfung.

Die britischen Eingreiftruppen wären schlecht beraten, wenn sie sich in die internen Konflikte Sierra Leones verwickeln ließen. Dieses Staatswesen von fünf Millionen Menschen hatte so hoffnungsvoll begonnen, als englische Philanthropen eine Gruppe ehemaliger Plantagensklaven ihrer Antillen-Inseln in die Heimat an der Guinea-

Küste zurückschickten, um dort in Freetown – »der freien Stadt« – dem Schwarzen Kontinent einen Weg der Hoffnung und der Zivilisation zu weisen.

In Ermangelung amerikanischer und europäischer Eingreiftruppen, die in Sierra Leone vielleicht das schlimmste Blutbad verhindern könnten, aber in einen endlosen Buschkrieg verwickelt und am Ende als Neo-Kolonialisten beschimpft würden, hat der hoch achtbare Generalsekretär der Vereinten Nationen, der Ghanaer Kofi Annan, nach dem blamablen Scheitern erster Militär-Kontingente aus Sambia, Nigeria, Guinea und anderen afrikanischen Nachbarländern – immerhin eine Truppe von 8700 Mann – die massive Verstärkung seiner »Blauhelme« in Sierra Leone angefordert. Überwiegend sollen diese Friedensstifter aus Indien, Bangladesch und Jordanien kommen. Die Gründe einer solch prompten Einsatzbereitschaft liefen für einen ausgepowerten Staat wie Bangladesch auf der Hand. Für jeden Soldaten zahlt die Uno einen Monatsbetrag von 1000 Dollar, der jedoch – bis auf einen Restsold von 13 Dollar – direkt in die Staatskasse von Dhaka abfließt.

Offenbar sind die meisten westlichen Politiker unfähig, aus den Fehlern der Vergangenheit zu lernen. In den Jahren 1960 bis 1963 waren die Vereinten Nationen unter der weit überschätzten Galionsfigur Dag Hammarskjöld mit mehr als 30 000 Mann aus aller Herren Länder angetreten, um der ehemals belgischen Kongo-Kolonie zu Demokratie und Wohlergehen zu verhelfen. Von den katastrophalen Folgen dieses Unternehmens hat sich die frühere »Republik Zaire« des verstorbenen Marschalls Mobutu bis auf den heutigen Tag nicht erholt.

Noch kläglicher verlief eine Uno-Aktion zur Befriedung Somalias, die von den Amerikanern – nach Verlust von 16 GIs – sang- und klanglos abgebrochen wurde. Daß die Bundeswehr, die sich an diesem dilettantisch geplanten Feldzug in Somalia zum ersten Mal mit eigenen Soldaten beteiligte, ohne Schaden wieder einschiffen konnte, war ein Glücksfall.

Unterdessen geht in Sierra Leone das Morden weiter. Der fürchterliche Verdacht drängt sich auf, daß die reichen Diamantvorkommen dieses Landes zwar die hemmungslose Begehrlichkeit der einheimischen Bürgerkriegsparteien geweckt haben, daß sich im Hintergrund jedoch die internationalen Minengesellschaften als die wahren

Drahtzieher dieser Tragödie profilieren und sich schamlos an ihr bereichern.

Im Zusammenhang mit der Aufstellung von deutschen Krisen-Reaktionskräften ist neuerdings im Umfeld der Nato die leichtfertige These vertreten worden, die Armeen der Zukunft seien nicht mehr zur Verteidigung von Grenzen, also des Vaterlands, vorgesehen, sondern zur Verteidigung von Interessen, also zur Begünstigung einer diffusen »Plutokratie«, wie es der US-Publizist William Pfaff ausdrückt. Deshalb sollten die Richtlinien für die notwendige Professionalisierung der Bundeswehr und für deren eventuelle Einsätze äußerst restriktiv und unter strengster Berücksichtigung der Erfordernisse nationaler oder kontinentaler Selbsterhaltung formuliert werden.

Strohfeuer oder neue Intifada?

21. Mai 2000

Um den Begriff »Sankt-Nimmerleins-Tag« zu beschreiben, verfügen die Ägypter über den Ausdruck »bukra fil mischmisch« – »morgen, wenn die Aprikosen reifen«.

Yassir Arafat, der lange genug im Nil-Tal gelebt hat, um dieses Wortspiel zu kennen, hat die »Aprikosen-Ernte« der palästinensischen Staatsgründung auf den September dieses Jahres festgesetzt. Wie glaubwürdig er damit ist, bleibe dahingestellt, und es hängt nicht von ihm allein ab. Am vergangenen 15. Mai, am Jahrestag der »Naqba« – so bezeichnen die Palästinenser die »Katastrophe« ihrer Vertreibung nach der Gründung Israels –, war in den Städten des Westjordanlandes und in Gaza ein Sturm des Aufstandes losgebrochen, und die Auguren befürchteten den Beginn einer neuen »Intifada«. Aber es war wohl nur ein Strohfeuer gewesen. Über den kriegerischen Urinstinkt der Tschetschenen oder Afghanen verfügen die Palästinenser eben nicht.

Wie soll er aussehen, der souveräne palästinensische Staat, den Yassir Arafat herbeisehnt?

Eines ist sicher: An eine Einigung mit Israels Regierungschef Ehud Barak über die noch anstehenden Kardinalprobleme – endgültige Grenzziehung, Zahl der jüdischen Siedlungen, Rückkehr oder Entschädigung der arabischen »refugees«, die Zukunft Jerusalems, um nur diese zu nennen – ist bis zum Herbst gar nicht zu denken. Der »Rais« Arafat könnte es schon als großen Erfolg feiern, wenn er bis dahin aus einem provisorischen Regierungssitz bei Abu Dis, im östlichen Vorfeld der Stadt Davids, einen nostalgischen Blick auf die golden schimmernde Kuppel der Omar-Moschee werfen könnte.

Aus guten Gründen vermeiden es die Verhandlungspartner, die sich in aller Heimlichkeit wieder in Skandinavien begegnen, irgendeine Landkarte des künftigen »Filistin« zu veröffentlichen. Zur Stunde gleicht die Westbank zwischen Jenin und Hebron noch einem absurden Flickenteppich aus A-, B- und C-Zonen. Niemand kann im Ernst damit rechnen, daß die Israelis ihre geballten Annexionsgewinne im westlichen Samaria und Judäa wieder preisgeben. Ebenso kategorisch bleibt die jüdische Forderung, weit über Jerusalem nach Osten auszugreifen und längs der Jordan-Grenze einen hermetisch abgeschotteten Militärgürtel zu konsolidieren.

Wie weit man das mehrfach geteilte Gebilde zwischen Gaza und Jericho auch nach einer feierlichen Unabhängigkeitsproklamation als einen voll souveränen Staat wird ansprechen können, bleibt höchst dubios, und das böse Wort vom »orientalischen Bantustan« gehört bereits zum Vokabular der islamistischen Verweigerungsfront.

Yassir Arafat, so scheint es, will sich nicht mehr damit begnügen, seine fiktive Eigenstaatlichkeit mit theatralischem Pomp, mit Abschreiten von Ehrenformationen, rotem Teppich und bestellten Jubelchören zu zelebrieren. Bei seinen Landsleuten hat das Prestige des »Rais« schwer gelitten, seit die ihn umgebende Clique der sogenannten »Tunesier«, der ehemaligen Exilkämpfer, sich schamlos bereichern und korrumpieren lassen.

Bei der Verfolgung der »fundamentalistischen« Hamas-Opposition sind die diversen »Mukhabarat«, die Geheimdienste der PLO, zu Komplizen des israelischen »Shin Bet« geworden. Die brutalen Methoden der palästinensischen Polizei lösen bei deren Landsleuten inzwischen mehr Furcht aus als die Verhörzellen der Israelis. Um den Vorwurf abzuwenden, eine Art »Marschall Pétain« der Levante, ein heimlicher Kollaborateur Ehud Baraks geworden zu sein, wird Arafat über kurz oder lang zu einer spektakulären Geste ausholen müssen.

Die Ausrufung einer souveränen Republik »Filistin« im September 2000 wäre zweifellos ein solcher Paukenschlag. Damit fände immerhin der palästinensische Rumpfstaat volle Mitgliedschaft in den Vereinten Nationen, könnte das permanente amerikanische Veto gegen die diversen Palästina-Resolutionen der Uno unterlaufen und seinem wichtigsten Ziel, der Internationalisierung des Konflikts um das Heilige Land, einen großen Schritt näherrücken. Wie die Regierung von Jerusalem, wie die Knesset auf einen solchen einseitigen Akt Yassir Arafats reagieren würden, bleibt bislang unklar.

Gewisse Konsequenzen der Osloer Absprache sind kaum noch rückgängig zu machen. So würde die Reduzierung der sich selbst verwaltenden arabischen Städte Cisjordaniens den Einsatz mehrerer israelischer Divisionen benötigen und verlustreiche Häuserkämpfe auslösen, die sich der jüdische Staat nicht leisten kann.

Den Palästinensern kommt heute zugute, daß die Friedensverhandlungen Baraks mit Syrien an der Golan-Frage bis auf weiteres gescheitert sind und daß Israel im südlibanesischen Grenzgebiet sein Mini-Vietnam im Abwehrkampf gegen die schiitische Hisbollah erlitt. Andererseits hat die Nachgiebigkeit Arafats bei seinen früheren Sympathisanten im islamischen Umfeld zu der ernüchternden Distanzierung geführt: »Wir werden nicht palästinensischer sein als die Palästinenser selbst.«

Wofür werden deutsche Soldaten
in Zukunft gebraucht?

28. Mai 2000

Die Argumente Richard von Weizsäckers und seiner Kommission klingen überzeugend, und die Opposition im Bundestag wäre gut beraten, wenn sie ihre Nachhutgefechte gegen die radikale Umstrukturierung der Bundeswehr einstellen würde. Die Reform der Streitkräfte sollte so gründlich sein wie zu Beginn des 19. Jahrhunderts, als Preußen nach dem Desaster von Jena und Auerstedt die friederizianische Schlachtordnung über den Haufen warf. Zwar hat die atlantische Allianz den Kalten Krieg, ohne einen Schuß zu feuern, grandios gewonnen. Doch gerade deshalb dürfen ihre Generäle sich nicht – wie Frankreich nach seinem Sieg von 1918 – in einer kontinentalen Maginot-Mentalität einbunkern.

Seien wir ehrlich: Die diversen Konzepte zur Beibehaltung einer Mini-Wehrpflicht – 30 000 oder 80 000 Mann – sind nicht viel mehr als ein politisches Feigenblatt. Zur Territorialverteidigung könnte man auch an eine Verstärkung des Bundesgrenzschutzes, etwa nach dem Modell der französischen Gendarmerie, denken, die Bestandteil der Armee ist. Wenn die Weizsäcker-Kommision auf »unvorhersehbare sicherheitspolitische Zuspitzungen« verweist, so sind damit wohl vorrangig die Ungewißheiten innerhalb der Russischen Föderation gemeint. Aber die Armeen Moskaus stehen nicht mehr an der Elbe, sondern weit östlich davon. Deshalb liegt es im zwingenden deutschen Interesse, den polnischen Partner vor allen anderen Anwärtern in die Europäische Union zu integrieren und militärisch stark zu machen.

Jenseits des Bugs jedoch, jenseits der polnischen Ostgrenze, ist die von Washington betriebene Nato-Osterweiterung und die damit auf fatale Weise gekoppelte Expansion der Europäischen Union ein extrem gefährliches Geschäft. Eine endgültige Hinwendung der Ukraine zum Westen dürfte für Wladimir Putin und die große Mehrzahl seiner Landsleute absolut inakzeptabel sein. Andererseits mutet es wie eine Provokation an die Adresse Moskaus an, wenn Nato-

Offiziere sich in Georgien und Aserbaidschan tummeln, ja, in Zentralasien militärische Übungen veranstalten. Hier geht es doch gar nicht um europäische Sicherheit, sondern schlicht und einfach um die Konsolidierung privater amerikanischer Erdöl-Interessen im Umkreis des Kaspischen Meeres, und zu deren Schutz sollten die neu aufzustellenden Krisenreaktionskräfte Europas doch gewiss nicht mißbraucht werden.

Wo könnten also diese beweglichen Elite-Truppen der Zukunft, diese »projection forces« Deutschlands und Europas, sinnvoll engagiert werden? Die Evakuierungen bedrohter Landsleute wie in Sierra Leone können ja nicht ihr höchster Zweck sein. Seit dem Kosovo-Einsatz und dem Stillhalten des Westens gegenüber Tschetschenien dürfte die deutsche Öffentlichkeit von den Schimären einer globalen, humanitär orientierten »Friedensschaffung« geheilt sein. In Osttimor hatten die Deutschen wirklich nichts zu suchen. Die oft vorgetragene These, nur die Uno könne das Signal zum »gerechten Krieg« geben, klingt heuchlerisch und absurd angesichts der Tatsache, daß die Blauhelme allenfalls eine Alibi-Funktion ausüben, daß sie in Somalia, in Bosnien, im Libanon und andernorts zu einer beschämenden Passivität verurteilt waren. Die Vereinten Nationen konnten lediglich in Korea und am Golf mit höchster militärischer Effizienz operieren, weil dort – dank einer vorübergehenden Lähmung des Weltsicherheitsrates – die USA eindeutig das Kommando ausübten.

Der Zufall hat es gefügt, daß die Diskussion über die deutsche Wehr-Reform parallel zu der transatlantischen Kontroverse über die Errichtung eines begrenzten amerikanischen Raketen-Abwehr-Systems (NMD) gegen sogenannte »Schurkenstaaten« geführt wird. Die Fragwürdigkeit dieses Projekts, die Verletzung des ABM-Vertrages und die unabsehbaren Folgen sind vom deutschen Außenminister stichhaltig aufgezeigt worden. Doch in einem Punkt haben die Amerikaner recht: Die fürchterlichste Gefährdung der Zukunft liegt in der Proliferation von Massenvernichtungswaffen und weitreichenden Raketen. Noch ist gar nicht abzusehen, aus welcher Ecke der Welt – als Urheber kommen nicht nur Staaten in Frage – die apokalyptische Erpressung eines Tages auftauchen könnte. Die Politiker der rot-grünen Koalition von Berlin haben zwar ihren Pazifismus von gestern abgestreift. Aber der Horror vor dem »Atom« ist ihnen erhalten geblieben, und der Gedanke einer eigenen nuklearen Abschreckung, deren Europa dringend bedarf, wurde von der Weizsäcker-Kommission aus psychologischen Rücksichten wohlweislich gar nicht erwähnt. Doch dieses Tabu wird nicht ewigen Bestand haben.

Der prioritäre Auftrag der deutschen und europäischen Eingreif-verbände bestünde denn auch – in mehr oder weniger ferner Zukunft – darin, durch blitzartiges Eingreifen jeden Ansatz zur Bedrohung durch Massenvernichtungswaffen zu zerstören, die Zentralen des potentiellen Terrors auszulöschen. Das würde am besten natürlich in einer Kooperation mit den USA geschehen, aber wer kann schon garantieren, daß das Schwergewicht der amerikanischen Strategie sich nicht zwangsläufig nach Ostasien verlagern wird?

Die Europäische Union sollte sich andererseits hüten, sich bei ihren Interventionsplanungen in den Dienst eines ideologischen Feldzuges gegen das propagandistisch aufgebauschte Schreckgespenst des isla-mischen »Fundamentalismus« einspannen zu lassen. Es kann nicht Aufgabe der EU sein, das Überleben von despotischen, wenn auch pro-westlichen Regimen in der nahen arabischen Welt gegen interne Tur-bulenzen abzustützen. Deutsche Truppen-Elemente haben unlängst an Nato-Manövern in der ägyptischen Wüste bei El Alamein teilge-nommen. Nomen est omen.

In Simbabwe haben Europäer
keine Zukunft

4. Juni 2000

In Simbabwe sind bisher fünf weiße Farmer ermordet worden. Es mag bitter klingen, aber mit diesen Ausschreitungen paßt sich das ehemalige Südrhodesien allmählich der afrikanischen Normalität an. Gemessen an den Gemetzeln, die den Schwarzen Kontinent in den letzten Jahrzehnten heimgesucht haben, erscheinen die Übergriffe in Simbabwe – so entsetzlich sie individuell auch sein mögen – nur als Randphänomen.

Zur gleichen Zeit wurden im absurden Grenzkrieg zwischen Äthiopien und Eritrea unter Einsatz modernster, teuerster Waffen mindestens 100 000 Soldaten buchstäblich »verheizt«, während Millionen ihrer Landsleute vom Hungertod bedroht sind.

Selbst in Simbabwe fanden unter Präsident Mugabe wenige Jahre nach der Unabhängigkeitserklärung Massaker an der Ndebele-Minderheit statt, obwohl dieser den Zulu verwandte Stamm im Gefolge Joshua Nkomos die ursprüngliche Forderung nach »independence« erhoben hatte. Kaum jemand im Westen hatte davon Notiz genommen.

Aus Mosambik und Angola waren Hunderttausende portugiesischer Kolonisten, aus der Kongo-Provinz Kivu Tausende belgischer Pflanzer unter Morddrohungen vertrieben worden, ganz zu schweigen von einer Million ins Mutterland geflüchteten Algerien-Franzosen, die seit mehr als 100 Jahren die Steppen und Einöden Nordafrikas in fruchtbaren Acker verwandelt hatten. Zu jener Zeit hieß es bei den europäischen Moralisten des Anti-Kolonialismus: »Afrika den Afrikanern!«

Heute nimmt seltsamerweise niemand Anstoß daran, daß in Simbabwe 4500 Weiße über 70 Prozent des fruchtbarsten Bodens verfügen, der ihren Großvätern zur Epoche des grandiosen Imperialisten Cecil Rhodes kostenlos als Kronland übereignet wurde.

Wenn heute europäische, oft deutsche Neusiedler sich darauf

berufen, sie hätten ihren Landsitz von den in kluger Voraussicht abgewanderten Briten absolut legal, allerdings zu Ramschpreisen nach der Unabhängigkeit Simbabwes erworben, kann man sich über deren Naivität nur wundern.

Die Masse der 12 Millionen Bantu in Simbabwe, die Anspruch auf die weißen Latifundien erheben, stört sich nicht sonderlich daran, daß sie damit die Ernteerträge radikal vermindern wird und den finanziellen Ruin ihrer Republik heraufbeschwört. Südlich der Sahara werden die Gesetze ökonomischer Rentabilität nicht sonderlich hoch gehandelt.

Die große Befürchtung der letzten Europäer in Afrika, die in Zusammenhang mit den Enteignungen in Ex-Rhodesien aufkommt, richtet sich denn auch vornehmlich auf die Republik Südafrika, wo die Methode gewaltsamer schwarzer Landbesetzungen Schule machen dürfte. In der Heimat Nelson Mandelas sind nach der Machtübernahme des ANC Dutzende von Buren auf ihren Plantagen umgebracht worden, ohne daß daraus Schlagzeilen entstanden. Vielleicht nimmt man in Washington dem Präsidenten Mugabe auch übel, daß er seine Soldaten dem verpönten Staatschef des Kongo, Kabila, zur Verfügung stellte, der sich den Wünschen der großen transatlantischen Minenkonzerne widersetzt.

Da ich zu den wenigen Zeitzeugen gehöre, die noch über persönliche Erinnerungen an die Kolonial-Idylle Südrhodesiens in den 60ern und an den schwarzen »Befreiungskampf« Simbabwes in den 70er Jahren verfügen, kann ich bezeugen, daß die »white supremacy« in Rhodesien trotz strikter Rassentrennung niemals die abscheulichen Züge der südafrikanischen Apartheid angenommen hatte. Aber am Rande von Salisbury, wie die elegante Hauptstadt Südrhodesiens damals hieß, lebten die »natives« in der schwarzen »township« Harare zusammengepfercht, wo sie am Feierabend in sogenannten »Bierhallen« ihr Gebräu aus Plastikeimern tranken.

Die britische Minderheit – gestützt auf schwarze Hilfstruppen – hat sich immerhin acht Jahre lang recht wacker für die Wahrung ihrer Privilegien geschlagen, im Gegensatz zu den großmäuligen Buren von Transvaal, die ohne Widerstand kapitulierten und ihre Republik kampflos den einst verachteten »Kaffern« des African National Congress überließen.

Der Schwarze Kontinent lebt nun einmal in seiner eigenen Vorstellungswelt. Das innenpolitische Taktieren Robert Mugabes gegen die parlamentarische Opposition in Harare ist da nur ein Nebenaspekt, und die Korruption, der Nepotismus, die man ihm vorwirft, gehören doch zu den Usancen dieses Erdteils. Sein präsumtiver Nachfolger, der Gewerkschaftsboß Tsvangirai, würde in der Bodenfrage kaum anders handeln können.

Verglichen mit Ruanda, Sierra Leone, Liberia, Angola oder Kongo, wo der nackte Horror herrscht, ist Simbabwe bislang relativ glimpflich davongekommen. Eine Zukunft für europäische Großgrundbesitzer gibt es dort allerdings nicht.

Stets Neues aus Afrika

4. Juni 2000

»Aus Afrika kommt stets etwas Neues«, hieß es bei den alten Römern, aber damit waren vor allem die damalige Kornkammer des Reiches im heutigen Maghreb oder die Verlockungen Ägyptens gemeint. Wenn wir jetzt Neues aus dem Schwarzen Kontinent erfahren, sind es meist Schreckensmeldungen.

Etwa 40 Jahre sind vergangen, seit die ehemaligen Kolonien Afrikas ihren Weg in die staatliche Unabhängigkeit antraten. Die Zustände sind dort heute mindestens so chaotisch wie in jener Auflösungsphase des Abendlandes, als im frühen Mittelalter die Ordnung des Imperium Romanum zerbrach. Da wird zwischen Äthiopien und Eritrea ein sinnloser Krieg unter Einsatz von schweren Waffen geführt, während sich in der gleichen Region für Millionen Menschen der Hungertod abzeichnet. In Sierra Leone wurden Horden blutrünstiger Kindersoldaten durch Drogen aufgeputscht und zur Verstümmelung ihrer Gegner angeleitet. Nur durch britische Fallschirmjäger wurden sie gehindert, in der Hauptstadt Freetown ein neues Blutbad anzurichten.

Das riesige Kongo-Becken ist zum Schauplatz eines internationalen Konfliktes geworden, in dem reguläre Soldaten aus Simbabwe, Namibia, Angola einerseits, Truppenkontingente aus Uganda, Ruanda, Burundi andererseits eine Vielzahl von Bürgerkriegsbanden unterstützen, die zwar über modernstes Kriegsmaterial aus dem ehemaligen Ostblock verfügen, in ihrer Mentalität und im Glauben an magische Zauberkräfte jedoch noch in der Steinzeit verhaftet sind. Weiter im Süden haben die westlichen Medien vor allem der Willkür des Staatschefs von Simbabwe, Robert Mugabe, ihre kritische Aufmerksamkeit zugewandt, der aus dem Befreiungskampf im ehemaligen Südrhodesien die weißen Großgrundbesitzer zu enteignen sucht. Nun ist Mugabe nicht besser, aber auch nicht schlechter als manch anderer Potentat in Afrika. Einem unvoreingenommenen Beobachter müßte es zudem als bizarr erscheinen, daß etwa 4500 europäische Siedler 20 Jahre nach der erfochtenen Unabhängigkeit noch über rund 70 Prozent des fruchtbaren Bodens in Simbabwe verfügen. Gewiß, Präsident Mugabe setzt sich mit seiner Enteignungskampagne über alle Vereinbarungen hinweg, die er einst mit London geschlossen hatte. Es ist auch unbestreitbar, daß »Südrhodesien« dem wirtschaftlichen Ruin zusteuert, sobald die schwarzen Kleinbauern die heute blühenden Plantagen der Weißen übernommen haben und der Tabakexport auf ein Minimum schrumpft. Doch noch vor gar nicht langer Zeit lautete die Parole der Antikolonialisten Amerikas und Europas: »Afrika den Afrikanern«. Heute hingegen spricht man den Schwarzen die Fähigkeit ab, ihren Boden selbst gewinnbringend zu bestellen. Daraus ziehen manche Kommentatoren die Konsequenz, die Schwarzen seien auch nicht in der Lage, sich selbst zu regieren. Mit dieser Feststellung wäre niemandem geholfen, und hinter der Aufregung über Mugabe wird die Sorge Washingtons sichtbar, der Anspruch der Afrikaner auf Landbesetzung könnte bald auf die benachbarte Republik Südafrika übergreifen. Niemand erwähnt aber, daß in Simbabwe bisher »nur« fünf weiße Kolonisten ermordet wurden, während in Südafrika Dutzende von burischen Landbesitzern der revolutionären »Black Power« zum Opfer fielen.

Es sind US-Kolumnisten, die heute zu einer Neubewertung der verschlossenen europäischen Kolonialherrschaft finden und der »pax britannica« und der »pax franca« im Schwarzen Erdteil unbestreitbare zivilisatorische Verdienste einräumen. Was Äthiopien betrifft, kann für die Mißstände nicht der europäische Imperialismus verantwortlich gemacht werden. Die westafrikanische Republik Liberia, wo sich die Greueltaten des »Präsidenten« Charles Taylor mit dem Massenmord in Sierra Leone durchaus vergleichen lassen, war von Anfang an – frei von jeder weißen Bevormundung – eine Staatsgründung, die durch entlassene amerikanische Sklaven vollzogen wurde, nachdem US-Präsident Monroe schwarze Plantagenarbeiter in ihre Heimat repatriieren ließ.

Es wären zahlreiche andere Stätten brodelnder Unsicherheit zu nennen, doch das existentielle Problem Afrikas bleibt das riesige Kongo-Becken. An die Stelle der belgischen Kolonialordnung, die zwar ausbeuterisch, in den letzten Jahrzehnten jedoch auch für die »Eingeborenen« halbwegs erträglich war, treten nun die skrupel- und hemmungslosen Interessen der kapitalistischen Minengesellschaften des Westens, der Diamanten- und Rohstoffhändler, die nicht davor zurückschrecken, Bürger- und Stammeskriege anzufachen, um mit den jeweiligen Rebellen-Häuptlingen extrem lukrative Kontrakte abzuschließen.

Nur ein paar Jahrzehnte nach dem Abzug der europäischen Schutzmächte ist Afrika seinen eigenen Dämonen, aber auch der Raffgier überwiegend amerikanischer Konzerne ausgeliefert, auf die das Wort des ehemaligen deutschen Bundeskanzlers Helmut Schmidt vom »Raubtier-Kapitalismus« in beklemmender Weise zutrifft.

Koreas feindliche Brüder suchen
den Weg zum Frieden

11. Juni 2000

Es wäre ein gewaltiger Irrtum, die Begegnung der beiden koreanischen Staatschefs Kim Jong Il und Kim Dae Jung in Pjöngjang mit jenen Treffen zu vergleichen, die zur Zeit der deutschen Spaltung zwischen Erich Honecker einerseits, Helmut Schmidt oder Helmut Kohl andererseits stattfanden. Gemessen an dem nordkoreanischen Staatsgründer und Tyrannen Kim Il Sung, der seine Untertanen in eine Herde von Robotern zu verwandeln suchte und sich wie ein Götze verehren ließ, gemessen auch an dessen Sohn und Nachfolger Kim Jong Il, dessen erstarrtes Puppengesicht sich jeder psychologischen Analyse verweigert, erscheinen Erich Honecker und sogar Walter Ulbricht im Rückblick als relativ wohlwollende Despoten.

Durch Deutschland verlief – nach Beginn des Kalten Krieges – der »Eiserne Vorhang«. Die beiden Teile Koreas hingegen werden durch Festungsanlagen voneinander abgeschnürt, die man bis auf den heutigen Tag als Frontlinie bezeichnen muß. Im radikal-kommunistischen Norden einerseits, im marktwirtschaftlich orientierten Süden andererseits, wo übrigens unter dem demokratischen Firnis ein »militarisierter Konfuzianismus« erhalten bleibt, wurden zwei total unterschiedliche Menschentypen herangebildet, die sich mit Argwohn und Haß beäugen. Von einer nationalen Wiedervereinigungsperspektive im Zeichen der sogenannten »Sonnenschein-Diplomatie« Kim Dae Jungs kann deshalb nicht die Rede sein.

Im Gegensatz zu den Deutschen, denen der Bürgerkrieg erspart blieb, haben sich die feindlichen Brüder in Fernost zu Beginn der 50er Jahre mörderische Schlachten geliefert. Als ich im Sommer 1952 die Kampfzone aufsuchte, waren beide koreanischen Armeen ausgeblutet. Die südlichen Schützengräben wurden von US-Truppen gehalten. Mit schwerer Artillerie behämmerten sie das nahe feindliche Stollensystem, in dem sich die chinesischen »Freiwilligen« festkrallten. Wer erinnert sich heute noch daran, daß in der frühen Phase des

Korea-Krieges die Divisionen des Generals MacArthur siegesgewiß bis zum Yalu-Fluß an der mandschurischen Grenze vorgedrungen waren, daß sie dort jedoch von der menschlichen Lawine der schlecht bewaffneten Volksbefreiungsarmee Mao Tse-tungs bei klirrendem Frost überrascht und überrannt wurden?

Der amerikanische Rückzug kam erst an der jetzigen Demarkationslinie zum Stehen. Heute befinden sich keine chinesischen Truppen mehr im hochgerüsteten Nordkorea, aber es ist bezeichnend für die Vorrangsposition, die das Reich der Mitte in dieser Region bei seinen ehemaligen Vasallen immer noch einnimmt, daß Kim Jong Il, bevor er sich auf das Treffen mit Kim Dae Jung einließ, die Erben Maos in Peking aufsuchte. Die Amerikaner hingegen sind südlich des 38. Breitengrades noch mit 37 000 GIs präsent, deren militärischer Wert, wie man mir in Seoul versicherte, sehr gering eingeschätzt und deren Verbleib dort zunehmend als nationale Demütigung empfunden wird.

Das Treffen in Pjöngjang muß im großen internationalen Rahmen gesehen werden, und da gewinnt es eine geradezu beklemmende Aktualität. Bekanntlich hat sich Bill Clinton entschlossen, eine »National Missile Defense« (NMD) aufzubauen, um Amerika gegen die nukleare Bedrohung sogenannter »Schurkenstaaten« abzuschirmen. Damit ist in erster Linie wohl Nordkorea gemeint, dessen Trägerwaffen bis Alaska oder Hawaii reichen dürften und das in aller Heimlichkeit nukleare Sprengköpfe angeschafft haben soll. Die Weltmacht USA – so scheint es – war durch den unberechenbaren Zwerg von Pjöngjang strategisch verwundbar, ja erpreßbar geworden. Jedenfalls war Washington in letzter Zeit gegenüber Kim Jong Il zu bemerkenswerten Konzessionen bereit.

Das reichte von massiven Lebensmittel-Lieferungen für die hungernde Bevölkerung bis zur Hilfe beim Bau eines Leichtwasser-Reaktors zur Energieerzeugung. Schon der Verdacht, dieser winzige »rogue state« verfüge über ein bescheidenes Arsenal an Massenvernichtungswaffen, ließ Washington dem finstersten Regime Asiens auf verblüffende Weise entgegenkommen. Deshalb wird der bettelarme nordkoreanische Diktator Kim Jong Il dem Südkoreaner Kim Dae Jung, Präsident eines prosperierenden »Tiger-Staates«, in Pjöngjang als ebenbürtiger Verhandlungspartner gegenübersitzen.

Kim Jong Il ist es gelungen, eine enge Interessengemeinschaft mit Peking herzustellen, das sich nunmehr – um in der bevorstehenden Kraftprobe mit den USA glaubwürdig zu bleiben – zur forcierten Verstärkung seiner Nuklear-Rüstung veranlaßt sieht. Rußland wiederum fühlt sich um die Zusagen des ABM-Vertrages betrogen, und selbst die Europäer – des amerikanischen Schutzschildes plötzlich beraubt – entdecken mit wachsender Sorge den »sacro egoismo« der verbündeten Supermacht. Jene deutschen Politiker, die noch vor wenigen Jahren für die Umwandlung Europas in eine »atomwaffenfreie Zone« plädierten und heute in Berlin die Regierungsgeschäfte führen, sollten inzwischen festgestellt haben, daß ein solcher Sicherheitsraum nicht durch den Verzicht auf die Stationierung eigener Nuklear- und Trägerwaffen geschaffen wird. Er kann allenfalls aus der europäischen Fähigkeit resultieren, der eventuellen Erpressung durch »Schurkenstaaten« oder kriminelle Organisationen mit ausreichendem kontinentalen Abschreckungspotential zu begegnen.

Clintons »Maginot-Linie«

12. Juni 2000

»Keine eigenen Verluste – no dead«, so lautete die oberste Richtlinie, die dem amerikanischen Kommando auf dem Balkan vom Pentagon vorgegeben wurde. Tatsächlich ist dort kein einziger US-Soldat ums Leben gekommen. Aber es mutet merkwürdig an, daß die einzige verbleibende Supermacht, die den Anspruch erhebt, die Rolle des Weltpolizisten zu übernehmen, geschmälerte militärische Ergebnisse in Kauf nimmt, ja, ganze Aktionen – wie in Somalia – abbricht, wenn das Leben der GIs gefährdet ist.

Dieser Sicherheitskomplex nimmt nun solche Ausmaße an, daß die Situation nach Ende des Krieges auf neue weltumgreifende Spannungen zutreibt. Nicht nur die Soldaten im Felde, auch die US-Bürger zu Hause sollen vor jeder mörderischen Bedrohung geschützt werden. Präsident Clinton hat seine Verbündeten und potentiellen Gegner wissen lassen, daß Amerika sich mit einem Schutzschild gegen feindliche Raketen, gegen nukleare Überfälle abschirmen will, und die Reaktion der Wähler auf dieses Projekt ist so positiv, daß der künftige Staatschef – ob George Bush junior oder Al Gore – die sogenannte »National Missile Defense« NMD keinesfalls ad acta legen könnte.

Die ersten Abfanggeräte sollen in Alaska aufgestellt werden. Der geographische Hinweis ist eindeutig. In Washington argwöhnt man, daß die in einem bizarr asiatischen Stalinismus erstarrte Volksrepublik Nordkorea über Langstreckenraketen und sogar Nuklearsprengköpfe verfügt. Nur zur Abwehr dieser Bedrohung sei der Schutzschild geplant, so versicherte Clinton den Russen, den Europäern, den Chinesen, für die damit sämtliche Hypothesen eines atomaren Patts, die sich aus dem ABM-Vertrag mit Moskau ableiteten, in Frage gestellt sind. Angeblich wollen die Amerikaner lediglich die »Schurkenstaaten« mit ihrem NMD-Programm in Schach halten, also auch Libyen, Irak und Iran. Seit Oberst Gaddhafi sich als Partner zu profilieren sucht, seit Saddam Hussein sich zwar in Bagdad an der Macht behauptet, aber einer permanenten Luftüberwachung unterliegt, geriete Iran als eventueller Besitzer von Massenvernichtungs- und Lenkwaffen ins US-Visier. Doch Raketen Teherans würden allenfalls bis Tel Aviv reichen, was in mancher Beziehung fast so wirksam wäre wie die Bedrohung New Yorks. Doch die schiitischen Mullahs haben längst bewiesen, daß sie keine Vabanquespieler sind.

In Pjöngjang, der Hauptstadt Nordkoreas, findet dieser Tage ein Spitzentreffen zwischen den beiden Staatschefs des geteilten »Landes des stillen Morgens« statt, zwischen Kim Jong Il und Kim Dae Jung. Eine Wiedervereinigungsperspektive steht jedoch nicht auf dem Programm. Vielleicht kommen am Ende ein paar Familienbesuche zwischen Nord und Süd zustande.

Oberflächliche Kommentatoren stellen das Treffen von Pjöngjang als einen Sieg der »Schönwetter-Diplomatie« dar, die der südkoreanische Präsident Kim Dae Jung betreibt, und als schwächliches Einlenken des Nordens. Präzis das Gegenteil ist der Fall. Seit Pjöngjang befähigt scheint, die Küste Alaskas und eventuell auch den Hawaii-Archipel mit seinen Nuklearraketen zu erreichen, seit auch nur der leise Verdacht einer eventuellen Erpressung der US-Weltmacht am pazifischen Horizont auftauchte, hat Washington sich gegenüber dem absurden »Horror-Regime« Kim Jong Ils auf Konzessionen eingelassen. Gegen das vage Versprechen, ihre atomare Rüstung nicht voranzutreiben, wurde die Volksrepublik Nordkorea mit Lebensmitteln für die hungernde Bevölkerung überhäuft und mit einem Leichtwasser-Reaktor aus den USA bedacht. Dieser Teilstaat genießt neuerdings eine internationale Berücksichtigung, die in keinem Verhältnis zu den erbärmlichen internen Zuständen steht.

Die Rechnung der Nordkoreaner scheint aufzugehen. Nicht nur China fühlt sich durch die NMD-Initiative der Amerikaner herausgefordert. Zur Stunde verfügt Peking nur über eine begrenzte Zahl Interkontinental-Raketen, die bis Kalifornien reichen. China würde durch das neue Abwehrsystem der USA geradezu gezwungen, seine Atom- und Lenkwaffenausrüstung zu forcieren, um als Abschreckungsmacht glaubwürdig zu bleiben. Die Russen ihrerseits hegen den Verdacht, das Pentagon wolle eine entscheidende Überlegenheit über das Moskauer Vernichtungspotential gewinnen. Schließlich wird den Europäern vor Augen geführt, daß bei aller erwiesener Zuverlässigkeit im atlantischen Bündnis die USA durch einen »sacro egoismo« motiviert werden, hinter denen die Sorgen der Alliierten im Extremfall zurückstehen müßten. Wer wird Europa schützen?

Und eine grundsätzliche Frage bleibt unbeantwortet: Wird es für die hohe Technologie der USA überhaupt möglich sein, einen Schutzschirm zu entfalten, der undurchlässig wäre? Droht die »National Missile Defense« nicht zu einer transatlantischen »Maginot-Linie« zu werden, vergleichbar mit jenen Festungsanlagen, hinter denen die Franzosen nach dem Ersten Weltkrieg für alle Zeit vor dem Einfall Deutschlands beschützt zu sein glaubten?

Die diplomatische »Leichtigkeit des Seins«

3. Juli 2000

Wie kommt es, daß die jüngsten Freundschaftsbeteuerungen zwischen Jacques Chirac und Gerhard Schröder trotz feierlicher Inszenierungen irgendwie künstlich klingen? Gewiß, man sollte diese beiden Routiniers der Alltagspolitik, denen wohl der Sinn für geschichtliche Zusammenhänge und damit auch die Fähigkeit zu weitgreifenden Zukunftsperspektiven abgeht, nicht an Charles de Gaulle oder Konrad Adenauer messen und auch nicht an der seltsamen »Männerfreundschaft« zwischen Helmut Kohl und François Mitterrand. Aber auch Helmut Schmidt und Valérie Giscard d'Estaing hatten immerhin ein pragmatisches, auf Vertrauen gegründetes Modell enger Koordinierung vorgegeben. Davon sind wir heute weit entfernt.

Europa, so scheint es, verwaist, und wenn der jetzige französische Staatschef das Brandenburger Tor durchschreitet, so verbindet ihn mit dem deutschen Bundeskanzler allenfalls eine gewisse »Leichtigkeit des Seins«, die der Tragik der kontinentalen Situation kaum angemessen ist. Haben die Europäer vergessen, daß sie sich im Namen einer humanitären Phraseologie auf dem Balkan in eine kriegerische Situation hineinmanövrieren ließen? Im Kosovo hat die EU ihre Ohnmacht demonstriert, und was würde aus dem Eurocorps, wenn die Amerikaner beschließen sollten, ihre Truppen von dort abzuziehen?

In Berlin ist intensiv über die künftige »Verfassung Europas« gesprochen worden. Die kühnen Expansionsprojekte der EU in Richtung Osten und Südosten werden Belastungen mit sich bringen, denen auch der angestrebte »harte Kern« Europas kaum gewachsen sein wird.

Jacques Chirac ist den Deutschen weit entgegengekommen, indem er ihren Anspruch auf einen Sitz im Weltsicherheitsrat befürwortete, aber für eine solche Ausweitung des höchsten internationalen Gremiums ist das französische Votum wohl nicht ausreichend. Der deutsche Außenminister Joschka Fischer, dessen Wandlungsfähigkeit von den Franzosen immer noch staunend beobachtet wird, hatte eine deutsch-französische »Relance« eingeleitet und auf die konstitutionellen Konsequenzen einer solchen präferenziellen Solidarität verwiesen. In Deutschland ist die Vorstellung vom europäischen »Bundesstaat« keineswegs tabu, während Frankreich sich schwertut mit der Absage an den Begriff der souveränen Nation. Was Chirac hingegen vorschwebt, wäre ein »Staatenbund«, eine lockere Konföderation. Doch die Geschichte lehrt, daß sich ein Staatenbund entweder wieder auflöst oder nur langsam, aber konsequent zu einem organisch gefestigten Bundesstaat wächst. Es verwundert, daß nicht öfter auf die Schweizer Eidgenossenschaft verwiesen wird, die - trotz ursprünglichen Zwistes zwischen Stadt- und Landkantonen, trotz des konfessionellen Sonderbund-Krieges und vorübergehender Unstimmigkeiten im Zeitalter des völkischen Nationalismus – zu festen Strukturen staatlichen Zusammenlebens gefunden hat. Daß auch in einem straff regierten Bundesstaat, zu dem sich die »Confoederatio Helvetica« entwickelt hat, die Interessen der Kantone gewahrt bleiben, verweist auf den Weg einer europäischen Nachahmung.

Bei den deutsch-französischen Verbrüderungsszenen von Berlin waren die beiden Kontinentaleuropäer nicht allein unter sich. Amerika bleibt die »unverzichtbare Großmacht«, wie Madeleine Albright es ausdrückt. Nichts kann darüber hinwegtäuschen, daß in Fragen Osterweiterung oder Balkan die Regie in Washington geführt wird. Doch auch Wladimir Putin saß als unsichtbarer Gast am Tisch von Berlin. Seit er sich zum Erbe Peters des Großen bekennt und die deutsche Industrie ihre größten Entfaltungschancen auf dem Gebiet der ehemaligen Sowjetunion zu entdecken glaubt, geht vom Kreml eine seltsame Faszination auf viele Deutsche aus. Man muß nicht den Geist von Rapallo beschwören, aber die Gesetze ihrer geographischen Mittellage schreibt der Bundesrepublik eine weniger ausschließlich auf den Atlantik fixierte Diplomatie vor.

Zwar sind zwischen Berlin und Paris ein paar wichtige, längst fällige Rüstungsprojekte auf den Weg gebracht worden. Doch selbst wenn die Bundeswehr sich zur faktischen Abschaffung der Wehrpflicht und zur Konzentration auf schnelle Eingreiftruppen durchringen sollte, bleibt gegenüber Frankreich eine fundamentale Differenz bestehen: Schon vor de Gaulle wurde die Schaffung einer französischen Atomstreitmacht eingeleitet, und der eigenwillige General hat aus seiner nuklearen »Abschreckungskraft« die »ultima ratio« der französischen Rundum-Verteidigung gemacht. In dieser Hinsicht stehen die Franzosen den Amerikanern näher als den Deutschen. Von einem festen Kern gemeinsamer Strategie wird zwischen Chirac und Schröder oder deren Nachfolgern erst die Rede sein können, wenn auch die Deutschen sich von ihren eher konventionellen Konzepten verabschieden und den beklemmenden Warnsignalen der Zukunft illusionslos ins Gorgonen-Antlitz blicken.

Worum es beim Gipfel in Camp David wirklich geht

23. Juli 2000

Was die Gespräche von Camp David nach der Blitzreise Bill Clintons in Richtung Okinawa überhaupt in Gang gehalten hat, war nicht die Hoffnung auf einen Verhandlungserfolg, sondern die Angst vor der totalen Katastrophe.

Yassir Arafat hat sich gegenüber seinen Landsleuten darauf festgelegt, am 13. September dieses Jahres die Unabhängigkeit Palästinas – notfalls auch einseitig und gegen den Willen Israels – zu proklamieren. Die Folgen wären eine beachtliche internationale Aufwertung seines in diverse Fetzen zerrissenen Staatsgebildes und eine permanente Einmischungsmöglichkeit der Vereinten Nationen. Für Ehud Barak oder dessen Nachfolger beständen geringe Möglichkeiten, diese Entwicklung zu blockieren, es sei denn, die israelische Armee, die dazu erhebliche Kräfte aufbieten müßte, würde zur gewaltsamen Reduzierung der Inseln arabischer Souveränität auf dem Westjordan-Ufer übergehen. Das weltweite Echo wäre für den Judenstaat verheerend.

In der amerikanischen Presse ist die Hauruck-Methode Clintons in Camp David als »brinkmanship«, als Pfuscherei, beschrieben worden. Die schier unüberwindlichen Probleme im Heiligen Land kann man nicht wie einen gordischen Knoten durchschlagen. Im übrigen wurde auch in diesem Zusammenhang jene systematische Unehrlichkeit praktiziert, die den »Friedensprozeß« von Anfang an kennzeichnet. Der eigentliche Knackpunkt, so wird immer wieder verkündet, sei der Status von Jerusalem. Zweifellos bildet die Stadt Davids den traumatischen Kern der Auseinandersetzung zwischen den semitischen Erbvölkern Abrahams oder Ibrahims. Was wäre der Zionismus ohne den Anspruch auf Zion? Andererseits wurde an dieser Stelle, an der »Masjid-el-Aqsa«, dem Propheten Mohammed die höchste Erleuchtung zuteil. Hier steht nicht nur der nationale Anspruch der Palästinenser auf die eigene Hauptstadt zur Debatte, hier bangt die gesamte islamische Welt um das Schicksal eines unverzichtbaren Heiligtums.

Es geht ja gar nicht nur um Jerusalem. Die Pressesprecher werden doch niemandem einreden können, die unendlich komplizierten Streitpunkte, die – unabhängig von Jerusalem – in einer existentiellen Kraftprobe ausgetragen werden, seien auch nur halbwegs gelöst. Die palästinensische Flüchtlingsfrage – um wie viele Millionen handelt es sich da überhaupt? – solle durch Entschädigungen in Höhe von vielen Milliarden Dollar bereinigt werden. Wer wird diese Riesensumme aufbringen? Wieder einmal die Europäer, die in Camp David gar nicht zu Worte kamen? Und wohin mit diesen Massen entwurzelter Araber, die jeder »Bruderstaat« auf dem eigenen Territorium als Ferment revolutionärer Umtriebe fürchten müßte? Man behaupte auch nicht, Ehud Barak könne sich selbstherrlich über das Schicksal der jüdischen Siedlungen in Judäa und Samaria hinwegsetzen und seinen Partner Arafat durch territoriale Zugeständnisse auf Kosten der eigenen Landsleute zufriedenstellen.

Die Pionierstimmung der ersten Jahre mag den meisten Israelis inzwischen abhanden gekommen sein, aber die Illusion nahöstlicher Sicherheit und Stabilität, die man ihnen seit Oslo vorgaukelt, wird sie vermutlich nicht bis zur Selbstaufgabe treiben. Mit oder ohne »Friedensabkommen« bleibt der Judenstaat dazu verurteilt, wie David in der Löwengrube zu leben, und die koranische Gesetzgebung erkennt Gebietsabtretungen des »Dar-ul-Islam« an Andersgläubige ohnehin nicht an.

Schon die Lokalisierung dieses Treffens der »letzten Chance« in Camp David war eine Irreführung. Bill Clinton mag gehofft haben, seine Präsidentschaft glorreich beenden zu können und vielleicht sogar einen Friedensnobelpreis zu ernten. Der Verhandlungserfolg, den Begin und Sadat seinerzeit an der gleichen Stelle erzielten, war jedoch von gänzlich anderen Prämissen ausgegangen. Ägypten gewann das riesige Gebiet des Sinai zurück, und Israel sicherte sich gegen seinen einzigen arabischen Nachbarn, der militärisch ernst zu nehmen ist, glaubwürdig ab. Trotzdem wurde Sadat wenig später als angeblicher Verräter an der Sache des Islam ermordet.

Wie soll es weitergehen im Heiligen Land? Vermutlich hatte Henry Kissinger recht, als er unlängst vorschlug, die massiven amerikanischen Pressionen eine Zeitlang auszusetzen und die beiden Kontrahenten sich selbst zu überlassen. Aber die drei von Camp David halten wohl noch ein paar Taschenspielertricks bereit, um eine partielle

Einigung vorzutäuschen. Das liefe darauf hinaus, das Stadtgebiet Jerusalems nach Osten auszuweiten und in dieser neu eingemeindeten arabischen Zone – das Dorf Abu Dis ist längst im Gespräch – einen Regierungssitz für die Palästinenser zu installieren. Ein nostalgischer Blick auf den goldenen Felsendom wäre dort aus der Ferne garantiert. Auf dem eigentlichen Tempelberg haben die Muslime ja stets über eine begrenzte administrative Zuständigkeit verfügt.

All diese Kompromisse sind so sehr auf Sand gebaut, daß in den arabischen Nachbarländern kein Sturm heiliger Entrüstung aufkommen konnte. Der neue Staatschef von Damaskus, Baschar el-Assad, empfindet gegenüber Yassir Arafat offenbar die gleiche Mißachtung wie sein verstorbener Vater, sonst hätte er den Israelis auf dem Höhepunkt der Camp-David-Krise nicht ein Angebot der Fortführung der Gespräche über die Rückgabe der Golan-Höhen an Syrien gemacht.

Wenn statt des ersehnten »Friedens« zwischen Mittelmeer und Jordan ein erträgliches Provisorium, ein unblutiger »modus vivendi« – auf arabisch »hudna« –, zustande käme, wäre schon viel erreicht.

Wladimir Putins Parallelen zu Peter dem Großen

30. Juli 2000

»Das kaiserliche Arbeitstier«, so hatte der russische Dichter den Zaren Peter I., den Großen, genannt. Historische Parallelen sollten nicht strapaziert werden, aber zumindest in seiner rastlosen Tätigkeit scheint der derzeitige Herrscher Rußlands, Wladimir Putin, seinem kaiserlichen Vorbild nachzueifern. Der frühere KGB-Resident in Dresden hat – trotz der Rückschläge im Kaukasus – in seiner kurzen Amtszeit bereits eine Reihe von Leistungen erbracht, die die Legende vom »kranken Mann an der Moskwa« nachhaltig widerlegen. Beim Gipfeltreffen der G8-Gruppe auf Okinawa stand Putin im Mittelpunkt des Interesses, während Bill Clinton – wie ein Laokoon in die Nahost-Intrigen verstrickt – einen recht schwachen Eindruck vermittelte.

Die USA haben dem ehrgeizigen Staatschef Rußlands mit ihrem »Nationalen Raketen-Abwehr«-Projekt (NMD) die unverhoffte Chance geboten, Zwietracht in der atlantischen Allianz zu säen und in Ostasien eine bemerkenswerte Koalition zu schmieden. Die Interessengemeinschaft zwischen Peking und Moskau bei ihrer Ablehnung dieser flagranten Abweichung vom ABM-Vertrag könnte der Beginn einer strategischen Koordination sein, die der »einzig verbliebenen Weltmacht« im Westpazifik aufwendige und zermürbende Kraftproben auferlegt. Der Kreml-Chef weiß bestimmt, daß die fernöstliche Nachbarschaft des chinesischen Giganten für die dortigen Positionen Rußlands auf Dauer bedrohlicher ist als die antiballistischen Pläne des Pentagons. Aber hier bietet sich die konkrete Gelegenheit, den Anspruch Rußlands auf eine multipolare Weltordnung auf Kosten der exklusiven Hegemonie Amerikas durchzusetzen.

Als »Joker« gewissermaßen kam der Moskauer Diplomatie die überraschende Wandlung des nordkoreanischen »Monstrums« Kim Jong Il zum trickreichen Verhandlungspartner zugute. Daß Wladimir Putin – nach triumphalem Empfang in Pjöngjang – die Botschaft

Kim Jong Ils überbrachte, bei einem Verzicht der USA auf das NMD-Programm verpflichte sich Nordkorea, seine interkontinentalen Trägerwaffen zur Erforschung des Weltraums umzufunktionieren, klingt wie ein schlechter Scherz, deutet jedoch auf gewichtige Umschichtungen im Vorfeld Japans und Taiwans hin.

Im Innern ist Putin damit beschäftigt, Ordnung zu schaffen und jene politische Trümmerlandschaft zu beseitigen, die die überstürzte Reformpolitik Gorbatschows und die Willfährigkeit des Jelzin-Regimes hinterlassen haben. Nur Narren können erwarten, daß es bei dieser Aufräumarbeit mit demokratischen Methoden zugehen wird. Die Duma, das russische Parlament, wurde bereits auf Vordermann gebracht, und die Prärogativen der Provinzfürsten innerhalb der Föderation werden rigoros beschnitten. Wer redet heute noch von Alexander Lebed, der auf dem Territorium von Krasnojarsk ein Gegengewicht zum Kreml schaffen wollte?

Zurück zum Vergleich mit dem jungen Peter I. Der sah sich veranlaßt, die Bevormundung der Zaren durch die orthodoxe Kirche zu beenden. Heute zählt der Patriarch Alexej II. zu den Verbündeten Putins, und es ist die Kommunistische Partei – eine quasi-konfessionelle Institution –, deren Einfluß nunmehr systematisch reduziert wird. Bleiben als potentiell gefährlichste Gegner des Kreml die »Bojaren« der Gegenwart, die Nachfolger jener einflußreichen, immens begüterten Adelsclique, denen Iwan IV., der Schreckliche, mit Hilfe seiner Terrororganisation »Opritschnina« das Rückgrat brach. Die sogenannten »Oligarchien«, die Wirtschaftsmagnaten von heute, hatten den Zusammenbruch der Sowjetunion und die nachfolgende »Zeit der Wirren« schamlos genutzt, um die Reichtümer Rußlands, vor allem seine Bodenschätze, mit dubiosen Methoden einer pervertierten Marktwirtschaft an sich zu reißen. Seit Gorbatschow schienen sie über Wohl und Wehe des Landes zu verfügen.

Wladimir Putin hat den Kampf gegen die »Oligarchen«, denen er teilweise seine Präsidentschaft verdankt, behutsam aufgenommen – mit Einschüchterung und mit List, wie es sich für einen ehemaligen Geheimdienst-Chef gehört. Als erster wurde Wladimir Gussinski, der sein skandalumwittertes Riesenvermögen und seine Holding »Media-Most« zu einer Kreml-kritischen Kampagne genutzt hatte, unter Druck gesetzt. Zwar ist er nach kurzer Verhaftung wieder in Freiheit, aber die Warnung Putins war eindeutig. Viele Russen mögen sich fragen, ob der Westen, der gegen die Knebelung von »Media-Most« so heftig protestiert, sich keine rühmlichere Galionsfigur der Pressefreiheit hätte aussuchen können als den zwielichtigen Gussinski. Im Visier des Staatschefs befinden sich neuerdings auch der Milliardär und ehemalige »Königsmacher« Boris Beresowski sowie der Petroleum-Mogul Abramowitsch. Andererseits ist sich Putin wohl bewußt, daß er auf das kapitalistische Netzwerk und »Know-how« der Oligarchen vorläufig nicht verzichten kann. Also hat er 18 dieser »Neo-Bojaren« zu sich berufen und bekundet ihnen Wohlwollen, solange sie sich seiner »Diktatur des Rechts« unterordnen. Für alle Fälle sind ihnen die Folterinstrumente bereits vorgeführt worden.

Schließlich eine letzte Parallele zum historischen Leitbild: Schon als junger Mann hatte Zar Peter sich im »Deutschen Dorf – Nemezkaya Sloboda« am Rande Moskaus am wohlsten gefühlt. Ähnlich scheint Wladimir Putin eine präferenzielle Neigung für Deutschland zu empfinden, was natürlich auch einem weitgesteckten politischen Kalkül entspräche. Berlin wird wohl bald durch konkrete Avancen aus Moskau umworben werden.

Der verlorene Sieg

6. August 2000

Tariq Aziz, der stellvertretende Regierungschef Saddam Husseins, hat mir vor drei Jahren nicht die entscheidende Frage beantwortet, die ich ihm über die Hintergründe der Besetzung Kuweits durch irakische Truppen am 2. August 1990 gestellt hatte. Das hartnäckige Gerücht besagt, die damalige amerikanische Botschafterin April Glaspie, eine studierte Arabistin, habe kurz vor der Aktion gegen Kuweit ein ausführliches Gespräch mit dem Diktator von Bagdad geführt. Wie denn die USA auf eine Annexion Kuweits reagieren würden, habe Saddam gefragt. Die Antwort Glaspies, die eine solche Erklärung ja nicht ohne Instruktionen aus Washington hätte abgeben können, sei eindeutig gewesen: Die Beziehungen zwischen Irak und Kuweit seien eine innerarabische Angelegenheit, und Amerika werde sich – bei allen Vorbehalten gegen jede Expansionspolitik – aus diesem Konflikt herauszuhalten suchen.

Tariq Aziz ist meiner Neugier verständlicherweise ausgewichen. Das Eingeständnis, daß der mit allen Gaben menschlicher Weitsicht ausgestattete Herrscher Mesopotamiens einer amerikanischen Diplomatin so plump auf den Leim gehen könnte, wäre für dieses hochgejubelte Idol der irakischen Massen nicht gerade schmeichelhaft gewesen. »Nach dem Zusammenbruch der Sowjetunion war im Sommer 1990 der Weg frei für das ›grand design‹ der USA im Nahen und Mittleren Osten, und George Bush reagierte als ›political animal‹«, so argumentierte damals Tariq Aziz; »die Islamische Republik Iran war durch den extrem verlustreichen Krieg, den sie gegen uns geführt hatte, ausgelaugt und geschwächt. Es galt also nur noch, den Irak als Machtfaktor auszuschalten, und dann würden die Amerikaner im Rahmen ihrer ›Friedensordnung‹ die totale Kontrolle über die gewaltigen Petroleum-Reserven der gesamten Region ausüben.«

Die Mär vom amerikanischen Komplott, das so gut in die orientalische Vorstellungswelt vom »mu'amara« hineinpaßt, wurde durch andere, durchaus stichhaltige Spekulationen genährt. Das reichhaltige Arsenal der Iraker an chemischen und bakteriologischen Waffen, ihre Fortschritte bei der Entwicklung immer weiter tragender Raketen, waren dem amerikanischen Nachrichtendienst bestens bekannt. Spezialisten aus USA und Europa hatten ja an deren Ausbau tatkräftig mitgeholfen. Nun kam die Befürchtung hinzu, der größenwahnsinnige »Rais« könne binnen zwei Jahren eigene Atomsprengköpfe fabrizieren. Sobald Saddam Hussein auch nur über ein halbes Dutzend Nuklearbomben, also über ein ausreichendes, überwiegend gegen Israel gerichtetes Abschreckungspotential verfügen würde, so kalkulierte man angeblich im Pentagon, hätte er fast ohne Bedenken über das wehrlose Scheichtum Kuweit, eventuell sogar über die Erdöl-Fördergebiete Saudi-Arabiens am Persischen Golf herfallen können. Dem galt es, mit List und Irreführung vorzubeugen. Saddam Hussein, dessen mangelnde Kenntnis der internationalen Zusammenhänge notorisch war, sollte veranlaßt werden, nach dem kuweitischen Köder zu schnappen. Soweit die Fabel aus 1001 Nacht, falls sie denn eine ist.

Die Zermürbungsoffensive durch Bomben und Raketen, die erste Phase der Operation »Wüstensturm«, fand zwischen dem 17. Januar und 18. Februar 1991 statt. Es folgte eine Bodenoffensive, die binnen 100 Stunden das Scheichtum Kuweit von seinen Eroberern befreite. Der Weg nach Bagdad stand offen. Der Befehl zur überraschenden, ja überstürzten Einstellung der Feindseligkeiten hat damals alle Beobachter überrascht. Auf dem qualmenden Schlachtfeld am Golf hatten allenfalls ein Dutzend US-Soldaten, aber 250 000 Iraker den Tod gefunden. Die westlichen Medien hatten sich auf beschämende Weise durch die amerikanische Propaganda gängeln und irreführen lassen.

Sieben Jahre nach seiner »Befreiung« habe ich das Scheichtum Kuweit aufgesucht. Im Rückblick erscheint es grotesk, daß zur Erhaltung dieser artifiziellen Staatskonstruktion die halbe Welt in die Bresche gesprungen ist. Das prätentiöse Gehabe der einheimischen Öl-Barone, die sich weiterhin als Beduinen kostümieren, kontrastiert mit der Unterwürfigkeit ihrer »Heloten«, ihrer Fronarbeiter aus Indien und Südostasien, die drei Viertel der Bevölkerung ausmachen. Hinter einer scheindemokratischen Fassade geben die Stammesstrukturen und Clans im Schatten der allmächtigen Duodez-Prinzen der Al-Sabah-Dynastie weiterhin den Ton an. Amerikanische Waffen sind in den Wüstendepots in Hülle und Fülle gelagert, um den U.S. Marines eine sofortige Entfaltung im nördlichen und östlichen Grenzstreifen zu erlauben.

Wie oft ist inzwischen die Frage diskutiert worden, warum die U.S. Army damals ihren Landfeldzug nicht um 48 Stunden ausgedehnt hatte, um Saddam endgültig zu stürzen. Vielleicht hatte George Bush wirklich gehofft, der Diktator werde durch einen Putsch der eigenen Offiziere entmachtet und umgebracht. Aber im wesentlichen ging es den USA darum, den staatlichen Zerfall des irakischen Staates zu verhindern. Ein geschwächter, durch UN-Kontrollkommissionen überwachter Saddam Hussein war aus Sicht Washingtons immer noch dem Entstehen eines schiitisch-arabischen Separatstaates in Südmesopotamien vorzuziehen – 60 Prozent der Iraker sind Schiiten –, der sich mit den Mullahs von Teheran solidarisiert und möglicherweise eine Art Landbrücke zu der schiitischen Hisbollah im Südlibanon geschlagen hätte.

Unter den drakonischen Sanktionen, die die Vereinten Nationen seit zehn Jahren verhängt haben, ist die einst blühende Republik Irak zum Armenhaus des Orients geworden. Dem deutschen Diplomaten Hans von Sponeck, der als Koordinator der Uno für die humanitäre Hilfe im Irak tätig war, ist es sehr hoch anzurechnen, daß er aus Protest gegen dieses Embargo, gegen die »menschliche Tragödie«, der nach Einschätzung der Unicef eine halbe Million Kleinkinder zum Opfer fielen, seinen Rücktritt einreichte.

Seit dem durch Saddam Hussein verursachen Desaster von 1991 hat sich jedoch das Charakterbild dieses Tyrannen, der sich auf Kosten seiner hungernden Untertanen immer neue Prachtbauten errichten läßt, in der arabischen Perspektive allmählich verändert. Für viele Iraker, die unter dem internationalen Boykott stöhnen, präsentiert Saddam sich als fürchterlicher, aber unbezwingbarer Fels, der der Koalition von 30 Feind-Nationen erfolgreich die Stirn geboten hat. Die Legendenbildung sprießt üppig im Orient, und vielerorts tritt der Diktator – zumal nach der Vertreibung der Waffenkontrolleure von Unscom – in der Rolle eines zwielichtigen Helden auf, eines »Batal«, an dem alle Komplotte der amerikanisch-zionistischen Verschwörung unrühmlich zerschellten.

Der Golfkrieg ist nicht zu Ende – »Ia tantahi ma'rakat el khalij«, so heißt es hartnäckig im arabischen Volksmund. 60 Prozent des irakischen Luftraums sind zur Sperrzone erklärt worden, und dort führen fast täglich amerikanische und britische Kampfflugzeuge – unter flagranter Mißachtung des Völkerrechts – recht willkürliche Angriffe fort, deren Opfer oft Zivilisten sind. Nur Vermutungen liegen darüber vor, daß der »Rais« wieder in aller Ruhe begonnen hat, die Produktion von Massenvernichtungswaffen aufzunehmen. Gerüchte besagen, seine Raketen seien heute weit präziser als vor zehn Jahren. Statt eine »Friedensordnung« für den gesamten Orient zu schaffen, hat die Operation »Wüstensturm« einen unberechenbaren Zustand politischer Labilität hinterlassen. Als »Mutter der Schlachten« hatte Saddam Hussein 1990 großmäulig seine Konfrontation mit den USA angekündigt. Er hätte besser von einer »Mutter der Lügen« gesprochen.

Putin kann die Fessel Tschetschenien nicht abstreifen

20. August 2000

Tschetschenien ist zur Achillesferse Rußlands und auch Wladimir Putins geworden. Die mörderische Explosion am Puschkin-Platz im Herzen Moskaus übt eine stärkere psychologische Wirkung auf die Bevölkerung aus als die sich häufenden Verluste der russischen Armee im Umkreis von Grosny.

Vor einem Jahr hatten der Einfall von 2000 bewaffneten Tschetschenen in der autonomen Nachbarrepublik Dagestan sowie die immer noch ungeklärte Sprengung mächtiger Wohnblocks in Moskau die Karriere des damaligen Geheimdienstchefs Putin beflügelt, von dem man sich energische Gegenmaßnahmen versprach. Heute muß der neue Kreml-Chef feststellen, daß er seinen Gegnern präzis in jener kaukasischen Problematik die offene Flanke bietet, die ihm noch unlängst zu seinem kometenhaften Aufstieg verholfen hatte.

Man kann keineswegs ausschließen, daß Gefolgsleute des gefürchteten Partisanenführers Bassajew die Bombe am Puschkin-Platz zündeten. Doch es ist bezeichnend, daß neben dem Extremisten Schirinowskij, der zu einer »Bartholomäus-Nacht« gegen die in der Hauptstadt lebenden Kaukasier aufrief, auch ein anderer Gegenspieler Putins, Bürgermeister Jurij Luschkow, sofort in diesen Chor einstimmte und die Jagd auf die »Schwarzärsche«, wie man dort sagt, eröffnen wollte.

Daran gemessen hat Putin – ganz im Gegenteil zu seinen antitschetschenischen Tiraden im September 1999 – vor einer ethnisch oder religiös motivierten Haß-Kampagne gewarnt. Vermutlich wird die ganze Wahrheit nie an den Tag kommen. Aber der Sicherheitsdienst SFB dürfte auch in der mafiösen Umgebung der immer noch mächtigen, durch Putin hart bedrängten »Oligarchen« – gemäß dem Prinzip »cui bono« – nach Verdächtigen suchen. Bereits vor einem Jahr, als die Wohnblocks explodierten, war unterderhand der Name des Tycoons Boris Beresowskij, damals noch der aktivste Förderer Putins, genannt worden, dem man als Tschetschenien-Beauftragten auch geheime Kontakte zu dem »Fundamentalisten« Bassajew nachsagte.

Wenn Beresowski heute ankündigt, die Explosion am Puschkin-Platz sei wohl nur der Auftakt zu einer ganzen Serie ähnlicher und schlimmerer Anschläge, dann versucht er ganz offensichtlich, die Autorität des Staatschefs, mit dem er sich inzwischen überworfen hat, zusätzlich zu erschüttern.

Inzwischen beläuft sich die offizielle Zahl der in diesem zweiten Tschetschenien-Feldzug gefallenen russischen Soldaten auf 3000. In Wirklichkeit dürften die Verluste weit höher liegen, und die ursprüngliche Kriegsbegeisterung schwindet dahin, wird allmählich durch ein »Afghanistan-Syndrom« verdrängt. Was sind das nur für Männer, diese kaukasischen »Bojeviki«, die trotz der Zerstörung ihres Lebensraums und eines fürchterlichen Aderlasses zu immer neuen Schlägen gegen die moskowitischen Besatzer ausholen? Heute verunsichern sie bereits wieder die Ruinenlandschaft von Grosny. Woher erhalten diese Partisanen ihre Waffen?

Die Nachbar-Republik Georgien ist den Tschetschenen nicht sonderlich gewogen, seit deren »Warlord« Bassajew an der Spitze seiner Getreuen zur Abspaltung der Autonomen Region Abchasien nachdrücklich beigetragen hatte. Von den Kemalisten in Ankara haben die tschetschenischen Glaubenskrieger keine Hilfe zu erwarten. Da wird zwar immer von den »Taliban« Afghanistans als Verbündeten geredet, und natürlich kommt der ominöse Osama bin Laden ins Gespräch, der zu dem erfolgreichen »Mudschahed« Khattab, einem Kaukasus-Kämpfer jordanischer oder saudischer Herkunft, tatsächlich eine lockere Verbindung unterhalten dürfte.

Aber die Unterstützung aller »Fundamentalisten« zwischen Maghreb und Hindukusch hat es ja nicht einmal fertiggebracht, die Tschetschenen mit jenen dringend benötigten Boden-Luft-Raketen – »Stinger« oder »Strela« – zu beliefern, die seinerzeit den Afghanistan-Krieg zugunsten der Islamisten entschieden. Die meisten Waffen der »Bojeviki« stammen – auf dem einen oder anderen Umweg – vermutlich aus den Arsenalen ihrer russischen Feinde.

Irgendwann wird Putin vielleicht zu dem Schluß kommen, daß es nicht ausreicht, den von Moskau ernannten Verwaltungschef »Mufti« Achmed Kadyrow gegen die Rebellen auszuspielen. Am Ende würde sich dann doch der demokratisch gewählte Tschetschenien-Präsident Aslan Maschadow, ein früherer Artillerie-Oberst der Roten Armee, als Gesprächspartner anbieten, von dem General Lebed große Stücke hielt. Die Zeit drängt, denn der Kaukasus-Krieg droht demnächst – mit einjähriger Verspätung – auf Dagestan überzugreifen, wo die Attentate sich häufen und die islamistische Gärung zunimmt.

Bislang hat die Spaltung der muslimischen Widerstandsorganisationen den Russen in die Hände gespielt. Da sind einerseits die im Kaukasus tief verwurzelten »Tariqat« oder Derwisch-Orden, die einer mystischen, oft von Aberglauben durchsetzten Religionsausübung anhängen, und andererseits die Künder der reinen koranischen Lehre, die »Fundamentalisten«, die zunehmend bei der Jugend Anklang finden. Dazu gesellen sich ererbte ethnische Gegensätze, zwischen den Tschetschenen und dem Bergvolk der Avaren zum Beispiel, dem im völkischen Sammelsurium Dagestans ein Drittel der Gläubigen angehört.

Je länger der Krieg und die blutige Unterdrückung andauern, desto nachdrücklicher werden diese disparaten Kräfte des Widerstandes gezwungen sein, eine gemeinsame Formel des »Kampfes auf dem Pfade Allahs« zu finden.

Merkwürdige Zufälle in Putins Rußland

20. August 2000

Die Tragödie der »Kursk« ist ein harter Nackenschlag für Wladimir Putin. Dabei hatte er noch am 11. August, also zwei Tage vor der Bekanntgabe des U-Boot-Verlustes, vor dem russischen Sicherheitsrat den Finger in die Wunde gelegt. »Wie kann man die Situation der Streitkräfte schönreden«, so klagte er an, »wenn in zahlreichen Einheiten die Ausbildung eingestellt wurde, wenn die Piloten nicht fliegen und die Matrosen nur in Ausnahmefällen in See stechen?«

Putin hat ein schweres Erbe angetreten. In der spätsowjetischen Phase hatte Moskau sich in den Afghanistan-Krieg verirrt und sich auf einen hoffnungslosen Rüstungswettlauf mit dem »Sternenkrieg« Ronald Reagans eingelassen. Nach der Auflösung der Sowjetunion setzte bei den Streitkräften ein unbeschreiblicher Schlendrian ein. Die Rekruten wurden wie Sträflinge behandelt. Die Offiziere wußten nicht, wo sie ihre Familien logieren sollten.

Die Mannschaftszahl wurde zwar von 2,8 Millionen Soldaten auf 1,2 Millionen reduziert, aber das veraltete russische Nukleararsenal verfügte immer noch über 6000 strategische und 4000 taktische Sprengköpfe. Dieser ungeheure Aufwand sollte im Jahr 1999 mit einem Wehrbudget von vier Milliarden Dollar finanziert werden. Die USA stellen dem einen Verteidigungshaushalt von 280 Milliarden Dollar entgegen.

Kein Wunder, daß in diesem Sommer die sibirischen Garnisonen zur Pilz- und Beerensuche in die Taiga und anderswo 30 000 Soldaten zur Kartoffelernte abkommandiert wurden. Unterdessen dümpeln etwa 180 ausgemusterte, teilweise abgewrackte, aber immer noch radioaktive U-Boote im Umkreis der Flottenbasen von Murmansk und Wladiwostok.

Die »Kursk« hingegen war kein veraltetes, schrottreifes Modell. Dieses U-Boot der »Oscar-Klasse« im Nato-Jargon war erst 1995 in Dienst gestellt worden, hatte während des Kosovo-Konfliktes im Mit-

telmeer Flagge gezeigt und vor kurzem längs der französischen At-
lantik-Küste höchst indiskrete Erkundungsmanöver durchgeführt. An
Bord eines ähnlichen Schiffes, der »Karelija«, war Wladimir Putin pu-
blikumswirksam in der Uniform eines Marine-Offiziers auf Tauchstation gegangen.

Heute wird dem Kreml-Chef zutiefst verübelt, daß er auf dem
Höhepunkt der Katastrophe in seinem Urlaubsort Sotschi am Schwarzen Meer verharrte, daß er mit anerzogenem KGB-Reflex jede ausländische Rettungshilfe zunächst von sich wies. Es ist ein merkwürdiger
Zufall, daß der Untergang der »Kursk« zeitlich mit einer grundlegen
den Debatte über die Neugestaltung der russischen Streitkräfte zusammenfällt.

Verteidigungsminister Igor Sergejew hat – unter Hinweis auf die
amerikanischen Pläne zur Schaffung eines Raketen-Abwehrsystems
(NMD) – auf die Priorität der nuklearen Schlagkraft Rußlands gedrängt und sich deren Integration in die herkömmlichen Waffengat-
tungen vehement widersetzt. Damit geriet er in offenen Konflikt
zum obersten Stabschef Anatolij Kwaschnin, der den konventionellen Streitkräften den strategischen Vorrang einräumen will.

Auch Putin scheint der Auffassung zuzuneigen, daß ein Arsenal
von etwa 1000 modernen nuklearen Trägerwaffen mit interkon-
tinentaler Reichweite ausreichen würde, um die USA – selbst nach
dem Ausbau ihrer »National Missile Defense« – das Fürchten zu lehren. Verteidigungssysteme, das weiß man in Washington wie in Moskau, bleiben stets fragwürdig, und vielleicht erinnert man sich an jenen Reichsmarschall Göring, der zu Beginn des Zweiten Weltkrieges
getönt hatte, er wolle »Meier« heißen, wenn über Berlin eine einzige
britische Bombe niederginge.

Putin hat zwar Igor Sergejew konzediert, daß die Sonderstellung
der Nuklearwaffen bis 2006 erhalten bleibt, aber er hat sechs hohe
Generäle, die dem Verteidigungsminister nahestanden, ohne Angabe
von Gründen entlassen. Der russische Staatschef, der auch durch die
Rückschläge im Kaukasus belastet ist, hat schwerwiegende Gründe,
den Landstreitkräften wieder eine Vorzugsposition zu verschaffen.
Wenn es in Rußland zu einer aufrührerischen Kraftprobe kommen
sollte, wie sie Jelzin bei der Beschießung des »Weißen Hauses« durchstehen mußte, dann werden die Panzerkanonen und nicht die Atombomben den Ausschlag geben.

Hinzu kommt ein Argument, das im Westen noch kaum wahrgenommen wurde. Neben der Konfliktsituation im Kaukasus hat Putin die »neuen Gefahren« für die GUS-Republiken in Zentralasien klar erkannt. Nicht nur Tadschikistan, wo islamische »Fundamentalisten«, Verbündete der »Taliban«, aus Afghanistan massiv eingesickert sind, steht im Bürgerkrieg. Auch die post-sowjetischen Regime von Usbekistan, Kirgisien, demnächst vielleicht auch Kasachstan und Turkmenistan – mitsamt ihren ehemals kommunistischen Präsidenten, die sich wie orientalische Despoten aufführen –, sehen sich durch das Hochkommen einer breiten koranischen Revolutionsstimmung bedroht. In Tadschikistan sind bereits mehr als 20 000 russische Soldaten zur Abwehr dieser »Mudschahedin« stationiert.

Aber der psychische Zustand dieser moskowitischen Garnison ist so erbärmlich – die Russen nehmen dort aktiv am Drogengeschäft teil –, daß eine radikale Disziplinierung und materielle Besserstellung des Heeres absolut zwingend erscheinen. Rußland, das bei allen bestürzenden Schwächesymptomen in aller Stille seinen Zugriff auf Zentralasien sowie die dortigen Öl- und Gas-Vorkommen wieder gefestigt hat, ist immer noch für manche Überraschung gut.

Putin lebt im Kalten Krieg

27. August 2000

»Er hatte sich als Nachfolger Peters des Großen gebärdet, nun hat
sich seine wahre Veranlagung, nämlich die eines subalternen Ge-
heimdienstoffiziers, offenbart.« So lautete die generelle Kritik der
westlichen, insbesondere auch der deutschen Medien an Wladimir
Putin, als dieser auf die Tragödie der »Kursk« verspätet, hilflos und –
wie es zunächst schien – zynisch reagierte.

»Sein Herz ist so kalt und gnadenlos wie das eisige Nordmeer«, po-
lemisierte sogar eine englische Zeitung. Das lobenswerte Mitgefühl,
das so viele Publizisten Europas und Amerikas den wackeren U-Boot-
Matrosen der »Kursk« entgegenbrachten, wurde leider beeinträchtigt
durch den Ausbruch von Häme, fast von Schadenfreude, mit der man
aus diesem Anlaß über den russischen Staatschef herzog.

Tatsächlich ist der neue Kreml-Herrscher ein »Schattenmann« geblieben. Von seinem Lebenslauf weiß man nur, daß er in St. Petersburg geboren und als Jurist ausgebildet wurde. Dann begann seine
endlose Karriere als KGB-Spezialist für Deutschland. Von dem damaligen Bürgermeister Sobtschak nach St. Petersburg berufen, taucht
er plötzlich – angeblich dank der Förderung durch den »Oligarchen«
und Jelzin-Vertrauten Anatolij Tschubais – im innersten Moskauer
Machtzentrum auf, wird zum Chef des Geheimdienstes SFB ernannt
und steigt raketenhaft zum Ministerpräsidenten, dann zum neuen
Zaren auf.

Die Psychologie dieses introvertierten, blassen Mannes, dem jedes
Lächeln weh zu tun scheint und der seine Gesprächspartner förmlich
belauert, ist noch längst nicht ergründet worden. Neben der bulligen
Körpermasse so vieler russischer Generäle und Würdenträger erscheint Putin beinahe schmächtig, aber als erfahrener »Judoka« hat
er gelernt, daß man seine Gegner am besten durch vorgetäuschte
Nachgiebigkeit zu Fall bringt.

Für den erbärmlichen Zustand der russischen Streitkräfte, inklusive der Nordmeer-Flotte, kann man Putin, der erst ein halbes Jahr im Amt ist, wirklich nicht verantwortlich machen. Er war gerade dabei, diese himmelschreienden Mißstände ins Visier zu nehmen. Viel schwerwiegender als der Untergang der »Kursk« wird Putin durch die Fortdauer des Abnutzungskrieges im Kaukasus belastet, den er persönlich – damals noch als Regierungschef – in Gang setzte. Die permanenten russischen Verluste in Tschetschenien und die Unfähigkeit einer moskowitischen Streitmacht von 100 000 Mann, diesen Konflikt zu beenden, werfen düstere Schatten auf die nationale Wiedererstarkung, der Putin sich verschrieben hat.

Was die »Kursk« betrifft, so fehlte ihm eben jene Professionalität der öffentlichen Trauer, die Bill Clinton, Tony Blair oder Jacques Chirac zweifellos sehr viel gekonnter über den Bildschirm gebracht hätten. Soll man Putin einen Vorwurf daraus machen, daß er in Murmansk nicht jene »Betroffenheit« zur Schau stellte, mit der deutsche Minister an den Gräbern ermordeter Kosovo-Albaner nach einer Rechtfertigung für ihren sinnlosen Luftkrieg gegen Serbien suchten?

Die Frage stellt sich weiterhin, was denn wirklich bei den Manövern nördlich von Murmansk passiert ist. Vielleicht werden wir die tatsächlichen Gründe dieser tödlichen Havarie nie erfahren. Noch immer streiten sich ja die Experten, welches technische Mißgeschick das zivile Fährschiff »Estonia« mit einer weit größeren Anzahl von Opfern auf den Grund der Ostsee beförderte.

General Igor Sergejew, der russische Verteidigungsminister, dessen strategische Vorstellungen mit denen seines Präsidenten häufig kollidieren, hält an der Behauptung fest, die »Kursk« sei durch ein fremdes Beobachter-Schiff gerammt worden. Der Verdacht richtet sich auf zwei amerikanische und ein britisches U-Boot, die sich zur Manöverspionage in unmittelbarer Nähe der russischen Flotte aufhielten.

Immerhin ist es im Verlauf des Kalten Krieges zu mindestens zwölf Zusammenstößen dieser Art gekommen, die jedoch keine vergleichbare Katastrophe verursachten. Die Praxis der maritimen Überwachung wird übrigens von sämtlichen Flotten der Welt, die dazu in der Lage sind, quer durch die Bündnisse praktiziert. So war unmittelbar neben den US-Flugzeugträgern während des Kosovo-Krieges ein französischer »Sous-Marin« permanent auf Tauchstation, nicht um die Allianz zu verstärken, sondern um die amerikanische Lenkwaffen-Technik zu registrieren.

Angesichts des vernichtenden Presseechos im In- und Ausland hat Wladimir Putin mit bemerkenswerter Anpassungsfähigkeit seine Informationsmethodik herumgeworfen. Nach seinem peinlichen Auftritt vor den Witwen der ertrunkenen Seeleute stellte er sich mit erstarrtem Gesicht dem Fernseher. Dabei hat er nicht nur die Verantwortung, sondern auch »die Schuld« für dieses nationale Unglück auf sich genommen. Aus dem ciskalten KGBisten wurde plötzlich eine Art »Raskolnikow«, eine russische Grüblergestalt Dostojewskischer Prägung.

Was für dortige Verhältnisse ganz ungewöhnlich war: Putin hat auch nicht nach Sündenböcken in der eigenen Admiralität gesucht, sondern eine restlose Aufklärung versprochen. Die wird nicht einfach sein, denn das Wort »Glasnost« hat in Moskau seit dem Versagen Gorbatschows keinen guten Klang.

Gewisse ausländische Beobachter haben allzu eilig den Grabgesang auf die russische Militärmacht und Weltgeltung angestimmt. Es ist bemerkenswert, wie plötzlich sich die Beurteilung Wladimir Putins in den ohnehin zum Konformismus neigenden westlichen Gazetten vom »potentiellen Heilsbringer« zum »finsteren Unhold« gewandelt hat.

Im Gegensatz zu Michail Gorbatschow, der sich dem Chor der Putin-Kritiker in erstaunlicher Verdrängung des eigenen, sehr viel schlimmeren Versagens bei Tschernobyl beigesellt hat und der als Staatschef der amerikanischen Hegemonialrolle den Weg freimachte, im Gegensatz auch zu Boris Jelzin, der unter dem Einfluß der »Oligarchen« den Investoren aus USA im Zeichen einer pervertierten Marktwirtschaft den Zugang zu den Energiereichtümern der GUS-Republiken eröffnete, gilt Wladimir Putin in Washington als ernstzunehmender Gegenspieler.

Schon zeichnet sich seine Konteroffensive ab. Kein geringerer als der orthodoxe Patriarch Alexej II. hat das russische Volk dazu aufgerufen, der Selbstzerfleischung in den eigenen Medien Einhalt zu gebieten, die Reihen zur Wahrung des Vaterlandes zu schließen und seine wirklichen Feinde zu entlarven. Das Flottenmanöver in der Barentssee, dessen Umfang alle Übungen der letzten Jahre weit übertraf, sollte unter anderem ja auch den Amerikanern vor Augen führen, daß die russischen Streitkräfte in der Lage wären, das von Washington angekündigte Raketen-Abwehr-System (NMD) zu durchbrechen oder zu neutralisieren.

Zehn Jahre nach der deutschen Wiedervereinigung ist infolge eines grausamen Zwischenfalls am Rande der Arktis plötzlich für jeden Klarsichtigen deutlich geworden, daß der Kalte Krieg, den man so feierlich ad acta gelegt hatte, niemals zum Stillstand gekommen ist, ja, daß er sich neuerdings wieder intensiviert.

Natürlich haben sich die Koordinaten zwischen Washington und Moskau – durch die Auflösung der Sowjetunion, den Aufstieg Chinas, auch durch den Verzicht auf ideologischen Ballast – gründlich verschoben. Aber von »partnership for peace« kann nicht mehr die Rede sein.

Der deutsche Rußland-Experte Wolfgang Seiffert, der in Moskau russisches und europäisches Recht lehrt und sich an eine erste Putin-Biografie herangewagt hat, nimmt die verfehlte Konzeption westlicher Rußland-Politik unverblümt aufs Korn. »Die Hauptursache dafür«, so schreibt Seiffert, »rührt von der Legende vom Sieg der USA im Kalten Krieg her. Man kann es auch so formulieren: Der Kalte Krieg wurde mit dem Zerfall der UdSSR, des Warschauer Paktes und des Comecon nicht als beendet angesehen, sondern mit anderen Mitteln fortgeführt.« An anderer Stelle heißt es: »Nimmt man hinzu, daß die USA die gleiche Politik der Verdrängung Rußlands (wie auf dem Balkan) aus seiner Einflußzone im Kaukasus und Mittelasien betrieben, so läßt sich verstehen, daß kritische Beobachter in Rußland die Grundlagen der nationalen Sicherheit ihres Landes als zerstört ansehen.«

Daraus zieht Seiffert eine Folgerung, die im Zusammenhang mit der »Kursk« an Aktualität gewinnt: »Es ist die Ironie der Geschichte, daß diese Art Rußland-Politik einerseits dafür verantwortlich sein dürfte, daß Rußland heute wirtschaftspolitisch, militärisch, politisch schwächer ist denn je, aber eben gerade dazu beigetragen hat, daß dieses Land nun in jeder Hinsicht zur Besinnung auf seine eigenen Interessen, Potenzen und Wege kommt.«

Man hatte es Putin verübelt, daß er – bevor er endlich nach Murmansk aufbrach – auf der Krim noch einer Konferenz mit diversen Staatschefs der GUS-Republiken beiwohnte. In diesem Punkt kann man ihn jedoch schwerlich tadeln. Die Konsolidierung der angestammten russischen Positionen in Zentralasien dürfte in seinen Augen Priorität vor der offiziellen Solidaritätsbekundung mit den Matrosen der »Kursk« besessen haben.

Zwischen Kaspischem Meer und der chinesischen Xinjiang-Provinz ist es nämlich zu einer ökonomischen und strategischen Umschichtung gekommen, die in Washington helle Sorgen auslösen dürfte. Noch vor einem Jahr glaubte jeder, es sei den großen amerikanischen Energiekonzernen gelungen, die Russen aus ihren Einflußzonen im Südkaukasus und Zentralasien zu verdrängen. Es schien, als hätten sie die Ausbeutung der gewaltigen Vorkommen an Erdöl und Erdgas dieser Region sowie deren Abtransport über nichtrussisches Territorium endgültig an sich gerissen. Doch in dieser Neuauflage des »great game« hat Wladimir Putin sich gegen die vermeintliche Allmacht der US-Giganten nachhaltig durchgesetzt.

Moskau hat vor kurzem ein Abkommen mit Kasachstan unterzeichnet, das ihm den Löwenanteil an der dortigen Petroleumproduktion sowie dessen Ausfuhr über russisches Staatsgebiet zusichert. Damit dürfte das grandiose Pipeline-Projekt der Amerikaner, das – unter Umgehung Rußlands und Irans – von Baku über Georgien und Ostanatolien bis zum türkischen Hafen Ceyhan am Mittelmeer geplant ist, jede Aussicht auf Rentabilität verloren haben. Fast zum gleichen Zeitpunkt hat der selbstherrliche Staatschef Turkmenistans, Saparmurad Nijasow, der sich als »Turkmenbashi« feiern läßt, den Avancen aus USA den Rücken gekehrt und einen Vorvertrag, den er erst 1999 mit einem amerikanischen Konsortium in Istanbul vereinbart hatte, aufgekündigt. Auch hier wurde den Russen bei der Belieferung mit den immensen Erdgasreserven Turkmenistans eindeutig der Vorrang eingeräumt.

Noch bemerkenswerter ist die Kehrtwendung des Präsidenten von Usbekistan, Islam Karimow. Bereiteten sich die Streitkräfte dieses potentesten zentralasiatischen Staates noch unlängst auf eine militärische Kooperation mit USA und Nato vor, so wird jetzt plötzlich die enge strategische Anlehnung an Moskau gesucht. Eine Begegnung Karimows mit Nato-Generalsekretär George Robertson wurde kurzfristig abgesagt. Statt dessen traf sich der starke Mann von Taschkent, ein Ex-Kommunist, der in Usbekistan wie ein orientalischer Despot agiert, mehrfach mit Wladimir Putin.

Bei dieser im Westen kaum registrierten, aber sensationellen Kräfteverlagerung zugunsten Moskaus handelt es sich gewiß nicht um Bekundungen gegenseitiger Sympathie, und die Zeit der unerbittlichen sowjetischen Unterdrückung ist hier keineswegs vergessen. Aber die neuen »Emire«, die sich an der Spitze der diversen GUS-Republiken diktatorisch behaupten und den jeweiligen Nationalismus ihrer meist turkstämmigen Völker fördern, sehen sich durch das Vordringen des militanten Islamismus unmittelbar bedroht.

Da sickern die fanatischen »Taliban« – frühere Günstlinge der CIA – aus Afghanistan nach Tadschikistan ein. Im Fergana-Tal regt sich die koranische Wiedergeburt, und selbst auf Kirgistan hat der »fundamentalistische« Aufstand bereits übergegriffen. In einer solchen Krisensituation ist Moskau nun einmal der verläßlichere und ortskundigere Verbündete, mögen die russischen Heeresverbände auch noch so jämmerlich ausgerüstet und motiviert sein.

Putin hat bereits Verstärkung an die afghanische Grenze entsandt. Man kann sich hingegen schlecht vorstellen, daß die U.S. Army mit ihren hochtechnisierten Interventionskräften sich in diesem Hexenkessel engagieren würde, zumal sie schon im Kosovo vor jeder Bodenoffensive und den damit verbundenen Eigenverlusten zurückgeschreckt war.

Im CIA-Hauptquartier von Langley muß mit Befremden vermerkt worden sein, daß die sogenannte »Shanghai-Gruppe« – bestehend aus Rußland, China, Tadschikistan, Kirgistan, Kasachstan – in der tadschikischen Hauptstadt Duschanbe Anfang Juli dieses Jahres zusammengetreten ist, um gemeinsam über die Eindämmung der »islamistischen Gefahr« zu beraten, der sich ja auch Peking in Xinjiang ausgesetzt sieht.

So negativ, wie anläßlich der Tragödie in der Barentssee geschildert wurde, ist die Bilanz Wladimir Putins – global gesehen – also nicht, was wohl erklärt, daß seine Zustimmungsquote bei der Bevölkerung immer noch 65 Prozent beträgt.

Gewiß, es liegt eine schier unermeßliche geographische Distanz zwischen Murmansk und Duschanbe. Doch in der Trauergemeinde am Nordmeer war – in Vertretung der 20 Millionen Muslime, die in der Russischen Föderation leben – neben der orthodoxen Geistlichkeit auch ein sunnitischer Imam – vermutlich ein Tatare – zugegen, um seinen wenigen Glaubensgenossen an Bord der gesunkenen »Kursk« durch die Rezitation der Fatiha-Sure des Korans die letzte Ehre zu erweisen.

Ein Rücktritt aus Furcht
vor dem Zerfall Frankreichs

3. September 2000

»Die einzige Art, Charakter zu haben, ist: einen schwierigen Charakter zu haben«; der Spruch stammt von Napoleon Bonaparte, und er trifft vorzüglich auf Jean-Pierre Chevènement zu, der aus Protest gegen die Korsika-Politik seines Regierungschefs Jospin von seinem Amt als Innenminister zurückgetreten ist.

Zum dritten Mal hat Chevènement den Bettel hingeworfen. Als er 1991 seinen Posten als Verteidigungsminister zur Verfügung stellte, hat er damit gegen die Teilnahme Frankreichs am Golfkrieg Stellung genommen. Als er gegen den Maastricht-Vertrag Stimmung machte, verglich er die Europäische Union mit dem Heiligen Römischen Reich (deutscher Nation), dessen abendländischem Hegemonialanspruch sich das Westfrankenreich seit seiner Gründung durch die Kapetinger Könige stets widersetzt hatte.

Heute – in Sachen Korsika – präsentiert er sich als Jakobiner und predigt die »République une et indivisible«. Im Zeichen des Föderalismus mutet die Weigerung Chevènements, der »Insel der Schönheit«, eine begrenzte Autonomie und die Legalisierung der eigenen Sprache zuzugestehen, auf den ersten Blick anachronistisch an. Aber wenn die dortigen Volksvertreter sich weigern, die sich abreißende Serie von Morden und Sprengstoffanschlägen eindeutig zu verurteilen sowie auf weitere Gewalt zu verzichten, dann kommen berechtigte Bedenken auf. Ein Blick auf das spanische Baskenland, dem weitestgehende Selbstverwaltungsrechte und kulturelle Identität von Madrid längst gewährt wurden und wo die ETA dennoch fortfährt, ihre blutigen Spuren zu ziehen, gemahnt zur Vorsicht.

An Korsika gemessen, sind die Probleme Frankreichs mit seinen linguistischen Minderheiten in den Randzonen des Hexagons von geringer Bedeutung. Katalanen und Flamen, ja sogar die französischen Basken, die ihren Landsleuten jenseits der Pyrenäen gelegentlich Zuflucht gewähren, fallen nicht ins Gewicht. In der Bretagne ist zwar die Wiederbelebung des alten Kelten-Idioms plötzlich wieder in Mode, seit der Generaldirektor des größten französischen Fernsehsenders, Patrick Le Lay, einen eigenen bretonischen Kanal »TV-Breizh« aus der Taufe hob. Aber in der Stadt Quimper erinnert sich die ältere Generation noch an den Besuch des Generals de Gaulle im Frühjahr 1969, als ausgerechnet dieser kompromißlose Patriot ein Referendum über die Regionalisierung Frankreichs durchsetzen wollte und nicht davor zurückschreckte, sein Publikum mit ein paar Sätzen in bretonischer Sprache zu überraschen und zu erheitern.

Heimliche Pariser Sorge richtet sich natürlich auf das Elsaß, wo die bereits erlöschende »Muttersprache« durch einen gewaltigen Strom deutscher Besucher und Investoren, vor allem durch die Beliebtheit deutscher Fernsehprogramme, wieder an Boden gewonnen hat. Zwar sind dort keine nennenswerten autonomistischen Forderungen laut geworden. Die Schatten des Dritten Reichs lasten noch schwer über Straßburg. Aber es stimmt bedenklich, daß in dieser einst christdemokratischen, dann gaullistischen Region der Rechtsextremismus Zulauf findet und die anti-maghrebinische Stimmung sich aufheizt.

Die wirkliche Trennungslinie Frankreichs verlief traditionell zwischen Nord und Süd, etwa entlang der Loire, zwischen zwei Sprachsystemen, der »langue d'oil« und der »langue d'oc«. Da gärten unterschwellig aus dem Mittelalter herrührende Ressentiments. Die rauhen »fränkischen« Barone des Nordens hatten sich im Zuge eines Kreuzzuges gegen die Irrlehre der Albigenser den »Midi« mitsamt seiner blühenden Kultur unterworfen, und die Kapetinger-Könige gaben – auch im Namen der katholischen Rechtgläubigkeit – gebieterisch den Ton an zwischen Toulouse und Béziers. Diese Kluft wurde nie überwunden, und der Zwist lebte in den siebziger Jahren mit der mehr folkloristisch als autonomisch gefärbten Bestrebung zur Wiedergeburt »Okzitaniens« wieder auf.

Die korsische Sezessionstendenz von heute könnte Ausstrahlungen haben in Gegenden, von denen bislang wenig die Rede war, nämlich in den französischen Départements und Territorien in »Übersee«, auf den Antillen-Inseln Martinique und Guadeloupe, in Französisch-Guyana, auf Réunion im Indischen Ozean, auf Neukaledonien und natürlich in Französisch-Polynesien mitsamt dem Atom-Atoll Mururoa. Das sind die sogenannten »Konfettis«, die vom einstigen Kolonialreich übrigbleiben. Aber die Raumfahrtstation von

Kourou in Guyana ist für Paris unverzichtbar, und wer weiß, ob man sich eines Tages nicht genötigt sieht, die Nuklearversuche im Stillen Ozean wiederaufzunehmen. Diese verzettelten Besitzungen rings um den Erdball verschaffen den französischen Streitkräften zudem die heute wohl unentbehrlichen Relais-Stationen für ihre strategischen Beobachtungssatelliten.

Nach 1000 Jahren systematischer Zentralisierung bleibt Frankreich zwar fester gefügt als jedes andere Land Europas. Auf Dauer bahnen sich dennoch psychologische Veränderungen an. Es kann zum Beispiel nicht ohne Folgen bleiben, daß dieser Staat, der unter Carnot die allgemeine Wehrpflicht erfunden hat, auf diesen »Prägstock der Nation« verzichtet hat. Der Zusammenhalt Frankreichs ist nicht völkisch begründet, sondern voluntaristisch. Er soll – wie Renan es formulierte – eine »tägliche Volksabstimmung« sein.

Um so schockierender erscheint da das chaotische Verlangen der Korsen nach einer eigenen »Ethnizität«, nach einer balkanisch anmutenden Parzellierung auf einer Insel, deren größter Sohn sich als Nachfolger Karls des Großen betrachtete.

Eine Riesen-Zirkusnummer namens Millenniums-Gipfel

10. September 2000

Als »säkularer Papst« ist Uno-Generalsekretär Kofi Annan von ein paar unentwegten Enthusiasten gepriesen worden, weil er den Millenniums-Gipfel in New York einberufen hat. Tatsächlich hatten sich dort sämtliche Großen der Welt, die Staats- und Regierungschefs von etwa 150 Ländern, versammelt. Eine Art weltliches Konzil war zusammengetreten, aber die römische Kirche, deren Vorrang durch Kardinal Ratzinger gerade noch einmal betont wurde, dürfte sich durch diese Konkurrenzveranstaltung zu ihrem eigenen Heiligen Jahr kaum beeindrucken lassen.

Was all diese überbeschäftigten Machthaber bewogen haben mag, an der Monsterveranstaltung teilzunehmen, wo jedem doch nur fünf Minuten Redezeit gewährt wurde, ist für den normalen Sterblichen schwer ersichtlich; zumal noch vor fünf Jahren ein ähnliches »Jamboree« zum fünfzigsten Geburtstag der Uno stattfand. Helmut Kohl hatte sich damals von dieser Zeitverschwendung ferngehalten, was man als Arroganz auslegte; aber vermutlich hatte er recht.

Gewiß, Kofi Annan ist ein ehrenwerter Mann. Dieser Häuptlingssohn aus Ghana, der in England studiert und eine Schwedin geheiratet hat, strömt Würde und Selbstbewußtsein aus. Er war zwar der Kandidat Madeleine Albrights, als Washington unbedingt seinen Vorgänger, den Ägypter Boutros-Ghali, loswerden wollte. Aber Kofi Annan hat sich keineswegs zum Werkzeug der US-Diplomatie degradieren lassen. Charles de Gaulle, der von der Uno überhaupt nichts hielt, hatte seinerzeit den burmesischen Generalsekretär U Thant als »chaisier«, als einen beamteten Platzanweiser, apostrophiert. Über einen solchen Vorwurf ist Kofi Annan, der mit viel Geschick seine Wiederwahl vorbereitet, erhaben. Doch seine Vollversammlung erinnert sehr stark an jene »Animal Farm«, jene Farm der Tiere, die George Orwell beschrieb. Da waren alle Tiere gleich – außer denjenigen, die gleicher waren als die anderen.

Im Glashaus am East River, so heißt es vollmundig, hätten die Clintons, Putins, Jiang Zemins und andere Gelegenheit gefunden, in intensiven Begegnungen den Weltfrieden zu festigen. Aber kein anderes Gebäude eignet sich so wenig für den Austausch vertraulicher Vorschläge wie dieser asbestverseuchte Wolkenkratzer, der von oben bis unten mit »Wanzen« und Abhöranlagen durchsetzt sein dürfte. Wem wollte man denn weismachen, daß ausgerechnet bei dieser Riesen-Zirkusnummer eine Versöhnungsformel für das Heilige Land gefunden würde? Zwar haben die Teilnehmer in aller Eile ein Verbot für den Einsatz von »Kinder-Soldaten« verabschiedet, doch die wilden Bandenführer im Dschungel Sierra Leones, des Kongo oder der Insel Jolo werden sich den Teufel darum scheren.

Bevor Kofi Annan sein Amt als Generalsekretär antrat, war er innerhalb der Uno für Sicherheitsfragen zuständig. Er mußte damals untätig zusehen, wie die Blauhelme in Bosnien passive Beobachter von Gemetzeln wurden. Dem Völkermord in Ruanda stand er ohnmächtig gegenüber. Das hat den Mann zweifellos traumatisiert, und deshalb drängt er heute auf ein aktives Interventionsrecht der Weltorganisation, auch wenn damit die Souveränitätsansprüche gewisser »Schurkenstaaten« verletzt würden.

Seit dem »humanitären Feldzug« im Kosovo, den die Nato unter Mißachtung der Uno unternahm, wird der Ghanaer jedoch auf wenig Zustimmung stoßen. Keines der fünf ständigen Mitglieder des Weltsicherheitsrats erwägt auch nur, auf sein Vetorecht zu verzichten. Was die Vollversammlung betrifft, die manche Phantasten zur höchsten moralischen Instanz erheben möchten, so sollte man sich bewußt sein, daß zumindest die Hälfte der dort vertretenen Staats- und Regierungschefs – falls bei ihnen die gleichen Maßstäbe wie beim Serben Milosevic angelegt würden – als Angeklagte vor einem internationalen Menschenrechtstribunal ständen.

Um die Blauhelm-Einsätze ist es schlecht bestellt, seit die Amerikaner sich unter dem Eindruck des Somalia-Fiaskos die Formel »No dead – Keine eigenen Verluste« zu eigen machten und in Sierra Leone 500 bewaffnete »Friedenshüter«, überwiegend aus Sambia, aber auch 15 Soldaten eines britischen Elite-Regiments von betrunkenen Kinder-Soldaten gefangengesetzt wurden. Dort, wo die UN-Kontingente sich scheinbar bewähren – wie auf Zypern oder den Golanhöhen –, üben sie ja lediglich eine Alibi-Funktion aus, erlauben sie den verfeindeten Parteien, die den offenen Konflikt scheuen, das Gesicht zu wahren. In Kambodscha wiederum hatte ein gewaltiges Aufgebot von 30 000 Mann aus aller Herren Länder keinerlei Besserung bewirkt und diesem schwer geprüften Land zusätzlich die Verseuchung durch Aids beschert.

In Zukunft sollen, so schlägt Kofi Annan vor, die großen wirtschaftlichen Konsortien stärker in die Arbeit und vor allem die Finanzierung der Uno eingebunden werden. Den weltweit operierenden Konzernen würde somit bei ausreichender Spendenwilligkeit eine Art Ablaß gewährt für ihre hemmungslose Profitsuche in fünf Kontinenten. Der Ghanaer Annan sollte aber vielleicht doch eine extrem seriöse Studie aus den USA beherzigen, in der es heißt: »Globalisierung ist zum Codewort geworden für die offene internationale Ausbeutung von Entwicklungsländern in Afrika und andernorts.«

Der spektakuläre Millenniums-Gipfel von New York läßt sich auf eine höchst banale, ja vulgäre Formel bringen: Außer Spesen nichts gewesen. Wenn man hingegen die Heilige Schrift bemühen will, drängt sich die Frage auf: »Quis custodiat custodes legum – Wer wird die Hüter der Gesetze hüten?«

Die totale Abhängigkeit
des Homo sapiens

25. September 2000

Man solle sich auf die Wirtschaft verlassen, nicht auf die Politik. So
hatte es im Zeichen wachsenden Wohlstands auf beiden Seiten des
Atlantiks geheißen. Aber welcher ökonomische »Guru« hatte denn
das rasante Ansteigen der Ölpreise vorausgesehen, das dem Optimismus der »New Economy« – wenigstens vorübergehend – einen Dämp-
fer versetzte? Diese Krise geht nicht nur Spediteuren, Taxifahrern
und Bauern an die Substanz. Sie trifft das ganze aufmüpfige Volk der
Autofahrer. In Frankreich hat Premier Lionel Jospin fast ohne Widerstand vor dem Aufruhr der Verbraucher kapituliert und hohe Steuer-
konzessionen zugestanden. Das hat wenig genützt, die Popularitäts-
kurve dieses protestantischen Sozialisten ist steil abgefallen.

In Deutschland sind die Dinge vollends absurd abgelaufen. Da hatte
vor kurzem der Bundeskanzler Gerhard Schröder noch selbstbewußt
verkündet, ein niedriger Euro-Kurs mache ihm keine Sorgen, der för-
dere doch den Export. Nun hat die Steigerung der Import-Preise für Petroleum und Erdgas den Kanzler eingeholt. Nicht nur die Talfahrt des
Euros beschleunigt sich, was die Deutschen mit wachsender Wut zur
Kenntnis nehmen. Es taucht auch das Gespenst einer inflationären
Entwicklung auf, und in diesem Punkt ist Germanien weit empfind-
licher als seine Nachbarn. Der christlich-demokratischen Opposition,
um die es seit dem Spendenskandal miserabel stand, ist mit der
Benzin- und Dieselpreissteigerung ein unverhoffter Trumpf zugespielt
worden: Die CDU richtet ihre Geschütze auf die im rot-grünen
Koalitionsvertrag zementierte Öko-Steuer, die man nun als »K.-o.-
Steuer« apostrophiert. Das ganze Konzept einer Berliner Regierung,
der die unerbittlichen Sparmaßnahmen des Finanzministers Hans Ei-
chel Schwung verschafft hatten, droht erschüttert zu werden. Die diversen Zugeständnisse – eine Erhöhung der Kilometerpauschale zum
Beispiel – werden von der Opposition zu Recht als »Flickschusterei«
betrachtet. Angesichts des dramatischen Anstiegs der Heizungsko-

sten im kommenden Winter wird der Mannschaft Schröder-Fischer vorgeworfen werden, daß sie sich mit ihrer Abkehr von der Nuklearenergie jeder Erpressung ausgeliefert hat. Die Wasserstoff-Motoren sind noch ein sehr vages Zukunftsprogramm. Mit Windpropellern, die wenig einbringen und die Landschaft verschandeln, ist es nicht getan, und um einen vollwertigen Ausgleich über Solarzellen zu erzielen, müßte man wohl die Bundesrepublik in die Sahara verlagern.

In Großbritannien ist Tony Blair hart geblieben. Der Labour-Chef reagierte, wie seine erzkonservative Vorgängerin Maggie Thatcher gehandelt hätte. Er hat die Polizei als Streikbrecher gegen Lastwagenfahrer eingesetzt. Bei den nächsten Wahlen könnte sich das jedoch fatal auswirken, denn Blair wird auf die Stimmen der kleinen Leute angewiesen sein. Selbst in Amerika, wo die Spritpreise ein knappes Drittel der europäischen Normen betragen, sind Bemerkungen aufgetaucht, ob diese unberechenbare Entwicklung auf dem Energiemarkt am Ende den scheinbar endlosen Wirtschaftsboom der USA gefährden könnte, obwohl man dort über ganz andere Reaktionsmöglichkeiten verfügt als in Europa.

Es müssen sich nicht alle Katastrophen-Szenarien verwirklichen. Auf lange Sicht wird der Homo sapiens eine Ausweichlösung für seine Abhängigkeit vom Petroleum finden. Man bedenke, daß vor 150 Jahren in Frankreich Bedenken geäußert wurden, Paris könne im Dung der Pferde, die Droschken und Karren zogen, ersticken.

Über die wirklichen Ursachen sind die Experten sich in keiner Weise einig. Noch vor kurzem warnten sie vor einer überstürzten Öl- und Gasförderung im Umkreis des Kaspischen Meers, vor einer Aufhebung des Boykotts gegen Irak, weil sie eine Petroleum-Schwemme befürchteten. Es ist bezeichnend für den Provinzialismus der deutschen Politiker und Wirtschaftskapitäne jeglicher Couleur, daß sie sich rühmten, eine der führenden Industrienationen der Welt zu repräsentieren, aber nie auf die Idee kamen, einen eigenen Superkonzern zwecks Förderung und Vermarktung von Fossil-Energie zu gründen, was ihnen erlaubt hätte, mit den US-Multis halbwegs mitzuhalten. Wer ist schuld an diesem Engpaß? Die Ölscheichs, die globalen Petroleum-Konzerne aus den USA oder die europäischen Gesetzgeber mit ihren exorbitanten Steuerbelastungen? In den arabischen Ländern kursiert die Vermutung des Komplotts, die Amerikaner hätten konspirativ und geheim die Verteuerung des Petroleums in Gang gesetzt, um den Euro zu schwächen, um die »zweite Leitwährung«, von der man in Brüssel träumt, aus dem Rennen zu werfen. Wer möchte übrigens noch von »Globalisierung« reden, während die Tanker – prall gefüllt – auf den Ozeanen vor sich hin dümpeln in der Absicht, durch ihre verzögerte Anlieferung in den Verbraucherhäfen dem Ölpreis noch einen weiteren Schub nach oben zu verleihen?

Arafat in Nahost isoliert

22. Oktober 2000

Das arabische Gipfeltreffen in Kairo bietet ein Bild herrschaftlichen Glanzes und abgrundtiefer Heuchelei. So manche der Potentaten, die sich dort versammeln und von denen kein einziger nach westlichen Begriffen »demokratisch« legitimiert ist, haben das eine Auge auf die eigenen Volksmassen gerichtet, bei denen es zu rumoren beginnt, das andere auf die Schutzmacht Amerika, der sie ihr persönliches Überleben weitgehend anvertraut haben. Kaum einer hat einen Blick übrig für die Palästinenser, um deren Interessen und um deren Staatswerdung es in Kairo angeblich gehen soll. Yassir Arafat und seine Gefolgschaft genießen keine sonderliche Sympathie mehr bei den meisten arabischen Brüdern. Im Rückblick mag sich der Chef der PLO fragen, ob es nicht doch ein Fehler war, nach Sharm el-Sheikh zu reisen, wo er von Bill Clinton weder zu einem Händedruck mit Ehud Barak noch zur Unterzeichnung eines Dokuments gezwungen werden konnte. Den Aufruf zur Respektierung eines Waffenstillstandes im Heiligen Land und zur Gewährung einer letzten Chance für den »Friedensprozess« hätte Arafat auch aus Gaza an seine Landsleute richten können. In einem entscheidenden Punkt hat der gealterte Kämpe auf dieser mißlungenen Konferenz an der Südspitze der Sinai-Halbinsel aber doch nachgegeben. Er hatte eine neutrale und breitgefächerte Kommission zur Untersuchung der jeweiligen Verantwortlichkeit bei den blutigen Zusammenstößen mit den Israelis gefordert. Statt dessen sagte Bill Clinton nur einen Ausschuß zu, in dem Washington das letzte Wort hätte.

Yassir Arafat muß sich in Sharm el-Sheikh der fürchterlichen Isolierung bewußt geworden sein, in die er und sein Volk geraten sind. Da saßen ihm ein amerikanischer Präsident gegenüber, der als »lame duck« am Ende seines Mandats angelangt ist, sowie ein israelischer Regierungschef, Ehud Barak, der im eigenen Parlament über keine Mehrheit mehr verfügt, ja, über eine Koalition mit dem in Friedenssachen unnachgiebigen Likud-Block und jenem Politiker Ariel Sharon verhandeln muß, den die Palästinenser als ihren schlimmsten Gegner betrachten. Dazu hatten sich zwei arabische Vasallen Washingtons gesellt, der »Rais« Hosni Mubarak von Ägypten und König Abdullah II. von Jordanien, ein blasser Schatten seines verstorbenen Vaters Hussein. Der redliche Generalsekretär der UNO, Kofi Annan, war als Statist und in Alibi-Funktion nach Sharm el-Sheikh geladen worden. Die Europäische Union wurde von ihrem Beauftragten für Diplomatie und Verteidigung, Javier Solana, vertreten. Dieser hektische, stets grinsende Spanier, ein früherer Marxist, der sich im Kosovo-Krieg als Handlanger Madeleine Albrights gebärdet hatte und als damaliger Generalsekretär der Nato für die skandalöse Desinformationspolitik des Bündnisses Verantwortung trug. Kurzum, Europa war abwesend.

Inzwischen setzt sich die »neue Intifada« der jungen Palästinenser fort – mit unterschiedlicher Vehemenz und sporadischen Erschöpfungspausen. Militärisch werden die Aufrührer nicht sonderlich viel ausrichten, auch wenn die Polizeitruppe Arafats nunmehr über leichte Waffen verfügt. Doch man darf nicht vergessen, daß es die erste Intifada der Steinewerfer zwischen 1987 und 1991 war, die die regionale Supermacht Israel an den Verhandlungstisch von Madrid gepreßt und dann zum Lösungsversuch von Oslo veranlaßt hatte. Die Position des Judenstaates ist seitdem nicht komfortabler geworden, zudem sich jetzt das Menschenrechtskomitee der Uno mit knapper Mehrheit zu einer Verurteilung des israelischen Vorgehens durchgerungen hat. Der Raum für Kompromisse ist extrem eng geworden.

Was bedeutet andererseits schon die Wiedereröffnung des Flugplatzes von Gaza, wo dessen diskrete Kontrolle doch von Anfang an dem israelischen Geheimdienst unterlag. Was die angebliche Autonomie der acht arabischen Städte der Westbank im Ernstfall taugt, wurde ersichtlich, als die Ortschaften durch die Panzer der Israelis blitzschnell abgeschnürt wurden. Der Zorn der Intifada mag gelegentlich erschlaffen, aber der durchschnittliche jüdische Soldat wird es auf Dauer auch nicht verkraften, sein Gewehr auf randalierende Kinder zu richten.

»Jerusalem will ich zum Laststein machen für alle Völker«

15. Oktober 2000

»Alles hängt von Yassir Arafat ab«, so hieß es noch unlängst bei den israelischen Politikern. Seit der Bluttat von Ramallah stellen sich da Zweifel ein. Aber das wirkliche Rätsel bei dieser tragischen Krise im Heiligen Land heißt gar nicht Arafat. Den Palästinenserführer kennen wir, seine List, seine Ausdauer, seine unglaubliche Härte im Nehmen, die sich hinter traurigen Augen verbirgt, und einer wenig attraktiven Erscheinung, die dennoch Sympathie einflößt.

Das wirkliche Rätsel der jüngsten Verhandlungen von Camp David hieß Ehud Barak. Dieser höchstdekorierte Soldat Israels verfügt über kein Charisma, er ist kein Volkstribun. Aber der ehemalige Generalstabschef, der in allen Schlichen des Untergrundkrieges geübt ist, erschien – zumal an der Spitze der Arbeitspartei – als die richtige Wahl, um Israel durch die Fährnisse des »Friedensprozesses« zu steuern. Um so entrüsteter reagierten die jüdischen »Hardliner«, als sie von den weitreichenden Zugeständnissen dieses höchsten Strategen Israels an Yassir Arafat erfuhren. Nicht einmal Rabin war so weit gegangen. In Camp David hatte Bill Clinton in seiner Torschluß-Hektik Barak dazu gebracht, den Palästinensern 90 Prozent des Westjordan-Ufers zu versprechen, die undurchdringliche Sperrzone am östlichen Grenzfluß durch ein lockeres Beobachtungssystem zu ersetzen und am Ende sogar den Arabern eine Beteiligung an der Verwaltung Jerusalems in Aussicht zu stellen. Kein Wunder, daß in den USA bittere Enttäuschung aufkam, als diese großzügigen Konzessionen, die auf Kosten der jüdischen Siedler in Judäa und Samaria, aber auch der militärischen Sicherheit Israels zustande gekommen waren, durch eine »Super-Intifada« der palästinensischen Nationalisten und Islamisten zunichte gemacht wurden. Nach der abscheulichen Lynch-Szene von Ramallah schlug für Ehud Barak die Stunde der unerbittlichen Abrechnung mit Arafat, aber auch seiner eigenen Entmachtung in Jerusalem.

Bei den europäischen Beobachtern im Heiligen Land hat man sich stets gewundert, wie wenig die Juden – die doch im Orient zu Hause sein sollten – von der Mentalität ihrer »arabischen Vettern« verstehen. So hätte Ehud Barak wissen müssen, daß Nachgiebigkeit gegenüber dem Feind in dieser Region nicht als Geste der Versöhnlichkeit gewertet wird, sondern als Schwäche, daß zwar ein Waffenstillstand – »hudna« – im »Dar-ul-Islam« mit Andersgläubigen möglich ist, aber kein Frieden, kein »salam«. Bei den nächsten Friedensgesprächen, falls es dazu kommt, wird es für die sich konstituierende Übergangsregierung, an der auch der rechte Likud-Block beteiligt sein dürfte, überaus schwierig sein, von den verbal bereits gewährten Zugeständnissen wieder Abstand zu gewinnen. Geschäfte, die im Bazar ausgehandelt wurden, werden im allgemeinen nicht nach unten revidiert.

Vielleicht hing General Ehud Barak allzusehr gewissen amerikanischen Thesen vom technologisch geführten Krieg an. Doch auf die meisterhafte Partisanentaktik der schiitischen Hisbollah im Südlibanon hatte er mit einem chaotisch übereilten Rückzug reagiert, der seine Verbündeten der »Südlibanesischen Armee« der Rache der Islamisten auslieferte.

Für das derzeitige »Tohuwabohu« wurde einhellig der ehemalige Verteidigungsminister Israels, Ariel Sharon, mit seinem spektakulären Tempelbesuch in Jerusalem verantwortlich gemacht. Aber Sharon hat mit dieser Provokation wohl weniger beabsichtigt, seinem Rivalen Netanyahu im Likud das Wasser abzugraben, als der in seinen Augen tödlichen Gefährdung Israels durch den ausufernden »Friedensprozeß« brutal Einhalt zu gebieten.

Nunmehr ist alles in der Schwebe. Israelische Panzer umzingeln heute die »autonomen« Städte der Palästinenser in Judäa und Samaria. Die jungen Palästinenser lassen immer häufiger die gelbe Fahne der libanesischen Hisbollah flattern. Die Bedrohung für Arafats Führungsrolle im eigenen Lager geht nicht so sehr von jenem zerbrechlichen Sheikh Yassin der Organisation »Hamas« aus, der mich in Gaza an eine Chagall-Darstellung des Propheten Moses erinnerte, sondern von der neuen Generation seiner eigenen Fatah-Gruppe, von der sogenannten »Tanzim« und deren Führer Marwan Barghuti. Die israelischen »peaceniks« und Zweckoptimisten wiederum, die geglaubt hatten, die Löwengrube Daniels mit einer Art »Club Méditerranée« im Heiligen Land vertauschen zu können, entdecken plötzlich und viel zu spät, daß die 20 Prozent muslimischen Mitbürger, »israelische Araber«, sich zum gefährlichsten Sprengsatz innerhalb des Judenstaates entwickeln. Dazu kommt die für Barak und dessen Nachfolger höchst bedenkliche Internationalisierung des »Friedensprozesses«. Was ist von Kofi Annan und seiner Uno zu erwarten, wo doch 5000 bewaffnete Blauhelme im Südlibanon in keiner Weise befähigt sind, die Nordgrenze Galiläas abzusichern oder gar Geiselnahmen zu verhindern?

Von Anfang an glich der Osloer »Friedensprozeß« einer Quadratur des Kreises. Israel drängte auf verstärkte Sicherheit seines Territoriums und die Palästinenser auf die Schaffung eines eigenen souveränen Staates »Filistin«. Beide Forderungen schließen sich jedoch gegenseitig aus. Auf fatale Weise kristallisiert sich der Konflikt um Jerusalem, um »El Quds«. Die Macht der Mythen ist im Heiligen Land intakt geblieben. Wie klagte einst der biblische Prophet Zacharias: »Jerusalem will ich zum Laststein machen für alle Völker. Die ihn weghaben wollen, sollen sich daran zerfetzen.«

Der Königsmacher von Belgrad

8. Oktober 2000

In Belgrad hat weder ein historischer Mauerfall wie in Berlin noch ein Tyrannenmord wie in Bukarest stattgefunden. Unter dem Protest, dann dem Jubel einer gewaltigen Volksmasse hat sich dort ein Machtwechsel vollzogen. Eine wesentliche Rolle beim unblutigen Übergang hat der russische »Königsmacher«, Außenminister Igor Iwanow, gespielt, während im Hintergrund das Oberkommando der serbischen Streitkräfte die entscheidende Position okkupierte.

Der neue jugoslawische Präsident, Vojislav Kostunica, ist also mit dem Segen Moskaus in sein Amt gehoben worden, und Slobodan Milosevic hat sich überraschend geschmeidig in die neue Situation gefügt. Aber die Situation des gewählten Staatschefs bleibt prekär. Er wird es mit einem Parlament zu tun haben, in dem weiterhin die sozialistische Partei, die einstigen Kommunisten, die stärkste Fraktion bildet. Auf die disparate Koalition von 17 Oppositionsgruppen, die ihm zum Sieg verhalf, kann er sich nur mit Vorbehalt stützen, denn deren Politiker – allen voran der allzu wendige Zoran Djindjic – hatten ihren Wahlkampf nur mit massiver Finanzhilfe aus dem Westen durchstehen können. Der offizielle Zuschuß aus den USA allein belief sich auf 77 Millionen Dollar.

Vojislav Kostunica hat jedoch wissen lassen, daß er sich in keinerlei Vasallenrolle drängen lassen wird. Dieser Professor für Verfassungsrecht bezeichnet das Kriegsverbrecher-Tribunal von Den Haag als eine »politische, von Amerika gesteuerte Institution« und ist keineswegs gewillt, seinen gewalttätigen Vorgänger dorthin auszuliefern. Die Europäer, insbesondere der deutsche Balkan-Beauftragte Bodo Hombach, haben in diesem Punkt einen lobenswerten Realismus zu erkennen gegeben im Gegensatz zu der stets unerbittlichen Diplomatie Washingtons. Kostunica tritt als serbischer Nationalist und als treuer Sohn der serbisch-orthodoxen Kirche seine Herrschaft über die jugoslawische Restföderation an. Er verurteilt weiterhin den Bombenkrieg, den die

Nato gegen seine Heimat führte. Er war sogar ein deklarierter Gegner jenes Dayton-Abkommens über Bosnien, das Milosevic zähneknirschend unterschrieb. Seine erste Aufgabe wird Kostunica darin sehen, zur Schwesterrepublik Montenegro, die unter ihrem zwielichtigen Präsidenten Djukanovic vom Westen mit Waffen und Subventionen überhäuft wurde, vom Pfad der Unabhängigkeit abzubringen und in eine vernünftige föderale Partnerschaft mit Belgrad zurückzusteuern.

Die Albaner des Kosovo, wo die UCK weiterhin den Ton angibt, haben die Absetzung Milosevic' keineswegs mit Freude, sondern mit bösen Ahnungen verfolgt. Für sie wird der integre, nach Europa orientierte Kostunica, der auf die strikte Erfüllung der UN-Resolution 1244 pocht, ein sehr viel schwierigerer Gegenspieler sein als der gestürzte Despot. An den bestehenden Verhältnissen in Bosnien wird Kostunica nicht rütteln können, aber er wird seinen bedrängten Landsleuten der »Republica Srpska« innerhalb dieser absurden Konstruktion tatkräftig zur Seite stehen. Aus Moskau hat der eigenwillige, spröde Mann seine Investitur erhalten. Nur die europäische Union kann Serbien jedoch wirtschaftliche Gesundung und eine allmähliche kontinentale Integration bieten. Deshalb Schluß mit den Sanktionen. Vielleicht sollten jene deutschen Medien, die sich den Habsburgerspruch »Serbien muß sterbien« zu eigen gemacht hatten, daran erinnert werden, daß der Erzvater des serbischen Nationalismus, der Dichter Vuk Karadzic, einst zu Goethe nach Weimar gepilgert war, in Deutschland seine patriotische Inspiration suchte und von der Universität Jena mit dem Titel eines Ehrendoktors geehrt wurde.

An der Grenze zum Heiligen Krieg

29. Oktober 2000

Die Fahne Israels mit dem blauen Davidstern und die gelbe Fahne der libanesischen Hisbollah mit dem Sturmgewehr flattern fast auf Tuchfühlung nebeneinander. Aber dazwischen verläuft die neue, bedrohlichste Frontlinie des Nahen Ostens. Hier stößt der Judenstaat auf seinen gefährlichsten Gegner, auf die kampferprobte Miliz der schiitischen »Partei Gottes«. Auf israelischer Seite herrscht hektische Tätigkeit. Die Stacheldrahtsperren werden verstärkt, Minenfelder angelegt. Auch Bunker wachsen aus dem felsigen Boden. Eindeutig sind hier die Soldaten Ehud Baraks in die Defensive gedrängt, und schon fragt man sich, ob die Räumung des besetzten südlibanesischen Grenzstreifens zwischen Bent Jbail und Merjayun, welche die israelische Armee im vergangenen Mai überstürzt vornahm, mehr Sicherheit gebracht hat.

Auf libanesischer Seite der Grenzbefestigungen geht es sehr gemächlich zu. Vergeblich halte ich nach Einheiten der offiziellen Armee der Zedern-Republik Ausschau. Nicht einmal deren Flagge ist gehißt. Hingegen sind – diskret stationiert und als zivile Dorfbewohner mit bunten Hemden getarnt – die Wachposten der Hisbollah überall zugegen.

Sie überblicken mühelos von den Flecken Kfar Kila und Hula aus jenen äußersten Zipfel Galiläas, der weit und ungeschützt nach Norden ragt. Nach kurzen Verhandlungen mit Uno-Beauftragten und den Behörden aus Beirut wurde die Räumung des Sicherheitskorridors im Südlibanon durch eine zusätzliche Grenzberichtigung auf Kosten Israels ergänzt. Jetzt entspricht die Trennungslinie der ehemaligen Grenzziehung zwischen dem französischen und britischen Mandatsgebiet der Levante. Die Israelis bauen neue Verbindungsstraßen im Tal, die weit verwundbarer sind als die bisherigen Zugangswege ihrer vorgeschobensten Stellungen.

An diesem Tag ist nur eine geringe Anzahl libanesischer Touristen angereist, um sich die neue Situation anzusehen. Da keine Kamera auf sie gerichtet ist, verzichten sie auf die sonst üblichen Steinwürfe und Verwünschungen gegen die israelischen Vorposten, die vorsichtshalber durch hohe Stahlgitter abgeschirmt sind. Es ist ein zutiefst beklemmendes Schauspiel, wie die arabischen Gaffer sich an die Sperre drängen und die jüdischen Soldaten, die kaum drei Meter entfernt postiert sind, wie Tiere im Käfig eines Zoos bestaunen.

Für die jungen Männer dort drüben in Israel muß diese Beobachtung, die oft in Haß umschlägt, eine schwere psychische Belastung darstellen. Zu handgreiflichen Zwischenfällen war es bei Hula gekommen, als ein paar hundert Palästinenser aus dem südlibanesischen Flüchtlingslager Raschidiyeh den Weg zum Stein-Sarkophag des Sheikh Abbad antreten durften, der durch Stacheldraht in zwei Hälften geteilt ist.

Die gewalttätige Demonstration hatte eine Schießerei ausgelöst, und seitdem schirmt die libanesische Armee die Refugee-Camps wieder unerbittlich ab. An dieser kritischen Stelle am Grab des Sheikh Abbad hat nun eine Kompanie Blauhelme aus Ghana ihre Zelte aufgeschlagen, freundliche Afrikaner, welche die vorherrschende Todfeindschaft mit kopfschüttelndem Unverständnis verfolgen. Im Ernstfall dürften die Ghanaer, ebenso wie die patrouillierenden Inder der Uno, nicht einmal mit der Waffe intervenieren.

Jenseits der hastig verstärkten Befestigungen liegt das Dorf Metulla, die äußerste Pioniersiedlung Israels, zum Greifen nahe. Die sauberen weißen Häuser mit den roten Ziegeldächern, die so gar nicht in diese orientalische Landschaft und ihre Oliven-Haine passen, entbehren jeglichen Schutzes gegen böswillige Heckenschützen, geschweige denn Katjuscha-Einschläge.

Das tägliche Leben muß dort ziemlich unerträglich sein, selbst wenn die Keller längst zu Bunkern ausgebaut wurden. Aber auch das Städtchen Kiriet Schmoneh, die bedeutendste jüdische Ortschaft Nordgaliläas, das überwiegend von marokkanischen, sephardischen Zuwanderern bevölkert ist, liegt unterhalb der libanesischen Hügelkette frei einsehbar und offen wie auf einem Präsentierteller.

Hier bedarf es keinerlei artilleristischer Präzision, um – bei eventueller Konfrontation – ins Ziel zu treffen und Verwüstung anzurichten. Frappierend ist übrigens, wie kraß sich die Aufforstung und landwirtschaftliche Intensiv-Nutzung auf israelischer Seite von den karstig ausgedorrten Höhenzügen der arabischen Nachbarzone unterscheiden.

Die Dörfer auf libanesischer Seite haben noch nicht zum normalen Leben zurückgefunden. Die Christen sind meist abgewandert, teilweise geflüchtet, weil sie mit den Israelis kollaboriert hatten. Viele Geschäfte sind geschlossen. Um so erfreulicher wirkt ein geöffneter Modesalon mit dem Namen »Chez Nicole«.

Die wirkliche Verwaltung dieses ehemals von den »Zionisten« besetzten Streifens wie auch des Hinterlandes in Richtung Mittelmeerküste liegt in den Händen der Hisbollah, auch wenn sich deren Repräsentanten kaum zu erkennen geben. Ein schiitischer Gottesstaat »en miniature« ist hier entstanden, und er hat sich zur Verblüffung aller Experten als äußerst tolerant erwiesen. Keine maronitische oder orthodoxe Kirche wurde geschändet, und sogar die christlichen Heiligenstatuen am Wegrand sind unversehrt. Unter der Leitung der religiösen »Schuyukh« wurde ein durch und durch soziales System gegründet, das sich der Bedürftigen, Waisen und Alten fürsorglich annimmt.

In dieser Zone hatte Israel eine »südlibanesische Armee« von etwa 1500 Mann rekrutiert, in der auch Muslime dienten. Diese Söldner hatten teilweise wegen ihrer Grausamkeit gegen gefangene Partisanen einen schlimmen Ruf erworben. Aber soweit es sich nicht um berüchtigte Folterknechte handelte, sind die Angehörigen dieser pro-zionistischen Miliz keiner rabiaten Rachejustiz zum Opfer gefallen. Die durch die Mullahs verhängten Strafen – oft nur Geldbeträge oder einige Monate Gefängnis – waren so mild, daß viele Soldaten dieser sogenannten »Lahad-Armee«, die überstürzt mit ihren Familien nach Galiläa geflüchtet waren, die riskante Rückkehr in ihre Heimat angetreten haben.

In Hula habe ich mich in einer Imbißstube, die den anspruchsvollen Namen »Mat'am Hilton« trägt, zu zwei stoppelbärtigen Einheimischen an den Tisch gesetzt. Im Hintergrund läuft ein Fernsehprogramm. Es werden Falafel und Coca-Cola serviert.

Die beiden Schiiten sind in Verschwiegenheit, in der religiös begründeten »Taqiya«, geübt. Wortkarg zeigen sie mir am Fuße des Hermon-Berges, etwa zehn Kilometer entfernt, die Stelle, wo sich die Schebaa-Farm befindet, die einzige Stelle am Grenzdreieck des Golan, wo noch libanesische Gebietsansprüche gegenüber Israel bestehen. Es handelt sich um einen belanglosen Zipfel Weideland, aber dort sind unlängst drei israelische Unteroffiziere von der Hisbollah gekidnappt worden, als sie es bei ihrem Patrouillengang an der elementaren Vorsicht fehlen ließen.

Zu diesen Gefangenen hat sich noch jener Oberst Tannenbaum – wohl ein Mitarbeiter des Mossad – gesellt, der in einem Thriller-Szenario, das den Romanen John le Carrés Ehre gemacht hätte, mit ausgeklügeltem »Spielmaterial« von schiitischen Agenten nach Beirut gelockt wurde und dort in einem Verlies der »Gotteskrieger« verschwand.

Die vier Israelis werden inzwischen als Tauschware gehandelt gegen 19 schiitische Partisanen, darunter der Hisbollah-Führer Sheikh Obeid, die ihrerseits schon vor Jahren von einem Mossad-Kommando aus dem Südlibanon entführt wurden.

Der Herbsttag ist mild und sonnig. Aber über dieser Region lastet tragische Vorahnung. Die Nordgrenze Galiläas ist zur Achillesferse des wehrhaften Judenstaates geworden. Bei meinem ersten Besuch im Dorf Metulla, von dem uns jetzt nur der Drahtverhau trennt – es war im Februar 1982 –, herrschte noch fröhliche Zuversicht bei den jüdischen Kibbuznik. Fast bis zum Litani-Fluß hatte Israels Armee den Grenzraum mit Hilfe der verbündeten libanesischen Christen-Miliz unter Kontrolle gebracht.

Deren uralte Sherman-Panzer waren mit Herz-Jesu- und Marien-Bildern geschmückt. Zwar waren damals die beiden Nachbarländer noch durch Sperren getrennt, aber man nannte das damals den »guten Zaun«. Die Feriengäste kamen aus Haifa und Tel Aviv und kauften sich T-Shirts, auf denen der Davidstern neben der Libanon-Zeder brüderlich vereint waren. Sogar ein Denkmal semitischer Versöhnung war am Nordrand von Metulla errichtet worden mit der weithin bekannten Verheißung des Propheten Jesaja: »Sie werden ihre Schwerter zu Pflugscharen machen und die Speere in Sicheln verwandeln.«

Wenige Monate später stießen die Panzerdivisionen Ariel Sharons bis Beirut vor und eroberten die libanesische Hauptstadt. Dieser mißglückte Feldzug ist erst im Mai 2000 wirklich zu Ende gegangen, als Ehud Barak die Räumung der Grenzzone anordnete. Aber Sicherheit ist seitdem nicht eingekehrt.

Dank meiner iranischen Verbindungen hatte ich genau vor drei Jahren, im Herbst 1997, engen Kontakt zur Hisbollah aufgenommen und vor allem im Gespräch mit deren oberstem Befehlshaber, Sheikh Nasrallah, die Kernfrage aufwerfen können, ob seine schiitischen Kämpfer sich denn mit der Wiederherstellung der alten Grenze zu Galiläa zufriedengeben würden.

Der hohe Geistliche mit dem schwarzen Turban der Propheten-Nachkommen, der von Ausländern mit »Eminenz« angeredet wird und zu diesem Zeitpunkt erst 37 Jahre alt war, hielt eine düstere Antwort parat: »Für einen frommen Muslim hat der zionistische Staat keine legale Existenz... Gewiß, es sollen jene Juden als gleichberechtigte Bürger im Land bleiben, die dort seit Generationen ansässig sind, aber alle anderen müssen in ihre Ausgangsländer zurückkehren.« Wenige Wochen zuvor war Hadi, ein Sohn Nasrallahs, im israelischen Minenfeld als »Märtyrer«, als »Schahid«, verblutet. Die Delegationen, die zu dem Vater wallfahrteten, kamen nicht, um zu kondolieren, sondern um ihn zu beglückwünschen, daß Hadi die höchste Auszeichnung Allahs zuteil geworden sei.

Im Oktober 1997 hatte mir Sheikh Nabil Qaouq, ein mönchisch wirkender Hisbollah-Kommandeur, im alten phönizischen Hafen Tyros, der heute Sur heißt, die ungewöhnliche Erlaubnis erteilt, die vordersten Positionen, seiner »Mudschahedin« bei Majdel Selm aufzusuchen. Am Morgen des gleichen Tages waren fünf israelische Soldaten durch die ferngezündete Explosion einer als Felsbrocken getarnten Sprengladung bei dem Flecken Markaba getötet worden.

In den Dörfern, die ich mit dem Partisanenführer Abu Hussein durchfuhr, wetteiferten die grün-roten Wimpel der pro-syrischen Schiiten-Partei »Amal« mit den gelben Fahnen der Hisbollah, deren Gefolgschaft voll auf das eifernde Vorbild des Ayatollah Khomeini eingeschworen war.

Ich empfinde jetzt – genau drei Jahre später – ein seltsames Gefühl, dieses Partisanengelände unter ganz anderen Vorzeichen wieder zu betreten. Einer der beiden Schiiten, denen ich mich im »Restaurant Hilton« von Hula beigesellt habe, wendet endlich den Blick vom Fernsehgerät, auf dem ununterbrochen Bilder von aufgebahrten jungen Palästinensern, kindlichen Steinewerfern, wie Roboter auftretenden Israelis gezeigt werden – und in ständiger Wiederholung die Todesszene des kleinen Mohammed ed Dara in den Armen seines Vaters. Es muß sich bei dem stämmigen Mann im karierten Hemd um einen Hisbollah-Offizier handeln.

»Welche Optionen stehen den Israelis denn noch offen?« fragt er.

»Sie können den Libanon mit einer Feuerwalze heimsuchen, wie das der Friedensnobelpreisträger Shimon Peres seinerzeit bei der sogenannten Operation ›Trauben des Zorns‹ befahl. Aber daran sind wir gewöhnt. Und was nutzt es den Juden, wenn sie Beirut noch einmal in Schutt und Asche bombardieren? Theoretisch könnten sie binnen zwei Tagen in Damaskus sein, doch was würden sie in dieser Millionen-Metropole schon ausrichten?«

Jenseits der häßlichen Zweckbauten aus Zement und nackten Backsteinen, die die frühere Lieblichkeit des Libanons verschandelt haben, wird die Fels- und Hügellandschaft noch immer durch die kolossalen Ruinen der Kreuzritterburg Beaufort beherrscht. Während ihres jahrelangen Abnutzungskrieges hatten israelische Piloten und Artilleristen unermüdlich versucht, dieses Bollwerk, in dem sich anfänglich palästinensische »Fedayin« verschanzt hatten, dem Erdboden gleichzumachen. Die Türme und Zinnen haben sie zwar zerstört, aber der monströse Rumpf der Festung ist erhalten geblieben und versperrt wie eine Gralsburg den Zugang zum Mittelmeer.

Wie oft habe ich doch aus arabischem Mund die Beteuerung vernommen: »200 Jahre lang haben sich die Kreuzritter in der Levante festgekrallt, aber am Ende mußten sie sich nach Westen einschiffen. Ähnlich wird es eines Tages den Juden ergehen.«

Ich verabschiede mich von den wortkargen, mürrischen Schiiten von Hula. Über den Fernsehschirm flackern gerade Bilder des US-Zerstörers »Cole«, der durch islamische Selbstmordattentäter im Hafen von Aden gesprengt wurde. Wer dächte da nicht an die Geheimsekte der »Assassinen« oder »Haschischinen«, die unter der Fuchtel des legendären Alten vom Berge zur Zeit der fränkischen Kreuzritter den ganzen Orient terrorisiert hatten.

Gewiß, die tugendhaften, frommen »Hizbullahi« von heute bedürfen weder der Betäubung durch Haschisch noch der Inkantation eines grausamen Magiers, um für die Sache Allahs zu sterben. Doch auch auf sie könnte das Heldenlied der »Assassinen« zutreffen: »Ein einziger Krieger zu Fuß«, so hieß es da, »wird zum Entsetzen des Königs, auch wenn dieser über 100 000 bewaffnete Reiter verfügt.«

Im Umkreis der Festung Beaufort hat Israel sein »Mini-Vietnam« erlitten, und dessen Erfahrung wird traumatisch nachwirken, zumal der Judenstaat jetzt nur noch durch einen schmalen Minengürtel und ein Drahtgeflecht, die man als »bösen Zaun« bezeichnen möchte, von seinem grimmigsten Gegner getrennt ist. Die wirklichen Entscheidungen werden nicht im Umkreis von Metulla und Kfar Kila, sondern in Damaskus gefällt, so lauten die Analysen der westlichen Nachrichtendienste.

Die Rückfahrt zur Omayyaden-Hauptstadt führt an verwahrlosten syrischen Abwehrstellungen in der Bekaa-Hochebene vorbei. Im Straßenbild von Damaskus hatte ich schon bei meiner Ankunft vor vier Tagen nach Zeichen der Veränderung gesucht, die sich nach dem Tod des Präsidenten Hafez el-Assad – 30 Jahre lang hatte er seine unumschränkte Macht ausgeübt – und der Amtseinführung seines Sohnes und Nachfolgers Baschar el-Assad eingestellt hatten. Zweifellos ist der maßlose Personenkult des Vaters abgeklungen, und die Porträts des neuen »Zaim« zeigen einen hochgeschossenen, etwas linkischen Mann, der sichtbar bemüht ist, einen unnahbaren und martialischen Eindruck zu vermitteln. Wie stets empfinde ich in Damaskus jenes Gefühl absoluter persönlicher Sicherheit, die durch die allgegenwärtige Observierung durch zahlreiche, miteinander rivalisierende Geheimdienste, die ominösen »Mukhabarat«, gewährleistet wird. Seit drei Jahren, so scheint mir, hat die Zahl der verschleierten Frauen, auch in den bürgerlichen Vierteln, stark zugenommen, und der Gebetsruf des Muezzin hallt gebieterischer denn je über die Dächer.

Adnan Omran, bei meinem letzten Besuch stellvertretender Außenminister, jetzt mit der Funktion des Informationsministers betraut, hatte mir schon 1997 eine sehr präzise, wahrheitsgetreue Schilderung jener Geheimgespräche über die Golanhöhen anvertraut, die seinerzeit in der »Wye-Plantation« unter der Ägide Bill Clintons geführt worden waren. Zwischen Hafez el-Assad und Jitzhak Rabin war man fast einig geworden über die integrale Rückgabe dieses strategisch wichtigen Plateaus an die Syrer und über dessen konsequente Entmilitarisierung unter internationaler Überwachung. Adnan Omran, ein britisch geprägter, eleganter Diplomat, sieht in den chaotischen Zuständen, die sich im Heiligen Land neuerdings eingestellt haben, keinen Hinderungsgrund, mit dem Judenstaat neue Verhandlungen anzubahnen. Syrien stelle nur eine Vorbedingung, so betont der Minister: Der ganze Golan bis auf den letzten Quadratmeter – inklusive des winzigen Ostufers am See Genezareth – müsse der Autorität von Damaskus unterstellt werden.

Im übrigen scheint man in Syrien dem hier seit je verpönten Yassir Arafat jedes faule Zugeständnis, fast jeden Verrat zuzutrauen. Adnan Omran verdächtigt zudem die Israelis – zumindest den Likud-Politiker Ariel Sharon – im Falle einer Verhärtung der unerträglichen Konfliktsituation, den »Transfer«, die Zwangsumsiedlung zumindest der in Israel lebenden Araber ins Auge zu fassen, um eine endgültige Trennung zwischen den verfeindeten Völkern zu besiegeln.

Es ist Freitag, und nach der feierlichen Predigt, der »Khutba«, haben die in Damaskus lebenden Exil-Palästinenser – meist Nachkommen der zweiten oder dritten Generation – zu einer Protestkundgebung aufgerufen. Ein paar hundert Männer und Frauen sammeln sich in ihrer Siedlungszone »Yarmuk« – kein Getto mehr, aber auch kein normales Stadtviertel –, um zum Friedhof der »Märtyrer« zu marschieren. Es ist eine recht müde Veranstaltung. Die radikalen linken Kampfgruppen sind wohl in der Mehrzahl, und es ist kein einziges Bild Arafats zu sehen. Statt dessen wird eine Maquette des Felsendoms zum klagenden Laut der Dudelsäcke als Mahnung mitgeführt. Zwei Fahnen mit dem Davidstern werden rituell verbrannt. Dann löst sich unter dem wachsamen Blick zahlloser Geheimagenten die Versammlung auf. Vielleicht gehört dieses ernüchternde Bild der Exil-Palästinenser zur Vervollständigung meiner Eindrücke, zur Relativierung der Untergangsvision, die sich mir an der Grenze zu Galiläa aufdrängte.

Eine amerikanische Posse

20. November 2000

Es besteht kein Grund, die Verwirrungen der amerikanischen Präsidentschaftswahl und die sie begleitenden Pannen mit Häme zu kommentieren. Nicht das Prinzip der Demokratie wird in Florida in Frage gestellt, sondern eine ausgeklügelte Form der maschinellen Stimmauszählung. Sehr viel schwerer wiegt der Vorwurf, der von renommierten amerikanischen Leitartiklern geäußert wurde: daß sich nämlich bei dieser gigantischen, von den Medien inszenierten und auch manipulierten Meinungsbildung die Macht des Geldes manifestiert habe.

Bei den Regierenden der sogenannten Dritten Welt, innerhalb jener exotischen Kulturkreise, die die nordatlantische Form der parlamentarischen Demokratie weder übernehmen wollen noch können, hatte man gelegentlich vom »Stimmzettel-Fetischismus« des Westens gesprochen und dem Wunsch Washingtons nach Einführung der Parteienvielfalt mit Ausgabe von Stimmzetteln entsprochen, auf denen die Bewerber sich aufgrund der hohen Analphabetenzahl durch Tierzeichen zu erkennen gaben. Man kann es diesen »Zöglingen« westlicher Lebensformen nicht verübeln, daß sie das Debakel von Florida mit Erheiterung quittieren.

Für die Europäer sollte festgehalten werden, daß beim Wettbewerb zwischen Al Gore und George W. Bush das außenpolitische Programm des jeweiligen Kandidaten bei den Wählern nur mit zwei Prozent zu Buche schlug. Das mag für jene Nato-Verbündeten, die sich daran gewöhnt hatten, Weisungen aus Washington entgegenzunehmen, enttäuschend sein. Die meisten verantwortlichen Politiker in London, Berlin, Paris und Brüssel waren dem Demokraten Gore zugeneigt, von dem sie sich eine Fortsetzung der weltweit interventionistischen Tendenz versprachen, wie sie Bill Clinton verkörpert hatte. Der Aktivismus, den Clinton in allen Kontinenten an den Tag legte, nährte sich – bewußt oder unbewußt – aus einer verschwommenen »Menschenrechts-Ideologie«, die, höchst selektiv und oft heuchlerisch angewandt, als Instrument imperialen Machtanspruchs angeprangert wurde.

Dieser angestrebte Einfluß und die militärische Allgegenwart der USA wurden jedoch zunehmend relativiert angesichts der Rückschläge in Somalia oder im Kongo, aber auch anläßlich der Kehrtwendung gegenüber Nordkorea, dessen Diktator Kim Jong Il von einem Tag zum anderen in Washington hoffähig wurde. Das geschah sicher nicht, weil aus Pjöngjang ein paar trügerische Versöhnungsgesten ausgingen, sondern weil das Pentagon die berechtigte Befürchtung hegte, Nordkorea sei nun in der Lage, mit Langstreckenraketen die US-Staaten Alaska oder Hawaii zu erreichen. Eine fast unerträgliche Belastung bürdete sich Bill Clinton zudem auf, als er sich – einseitig für Israel Partei ergreifend – in den Wirren des Heiligen Landes verhedderte. In diesem Zusammenhang ist es bemerkenswert, daß die Sympathien der amerikanischen Wählerschaft eindeutig zugunsten Jerusalems fixiert bleiben, hat doch der jüdisch-orthodoxe Vizepräsidentschaftskandidat der Demokraten, Joe Lieberman, dazu beigetragen, das Stimmenpotential Al Gores beachtlich zu mehren.

Über die außenpolitischen Absichten George W. Bushs ist wenig bekannt. Er hat sich bei seinen raren Äußerungen zur Weltlage zurückgehalten und sogar den Eindruck von Inkompetenz aufkommen lassen. Doch auch unter einem Präsidenten Bush könnte es sich Amerika nicht leisten, in einen Isolationismus zurückzufallen. Allenfalls dürften die Vertreter des militärisch-industriellen Komplexes und der gewaltigen Multikonzerne noch unverblümter ihren Einfluß ausüben können.

Die interessanteste Person in der Umgebung Bushs ist die hochintelligente Afroamerikanerin Condoleezza Rice, die eine Kehrtwendung der US-Strategie angekündigt hat. Von ihr haben die europäischen Verbündeten vernommen, daß die USA nicht mehr gewillt sind, in allen Winkeln der Welt ihre Streitkräfte zu entfalten. Die Supermacht müsse die wirklich bedrohlichen Herausforderungen anvisieren. Dazu gehört die Absicherung der amerikanischen Ölinteressen in der Golfregion. Vor allem aber der Weltmachtanspruch Chinas dürfte die Ballung der US-Kräfte für die weitere Zukunft beanspruchen.

Condoleezza Rice hat zu verstehen gegeben, daß man der EU die

Wahrung der Ordnung in Bosnien, Kosovo und Mazedonien überlassen solle. Nun weiß jeder, daß die Divergenzen innerhalb der
EU diese Staatengemeinschaft weiter zur Ohnmacht verurteilen.
Deshalb könnte es sich positiv auswirken, wenn Washington Europa
vor das Gebot stellte, seine Kräfte endlich zu bündeln und sich aus
der militärischen US-Bevormundung zu lösen. Vielleicht wird Washington in Zukunft bereit sein, seine erdrückende Dominanz in der
Nato zu lockern und den alten Kontinent als gleichberechtigten Partner zu akzeptieren.

Jenseits des Possenspiels von Florida zeichnen sich jedenfalls neue
globale Optionen von eminenter Bedeutung ab.

Hoher Blutzoll am Horn von Afrika

10. Dezember 2000

In Äthiopien hat die Nachricht vom bevorstehenden Friedensschluß mit dem nördlichen Nachbarn Eritrea keinen Jubel ausgelöst. Dieses ist ein verschlossenes Land. Die diversen Völkerschaften des »Imperio«, das seinen legendären Ursprung auf Kaiser Meneleik I., den Sohn des Königs Salomon und der Herrscherin von Saba, zurückführt, lebt noch im Schatten uralter Feudalstrukturen. Auf ihnen lastet auch das Erbe des stalinistischen Diktators Mengistu Haile Mariam, der erst vor neun Jahren gestürzt wurde. Heute gibt die christlich-hamitische Minderheit von Tigray – 3,5 Millionen in einer Gesamtmasse von 60 Millionen Menschen – gebieterisch den Ton an.

Im Grunde habe ich mich der Wirklichkeit dieses unzugänglichen Landes und seiner uralten Kultur nur annähern können, wenn ich mich außerhalb der Hauptstadt Addis Abeba aufhielt. Das geschah bei den endlosen koptischen Gottesdiensten am Tana-See, wo ich die religiöse Verzückung dieser ganz aufs Jenseits gerichteten, im tiefen Elend verharrenden Bevölkerung beobachtete, oder wenn ich mit den Lastwagenfahrern der Danakil-Wüste übernachtete, wo die Afar-Nomaden noch die Hoden ihrer erschlagenen Feinde am Gürtel tragen. Im weitgedehnten Lebensraum der Oromo-Rasse – früher von den herrschenden Amharen als »Galla«, als Sklaven, bezeichnet und zu zwei Dritteln zum Islam, zu einem Drittel zum Christentum bekehrt – bin ich den Spuren der im Untergrund operierenden »Oromo-Befreiungsfront« meist vergeblich nachgegangen.

Der Krieg mit Eritrea, der jetzt zu Ende geht, gehört wohl zu den absurdesten Geschehnissen Afrikas, und das will etwas heißen. Dreißig Jahre lang hatte die Volksbefreiungsfront Eritreas, dieses langgestreckten Küstenstreifens am Roten Meer mit nur vier Millionen Menschen, um seine Unabhängigkeit von Addis Abeba gekämpft. Im Gegensatz zu Äthiopien, das nur fünf Jahre durch Mussolini unterworfen wurde, bleibt Eritrea von der langen italienischen

Kolonisation zutiefst geprägt. Ab 1975 hatten die Eritreer im Verbund mit der ihnen eng verwandten Nachbar-Ethnie der Tigriner gegen die kommunistische Willkürherrschaft Mengistus mit unermüdlicher Bravour gefochten.

Zwischen den Führern der beiden Befreiungsbewegungen, dem Tigriner Meles Zenawi und dem Eritreer Isaias Afeworki, war eine Art Blutsbrüderschaft entstanden. Gemeinsam hatten sie 1991 mit amerikanischer Unterstützung die Armee des roten Usurpators zu Paaren getrieben. Ich entdeckte noch die zerstörten russischen Panzer längs der Straße zwischen Debre Markos und Bahir Dar.

Meles Zenawi, der zum Staatschef Äthiopiens avanciert ist, hatte dem langjährigen Waffengefährten und jetzigen Präsidenten von Eritrea, Isaias Afeworki, 1993 die Loslösung seines Landes gewährt und damit gegen den Widerspruch seiner meisten Untertanen den einzigen unmittelbaren Zugang Äthiopiens zum Roten Meer, den Hafen Assab, preisgegeben.

Was die Eritreer tatsächlich bewogen hat, im Mai 1998 zu einer überraschenden Offensive in einem wüstenähnlichen Nordzipfel der äthiopischen Provinz Tigray auszuholen, die strategische Höhe von Badme zu erobern und auf das Verwaltungszentrum Mekele vorzurücken, entzieht sich der rationalen Analyse. Der Äthiopier Meles fühlte sich von seinem Freund Isaias verraten und gedemütigt. In der umstrittenen Zone spielten sich zunächst extrem verlustreiche Schützengrabenkämpfe im Stil des Ersten Weltkrieges ab. Beiden Kontrahenten kam zugute, daß sie von den USA für ihren früheren Feldzug gegen den verhaßten Mengistu, der sogar die Kubaner Fidel Castros ins Land gerufen hatte, massiv aufgerüstet worden waren. Es handelte sich meist um preiswerte Panzer, Haubitzen und auch Flugzeuge aus dem zerfallenden Ostblock. Natürlich waren diese Lieferungen nicht uneigennützig. Mit Hilfe seiner eritreischen, äthiopischen und – weiter im Süden – ugandischen Alliierten beabsichtigte Washington, die als »Schurkenstaat« verfemte Islamische Republik Sudan unter General Omar Baschir zu Fall zu bringen.

Zwei Jahre lang, bis zum Mai 2000, hat das Gemetzel im Grenzraum von Eritrea gewütet. Ungeachtet einer drohenden Hungersnot verpfändete Addis Abeba seine sämtlichen Ressourcen für den Ankauf zusätzlicher Waffen und hob eine Streitmacht von einer halben Million Soldaten aus. Zuletzt setzte der massive äthiopische Gegen-

angriff mit unaufhörlich vorstürmenden, todgeweihten Infanterie-
wellen ein. Gleichzeitig fand eine geschickte Umgehungsaktion
statt, die das eritreische Kernland, ja die Hauptstadt Asmara bedrohte. Hunderttausend Kämpfer waren gefallen, als man sich
schließlich in Algier auf einen kläglichen Kompromiß einigte. In Zukunft soll die Uno mit 4200 Blauhelmen über die Einhaltung des
prekären Friedens wachen.

Um die Vorrangstellung seiner tigrinischen Regierungskaste über
die übrigen Äthiopier abzusichern, führte Meles Zenawi ein födera-
tives System ein, das sämtlichen Ethnien eine weitgehende Schein-
Autonomie, sogar das illusorische Sezessionsrecht gewährte. Damit
versuchte er, dem rivalisierenden Volk der christlichen Amharen,
das – 21 Millionen stark – sich seit Jahrhunderten unter dem Pferde-
schweif des »Negus Negesti« an die Ausübung der Macht gewöhnt
hatte, das Wasser abzugraben. So wurde ein Bundesstaat Amharia mit
der Hauptstadt Bahir Dar am Tana-See mit eigener Fahne gegründet.

Diese nördlich gelegene Region, die mit dem früheren Kaisersitz
Gondar als Herzland des christlich-koptischen Äthiopiens galt, war
im 16. Jahrhundert nur dank einer portugiesischen Hilfstruppe vor
der Unterwerfung und Islamisierung durch den unerbittlichen Eroberer Ahmed Grajn gerettet worden. Dort fiel mir jetzt der Neubau
einer riesigen Moschee auf, die mit saudischen Geldern wie eine
Zitadelle aus dem Boden wuchs und deren Minaretts die koptischen
Gotteshäuser weit überragten. Aber anscheinend bleibt das Verhältnis zwischen Christen und Muslimen – letztere dürften bereits über
eine leichte Überzahl in Äthiopien verfügen – recht ungetrübt und
fast harmonisch, gemessen an anderen konfessionellen Mischzonen.
Der primitive Sufi-Islam der Somali-Stämme, die ebenfalls über einen eigenen Bundesstaat verfügen, oder der Oromo, deren Verwaltungssitz Nazret heißt, wurde noch nicht von jener revolutionären
Erneuerungsbewegung erfaßt, die sich auf eine Gruppe »wahhabiti-
scher« Prediger stützt.

Seltsamerweise habe ich keinen Äthiopier getroffen, der eine Wiederherstellung der Monarchie gewünscht hätte. Der letzte Kaiser und
»Löwe von Juda«, der Negus Haile Selassie, den die Kommunisten
1975 ermordet hatten, ist endlich in der koptischen Kathedrale von
Addis Abeba feierlich bestattet worden. Aber zu dieser Totenmesse
des koptischen Patriarchen waren nur wenige Gläubige gekommen.

Die Lebensverhältnisse zu Zeiten dieses winzigen bärtigen Monarchen, der versucht hatte, Mussolini die Stirn zu bieten, werden im Rückblick nostalgisch verklärt.

Was mich hingegen über die Maßen verwunderte, war eine gewisse Rehabilitierung, die dem kommunistischen Tyrannen Mengistu Haile Mariam vor allem bei den Oromo zuteil wird. Dieser Diktator, den man mit dem Nordkoreaner Kim Il Sung verglich und der heute im Exil von Simbabwe lebt, habe mit seiner massiven Zwangsumsiedlung aus den Hungerprovinzen in den tropischen und vulkanischen Fruchtbarkeitsgürtel des Südens eine beachtliche Leistung erbracht. Seine ländliche Kollektivierungskampagne, deren aufdringliche Propaganda-Plakate mir 1985 überall aufgefallen waren, habe sich am Ende sogar positiv ausgewirkt. Mengistu habe zwar mit brutalem Terror regiert, aber diese Gewalt sei wenigstens offen und »ehrlich« gewesen im Gegensatz zu den heimlichen Drangsalierungen von heute.

Nicht weniger als 14 kleine Völkerschaften haben die »Tigriner« in einer autonomen Region »südlicher Nationalitäten« zusammengefaßt mit Regierungssitz Awasa und einer eigenen Flagge natürlich. Dort, in dem Flecken Hosiana im Bezirk Hadiya, wurde ich Zeuge einer echten und selbstbewußten Oppositionsversammlung. Die dunkelhäutigen Honoratioren, die dort debattierten – auch drei Muslime waren darunter –, beschwerten sich heftig über die »demokratische Diktatur«, die auf Drängen der Amerikaner in Addis Abeba installiert worden sei. Die Tigriner seien doch als diskrete Aufpasser und als »Kader« im alten marxistischen Stil überall vertreten, und die »Äthiopische Volkspartei der revolutionär-demokratischen Kräfte« verfüge über das Monopol der Macht. Von einem bewaffneten Aufstand wollten diese Männer aber nichts wissen.

Ich erkundigte mich in Hosiana, was man dort vom Grenzkrieg mit Eritrea halte, für den diese Ortschaft eine Anzahl Freiwilliger an die Front geschickt und sogar mehrere Tote geopfert hatte. Da war die Antwort einstimmig: Die Eritreer gelten als enge Verwandte der Tigriner und sind zutiefst verhaßt. Der blutige Feldzug hat den Vielvölkerstaat Äthiopien vorübergehend zusammengeschweißt. Im übrigen sind wir hier fern von europäischen Vorstellungen. Krieg, so heißt es am Horn Afrikas, sei eine ehrenvolle Beschäftigung, die von 60 Prozent der Männer und sogar 40 Prozent der Frauen gutgeheißen

wird. Addis Abeba hält für den Westen noch manche Überraschung
bereit, denn wie wird sich auf Dauer das Schicksal dieses ethnischen
Sammelsuriums gestalten, nachdem ihm – durch den Verlust des
salomonisch geweihten Herrscherhauses – die historische Existenz-
begründung verloren ging?

Clintons Nahost-Plan
hat kaum Chancen

31. Dezember 2000

Die 300 meist jugendlichen Palästinenser, die im Verlauf der »Al-Aqsa-Intifada« den Tod fanden, sind nicht umsonst gestorben. Dieser Eindruck drängt sich auf angesichts der extrem weitgehenden Zugeständnisse, die Ehud Barak angedeutet hatte. In dem Verhandlungsmarathon, den Bill Clinton im Endspurt führen wollte, ist Yassir Arafat der eindeutige Gewinner, auch wenn ein Teil seiner Landsleute das nicht erkennen will. Wer hätte sich vor zehn Jahren vorstellen können, daß ein israelischer Regierungschef die Zweiteilung Jerusalems und den Verzicht auf den Tempelberg akzeptieren würde. Wer hätte mit der Preisgabe der jüdischen Siedlungen im Gaza-Streifen, mit der Abtretung von 95 Prozent der Westbank – anders gesagt, Judäa und Samaria – gerechnet, die Barak konzediert hat.

Selbst die radikalen palästinensischen Nationalisten dürften nicht ernsthaft auf die Rückkehr der Flüchtlinge von 1948 und 1967 in die angestammte Heimat – das heißt in das Kerngebiet Israels – spekuliert haben, aber die Tatsache, daß diese Forderung überhaupt auf dem Tisch liegt und zu einer zwingenden Bedingung für ein friedliches Zusammenleben hochgespielt wurde, sagt viel aus über das Abbröckeln der israelischen Grundsatzpositionen seit dem Abkommen von Oslo.

Die Juden werden weiterhin an der Klagemauer beten dürfen. Das ist wohl das mindeste, das man ihnen zugestehen muß. Aber wer wird dafür sorgen, daß sie nicht von der muslimisch beherrschten Plattform des Moria-Felsens mit Steinen beworfen werden, daß über dem goldenen Dom der Omar-Moschee – also über dem Allerheiligsten der salomonischen Überlieferung – nicht die palästinensische Fahne gehißt wird? Die säkularen »peaceniks« im Judenstaat behaupten, mit dem Verzicht auf eine Vielfalt religiöser Symbole habe Israel überflüssigen Ballast abgeworfen. Doch im Orient ist die Kraft der Mythen längst nicht erloschen. Im Heiligen Land ist die »Rache Gottes« kein leerer

Begriff, und was bedeutet am Ende der Zionismus, wenn die Juden sich von Zion abwenden. Die Preisgabe des Tempelberges könnte in historischer Analogie mit dem Verlust des Heiligen Grabes Christi verglichen werden, den die Kreuzritter nach ihrer Niederlage bei Hittin hinnehmen mußten. Nach dieser sakralen Einbuße machte die Aufrechterhaltung der fränkischen Fürstentümer und Ordensburgen am Küstenrand der islamischen Landmasse keinen rechten Sinn mehr.

Nun spricht alles dagegen, daß die von Clinton redigierten Kompromisse in einen glaubwürdigen Friedensprozeß einmünden. Der Sieger der kommenden Wahl in Israel wird voraussichtlich Ariel Sharon heißen, und der war von Anfang an ein dezidierter Gegner der Vereinbarungen von Oslo, die – man sollte das nicht vergessen – nur zustande kamen, weil bereits die erste Intifada zwischen 1987 und 1993 das überzogene Sicherheitsbewußtsein der Israelis erschüttert hatte. Seit Oslo ist die offizielle Schutztruppe Arafats zwar nur mit leichten Infanteriewaffen ausgestattet worden, aber die Zusammenstöße haben dadurch viel zusätzliche Schärfe gewonnen, ganz zu schweigen von den Schutzburgen, über die die Palästinenser nunmehr in den ihnen zugewiesenen acht Städten der Westbank verfügen.

Ariel Sharon, so er denn gewählt wird, hat nicht die geringste Absicht, sich den von Clinton oktroyierten Bedingungen zu unterwerfen. Wenn er halbwegs vernünftig handelt, wird auch der Likud-Führer der Präsenz von 5000 jüdischen Siedlern, die im übervölkerten Gaza-Streifen einer Million Araber ihren winzigen Landbesitz streitig machen, ein Ende setzen. Ebenso sollte er mit jenen weit verzettelten Pionier-Vorposten in Judäa und Samaria verfahren, die im Ernstfall kaum zu verteidigen wären. Der Staat Israel würde hingegen jenseits der »grünen Linie« von 1967 unter einer Likud-Regierung massive, weit vorgeschobene Verteidigungsstellungen okkupieren, zumal sogar im derzeitigen Clinton-Plan die Annexion des Raumes von Maale Adumin östlich von Jerusalem vorgesehen ist. Dadurch würde Israel praktisch bis zum Jordan ausgeweitet und der künftige Palästinenserstaat zusätzlich aufgespalten. Für Arafat besteht kein zwingender Grund, die endgültige Friedensregelung mit einem israelischen Ministerpräsidenten Barak anzustreben, der ohne Mehrheitszustimmung seines Volkes regiert und demnächst abtreten dürfte. Bill Clinton wiederum, der einfach nicht begreifen will, daß er in Washington nur noch als »lame duck« agiert, erscheint den Arabern als recht fragwürdiger Garant.

Ariel Sharon, der mit seinem demonstrativen Besuch des Tempelberges die »Al-Aqsa-Intifada« auslöste und ganz gezielt der ausufernden Kompromißbereitschaft Baraks einen Riegel vorschieben wollte, wird notfalls auch eine vorübergehende Isolierung Israels in Kauf nehmen und sich jeder Form von Internationalisierung verweigern. Als erfahrener Feldherr hat er zudem erkannt, daß die künftige, existentielle Bedrohung Israels sich an jener östlichen Jordan-Grenze abzeichnet, deren Sperr- und Befestigungssystem im sogenannten Clinton-Plan der Souveränität des Staates »Filistin« geopfert worden wäre.

Das Ende der Ära Clinton

Was wird von der Ära Bill Clinton übrigbleiben? Die Affäre im »oval office« mit der Praktikantin Monica Lewinsky? Der Krieg im Kosovo und in Serbien? Sein Bemühen bis in die letzte Stunde der Präsidentschaft um eine Lösung des Konfliktes im Heiligen Land? Vermutlich sind das für den Durchschnittsamerikaner nebensächliche Aspekte. Bill Clinton hat seinen Mitbürgern acht Jahre einen fast beispiellosen wirtschaftlichen Aufschwung beschert. Das ist die Tatsache, die zählt. Daß er bei dieser Performance vor allem Glück gehabt hat und daß Alan Greenspan, der Präsident der Federal Reserve Bank, dabei eine wichtige Rolle spielte, wird im Rückblick auf die Epoche der Prosperität nicht sonderlich ins Gewicht fallen. Fortune muß ein Politiker ebenso besitzen wie ein Feldherr.

Die wirklichen Leistungen des scheidenden Präsidenten graben sich nicht ins Geschichtsbuch ein. Dieser »Baby-Boomer« war wohl angetreten, um das Sozialsystem der USA zugunsten der kleinen Leute zu verbessern. Seine Frau Hillary stand ihm dabei militant zur Seite. Aber Clinton hat den Weg des geringsten Widerstandes beschritten, ist dem Konflikt mit dem Kongreß, wo immer es ging, aus dem Weg gegangen und steht heute dennoch bei den »African Americans« in höchstem Ansehen. Wenn er die verfassungsrechtliche Chance besessen hätte, zum dritten Mal anzutreten, wäre er wiedergewählt worden.

Was die Außenpolitik betrifft, so hatte Vorgänger George Bush senior nicht nur Rosen hinterlassen. Gewiß, beim Präsidentschaftsantritt Clintons war die Sowjetunion auseinandergebrochen, die USA hatten den Kalten Krieg gewonnen. Amerika profilierte sich als einzig verbliebene Supermacht, als »unentbehrliche Nation« an der Spitze einer sich globalisierenden, einer sich amerikanisierenden Welt. Dazu war der Triumph im Golfkrieg gegen den Irak gekommen, der dem neuen Herrn des Weißen Hauses scheinbar volle Handlungsfreiheit im Nahen und Mittleren Osten gewährte. Aus dem Somalia-Einsatz der Vereinten Nationen, der mit einer von ihm nicht verschuldeten Blamage endete, hat Bill Clinton die Konsequenz gezogen, daß das Pentagon darüber zu wachen habe, daß keine US-Soldaten zu Schaden kämen. Dieses Konzept, »no dead«, wurde erfolgreich in Jugoslawien getestet.

Hätte die »New Economy« in Nordamerika nicht so geboomt, wäre die Arbeitslosigkeit nicht auf ein Minimum abgesunken und wären die Mindestlöhne nicht geklettert, dann hätte der lebensfrohe Bill den Lewinsky-Skandal kaum überlebt. Aber so wurde er von einer Toleranz getragen, die man dieser so prüden und oft heuchlerischen Gesellschaft gar nicht zugetraut hätte. Über Sinn und Unsinn der Balkan-Intervention Amerikas läßt sich streiten. Aber eines hat Washington damit erreicht: Den verbündeten Europäern wurde vor Augen geführt, daß ihre versammelten Streitkräfte ohne U.S. Air Force und U.S. Navy selbst in einem Regionalkonflikt zum Versagen verurteilt wären. Was nun den heillosen Schicksalskampf zwischen Israelis und Palästinensern betraf, so hatte Bill Clinton immerhin jenen Friedensprozeß von Oslo absegnen können, dessen praktische Realisierung ihn bis zum letzten Tag seiner Amtszeit in Atem hielt.

Am Ende ist Bill Clinton im Orient gescheitert, obwohl er dem israelischen Regierungschef Ehud Barak weitgehende Konzessionen abgerungen hatte. Auch die irakische Gefahr ist in keiner Weise gebannt, denn Saddam Hssein herrscht weiterhin in Bagdad. Sogar die Russische Föderation erhebt unter Wladimir Putin wieder den Anspruch, als gleichberechtigter Partner behandelt zu werden; sonst könnte Moskau in Peking, in Teheran und – wer weiß – in Berlin neue Gefährten suchen, um das Machtmonopol der USA einzudämmen. Clinton hatte seine Beziehungen zu China stets mit besonderer Behutsamkeit angefaßt. Er hatte gespürt, daß für die Vereinigten Staaten nur das wiedererstandene Reich der Mitte eines Tages eine existentielle Gefahr darstellen könnte.

Das Glück ist Bill Clinton dennoch bis zum Schluß treu geblieben. Seinem Nachfolger George W. Bush wird man es anlasten, wenn der Erbstreit um Jerusalem vollends explodieren würde. Das politische Versagen aber Amerikas in Afrika, um dieses Beispiel zu nennen, wird sich erst in den kommenden Jahren offenbaren. Die Verstrickung der USA in eine aussichtslose Guerilla gegen die Drogen-Barone von Kolumbien ist der breiten Öffentlichkeit bisher gar nicht bewußt geworden. Noch blickt Wall Street gleichgültig auf den sich festigenden Wechselkurs des Euros gegenüber dem Dollar. Aber neuerdings knistert es im Gebälk der Finanzmetropole von New York, und für die bisher im Glück schwimmenden Börsen-Spekulanten zeichnet sich unter der kommenden Regie der Republikaner – ohne deren Zutun übrigens – das Gespenst einer wirtschaftlichen Rezession ab. Clinton verläßt gerade rechtzeitig die Bühne. Sein Nachfolger wird es nicht leicht haben, einer sich verwandelnden Weltsituation die Stirn zu bieten.

Kongos Ausverkauf nach Kabilas Tod

21. Januar 2001

Die Person des ermordeten Kongo-Präsidenten Laurent Kabila war schon rätselhaft genug. Aber noch widersprüchlicher erscheint die Politik der USA gegenüber diesem politischen Abenteurer. Als ich Kabila im Sommer 1964 am Ufer des Tanganjika-Sees kennenlernte, war er ein junger kommunistischer Agitator, ein Anhänger Mao Tsetungs. Im Verbund mit Che Guevara hatte er im Ostkongo eine rote Guerilla ins Leben gerufen. Aber der »Che« verzweifelte nach wenigen Monaten an den Zauberbräuchen seiner afrikanischen »Compañeros« und vor allem an dem »Genossen« Kabila, der zwar in Ostberlin eine Kaderschulung durchlaufen hatte, aber das bequeme Leben in Tansania mit Alkohol und Sex dem kriegerischen Einsatz vorzog.

In einem war Kabila sich treu geblieben. Er hat 30 Jahre lang versucht, das Regime des Despoten Mobutu mit gelegentlichen Überfällen zu erschüttern. Er betrachtete sich als Rächer jenes kongolesischen Nationalhelden Lumumba, der zwar von einem belgischen Offizier den Gnadenschuß erhielt, an dessen Liquidierung im Januar 1961 jedoch die Agenten der amerikanischen CIA ebenso interessiert waren wie manche im Kongo operierenden Uno-Beamte.

Die längste Zeit seines Lebens hat Kabila in Daressalam, der Hauptstadt Tansanias, verbracht. Dort war er nicht nur als ewiger Revoluzzer bekannt, sondern bereicherte sich am Schmuggel mit Gold und Diamanten, betrieb diverse Bars und Bordelle. In Daressalam hielt er Kontakt zu einer ganzen Reihe von marxistisch orientierten afrikanischen Exil-Politikern, die damals gegen den US-Imperialismus wetterten, später jedoch – mit dem Segen und der Hilfe Washingtons – Staats- oder Regierungschefs in Uganda, Ruanda, Äthiopien, Eritrea, Mosambik, Südafrika und Südsudan werden konnten. Der Zusammenbruch der Sowjetunion war auch für Laurent Kabila das Signal, die Front zu wechseln und sich den amerikanischen Afrika-Plänen zur Verfügung zu stellen.

Hingegen waren diverse frühere Verbündete der USA, an ihrer Spitze Präsident Mobutu von Zaire, der an einem Prostata-Krebs dahinsiechte, zur Belastung, zum Hindernis für das »grand design« Bill Clintons geworden, weite Teile des Schwarzen Erdteils mitsamt dessen unermeßlichen Mineralschätzen zur Exklusiv-Domäne der USA, besser gesagt der angelsächsischen Gruben-Konsortien zu machen, und zwar auf Kosten der dort noch vorhandenen französischen oder belgischen Interessen.

Um das Vakuum zu füllen, das sich in der Zaire-Republik Mobutus abzeichnete, wurde Laurent Kabila von den Experten aus Langley als brauchbarer Handlanger, ja als künftiger Kongo-Staatschef auserkoren. Meine Aussage stützt sich hier auf ein Gespräch mit dem Geheimdienstchef von Ruanda, Oberst Patrick Karegeya, der im Auftrag der CIA nach Daressalam gereist war, um mit dem Ex-Maoisten Kabila einen »Deal« abzuschließen, der natürlich auch die Überschreibung der Schürf- und Vertriebsrechte für Diamanten, Gold, Kobalt oder Tantalit im ganzen Kongo zugunsten amerikanischer Firmen enthielt.

Als es dann zum Feldzug der beiden engsten Verbündeten Washingtons in Ostafrika – Uganda und Ruanda – gegen die total zerrütteten Kongo-Streitkräfte Mobutus kam, kämpften sich ein paar tausend Elite-Soldaten des »nilotischen« Tutsi-Volkes durch 2000 Kilometer Dschungel bis zur Kongo-Hauptstadt Kinshasa durch. Der ruandische Befehlshaber dieser Operation, Oberst James Kabarere, bestätigte mir persönlich, daß die »Rebellen-Armee« Kabilas, die meist aus »Kinder-Soldaten« bestand und von amerikanischen Ausbildern gedrillt wurde, keine Rolle bei diesen Kämpfen gespielt hatte, daß die vorrückenden Tutsi sich jedoch auf die Luftaufklärung und -versorgung durch amerikanische Spezialisten verlassen konnten.

Nach Kabilas triumphalem Einzug in Kinshasa hatte er zwar in einer ersten Phase seinen besten Mann, Oberst Kabarere, zum Stabschef der gesamten Kongo-Armee ernannt, sollte aber sehr bald erkennen, daß die Masse seiner Landsleute, die der Bantu-Rasse angehören, die Privilegien dieses Ausländers aus Ruanda und die Arroganz seiner baumlangen Tutsi, dieser »Hamiten«, nicht ertragen würde. Kabarere wurde seines Kommandos enthoben, und die Kinder-Soldaten Kabilas machten Jagd auf jeden Tutsi, dessen sie habhaft werden konnten.

Die Lage wurde vollends verworren, ja grotesk, als die Allianz zwischen Ruanda und Uganda im Streit um die Diamanten-Vorkommen von Kisangani auseinanderbrach. Die Invasoren riefen im Ostkongo diverse lokale Marionetten-Regierungen ins Leben, um Kabila zu kontern. Der ehemalige Guevara-Gefährte und Bordell-Besitzer versuchte eiligst, sein Zerwürfnis mit den USA, die ihn nach seinem »Verrat« zum Abschuß freigegeben hatten, durch neue Vorzugsverbindungen zu Frankreich, Belgien, aber auch Nordkorea und China, wo sein Sohn Joseph militärisch ausgebildet wurde, zu kompensieren.

All seine Schläue hat Laurent Kabila nichts genutzt. Er hatte sich in Kinshasa aufgeführt wie ein afrikanischer »König Ubu«, so hatte mir James Kabarere berichtet. Er hatte jede Oppositionsregung blutig unterdrückt und ringsum Schrecken, ja Entsetzen verbreitet.

Wer hat bei der Ermordung Kabilas die Fäden gezogen? Die Frage bleibt offen. Eines scheint jedoch gewiß: Der Nachfolger Kabilas, sein Sohn Joseph, der ohne Befragung des Volkes wie ein Kronprinz an seine Stelle trat, dürfte sich nicht lange behaupten. Dieser schüchtern wirkende junge Mann hat nach seiner Nominierung wohlweislich keine Rede an sein Volk gerichtet, denn er ist weder des Französischen noch der weitverbreiteten Umgangssprache Lingala mächtig.

Die Hoffnung auf eine erfolgreiche Intervention der Vereinten Nationen – man redet von 5000 Soldaten – sollte man gleich vergessen, denn 1960 hatte ein Aufgebot von 30 000 Blauhelmen am Kongo kläglich versagt. Im Herzen Afrikas werden weiterhin Stellvertreter-Kriege geführt werden, und besonders schockierend ist die Tatsache, daß es gar nicht so sehr die jeweiligen Staaten sind, die dort durch Anzettelung von Stammesfehden ihre imperialen Gegensätze austragen, sondern daß die weltumspannenden Mineralkonzerne sich wie Geier auf diese waidwunde Kongo-Republik stürzen.

Es ist bezeichnend, daß die Nachricht der Ermordung Kabilas von Anglo-American und deBeers mit einer Aktien-Hausse von vier Prozent honoriert wurde. Diese mächtigen Konsortien verfügen zum Schutz ihrer Interessen zudem über technisch perfektionierte, hochoffizielle Söldner-Büros, deren eiskalte »Profis« mit den abenteuerlichen »mercenaries« der ersten wilden Kongo-Wirren wenig gemeinsam haben. Im Zeichen einer menschenverachtenden, brutalen »Globalisierung« ist der Kongo zum Ausverkauf freigegeben.

Mit Sharon ist nicht gut Kirschen essen

12. Februar 2001

Nach der Wahl in Israel, die dem Likud-Führer Ariel Sharon einen so überwältigenden Sieg bescherte, sollte man einige Ungereimtheiten aufdecken. In den westlichen Medien war im Verbund mit Vertrauensleuten der israelischen Linken der Eindruck genährt worden, dank der Zugeständnisse des Ministerpräsidenten der Arbeitspartei, Ehud Barak, sei der Frieden mit den Palästinensern mit Händen zu greifen.

Aus Washington wurde diese Zuversicht durch die hektische Vermittlungsdiplomatie Bill Clintons gesteigert, ja, sie nahm zeitweilig die Form einer Erpressung an. Aber je mehr von »peace« geredet wurde, desto blutiger entbrannten die Zusammenstöße im Gaza-Streifen und auf dem Westjordan-Ufer. Heute wirft man Yassir Arafat vor, er habe mit der Verweigerung des letzten Angebots den palästinensischen Interessen schweren Schaden zugefügt, die beste Chance vertan. Doch Arafat wußte allzu gut: Es bestand keine Gewähr dafür, daß ein solcher Vertrag, wie Barak ihn konzipiert hatte, im israelischen Parlament, wo der Regierungschef schon lange über keine Mehrheit mehr verfügte, auf Zustimmung stoßen würde. Alle Garantien, die ihm von seiten Bill Clintons geboten wurden, klangen reichlich hohl aus dem Munde eines Präsidenten, dessen Amtstage gezählt waren.

Nun haben es Juden und Araber mit Ariel Sharon zu tun, und ohne Zweifel wird das ein schwieriger Partner sein. Die »liberale« israelische Presse warf dem alten Haudegen immer wieder vor, daß sein Libanon-Feldzug im Jahr 1982 mit einem Fiasko geendet hatte. Noch schwerwiegender war die Anklage, Sharon habe durch sein Stillhalten das Massaker in den Palästinenserlagern von Sabra und Schatila geduldet, das von christlich-maronitischen Milizen durchgeführt wurde. Sehr selten wird die Rolle Sharons während des Yom-Kippur-Krieges von 1973 erwähnt, als Israel in existentielle Bedrängnis geraten war und durch den tollkühnen Vorstoß Sharons über den Suez-Kanal und die damit verbundene Einkesselung der 3. ägyptischen Armee von einer militärischen Katastrophe bewahrt wurde. Sabra und Schatila waren gewiß schrecklich, zumal für jemanden wie mich, der die Spuren dieses Gemetzels am folgenden Tag als Augenzeuge entdeckt hatte. Aber man sollte auch nicht vergessen, daß der eigentliche Verantwortliche, der maronitische Phalange-Führer Elie Hobeiqa, der mit seinen Männern als Racheengel unter den dortigen Palästinensern gewütet hatte, wenige Jahre später Minister in der Regierung des Libanons werden konnte.

In der Wahlnacht sind aus Tel Aviv eindrucksvolle Fernsehbilder zu uns gekommen. Da bewahrte der Verlierer Ehud Barak eine bemerkenswerte Contenance. Der Mann mit dem »Pokerface« trat auch als Parteiführer und Abgeordneter zurück. Er gab endlich zu verstehen, worauf sein Zickzackkurs in den Verhandlungen mit Arafat zielte. Er wollte eine eindeutige geographische Trennung zwischen Juden und Arabern schaffen, die Siedlungsräume strikt voneinander isolieren, um der ungewissen Zukunft von einer durchgehenden Frontlinie aus begegnen zu können. So läßt sich auch erklären, wie es immer wieder dazu kam, daß die substantiellen Zugeständnisse parallel liefen zu heimlichen Neubesetzungen arabischen Territoriums durch jüdische Kolonisten. Es galt, das Staatsgebiet Israels in einem fest geschlossenen Block zusammenzuschließen.

Dem 72jährigen Wahlsieger Sharon sah man in dieser Wahlnacht die Erschöpfung an. Für westliche Begriffe wäre der Likud-Füher zu alt. Aber für den Orient, für die Gespräche mit den Arabern sind hohes Alter und weißer Haarschopf eher ein Vorteil. Das Alter flößt dort Respekt ein. Zudem geht ihm der Ruf kompromißloser Härte voraus, und auch seine Reputation als »Bulldozer« durfte Sharon zugute kommen. In dieser Weltgegend wirkt es sich eher positiv aus, wenn die Gegenseite von vornherein weiß, daß mit dem neuen Kontrahenten nicht gut Kirschen essen ist.

Von Oslo hält Sharon nicht viel und von einer internationalen Absicherung der Jordan-Senke noch weniger. Es wird also härter zugehen, aber dabei sollte man bedenken, daß die »Al-Aqsa-Intifada« der Palästinenser, die inzwischen rund 400 Tote im Heiligen Land gefordert hat, unter dem Beschwichtiger Barak stattfand, während unter dessen Vorgänger, dem »Hardliner« Benjamin Netanyahu, relative

Ruhe herrschte. Die schwerste Hürde wird der Likud-Patriarch in den eigenen Reihen, im Parlament, zu überwinden haben.

Der neue US-Präsident George W. Bush wird sich hüten, in die Fußstapfen Clintons zu treten. Bushs Mannschaft, in der starke Petroleum-Interessen vertreten sind, wird sich großer Zurückhaltung befleißigen. Die Europäer wiederum sollten ihre letzten Illusionen begraben, im Nahen Osten noch eine nennenswerte Rolle spielen zu können.

Die Gefahren für die
deutsche Kosovo-Truppe

11. März 2001

Mit den Überfällen albanischer Partisanen auf mazedonische Grenzposten ist die Balkan-Krise in eine neue, extrem gefährliche Phase eingetreten. Daß es zu diesem Konflikt kommen würde, hätte seit Jahren jeder wissen müssen, der mit der ethnisch-konfessionellen Gemengelage zwischen Skopje und Ohrid auch nur halbwegs vertraut war. Noch sind es Anschläge von Heckenschützen, die das Grenzdreieck zwischen Kosovo, Serbien und Mazedonien heimsuchen. Die albanische »Befreiungsarmee«, die dort in den Uniformen der UCK auftritt, überfällt allenfalls mazedonische Polizeistationen und Konvois. Wenn sie sich wirklich einmal in einem Dorf festsetzt, wie in Tanusevci, so weicht sie geschmeidig aus, sobald die für diesen Sektor zuständigen Amerikaner zu einer Säuberungsaktion ausholen. Ganz unschuldig sind die US-Kommandeure an dieser Ausdehnung des albanischen »Befreiungskampfes« ja nicht, nachdem sie monatelang aus ihrer mächtigen Basis »Bondsteel« untätig zugesehen hatten, wie sich im neutralisierten Grenztal von Presevo, das Bestandteil Serbiens, aber von Skipetaren bevölkert ist, die sogenannte »UCPMB«, eine Truppe albanischer Freischärler, im Schutze der den Serben auferlegten Demilitarisierung systematisch aufgerüstet und eingebunkert hat. Erst als diese Nebenorgansiation der UCK vom südlichsten Zipfel des Presevo-Streifens auf mazedonisches Territorium übergriff, erkannte man in Washington und Brüssel den Ernst der Lage und erlaubte den Armee-Einheiten Belgrads, gegen die Rebellen-Trupps vorzugehen. Bei ihren Patrouillen, die nunmehr auch auf Wunsch der Regierung von Skopje die nördlichste Randzone Mazedoniens erfassen, haben US-Soldaten zum ersten Mal das Feuer auf albanische Partisanen eröffnet.

Die westliche Öffentlichkeit neigt heute dazu, die sich abzeichnende Destabilisierung der Republik Mazedonien einzig und allein den Albanern anzulasten. Aber dieser Staat war von Anfang an ein Zwittergebilde. Mindestens ein Drittel seiner Bürger sind ethnische

Albaner oder Skipetaren, wie sie sich nennen. Im Gegensatz zu ihren Brüdern in der Republik von Tirana und im Kosovo, die sich dem Islam weitgehend entfremdet haben, sind im Westteil Mazedoniens und der Hauptstadt Skopje eine bemerkenswerte koranische Frömmigkeit und die Erinnerung an das Osmanische Reich erhalten geblieben. Es ist auch unbestreitbar, daß diese mazedonischen Albaner vom slawisch-christlichen Staatsvolk, das im Norden den Serben, im Süden den Bulgaren eng verwandt ist, zwar nicht brutal unterdrückt, aber systematisch diskriminiert wurden. Daran ändert auch der Umstand nichts, daß sich eine der dort zugelassenen albanischen Parteien zur parlamentarischen Zusammenarbeit bereitfand, ja, an der Regierung beteiligt wurde. Kaum ein Skipetarer hatte in Mazedonien die Chance, hoher Beamter, Offizier oder auch nur Polizist zu werden. In der islamischen Hochburg Tetovo wurde die Gründung einer eigenständigen albanischen Universität mit allen Mitteln erschwert. Zwischen Christen und Muslimen, zwischen Südslawen und Skipetaren war der Konflikt seit langem vorprogrammiert, zumal dort – dank einer explosiven Demographie – binnen 20 Jahren die Albaner die Bevölkerungsmehrheit ausmachen dürften.

Die Partisanentätigkeit der UCK, die heute aus dem Amselfeld überschwappt, fällt also in Nordwestmazedonien auf fruchtbaren Boden. Noch sind die vereinzelten Kriegshandlungen durch tiefen Schnee und die Vereisung der Gebirgspässe behindert. Das dürfte sich bald ändern, und dann wird sich mit einem Schlag das Truppenkontingent der Bundeswehr – etwa 6000 Mann stark – mit seinem Sektor von Prizren, der sich bei Dragas wie ein Keil zwischen die Republik Albanien von Tirana und das albanisch bevölkerte Mazedonien vorschiebt, in vorderster Linie befinden. Die rückwärtigen Verbindungsstäbe und Versorgungslager der Deutschen befinden sich zudem – seit Beginn der Kosovo-Krise – in ebenjener Stadt Tetovo, die als das heimliche Zentrum der albanischen Separatisten Mazedoniens gilt.

Die regulären Streitkräfte der Republik Mazedonien – überwiegend christlich-orthodoxe Slawen – sind in keiner Weise befähigt, die Grenzen ihres Staatsgebiets, das im Westen zusätzlich durch die Republik von Tirana verunsichert wird, wirksam zu kontrollieren. Sie wären einem massiven Aufstand der kriegerischen Skipetaren ziemlich hilflos ausgeliefert. Andererseits kann man jedoch den Albanern des Kosovo nicht verübeln, daß sie das absurde Uno-Protektorat abschütteln und ihre Unabhängigkeit fordern. Ebensowenig kann man den Albanern Mazedoniens verwehren, zumindest die Rolle des zweiten, gleichberechtigten Staatsvolkes in der Vardar-Republik zu beanspruchen. Der brüchige Status quo von heute wird sich in diesem traditionellen Pulverfaß des Balkans nicht mehr lange aufrechterhalten lassen. Schon rollt aus Bulgarien militärische Verstärkung für die slawisch-orthodoxen Brüder von Skopje und Ohrid heran. Für die Soldaten der Bundeswehr hatte ihr Einsatz im Kosovo fast wie ein erfolgreiches Pfadfinder-Abenteuer begonnen. Im Laufe der Monate stellte sich Mißmut ein, als die Mission der deutschen Soldaten überwiegend auf den humanitären Schutz der bedrohten serbischen Minderheit reduziert wurde. Seit aus Nordmazedonien die ersten Schüsse herüberhallen, drohen der Kfor plötzlich die Heimtücken eines sich ausweitenden Partisanenkrieges.

Der Schwarze Kontinent brennt

12. März 2001

Es ist kein gutes Omen für den Schwarzen Kontinent, daß ausgerechnet Oberst Muamar el Gaddhafi, der unberechenbare und bizarre Staatschef Libyens, in der tripolitanischen Syrte eine »afrikanische Union« nach dem Modell des europäischen Zusammenschlusses aus der Taufe heben wollte. Tatsächlich haben sich 37 Länder dort prominent vertreten lassen, deren Delegierte kassierten die in Libyen üblichen Geldgeschenke in bar und sind nach Verlesung hohler Proklamationen in ihre Hauptstädte zurückgereist. Gaddhafi hat mit seiner Neu-Orientierung in Richtung Schwarzafrika nichts weiter als publizistischen Klamauk veranstaltet.

Immerhin wäre es nützlich, wenn die Konferenz von Syrte die übrige Welt auf das unbeschreibliche Chaos aufmerksam gemacht hätte, dem der Schwarze Kontinent fast in seiner Gesamtheit entgegentreibt. Der ehemals Belgisch-Kongo – vorübergehend von Marschall Mobutu in Zaire umgetauft – bildet das brodelnde Krisenzentrum, dessen Eruptionen das weitere Umfeld erschüttern. Seit der Ermordung des kongolesischen Staatschefs Laurent Kabila sind fast drei Monate vergangen. Täter, Anstifter und Beweggründe dieses Attentats bleiben ein Geheimnis. Europa sollte sich endlich bewußt werden, welch unglaubliche Zustände in diesem Land vorherrschen. Im Wettstreit um den Besitz der unermeßlichen Mineralreichtümer haben die Armeen der Nachbarstaaten Ruanda und Uganda im Osten, die Streitkräfte Angolas, Simbabwes und Namibias im Westen einen bewaffneten Konflikt ausgelöst, der am Ende vor allem den mächtigen internationalen Gruben-Konsortien zugute kommt. Der Westen tritt schon längst nicht mehr im Zeichen eines noch halbwegs ehrenwerten Imperialismus auf. Es geht nur noch um den nackten Profit. Die USA, die durch ihre weltbeherrschenden Positionen den französischen Gegenspieler in Afrika Schritt um Schritt zurückdrängen, werden getreu ihres obersten strategischen Prinzips »no dead« eigene

Verluste um jeden Preis vermeiden und keine Soldaten an den Kongo oder an den Sambesi und den Niger schicken. Und die afrikanischen Potentaten, die stets bemüht sind, ihre Rüstungspotentiale auf Kosten ihrer darbenden Schwarzuntertanen aufzustocken, liefern bereitwillig Schürfrechte an die Fremden aus.

Am Kongo geht es vor allem um Diamanten und jene Metalle, die zur Härtung von Interkontinental-Raketen oder Raumkapseln unentbehrlich sind. Nebenbei werden auch die Kupfer- und Kobalt-Vorkommen Katangas verhökert, und es mutet gespenstisch an, daß ausgerechnet die Nordkoreaner, die in Kinshasa als Militärberater tätig sind, die Nutzung jener Uranimmine Katangas für sich erwerben konnten, die zur Herstellung der ersten amerikanischen Atombomben von Hiroshima und Nagasaki gedient hatten. Doch es geht nicht nur um das zerrissene Staatsgebilde von Ex-Zaire, in dem sich der ehemalige Marxist Laurent Kabila mit Hilfe ausländischer Truppen aus Ruanda an die Macht geschossen hatte. Nach dessen Ermordung hat dort sein Sohn Joseph, ein unbedarft wirkender Jüngling, die Nachfolge angetreten. Die Tutsi-Eroberer aus Ruanda sind zwar aus Kinshasa vertrieben worden, aber an deren Stelle sind schwerbewaffnete Kontingente aus Angola und Simbabwe eingeflogen worden. Da Joseph Kabila ebenfalls um sein Leben fürchten muß und seinen Landsleuten nicht trauen kann, läßt er seine Hauptstadt durch Angolaner kontrollieren und liefert seinen persönlichen Schutz Elite-Soldaten von Simbabwe aus, die ihm der dortige Präsident Robert Mugabe zur Verfügung stellte, nachdem er sich der reichsten Diamantenfelder von Kasai bemächtigt hatte.

Die kongolesische Krise frißt sich wie ein Krebsgeschwür weiter. Im winzigen, von Stammesfehden zerfleischten Nachbarstaat Burundi ist die Hauptstadt Bujumbura zum Schlachtfeld geworden. Vor allem in der ehemaligen portugiesischen Kolonie Angola schleppt sich ein endloser Bürgerkrieg hin, der dieses potentiell reichste Land Afrikas in ein Armenhaus verwandelte. Nicht nur in Zentralafrika ist von »Blut-Diamanten« und »Blut-Petroleum« die Rede. Auch an der Westküste des Kontinents schreitet die staatliche Auflösung fort, toben Bandenkriege von unbeschreiblicher Grausamkeit. Im benachbarten, früher britischen Sierra Leone, das ebenfalls mit Diamanten gesegnet ist, fahren Horden von »Kinder-Soldaten« fort, im Drogenrausch blindlings zu morden.

Vollends ungewiß bleibt das Schicksal der beiden Giganten: Nigeria und Südafrika. Noch gehört es zur journalistischen Praxis, die dortigen Zustände schönzureden. Aber zwischen Pretoria und Kapstadt weicht allmählich die multikulturelle Harmonie von Schwarz und Weiß der grausamen Realität tief eingefleischter rassischer Erbfeindschaft.

Bushs weltpolitischer Lernprozeß

9. April 2001

»Viel Feind, viel Ehr«, so lautete einmal der trotzige und törichte Spruch, mit dem das wilhelminische Deutschland im Ersten Weltkrieg die Kriegserklärungen immer neuer Staaten entgegennahm. Angesichts der sich in ersten Konturen abzeichnenden Diplomatie des neuen US-Präsidenten George W. Bush mag sich die Frage aufdrängen, ob er sich ein ähnliches Prinzip zu eigen gemacht hat. Gewiß, der Vergleich hinkt. George W. Bush steht erst am Anfang seiner Amtszeit, und die Machtfülle Amerikas stellt das damalige Potential des deutschen Kaiserreiches weit in den Schatten. Aber es mutet schon seltsam an, wenn die »New York Times« die Frage aufwirft: »Womit haben wir einen solchen Präsidenten verdient?«

Der Zwischenfall vor der südchinesischen Insel Hainan, wo ein Spionage-Flugzeug der U.S. Navy von einem chinesischen Jäger des Typs F 8 gerammt und zur Landung auf dem Territorium der Volksrepublik gezwungen wurde, muß ernst genommen werden. Natürlich wird die amerikanische Besatzung mit einiger Verzögerung wohlbehalten in ihre Heimat zurückkehren. Aber es mutet grotesk an, wenn Washington fordert, die chinesischen Experten müßten diese mit modernster Aufklärungstechnik ausgestattete Maschine unberührt lassen. Wie würden übrigens die USA reagieren, wenn militärische Aufklärer aus China sich am Rande Kaliforniens tummelten?

Vor allem droht der Streit um Taiwan nunmehr in eine höchst gefährliche Phase einzutreten. George W. Bush wird von gewissen Kreisen seiner Republikanischen Partei gedrängt, der abtrünnigen Insel all jene perfektionierten Waffen zu liefern – Zerstörer und Raketen inbegriffen –, deren sie zur Abwehr eines eventuellen Angriffs der Volksbefreiungsarmee bedarf. Nun ist Taiwan für Peking unverzichtbar. Die Unabhängigkeitserklärung dieser »Provinz«, so ist in jeder offiziellen Verlautbarung zu hören, wäre ein »casus belli«, auch wenn die USA den Separatisten zur Seite stünden. Völlig unnötig hat sich Präsident

Bush II. in die Zwangslage manövriert, sein pro-taiwanisches Engagement zurückzunehmen oder – durch konsequente Aufrüstung der Nationalchinesen – der staatlichen Abspaltung der Insel Vorschub zu leisten. Im ersten Fall droht er das Gesicht zu verlieren; im zweiten müßte er sich in eine Konfrontation einlassen, im Vergleich zu der Vietnam eine Lappalie war. Jeder Stratege sollte wissen, daß man das Reich der Mitte nicht besiegen, ja nicht einmal einschüchtern kann.

Zur gleichen Zeit hat das Weiße Haus der »Sunshine-Diplomatie« zwischen Nord- und Südkorea abrupt ein Ende gesetzt. Vermutlich hat George W. Bush recht, wenn er dem Diktator von Pjöngjang, Kim Jong Il, nicht mit der Naivität und Gutgläubigkeit begegnet, die Bill Clinton an den Tag legte. Aber mußte er deshalb seinen südkoreanischen Verbündeten Kim Dae Jung so spektakulär desavouieren? Jedenfalls kann davon ausgegangen werden, daß die Nordkoreaner nunmehr mit letzter Energie an die Fabrikation von Atombomben herangehen und jene Langstrecken-Raketen weiterentwickeln, die heute angeblich schon bis Alaska und Hawaii reichen.

Mindestens hätte man erwarten können, daß die neue strategische Planung der USA gegenüber Rußland mit großer Behutsamkeit auftreten würde, zumal Moskau bereits mit bösen Ahnungen auf das ungeheure demographische Ausdehnungspotential Chinas an der Grenze Ostsibiriens blickt. Aber weit gefehlt. Washington hat – wie zu Zeiten des Kalten Krieges – die Ausweisung von fünfzig russischen Diplomaten und Spionen an die große Glocke gehängt. Im Südkaukasus versuchen die Amerikaner das Vakuum zu füllen, das der Zusammenbruch der Sowjetunion dort hinterlassen hat, und setzen ihre Öl-Multis an, um den Petroleum-Reichtum rund um das Kaspische Meer unter eigene Kontrolle zu bringen. Von »Partnerschaft« mit Moskau ist längst nicht mehr die Rede. Das geplante Raketen-Abwehrsystem NMD, das Wladimir Putin ebensowenig zu verhindern mag wie die beunruhigten Europäer, wird für permanente Friktionen sorgen, ohne übrigens den Absolutschutz des amerikanischen »sanctuary« überzeugend zu garantieren.

Die Staaten der Europäischen Union hatten sich seit dem Golf- und dem Balkan-Krieg daran gewöhnt, so manche Kröte zu schlucken. Doch selbst Bundeskanzler Gerhard Schröder kehrte zutiefst schockiert aus Washington zurück, nachdem George W. Bush mit rauher texanischer Art die Absprachen über den Klimaschutz, die in

Kyoto getroffen wurden, vom Tisch fegte. Von nun an weiß man in Brüssel und Berlin, daß jede Verselbständigung der europäischen Streitkräfte außerhalb der strikten Nato-Struktur auf ein barsches Veto Washingtons stoßen wird.

Noch steht der neue Präsident aus Texas erst am Anfang eines weltpolitischen Lernprozesses.

Ratlosigkeit im Heiligen Land

7. Mai 2001

Das vorherrschende Gefühl angesichts der blutigen Ereignisse im Heiligen Land ist Ratlosigkeit. Für Israel war es relativ leicht gewesen, die internationale Öffentlichkeit gegen die palästinensische Befreiungsorganisation PLO aufzubringen, als deren extremistischer Flügel, insbesondere die Gefolgsleute des Marxisten Georges Habash, noch versuchte, auf das Ausland durch Terroranschläge Erpressung auszuüben. Aber das liegt lange zurück, und Yassir Arafat hütet sich heute davor, seinen Widerstand gegen den Judenstaat durch Übergriffe gegen unbeteiligte Länder und deren Staatsangehörige zu diskreditieren. Selbst die islamistischen Hitzköpfe von Hamas und Dschihad befleißigen sich einer ähnlichen Zurückhaltung.

Inzwischen ist die tägliche Konfrontation zwischen Juden und Arabern zu kriegerischen Aktionen ausgeartet. Die Bilder von israelischen Panzern einerseits, steinewerfenden jungen Palästinensern andererseits verweisen zu eindeutig auf die totale materielle Überlegenheit des jüdischen Lagers, so daß die weltweite Sympathie sich allmählich von Israel weg- und den Arabern zuwendet. Es werden im Fernsehen zu viele verwundete arabische Kinder, zu viele verwüstete arabische Häuser und Orangenhaine gezeigt, als daß sich nicht ein Stimmungswandel unvermeidlich anbahnt. Gewiß wird auch von palästinensischer Seite inzwischen mit leichten Waffen auf isolierte jüdische Siedlungen geschossen, aber das Waffenarsenal selbst der Eliteeinheit Arafats, der sogenannten »Force 17«, ist durch das Osloer Abkommen von Anfang an so begrenzt worden, daß man sich fragt, woher diese »Mudschahedin« überhaupt noch die Munition für ihre Kalaschnikows und ihre paar Granatwerfer nehmen.

Ministerpräsident Ariel Sharon hat bisher nicht gehalten, was er seinen Wählern versprach. Von Sicherheit für die Berge Israels oder gar für die exponierten Siedler kann nicht die Rede sein. Zwar eskaliert die Gewalt täglich, und die Soldaten der »Zahal« haben sich daran gewöhnt, auf das garantiert unverletzbare Gebiet der Autonomiebehörde vorzudringen. Besonders irritierend wird dieses Vorgehen im winzigen Territorium des Gaza-Streifens, wo etwa 5000 jüdische Kolonisten ein knappes Fünftel des Bodens okkupieren, während die Palästinenser sich mit mehr als einer Million Menschen auf dem unwirtlichen Rest dieses widersinnigen Küstenstreifens längs des Mittelmeers zusammendrängen.

Heute sollte man in Jerusalem, Washington, aber auch in Gaza und Ramallah wehmütig an jenen Friedensplan zurückdenken, der unter dem unermüdlichen Druck Bill Clintons von Yassir Arafat und vom damaligen israelischen Regierungschef Ehud Barak beinahe unterzeichnet worden wäre. Denn in einem Punkt zumindest hatte der ehemalige Generalstabschef Barak richtig gesehen: Die jüdischen Gebietsfetzen innerhalb des Gaza-Streifens – auf einem Gebiet also, das überhaupt nicht zum biblischen Landanspruch der Hebräer gehört, sondern eine Hochburg der Philister war – hätten ohne Gesichtsverlust geräumt werden können. Dann wäre es nicht zu jenen unerträglichen Häuserkämpfen gekommen, die täglich über die Bildschirme flimmern. Ariel Sharon sollte sich an das Schicksal des jüdischen Heroen Samson erinnern, der der Heiligen Schrift zufolge geblendet wurde, und zwar durch die Erzfeinde Israels, die Philister. Da muß man wissen, daß »Palästina« auf arabisch »Filistin« heißt.

Mag sein, daß die Regierung von Jerusalem nun Schritt für Schritt alle Zugeständnisse der Osloer Vereinbarungen und der Absichtserklärungen von Camp David rückgängig machen will. Schon sind die Hochburgen der palästinensischen Autonomie nicht mehr immun, und die Raketeneinschläge der israelischen Hubschrauber haben offenbar zum Ziel, die begrenzten Polizei- und Ordnungskräfte, die Yassir Arafat gewährt wurden – es handelt sich um etwa 30 000 Mann –, systematisch zu zerschlagen. Dann hätte man es wirklich nur noch mit Steinewerfern zu tun. Vor ernsthaften Verhandlungen fordert Sharon, daß jede Gewalttätigkeit auf arabischer Seite radikal unterbunden wird. Aber wie sollen die palästinensischen Behörden – während die jüdischen Kolonisten ihren Landbesitz weiterhin abrunden und neue Transitstraßen bauen – ihre Landsleute daran hindern, der Verzweiflung anheimzufallen?

Der amerikanische Präsident George W. Bush befindet sich in einer peinlichen Situation. Er hatte lauthals verkündet, er wolle nicht wie sein Vorgänger Clinton in die Rolle der hilflosen Hebamme bei dieser Friedensfehlgeburt hineingeraten, sondern das Problem Israel – Palästina in einen großen Plan für den gesamten Orient integrieren. Angesichts der national-religiösen Leidenschaft, die nunmehr auch auf die muslimische Bevölkerung Ägyptens und Jordaniens überzugreifen droht, kann er aber gar nicht umhin, das gewaltige Gewicht der USA in die Waagschale zu werfen.

In Mazedonien haben
Nato und EU versagt

4. Juni 2001

Der Balkan will nicht zur Ruhe kommen. Wieder befinden sich Flüchtlingskolonnen von »ethnischen Albanern«, wie es in den amerikanischen Medien heißt, auf der Flucht. Einst strömten sie zu Hunderttausenden aus Kosovo nach Mazedonien. Heute vollzieht sich der Exodus in die entgegengesetzte Richtung. Die Nato und auch die Europäische Union haben wieder einmal kläglich versagt.

Es ist noch nicht so lange her, da wurde Mazedonien fast als eine Idylle beschrieben. Ein Hort der multikulturellen Toleranz habe sich am Vardar-Fluß erhalten, hieß es in Pressekommentaren der »Balkan-Spezialisten«. Dabei hätten nur ein bißchen Gespür und Klarsicht genügt, um zu erkennen, daß auch diese frühere Teilrepublik Jugoslawiens schwersten internen Spannungen entgegentrieb. Zwar wurde die Diskriminierung der albanischen Minderheit Mazedoniens nicht so systematisch betrieben wie seinerzeit die Unterdrückung der albanischen Mehrheit auf dem Amselfeld durch Präsident Milosevic. Aber ethnische und konfessionelle Eintracht hat es in Mazedonien nie gegeben. Die »Skipetaren« oder »Adlersöhne«, wie die Albaner sich selbst nennen, haben sich zu Recht darüber beschwert, daß ihnen eine angemessene Vertretung in Verwaltung, Polizei und Armee verwehrt wurde. Die Weigerung, das Albanische als zweite Amtssprache anzuerkennen, entsprach einer schikanösen Zurückstellung durch das slawische »Staatsvolk«, und auch die Gründung einer albanischen Universität in der Stadt Tetovo wurde systematisch verhindert. All das soll jetzt unter Druck der Nato den Albanern gewährt werden. Aber vermutlich kommen die Konzessionen zu spät.

Die Regierung von Mazedonien hat sich immer darauf berufen, daß zumindest eine der beiden großen Albaner-Parteien im Kabinett vertreten war. Heute stellt sich heraus, daß es sich dabei um eine höchst opportunistische Kollaboration handelte und nun die Stunde der Wahrheit schlägt. Es ist faszinierend, zu beobachten, wie die »Albanische Befreiungsarmee« UCK, die im Westen noch vor drei Jahren als eine heldenhafte Truppe von Freiheitskämpfern gefeiert wurde, heute im allgemeinen Pressejargon als »Bande von Terroristen« bezeichnet wird. Amerika und Europa sind sich mit erheblicher Verspätung bewußt geworden, daß das kriegerische Volk der Skipetaren mit seinem undurchsichtigen Clan-System, seinen Mafia-Strukturen, die bis nach Deutschland und in die Schweiz reichen, einen extrem gefährlichen Faktor der Unsicherheit auf dem Balkan darstellt. In der unabhängigen Republik Albanien haben sich seit dem Ende des stalinistischen Regimes Anarchie und Gesetzlosigkeit eingenistet. Kosovo ist ebenfalls zum Schauplatz finsterer und blutiger Rivalitäten geworden, und die offiziell aufgelöste UCK gibt dort – trotz massiver Truppenpräsenz der Kfor – weiterhin den Ton an.

Andererseits sollte man die albanischen Unruhestifter des Kosovo nicht in Bausch und Bogen verurteilen. Die Nato hatte mit dem Serben Slobodan Milosevic einen absurden Kompromiß geschlossen, der Kosovo zum Bestandteil der jugoslawischen Föderation machte. Ähnlich wie in Bosnien hat die »internationale Staatengemeinschaft« ein willkürliches Protektorat geschaffen, das die jeweiligen Einheimischen des Rechtes auf Selbstbestimmung weitgehend beraubt.

Eine ähnliche Situation wie im bosnischen »Absurdistan« ist auch im Kosovo entstanden, und niemand sollte sich wundern, wenn die Frustration der Albaner nun ihre gesamte, vielfach aufgespaltene Nation erfaßt und zur Gewaltanwendung inspiriert. Die Teilrepublik Mazedonien war seinerzeit von Marschall Tito willkürlich zurechtgeschnitten, aber mit fester Hand regiert worden. Diese Autorität ist längst abhanden gekommen. Noch spielt sich der Kleinkrieg zwischen mazedonischer Armee und albanischen Freischärlern nur im nördlichen Grenzgebiet zum Kosovo ab. Aber die Gefechte könnten sich schnell auf die lange, ungeschützte Grenzzone mit der Republik von Tirana ausdehnen.

Die slawisch-christlichen Mazedonier gehen mit zahlreichen Panzern und Hubschraubern gegen die Aufständischen vor. Bekanntlich war die Armee von Skopje – bis zum Ausbruch der Feindseligkeiten – nur ein lächerlich schwaches Scheingebilde. Die Panzer und Helikopter wurden also in aller Eile aus Rußland, der Ukraine und Bulgarien geliefert. Aus diesen Ländern stammen wohl auch die Soldaten, die sie zu bedienen verstehen. Es hat sich eine christlich-orthodoxe Koalition gegen die muslimischen Albaner gebildet, an der die Serben sich mit Begeisterung beteiligen. Die Auswirkungen dieser Frontstellung sind noch gar nicht abzusehen. Angeblich geht auf dem Balkan die Furcht vor dem Entstehen eines »Groß-Albaniens« um. Niemand scheint sich dabei bewußt zu sein, daß die Vereinigung aller Skipetaren lediglich das Entstehen eines zusätzlichen Kleinstaates auf dem Balkan von 6 bis 7 Millionen Einwohnern zur Folge hätte.

Aids in Afrika:
Massensterben ohne Grenzen

2. Juli 2001

Zwanzig Jahre brauchten die Vereinten Nationen, um eine weltweite Aktion gegen die Aids-Seuche in Gang zu bringen. Die Tatsache, daß ihr fähiger Generalsekretär Kofi Annan aus Ghana stammt, also aus jenem afrikanischen Kontinent, der von der Pandemie in grauenhaftester Weise heimgesucht wird, dürfte Schwung in dieses Unternehmen bringen. Doch die Aussichten bleiben düster. Die Zahlen, obwohl nur grobe Schätzungen, sind bekannt: Das größte Katastrophengebiet befindet sich südlich der Sahara, dort sind 25 Millionen Menschen erkrankt oder infiziert.

In der Republik Südafrika sind im Jahr 2001 etwa 9 Millionen oder 20 Prozent der Bevölkerung HIV-positiv, und täglich werden 200 infizierte Babys geboren. Der jährliche Bevölkerungszuwachs von mehr als 2 Prozent wird durch die Seuche auf Null reduziert. Zutiefst verwirrend war die Reaktion des Staatspräsidenten Südafrikas, Thabo Mbeki, des Nachfolgers von Nelson Mandela. Dieser an englischen Universitäten geschulte Ökonom, dem man gelegentlich vorwirft, er sei zu verwestlicht, hat sich als authentischer Sohn seines Kontinents erwiesen. Mbeki weigerte sich, einen Zusammenhang zwischen HIV-Infektion und Aids-Erkrankung herzustellen. Trotz der Proteste der Ärzte machte er das angeblich vom weißen Kolonialismus verursachte Elend seiner Landsleute für den Ausbruch der Seuche verantwortlich. Er kann es einfach nicht ertragen, daß sein Erdteil als Ausgangspunkt für Aids herhalten muß und die sexuelle Promiskuität der Bantu-Stämme das Ausmaß des Unheils ins Unermeßliche gesteigert haben soll.

Der starke Geschlechtstrieb der Afrikaner, auf den sie stolz sind und der auch von den schwarzen Frauen als Test der Männlichkeit gefordert wird, nimmt oft kultische Formen an. Wer sich für den Exhibitionismus der »Love Parade« in Berlin begeistert und von der phallischen Lingam-Verehrung der Hindu schwärmt, sollte sich vor überheblicher Kritik hüten. Kondom-Werbung stößt bei einer Bevölkerung auf taube Ohren, die in der Präservativ-Benutzung den sexuellen Genuß gemindert sieht.

Für den durchschnittlichen Afrikaner wird der Tod einer nahestehenden Person nicht auf natürliche Ursachen zurückgeführt, es sei denn, es handle sich um Greise. Stets muß ein Zauber am Werk sein, eine Verwünschung oder der böse Fetisch eines Feindes, der meist in der unmittelbaren Umgebung zu suchen ist. Die Heilkunst der westlichen Medizin gilt nicht viel beim einfachen Volk. Da vertraut man lieber dem düsteren Ritual des »Munganga«, des Medizinmannes. Geschlechtsverkehr mit einer Jungfrau biete Schutz und Immunität gegen Aids, so sagen die Zauberer. Die Zahl von Vergewaltigungen junger Mädchen, ja von weiblichen Babys ist seitdem auf gräßliche Weise angestiegen. Soldaten, Lastwagenfahrer und Lehrer, die sich an ihren Schülerinnen vergehen, werden neben Wanderarbeitern als Hauptverursacher der Seuche genannt.

Das Massensterben kennt keine gesellschaftlichen Grenzen. So ist ein Sohn des Staatspräsidenten von Namibia, Sam Nujoma, an Aids gestorben – sein Vater hütet sich, diesen Verlust mit einem Wort zu erwähnen. In Afrika ist es unziemlich, die Plage beim Namen zu nennen. Man spricht bestenfalls von »the disease«, der Krankheit. In der Mythologie des Schwarzen Erdteils kehren die Toten oft als schreckliche Spukgestalten zurück, wenn sie – wie das heute aufgrund des Massensterbens oft der Fall ist – nicht in würdiger Form bestattet und besänftigt werden.

Auch die neue Entschlossenheit der Uno, mit verbilligten Medikamenten gegen die Seuche anzugehen, stimmt leider skeptisch. Ein wirkliches Heilmittel ist ja nicht gefunden. Hinzu kommt, daß keiner der angesprochenen Staaten sich in Spenderlaune befindet. Wenn Präsident Bush sich bereitfindet, ganze 200 Millionen Dollar zur Verfügung zu stellen, klingt das wie bitterer Hohn. Im übrigen läßt sich mit Geld wenig bewegen. Als wohlhabendstes Land mit dem höchsten Lebensstandard südlich der Sahara wird immer wieder der mit Diamanten gesegnete Staat Botswana genannt. Präzis dort wurde jedoch der traurige Rekord der HIV-Infektion mit 36 Prozent der Bevölkerung erreicht.

Der Zweifel des Westens an sich selbst

30. Juli 2001

Seit den Krawallen von Genua wird man das Wort Globalisierung nicht mehr ohne schlechten Beigeschmack in den Mund nehmen. Es ist zuviel bewußte Irreführung, zuviel Betrug mit diesem Begriff verbunden. Es sollen hier keineswegs den Radaubrüdern von Göteborg oder Genua mildernde Umstände eingeräumt werden. Sie versuchen, wie ein chaotischer Wanderzirkus, die periodischen Versammlungen der Mächtigen und Reichen durch Gewalt zu sprengen. Hingegen ist es ein bedenkliches Zeichen, daß die führenden Staatsmänner unserer Tage – darunter die Herren der nuklearen Apokalypse – sich vor diesen Pseudoanarchisten in einer Art Festung verschanzen, auf Schiffen übernachten müssen.

Wirklich bemerkenswert in Genua war die Masse von mindestens hunderttausend gewaltlosen Protestierenden, auch wenn sie in weit geringerem Maße die Objektive der Kameras auf sich zogen. Unter diesen deklarierten Gegnern der Globalisierung sind die Schwärmer, die Toren und die »Spinner« zweifellos in der Mehrzahl. Aber etwas ist in Bewegung geraten. Eine massive Forderung nach moralischer Umkehr, nach Reform an Haupt und Gliedern ist aufgekommen.

Die Globalisierung, so sagen ihre Kritiker, vertiefe auf unerträgliche Weise die Kluft zwischen den reichen Industrienationen und den darbenden Ländern der Dritten Welt. Ihre Befürworter hingegen behaupten, daß allein der weltweite freie Markt, die ungehemmte Möglichkeit, zu investieren, wo immer die Profitchancen am günstigsten sind, schließlich auch den unterentwickelten Nationen zugute kämen. Dazu tritt die gebieterische Vorstellung der USA, ihr System der parlamentarischen Demokratie, des politischen Pluralismus müsse zur Grundregel einer jeden staatlichen Ordnung werden. Einem Land, das sich dieser Weisung nicht beugt, droht der Kredit- und Subventionsentzug durch den Internationalen Währungsfonds. Dieser erfüllt dabei eine quasi-ideologische Wächterrolle im Auftrag des Westens, anders gesagt, im Auftrag Washingtons.

Nun macht der Begriff Dritte Welt, den die Störenfriede von Genua auf ihre Fahne schrieben, heute überhaupt keinen Sinn mehr. Die sogenannten Entwicklungsländer sind extrem differenziert. Nehmen wir ein konkretes Beispiel, richten wir den Blick auf das uns nahegelegene Afrika: Da offenbart sich tatsächlich die einseitige Fixierung auf den Globalisierungseffekt als Lug und Trug. Es ist geradezu absurd, daß in jenen Ländern des Schwarzen Erdteils, wo Stammeskriege, Gemetzel und Hungersnot zahllose Opfer fordern und jeder gesellschaftliche Zusammenhalt geschwunden ist, die jüngsten Errungenschaften der Kommunikationstechnologie fast allgegenwärtig sind. In jedem Elendsviertel ist dort ein Internet-Café zu finden. Jeder Hungerleider besitzt dort sein Mobiltelefon, das die Deutschen aus unerfindlichen Gründen Handy nennen. Zehn Kilometer von den hochmodernen Computern entfernt findet in Zentralafrika jedoch der Rückfall in die Rituale schauerlicher Magie statt.

Ehrlichkeit wäre angebracht. Die parlamentarische Demokratie, die wir besitzen und auf die wir nicht verzichten wollen, wird nur in einer extrem begrenzten Anzahl von Staaten praktiziert. Ansonsten herrschen Despoten, Militärdiktatoren, oder man gibt sich dem flagranten Wahlbetrug hin. Was nun den freien Markt betrifft, so ist der weitaus größte Teil Schwarzafrikas der Willkür eines kapitalistischen Monopolsystems ausgeliefert. Die Schwankungen von spekulativen Rohstoffbörsen verhindern eine ökonomische Konsolidierung systematisch. Es genügt, daß in einer Region Afrikas Erdöl oder Diamanten entdeckt werden, um dort Stellvertreterkriege zu entfesseln, deren plutokratische Nutznießer nicht mehr mit eigenen Soldaten, sondern mit hochprofessionellen Söldnerorganisationen ihre Interessen durchsetzen. Jenseits der Aufruhrszenen von Genua könnte auch ein positives Element durchschimmern: der heilsame Zweifel des Westens an sich selbst.

Über Krieg und Frieden
richten in Mazedonien UCK-Kämpfer

12. August 2001

In Mazedonien gibt es zwei Perspektiven, wenn wir Klartext reden. In der ersten Hypothese wird das vorgesehene Abkommen zum Schutz und zur Ausweitung der Rechte der albanischen Minderheit konsequent durchgesetzt. Dann würden die überwiegend von Albanern bevölkerten Gebiete weitreichende Autonomie erhalten. Eine multi-kulturelle Koexistenz zwischen christlichen Slawen und muslimischen Skipetaren würde eingeleitet, obwohl eine solche nirgendwo auf dem Balkan bisher funktioniert. Armee und Polizei würden durch Einbeziehung eines hohen Anteils albanischer Offiziere und Mannschaften in ihrer Aktionsfähigkeit gelähmt, und die Forderungen der örtlichen Skipetaren würden sich – mit aktiver Hilfe ihrer Brüder des Kosovo – weiter hochschrauben.

Da auch noch die Demographie sich rasant zugunsten der Albaner auswirkt, wäre eine numerische Parität der beiden »Staatsvölker« in etwa 20 Jahren abzusehen. Diese Entwicklung erschreckt natürlich die slawischen Mazedonier, ja schürt bei ihnen existentielle Ängste. Noch bevor das utopische Ziel der Versöhnung erreicht wäre, würden die Gewehre von selbst losgehen.

In der zweiten Hypothese, die angesichts der Kämpfe um Tetovo wahrscheinlicher ist, werden sich die Gefechte in den umstrittenen Randzonen verstärken. Über Krieg und Frieden entscheiden nun einmal die Kämpfer der UCK, und die würden das von EU-»Außenminister« Javier Solana ausgearbeitete Abkommen allenfalls als Sprungbrett für ihre groß-albanischen Ambitionen benutzen. Es würde also zu einem Abnutzungskrieg kommen, der unweigerlich auch eine unerträgliche Spannung im benachbarten Kosovo schüfe.

Zu Recht weist der slawisch-mazedonische Regierungschef Georgiewski daraufhin, daß der Aufstand der mazedonischen UCK eingedämmt worden wäre, wenn der Nachschub an Waffen und Material aus dem Amselfeld nicht beinahe unbehindert nach Süden flösse. Für die Grenzkontrolle sind Unmik und Kfor, also Vereinte Nationen und Nato, verantwortlich. Doch welchem deutschen oder amerikanischen Kommandeur, der für den kritischen Südsektor zuständig ist, kann man zumuten, seine Soldaten in zerklüftete Gebirgsschluchten zu entsenden, um die UCK-Konvois abzufangen und die eigene Truppe unweigerlich verlustreichen Partisanen-Überfällen auszusetzen?

Wenn die heutige Führung Mazedoniens, die anfangs über keine nennenswerte Armee verfügte, überhaupt in der Lage war, das Vordringen der albanischen Freischärler auf die Hauptstadt Skopje abzufangen, so verdankt sie das nicht dem Wohlwollen der Amerikaner und Europäer, die in ihrer Einfalt jahrelang von der vorbildlichen ethnischen Harmonie schwafelten, sondern den Lieferungen von Panzern, Artillerie und Hubschraubern mitsamt Bedienungsmannschaften, die ihnen die slawischen Brüder Bulgarien, Ukraine, Rußland und sogar Serbien in aller Eile zukommen ließen. Es bildet sich insgeheim gegen die albanisch-islamische Bedrohung auf dem Balkan eine prawo-slawische Interessengemeinschaft heraus, die für das Überleben des derzeitigen mazedonischen Staatswesens mehr ins Gewicht fällt als die Gestikulation Solanas.

Die Bundesregierung geht sehr zögerlich an ein militärisches Unternehmen heran, daß die US-Planer mit dem niedlichen Namen »essential harvest« versahen, als ginge es darum, in Tetovo Äpfel oder Birnen zu pflücken. Die Kfor-Erfahrungen mit der UCK im Kosovo weisen jedoch eindeutig darauf hin, daß die Albaner auch in Mazedonien allenfalls veraltetes Kriegsmaterial an die 3000 Mann starke Nato-Truppe abliefern würden, die mit dem ausschließlichen Auftrag der Waffeneinsammlung bei ihnen vorspräche. Man sollte in Berlin nicht davon ausgehen, daß die französischen Alliierten, die in Mazedonien mit der Bundeswehr aufs engste verflochten wären, irgendwelche Begeisterung für dieses Abenteuer aufbringen, dessen Kerntruppe aus Engländern, Franzosen, Italienern und eventuell Deutschen bestände.

Ohne die Erfüllung folgender Vorbedingungen – effektive Waffenruhe, Implementierung des von Solana ausgehandelten inter-ethnischen Abkommens, technische Ausarbeitung eines Entwaffnungsplans für die UCK, Annahme der Bedingungen der Nato durch beide Parteien – wären auch Franzosen und Engländer nicht gewillt, sich in einen Konflikt verwickeln zu lassen, dessen weiterer Verlauf durch die Führung der UCK programmiert würde. Für die Kosovo-Albaner bietet sich nämlich in Mazedonien eine einmalige Chance, ihr Verlangen nach eigener staatlicher Unabhängigkeit mit erpresserischem Druck voranzutreiben.

»Ein einziger Krieger zu Fuß...«

16. September 2001

Die Überraschung war groß. Es waren keine Angehörigen irgendwelcher »Schurkenstaaten« oder finstere Hinterwäldler, die als Verursacher der Angriffe auf World Trade Center und Pentagon als erste identifiziert wurden, sondern hochqualifizierte Elektronikexperten, die – teilweise zumindest – aus den Golfemiraten stammten, aus Ländern also, die als Verbündete, ja als Vasallen der USA gelten.

Zudem waren sie – lange in Europa lebend – mit dem westlichen Lebensstil durchaus vertraut. Die Tatsache, daß die erste Terrorzelle, die aufgedeckt wurde, sich in Hamburg befand und nicht in der wilden Gebirgswelt Afghanistans, stellt die Behauptung in Frage, daß der omniöse Osama bin Laden unmittelbare Befehlsgewalt über die diversen konspirativen Gruppen der Diaspora ausüben kann. Allenfalls wäre er ihr Inspirator.

Selbst als Finanzier kommt er nicht allein in Frage. Geld fließt heute auch aus ganz anderen Quellen, und zwar vornehmlich aus den Kassen radikal islamistischer Araber, die ihr Vermögen in Saudi-Arabien, in den Golfemiraten, in Kuwait dank der dortigen Erdölvorkommen und der Beteiligung an US-Petroleum-Gesellschaften anhäufen konnten. Wie man gegen diese Hintermänner des Terrorismus in »befreundeten Staaten« vorzugehen gedenkt, bleibt eines der ungelösten Probleme von CIA und DIA (Defense Intelligence Agency). Es stimmt nicht gerade zuversichtlich, daß die Verantwortlichen für das mörderische Attentat gegen die Khobar-Towers bei Dahran, wo amerikanische Soldaten am Ufer des Persischen Golfes auf saudischem Territorium stationiert waren, niemals aufgespürt wurden.

Die Versuchung liegt nahe, Saddam Hussein, dem Diktator von Bagdad und Erzfeind der USA, eine tätige Mitschuld an den Terroranschlägen dieser Woche zuzuschreiben. Diese Vermutung ist jedoch irrig: Die Ideologie Saddams ist stets sozialistisch und nationalistisch gewesen. Die schwerste innenpolitische Bedrohung, der er selbst ausgesetzt ist, kommt aus Kreisen der irakischen Islamisten und mehr noch jener schiitischen Bevölkerungsmehrheit, die er anläßlich des Golfkrieges mit eiserner Hand niedergeschlagen hat.

Was den jungen Präsidenten von Syrien, Baschar el-Assad, betrifft, so gehört er der alawitischen Richtung des Islam an, die von den rechtgläubigen Sunniten als Ketzerei verurteilt wird. Seit jeher waren die Muslim-Brüder die gefährlichsten Feinde seines Vaters, der deren Aufstand von Hama im Jahre 1981 durch ein Massaker an 20 000 syrischen Sunniten beendete.

Natürlich drängt sich auch der Verdacht auf, daß der libysche Revolutionsführer Muamar el Gaddhafi, der sich mehrfach durch mörderische Aktionen hervorgetan hat, in die Bluttat von New York und Washington verwickelt sei. Obwohl er von den harten Männern des islamistischen Widerstandes nicht ernst genommen wird, ist er doch mit verschiedenen NGOs (Nicht-Regierungs-Organisationen) in diversen Ländern bis hin zu den Philippinen tätig. Vielleicht könnte Präsident Bush diese Verdachtsmomente aufgreifen, um nicht nur Tripolis ein zweites Mal nach 15 Jahren zu bombardieren, sondern zu einer militärischen Besetzung weiter Teile Libyens und insbesondere der dortigen Ölfelder überzugehen. Die Zustimmung der amerikanischen Bevölkerung wäre ihm gewiß. Eine Ausmerzung des Terrorismus würde damit jedoch keineswegs erreicht.

Und die schiitischen Mullahs von Teheran? Sie stehen mit den Taliban seit deren Machtübernahme in Kabul praktisch auf Kriegsfuß. In Teheran hat man mit Zorn beobachtet, wie diese »Koranschüler« gegen die schiitische Minderheit Afghanistans, gegen die mongolischen Hazara, mit extremer Grausamkeit vorgegangen sind.

Ein Sonderfall bleibt weiterhin Pakistan. Dort neigt zwar der derzeitige Militärdiktator Pervez Musharraf dazu, den Amerikanern entgegenzukommen, aber er muß Rücksicht auf seine im Gärungszustand befindliche Bevölkerung nehmen und insbesondere auf die kriegerischen Paschtunen-Stämme der Nordwestregion, die mit ihren afghanischen Brüdern sympathisieren und ihnen die rückwärtigen Linien offenhalten. Pakistan droht ohnehin in religiösen Wirren zu versinken.

Zweifellos betrachten sich die Terroristen, die – ihrer fanatischen Überzeugung gemäß – »auf dem Weg Allahs streiten«, im Zustand des »Heiligen Krieges«. Doch auch für orientalische Verhältnisse, wo man seit langem in der Zwangsvorstellung des Komplotts, des »mu' amarat«, lebt, ist die Hinwendung zur nihilistisch anmutenden, aber religiös motivierten Gewalt ein relativ originäres, zutiefst erschreckendes Phänomen. Um einen historischen Vorläufer von Osama bin Laden zu entdecken, der sich als Rächer des Islam, als Tugendwächter auch der muslimischen Potentaten aufspielt, müssen wir wohl auf das Mittelalter zurückgreifen. Da bietet sich in der Figur des »Alten vom Berge« eine erstaunliche Parallele.

Im 12. Jahrhundert sammelte dieser »Sheikh el Djebl« – erst in Persien, dann in Syrien – seine Selbstmord-Kandidaten, die »Haschischin«, und schickte sie nicht nur zur Ermordung der Kreuzritter aus, mit denen die heutigen Araber die Präsenz Amerikas und Israels im Orient oft vergleichen, sondern auch gegen jene muslimischen Herrscher, die angeblich vom rechten Weg der Religion abgewichen waren. Der damalige Abbassiden-Kalif von Bagdad und dessen Rivale, der Fatimiden-Kalif von Kairo, fielen den Mordanschlägen dieser jungen Fanatiker zum Opfer, denen angeblich durch Haschisch-Genuß die Vision des Paradieses vorgegaukelt wurde.

Unter den christlichen Feinden des Islam wurden der fränkische König Konrad von Jerusalem und Prinz Raimund von Antiochia ermordet. Selbst der sieghafte Sultan Saladin entging mit knapper Not dem Anschlag dieses Mörder-Ordens. In den Helden-Liedern der »Assassinen« hieß es damals: »Ein einziger Krieger zu Fuß wird zum Entsetzen des Königs, auch wenn dieser über tausend bewaffnete Reiter verfügt.«

Bei der Bekämpfung des »fundamentalistischen« Terrorismus fällt es den westlichen Geheimdiensten schwer, sich in die Mentalität dieser »Schuhada« zu versetzen. Vor allem die werbende Kraft des zerstörerischen Opfertodes auf Nachahmer-Täter wird unterschätzt. »Sanguis martyrum semen Christianorum – Das Blut der Märtyrer ist der Samen der Christenheit«, hieß es einst im Abendland, als dort noch die innige Religiosität vorhanden war. Aus einer vergleichbaren Geisteshaltung – wenn auch unter ganz anderen kriminellen Prämissen – treten heute die islamistischen Todes-Kommandos an.

Es handelt sich meist um vereinzelte, versprengte Gruppen, aber sie koordinieren sich gelegentlich über karitativ getarnte NGOs. Diese Männer stoßen auf heimliche Zustimmung jener Massen des

»Dar-ul-Islam« zwischen Marokko und den Philippinen, welche die Willkür der eigenen Diktatoren und die überall wirksame Einflußnahme der USA abschütteln möchten.

Ungewisser »Kreuzzug« gegen das »Böse«

24. September 2001

Präsident Bush steht bei seinem Feldzug gegen den Terrorismus vor folgendem Dilemma: Einerseits muß er im Interesse des Gelingens der Kampfhandlungen totale Geheimhaltung verfügen, darf also auch die engsten Nato-Verbündeten – mit Ausnahme vielleicht der Engländer, die bereits Schiffe und Flugzeuge ausgesandt haben – nicht in seine Pläne einweihen. Andererseits wird es zusehends schwieriger, die übrigen Partner der atlantischen Allianz, insbesondere Deutsche und Franzosen, zu einer bedingungslosen Gefolgschaft zu bewegen, wenn sie weder Kenntnis von den bevorstehenden Militärschlägen haben, noch an deren Ausarbeitung beteiligt werden.

Es ist noch so vieles ungewiß bei diesem »Kreuzzug« gegen das »Böse«. Glaubt Präsident Bush wirklich, daß er in den Schluchten des Hindukusch einen strahlenden Sieg davontragen kann? Die sowjetische Armee ist dort bei ihrem massiven, zehnjährigen Einsatz gescheitert. Dazu gesellt sich ein unheimlicher neuer Faktor: Islamabad verfügt über eigene Atomwaffen, und dadurch gewinnt das Engagement in dieser Weltgegend eine zusätzliche bedrohlich Dimension.

Natürlich verweist das Pentagon auf die Perfektionierung seiner Waffen und seiner Erkundungssysteme bei punktuellen Einsätzen gegen die »Mudschahedin«. Angeblich habe man aus dem Vietnam-Debakel gelernt. Aber gerade die sensationelle Sprengung des World Trade Center beweist doch die Unzulänglichkeit der amerikanischen Nachrichtendienste. Und wie anders sollte man gegen die Gefolgsleute von Osama bin Laden vorgehen, wenn nicht gemäß der Formel »search and destroy« – suchen und vernichten?

Die afghanische Hauptstadt Kabul oder die Taliban-Hochburg Kandahar zu besetzen, könnte im Handstreich gelingen. Aber danach sähen sich die US-Garnisonen einem schweren Abnutzungskrieg ausgesetzt. Daran würde auch eine Machtergreifung der sogenannten

»Nordallianz«, die ebenfalls auf den islamischen Fundamentalismus eingeschworen ist, auf Dauer wenig ändern.

George W. Bush verfüge über die beste Mannschaft an Mitarbeitern, die man sich überhaupt vorstellen könne, wird gesagt. Diese Männer hätten schon unter seinem Vater während des Golfkriegs Erfahrungen gesammelt. In Washington will man die traurige Tatsache nicht zur Kenntnis nehmen, daß die irakischen Streitkräfte 1991 in Kuweit und im Südirak zwar vernichtend geschlagen wurden. Aber es war ein Pyrrhus-Sieg: Die Kämpfe wurden vorzeitig abgebrochen, und der verhaßte Diktator Saddam Hussein herrscht weiterhin als unumschränkter Despot. Seit zehn Jahren bombardieren amerikanische und britische Kampfflugzeuge unter Mißachtung des Völkerrechts irakische Stellungen und haben dabei keinen nennenswerten Erfolg verbucht. Im Gegenteil, sie lassen Saddam Hussein in den Augen der arabischen Massen als Held des Widerstands erscheinen.

Schon wird gemunkelt, daß die erwartete kriegerische Aktion gegen Afghanistan nur der Auftakt zu einer ganzen Serie von Straf- und Vernichtungsfeldzügen gegen mehrere orientalische Länder sein könnte. Bush jun. könnte ja versuchen, die Demütigung seines Vaters durch Saddam Hussein zu rächen. Für die USA würde dabei die Gefahr einer strategischen Verzettelung entstehen.

Wladimir Putin mag die Gelegenheit nutzen, seine bedrohte Südflanke im Kaukasus und in Zentralasien zu konsolidieren; gleichzeitig kann er mit Genugtuung feststellen, daß das von Bush befürwortete Raketen-Abwehrsystem nach den Terroranschlägen sehr fragwürdig geworden ist. Sogar China hat dem amerikanischen Vergeltungsvorschlag im Weltsicherheitsrat zugestimmt: Wenn sich die Flugzeugträger der U.S. Navy an der Küste Pakistans und am Persischen Golf ein Stelldichein geben, stehen sie zur Absicherung Taiwans nicht zur Verfügung.

Das weltweite Machtmonopol Washingtons ist plötzlich keine Selbstverständlichkeit mehr, auch wenn jene Kritiker, die Amerika mit dem biblischen »Koloß auf tönernen Füßen« vergleichen, weit von der Wirklichkeit entfernt sind.

Mit der »Nordallianz«
über die Taliban siegen

30. September 2001

Die sogenannte Nordallianz Afghanistans soll offenbar in der strategischen Planung des Pentagon eine ähnliche Rolle spielen wie seinerzeit die albanische UCK im Kosovo. Ein massiver US-Infanterie-Einsatz am Hindukusch ist auf Grund des extrem zerklüfteten Terrains und des baldigen Wintereinbruchs offenbar nicht vorgesehen. In Washington hat man wohl begriffen, daß Afghanen nur durch Afghanen zu besiegen sind.

Die Nordallianz behauptet zwar nur noch ein Zehntel des Staatsgebiets, aber wenn deren Partisanen-Trupps stark aufgerüstet und die Reihen der »tugendhaften« Koran-Schüler durch massive Bestechung gelichtet würden, könnte für den obersten Taliban-Führer Mullah Mohammed Omar eine kritische Lage entstehen. Lediglich die Schaffung interner Zwistigkeiten beim Feind kann den amerikanischen und britischen Jagd-Kommandos – SAS und Special Forces – eventuell eine Chance bieten, sich Osama bin Ladens zu bemächtigen und den einen oder anderen seiner Stützpunkte zu sprengen. Zu beneiden sind diese in kleinen Grüppchen operierenden Elite-Soldaten nicht.

Für die Nordallianz war es ein tragischer Verlust, als ihr Kommandeur Ahmed Schah Massud, der über große Fähigkeiten verfügte, präzise zu dem Zeitpunkt, als das World Trade Center in New York vernichtet wurde, einem Selbstmordattentat seiner Gegner zum Opfer fiel. Nun erscheint seine Gefolgschaft als buntgescheckter Haufen, in dem sich vor allem die Volksangehörigen der Tadschiken und Usbeken mißtrauisch gegenüberstehen.

Der Nachfolger Massuds, General Mohammed Fahim Khan, besitzt kaum das ausreichende Charisma, um sich als anerkannter Feldherr durchzusetzen.

Bei den Usbeken der Nordallianz gibt weiterhin der Bandenführer »General« Dostum den Ton an. Er hatte fast bis zum Ende des roten

Diktators Nadschibullah 1992 auf seiten der Kommunisten gestanden.

Ein unsicherer Kantonist ist auch der »Warlord« Ismail Khan, der vor dem Siegeszug der Taliban die im äußersten Nordwesten Afghanistans gelegene Stadt Herat und deren Umgebung wie ein Feudalfürst regiert hatte. Seine gutbewaffnete Truppe hatte 1995 so plötzlich vor den Koran-Schülern kapituliert, daß die erzürnten Mullahs von Teheran, seine heimlichen Gönner, nur eine Erklärung wußten: »Er ist gekauft worden, und zwar mit amerikanischem Geld.« Zu jener Zeit unterstützte die CIA noch ihre heutigen Todfeinde, die Taliban, die fast ausnahmslos der traditionellen Führungs-Ethnie Afghanistans, dem Volk der Paschtunen, angehören.

Die Vorhuten der Nordallianz unter Fahim Khan behaupten sich – durch das Pandschir-Tal abgesichert – heute auf der großen ehemaligen Sowjet-Luftbasis Bagram, 30 Kilometer nördlich der Hauptstadt Kabul. Mit Hilfe schweren Materials, das ihnen von den in Tadschikistan stationierten Russen geliefert würde, wären die Gefolgsleute General Fahims wohl in der Lage, die nördliche Ebene mit dem Wallfahrtsort Mazar-e-Sharif zurückzuerobern. Doch weder in Moskau noch in Pakistan besteht großes Interesse daran, mit diesem nördlichem Stammes-Konglomerat eine neue unkontrollierbare, zudem islamistische Gegenkraft aufzubauen.

Dieser Nordallianz könnte sich nämlich auch jener fundamentalistische Mudschahedin-Führer Gulbuddin Hekmatyar anschließen, ein Paschtune, dessen Unbestechlichkeit notorisch ist.

Wer am Hindukusch Krieg führt, ist vor keiner Überraschung gefeit. Dazu ein persönliches Erlebnis: Als ich mich 1981 im Gefolge der streng religiösen Hizb-e-Islami durch das Gebirge quälte, stimmten diese wackeren Gotteskrieger, überwiegend Tadschiken, immer wieder den Ruf »Allahu akbar« an. Obwohl sie gegen die Sowjets kämpften und Waffen wie Finanzunterstützung aus den USA bezogen, brüllten sie fast ebensooft den Fluch: »Marg bar Amrika – Tod den Amerikanern!«

Frankreichs diskreter Beitrag
zum Kampf

7. Oktober 2001

Die französische Marine hält im Golf von Oman einen bescheidenen Beitrag zum US-Feldzug gegen den Terror parat: eine Fregatte und einen Petroleum-Versorgungstanker. Auch das Recht zum Überfliegen nationalen Territoriums wurde der U. S. Air Force zugestanden, was für Paris keine Selbstverständlichkeit ist. Zudem halten sich französische Spezial-Kommandos in Bereitschaft.

Frankreich verfügt im Indischen Ozean über beachtlichen Manövrierraum. Der Hafen in Djibouti am somalischen Osthorn Afrikas bietet einer starken französischen Garnison – dort sind ständig 2500 Mann stationiert – alle Voraussetzungen für sofortige Intervention. Auch die Insel Réunion, die weit südlich des Äquators den Status eines französischen Departements genießt, und sogar ein Teil des Komoren-Archipels stehen als Sprungschanzen zur Verfügung.

Das bevorzugte Instrument eines terrestrischen Engagements der Franzosen wäre vermutlich das 13. Regiment der Fallschirm-Dragoner, das in Lothringen bei Dieuze stationiert ist und dessen Unternehmen in engster Koordination mit dem französischen Nachrichtendienst vom Präsidenten der Republik persönlich abgesegnet werden müssen. Aber Premierminister Lionel Jospin, der ebenso wie Staatschef Jacques Chirac markige Erklärungen zur Bündnis-Treue zu Amerika abgab, hat wissen lassen, ein Einsatz französischer Boden-Einheiten, die speziell für Verfolgung von Partisanen und Zerschlagung feindlicher Terrorgruppen mit ungewöhnlicher Härte trainiert wurden, komme erst dann in Frage, wenn die US-Stäbe ihren gallischen Alliierten die eigenen strategischen Absichten offengelegt und plausibel begründet hätten. Von »uneingeschränkter« Solidarität hält man in Paris gar nichts.

Bekanntlich hat Frankreich die Wehrpflicht abgeschafft. Das konnte natürlich in einem Land, das die »levée en masse«, die Bewaffnung des Volkes, während der Revolutionskriege erfunden hatte, nicht ohne Widerstand und Wehmut ablaufen. Derzeit zählen die Streitkräfte beim Heer noch etwa 180 000, bei der Marine 56 000 und bei der Luftwaffe 70 000 Angehörige. Hinzu kommt die Gendarmerie mit 97 000 Mann. Seit geraumer Zeit hat man begriffen, daß den neuen Herausforderungen nach Ende des Ost-West-Konflikts nur mit extrem mobilen Interventionskräften – vorzugsweise Fallschirmtruppen und Marine-Infanteristen – begegnet werden kann. Diese »Force de projection« wird trotz eines knappen Budgets ständig perfektioniert.

Als großer Trumpf für deren Sondereinsätze erweist sich die Fremdenlegion, die mit etwa 8000 Mann nach unerbittlichem Drill jeder Situation gewachsen sein dürfte. Auf Grund der Anonymität der Legionäre wirken sich auch Verluste bei dieser legendären Truppe nicht belastend auf die Psyche der Nation aus, obwohl die Rekruten bei ihrer Vereidigung auf »honneur et fidélité« – auf Ehre und Treue – nicht mehr von ihrem General mit dem Gladiatorenruf eingestimmt werden: »Legionäre, ihr seid hier, um zu sterben!« Die »weißen Képis« verfügen unter anderem über die streng geheime Sondereinheit CRAPS, die ausschließlich auf Erkundung und Überfall im Feindgebiet trainiert ist.

Die französische »Projektionstruppe« befindet sich in fast ständigem Einsatz, auch wenn in den letzten Jahren die militärische Präsenz in Schwarzafrika drastisch reduziert wurde. In den dortigen frankophonen Staaten ist ein erbitterter Kampf mit jenen Militär-Instrukteuren der U.S. Special Forces im Gange, die ihre französischen Kameraden aus ihrer früheren Einflußzone verdrängen möchten.

Eine Vielzahl anderer Sondereinheiten der »Armée française« – oft nach dem Modell des britischen »Special Air Service« konzipiert wie die Kommandos der Marinefüsiliere – hüllen sich in Diskretion und pflegen die Tradition der »grande muette«, der großen Schweigenden. Ihre Schlagkraft ist dem Aufgebot der Angelsachsen qualitativ durchaus ebenbürtig. Die Truppe bleibt schließlich – auch nach Ende der Dienstpflicht – fest genug in der Bevölkerung verankert, so daß sie immer wieder auch eigene Verluste bei gewagten und oft geheimen Einsätzen in Kauf nehmen kann.

Zusätzliches Prestige und Selbstvertrauen beziehen die französischen Soldaten aus der Existenz der Nuklear-Streitkräfte. Deren Arsenal (vier Atom-U-Boote und 64 Interkontinental-Raketen) mag im

Vergleich zu den USA und Rußland bescheiden wirken. Gegenüber eventuellen Erpressungsversuchen von »Schurkenstaaten« würde sich diese Streitmacht jedoch als präzise Vernichtungsdrohung bewähren.

Die Rache der Hydra

21. Oktober 2001

Dieses Mal war es nicht Osama bin Laden. Die Ermordung des israelischen Tourismus-Ministers Rechawam Seewi ist das Werk einer Organisation, der »Volksfront zur Befreiung Palästinas« (PFLP), an der kein Hauch von islamischem Fundamentalismus zu entdecken ist. Diese Widerstandsgruppe, die von dem christlichen Arzt Georges Habash gegründet wurde und schon sehr früh mit Flugzeugsprengungen von sich reden machte, ist auf dem Boden eines extremen arabischen Nationalismus und bis heute verstaubt wirkenden Marxismus-Leninismus gewachsen.

Vor allem griechisch-orthodoxe Palästinenser, die den zunehmend militanten Islamismus ihrer Landsleute fürchteten, hatten sich dort gesammelt. Yassir Arafat hat diese Dissidenten stets mit tiefem Mißtrauen beobachtet. Amerika muß heute feststellen, daß die Hydra des internationalen Terrorismus, gegen die George W. Bush zu Felde zieht, viele Köpfe besitzt.

Bei dem Überfall auf Minister Seewi, der in einem Jerusalemer Hotel erschossen wurde, handelt es sich um einen Racheakt. Er war das Vergeltungsopfer für den tödlichen Raketenangriff der Israelis, der Ali Mustafa, den Generalsekretär der palästinensischen »Volksfront«, getroffen hatte. Rechawam Seewi, dem die Politik von Regierungschef Ariel Sharon gegenüber Yassir Arafat noch viel zu nachgiebig erschien, hatte sich zu radikalen »Transfers« bekannt, das heißt zur Zwangsaussiedlung von mindestens drei Millionen Palästinensern in die arabischen Länder östlich des Jordans. Er war auch für die Ausweisung Arafats eingetreten.

Jetzt herrscht offener Krieg im Heiligen Land. Israelische Panzer rollen in die den Palästinensern zugesprochenen Städte der Westbank ein, um dort Vergeltung zu üben. In radikalen Kreisen der Likud-Partei wird Yassir Arafat mit Osama bin Laden gleichgesetzt, und das Leben des PLO-Führers scheint ernsthaft gefährdet zu sein. Offenbar will sich niemand daran erinnern, daß der israelische Regierungschef Itzhak Rabin mit seiner Zustimmung zum Abkommen von Oslo die Rückkehr Yassir Arafats aus dem fernen tunesischen Exil in seine palästinensische Heimat erst ermöglicht hatte. Andererseits haben sich 80 Prozent der in der Westbank lebenden Araber für eine Intensivierung der Intifada ausgesprochen.

Auch im eigenen Lager könnten Yassir Arafat zunehmend neue Feinde erwachsen, nachdem er seine eigenen Polizisten unlängst auf pro-afghanische Demonstranten hatte schießen lassen, die das Bild Osama bin Ladens wie eine Ikone hochgehalten hatten. Noch weiter kann er aber schwerlich gehen, wenn er nicht den letzten Rückhalt bei der arabischen Bevölkerung verlieren will.

In Washington und London ist man sich bewußt, daß die Aufheizung der Gewalt im Heiligen Land sich verhängnisvoll auf die Bemühungen von Präsident Bush auswirkt, wenigstens einen Teil der islamischen Welt zum Schulterschluß mit seiner Kampagne gegen den Terrorismus der afghanischen Taliban zu drängen. So ist bei den angelsächsischen Mächten immer häufiger die Rede von der Schaffung eines souveränen palästinensischen Staates, der die Grenzen Israels auf die »grüne Linie« von 1967 zurückwerfen würde. Schon hat Ariel Sharon die möglicherweise kompromißbereite Stimmung des Weißen Hauses mit dem Münchner Abkommen von 1938 verglichen, durch das die Westmächte die verbündete Tschechoslowakei der Willkür Hitlers ausgeliefert hatten.

Wieder einmal erweist sich das Nahost-Problem als Quadratur des Kreises: Wer den Palästinensern eine reale Eigenstaatlichkeit zugestehen will – dazu gehört die Kontrolle der eigenen Grenzen insbesondere am Jordan –, setzt den Staat Israel auf Dauer einer existentiellen Bedrohung aus. Denn die Anerkennung des Judenstaats, die so manche arabischen Politiker sich abrangen, war meist nur ein Lippenbekenntnis.

Wenn Israel seinerseits seine vollen Ansprüche in Gaza und auf der Westbank durchsetzen sollte, dann wäre das geographisch verzettelte Gebilde Yassir Arafats dazu verurteilt, als Protektorat oder, wie die Araber sagen, als orientalisches »Bantustan« auf die wirklichen Attribute der Souveränität zu verzichten. Für die Afghanistan-Strategen in USA besteht aller Grund, sorgenvoll in Richtung Jerusalem zu blicken.

Die Demokratie schlägt in Afghanistan keine Wurzeln

18. November 2001

Noch ist der Kampflärm nicht verstummt, da soll in Afghanistan auch schon die Demokratie eingeführt werden. Franz Josef Strauß hätte bei einem solchen Unterfangen wohl gesagt, er würde lieber Ananas in Alaska anpflanzen. Im übrigen sind die Amerikaner nicht sehr oft erfolgreich gewesen bei ihren Versuchen des »nation building« in exotischen Ländern. Man denke nur an Südvietnam, Haiti, Somalia und ähnliche Präzedenzfälle.

Immer wieder wird auch die Einberufung der »loya jirga«, einer großen afghanischen Versammlung aus Stammesfürsten, von einflußreichen Geistlichen und respektierten Patriarchen, gefordert. Diese Form der Beratung, so schreibt ein englischer Historiker, wurde schon von Dschingis Khan praktiziert, von dem gefürchteten Welteroberer und Mongolenherrscher des Mittelalters.

In Kabul bahnt sich neue Anarchie an. Der offizielle Führer der Nordallianz, der tadschikische Koran-Gelehrte Rabbani, pocht auf seine offiziell erfolgte Anerkennung als Staatschef durch die internationale Staatengemeinschaft. Die Russen haben ihm bereits – zur Verärgerung der US-Diplomatie – ihre volle Unterstützung zugesagt. Gleichzeitig marschieren die aus dem Iran unterstützten Partisanen der schiitisch-mongolischen Hazara-Ethnie auf die Hauptstadt zu, um dort ihren Anspruch auf Mitsprache durchzusetzen. Der brutale Usbeken-General Raschid Dostum ist derzeit zwar noch mit der totalen Unterwerfung der nördlichen Provinz Mazar-e-Sharif beschäftigt, dürfte aber sehr bald seinen Einfluß bei der angestrebten Regierungsbildung geltend machen.

Die Nordallianz ist entgegen allen Zusicherungen, die US-Präsident Bush seinem pakistanischen Verbündeten, General Musharraf, gemacht hatte, in Kabul eingerückt, ohne auch nur das geringste Zugeständnis an die wichtigste Bevölkerungsfraktion, an die Paschtunen, zu machen. Die U.S. Air Force hatte den Usurpatoren den Weg dorthin freigebombt. Die pakistanische Regierung und – was viel wichtiger ist – die pakistanische Armee fühlen sich heute betrogen.

Denn wenn aus dem Volk der Paschtunen auch die Taliban-Bewegung hervorgegangen ist, so war doch zwischen Washington und Islamabad vereinbart worden, daß man diese staatstragende Ethnie, die zudem noch in der pakistanischen Nordwest-Provinz mehrheitlich ansässig ist, nicht ausschließen dürfe. Auch der Exil-Monarch Mohammed Zahir Schah ist ja Paschtune und hat bereits gegen die eigenmächtige Machtergreifung der Nordallianz protestiert. Diese Brüskierung Präsident Musharrafs könnte schwerwiegende Folgen haben. Die Bündnistreue Pakistans ist brüchig geworden. Die schwer angeschlagenen Taliban, eventuell sogar die von Ausrottung bedrohte islamische »Fremdenlegion« Al Qaida, könnten nunmehr diskrete Unterstützung, ja Zuflucht südlich des Khyber-Passes finden.

Auf den Aufbau einer scheindemokratischen Ordnung in Kabul möchte Präsident Bush aber offenbar nicht verzichten, obwohl er wissen müßte, daß kein einziger islamischer Staat existiert, der den westlichen Vorstellungen von politischem Pluralismus und Menschenrechten auch nur halbwegs entspräche. Angesichts der blamablen Einsätze von Blauhelm-Kontingenten der UN am Kongo, in Kambodscha oder Bosnien denkt man in Amerika wohl an die Aufstellung einer speziell mandatierten Schutztruppe, die die nationale Versöhnung Afghanistans – nach Abflauen der Kämpfe – militärisch abschirmen und überwachen solle.

Schon ist Briten-Premier Tony Blair offenbar bereit, Regimente zu entsenden, als habe er aus den blutigen Erfahrungen des Empire am Hindukusch nicht das geringste gelernt. Darüber hinaus sollen als »unverdächtige Garanten« auch türkische und deutsche Soldaten die extrem riskante Aufgabe unerwünschter Schlichtung übernehmen.

Die Türken stünden bei den iranischen Tadschiken und den indoeuropäischen Paschtunen sofort im Verdacht, mit ihren turanischen Vettern vom Volk der Usbeken zu sympathisieren. Die Deutschen wiederum, die bislang große Beliebtheit in Afghanistan genießen, kämen unweigerlich in den Ruf einer fremden Besatzungsmacht. Sie würden ihr Vertrauenskapital einbüßen und wären mörderischen Überfällen ausgesetzt.

Schon hat der »Warlord« Ismail Khan, der die Kontrolle über die

Provinz Herat den Taliban entrissen hat und im Westen hoch geschätzt wurde, nachdrücklich verkündet, er werde keine fremden Truppen im Umkreis des Hindukusch dulden. Ismail Khan ist auf das Wohlwollen der benachbarten Islamischen Republik Iran angewiesen, und aus Teheran nimmt er wohl auch seine Weisungen entgegen.

Nach Afghanistan nimmt Bush den Irak und Somalia ins Visier

2. Dezember 2001

Soviel ist von US-Präsident George W. Bush inzwischen bekannt: Er begnügt sich nicht mit leeren Drohungen. Im Visier der amerikanischen Strategie gegen den internationalen Terrorismus befinden sich nach Afghanistan vor allem zwei Staaten, der Irak und Somalia. Ob sie wirklich in das Verschwörungssystem Osama bin Ladens verstrickt sind, spielt dabei eine geringe Rolle. Beweise lassen sich konstruieren, und dem Weißen Haus genügt es, daß Saddam Hussein weiterhin in der Lage ist, chemische und bakteriologische Kampfstoffe zu produzieren, um auch gegen Bagdad eine kriegerische Aktion vorzubereiten.

Wird das Pentagon sich dabei auch auf die unheimliche Wirkung jener Sprengstoff-Teppiche und Streubomben verlassen, die sich gegen die afghanischen Taliban so durchschlagend bewährten? Das Aufgebot an Bodentruppen, über das Amerikaner und Briten in diesem Raum verfügen, dürfte kaum ausreichen, um Saddam zu beeindrucken. Vor allem, wenn man es mißt an der Heeresmasse von einer halben Million GIs – plus einige hunderttausend Alliierte, die George Bush senior im Jahr 1991 zur Rückeroberung Kuwaits aufbot. Sollen eventuell türkische Divisionen von Norden nach Mesopotamien vorstoßen, sich der Ölfelder von Kirkuk und Mossul bemächtigen, die Kurden-Frage neu anheizen und bei den Arabern das Trauma des »Osmanischen Jochs« wieder aufleben lassen? Die Generäle von Ankara sind wohl zu nüchterne Strategen, um sich leichtfertig auf einen solchen Expansionismus einzulassen.

Gegen Somalia hätte Bush leichteres Spiel. Dieses flache Wüsten- und Steppenland ist in drei mehr oder weniger chaotische Separat-Staaten zerfallen, wo sich angeblich islamistische Terroristen tummeln. Gespräche zwischen amerikanischen und äthiopischen Stäben sollen schon stattgefunden haben, und der Regierung von Addis Abeba böte sich die Gelegenheit, ihrem verhaßten südlichen Nachbarn eine gründliche Lektion zu erteilen. Doch man sollte bedenken, daß die Generalität Äthiopiens sich überwiegend aus koptischen Christen zusammensetzt. Am Horn von Afrika würde ein religiös verbrämter Konflikt zwischen Kreuz und Halbmond ausgetragen. Die mörderischen Auswirkungen wären unweigerlich bis nach Nigeria zu spüren.

Angesichts dieser Ungewißheiten der amerikanischen Planung, die zusätzlich Jemen, Sudan und Libanon einbeziehen, sind die Berliner Bekundungen »uneingeschränkter Solidarität« diskreter geworden. Der Bundeskanzler hatte mit seinem Hinweis auf militärische »Abenteuer«, an denen Deutschland sich nicht beteiligen würde, ja immerhin ein Hintertürchen offengelassen. Aber Gerhard Schröder hätte wissen müssen, was sich jenseits von Afghanistan abzeichnete, als die deutschen Flotten-Einheiten ans Horn von Afrika dirigiert und Spürpanzer »Fuchs« – wie es intern heißt – in Richtung Kuwait verschifft wurden.

Bush hat von Anfang an keinen Zweifel daran gelassen, daß es sich bei seinem globalen Feldzug gegen den internationalen Terrorismus um einen langfristigen, unbegrenzten Feldzug handeln würde, der mehrere Jahre beanspruchen könnte. In Berlin hatte man wohl nicht aufmerksam genug zugehört oder den imperialen Anspruch unterschätzt, den Washington nunmehr – gestützt auf die große Mehrheit der amerikanischen Bürger – in aller Klarheit durchzusetzen gedenkt.

Die U.S. Army hat es eilig, ihr Engagement am Hindukusch nach der Zerschlagung des Taliban-Regimes und der Al-Qaida-Bande möglichst bald zu beenden. Die extrem schwierige politische Friedensstiftung in Kabul soll international mandatierten Truppen aus überwiegend islamischen Ländern übertragen werden. Dafür ist aber auch eine Beteiligung der Bundeswehr im Gespräch, eine beklemmende Vorstellung. Der Spuk der Taliban scheint sich zwar überraschend schnell zu verflüchtigen, doch schon schicken sich in Afghanistan blutige Gespenster an, die herrschende Anarchie zu verewigen.

»Ein krasser Niedergang«
Ein epd-Interview
mit Peter Scholl-Latour

24. Oktober 2001

epd: Vor dreißig Jahren haben Sie, damals als Fernsehdirektor des WDR, geklagt, das Fernsehen nutze seine Bildermöglichkeiten nur unzulänglich und leiste in der Analyse nicht das, was es könnte. Trifft das heute auch noch zu?

Peter Scholl-Latour: Verglichen mit heute waren das damals goldene Zeiten. Es gibt praktisch keine analysierenden Dokumentationen mehr. Auch nicht bei kriegerischen Ereignissen, die dringend einer kritischen Hintergrundbeleuchtung bedürften. Oder die auch historisch, auch religiös betrachtet werden müssten. Es wird aber nur der humanitäre Aspekt gezeigt, weil man damit an die Rührseligkeit der Menschen appellieren kann. Damit wird ein seltsamer Voyeurismus auf das Elend anderer geschürt. Der Kosovo-Krieg war ein typisches Beispiel dafür, als man dauernd die flüchtenden Albaner sah. Dabei sind in Bosnien viel schlimmere Sachen passiert als dort.

Also ein Niedergang in der Realisierung, auch bei den wahrgenommenen Möglichkeiten?

Ein krasser Niedergang. Als ich Anfang der 70er Jahre Fernsehdirektor war, habe ich mich um die Einschaltquoten nicht gekümmert. Damals konnte man allerdings auch so verfahren, weil es keine Konkurrenz gab. Seither ist das öffentlich-rechtliche System sehr stark verändert worden. Nicht unbedingt durch den Kommerz an sich, sondern durch die kommerzielle Mentalität.

Es gibt aber doch für die von Ihnen geforderten Dokumentationen eine Fülle von neuen Plätzen und Möglichkeiten, neben den Hauptprogrammen: mit Phoenix, mit ARTE, mit 3sat. Warum werden

dann die notwendigen Formen nach Ihrer Auffassung nicht ausrei-
chend eingesetzt?

Gut, man findet überall gelegentlich etwas. Ich selbst kann mich auch nicht beklagen. Beim ZDF mache ich mindestens zwei Dokumentationen im Jahr, ganz nach meinen Vorstellungen. Das Seltsame ist: Als ich etwas über den Balkan gemacht habe – »Im Fadenkreuz der Mächtigen« –, gab es keine einzige Besprechung in der Presse. Dabei wurde der Film hinterher von den Kollegen regelrecht geplündert, die historischen Szenen daraus sind bald zwei Dutzend Mal gezeigt worden. Aber die meisten wollten damals vom sogenannten historischen Quatsch nichts wissen, sondern lieber brutalisierte Menschen sehen.

Gibt es entsprechende Vorgaben seitens der Redaktionen?

Ich bin nach Sarajevo aufgebrochen in der schwierigsten Zeit. Damals sagten die Verantwortlichen, vielleicht finden Sie ja nicht nur Frauen, die man vergewaltigt hat, sondern auch solche, die man auch lange genug festgehalten hat, damit sie nicht abtreiben konnten. Vor allem so etwas hat interessiert. So ist das leider heute.

Die Korrespondenten und die extra entsandten Journalisten kriegen
also bestimmte Erwartungen mit auf den Weg?

Mir hat man das nur einmal gesagt, dann war das vom Tisch. Doch wer jung ist und noch was werden will, muß auf solche Erwartungen und Vorgaben eingehen. Außerdem ist heute die Anpassung größer. Die Redaktionen erwarten *political correctness.*

War das früher anders?

Ich bin beim WDR Fernsehdirektor geworden wegen meiner Frankreich-Berichterstattung, auch wegen meiner Berichterstattung aus Vietnam. Damals, Mitte der 60er Jahre, habe ich eine amerikanische Niederlage vorausgesagt. Ganz ohne anti-amerikanisch zu sein, wie das idiotischerweise immer behauptet wird, sondern vielmehr aufgrund meiner Indochina-Erfahrung. Daraufhin gab es eine Intervention durch den damaligen Außenminister Gerhard Schröder. Aber ich hatte einen Intendanten, der sich voll vor mich gestellt hat, Klaus von Bismarck. Er, selbst Eichenlaubträger, hat mich drei Stunden ins Gebet genommen. Am Ende hat er dann gesagt: Machen Sie weiter.

Ist das Fernsehen immer stärker in der Gefahr, instrumentalisiert zu werden durch die Politik? Drängt sie auf Konformität, Opportunismus?

Permanent. Nehmen wir nur jetzt die Aufregung um Ulrich Wickert. Der hat eine ungeschickte Äußerung gemacht, mit dem Vergleich der Charakterstrukturen von Bin Laden und Präsident Bush. Aber es muß doch die Möglichkeit geben, so etwas zu sagen, ohne daß Angela Merkel sofort auf die Barrikaden steigt.

Gibt es zuviel voraus- und nacheilenden Gehorsam in den Redaktionen und bei den Verantwortlichen, wie hier beim NDR-Fernsehdirektor Jürgen Kellermeier, der Wickerts Äußerungen als Unfug abgekanzelt und deutlich vor einer Wiederholung gewarnt hat?

Dieser Gehorsam ist weniger vorauseilend, er wird vielmehr oft direkt gefordert. Jemand, der nicht ein so alter Mann ist wie ich, hätte seinen Film wie »Lügen im Heiligen Land« nicht produzieren können. Wegen angeblich allzu kritischer Betrachtung Israels hätten andere ernsthafte Schwierigkeiten bekommen. Auch bei mir gab es in diesem Fall solche Stimmen, doch Dieter Stolte als ZDF-Intendant ist stark geblieben. Später haben mir die vorherigen Kritiker recht gegeben. Und eingeräumt, daß es sogar noch viel schlimmer gekommen ist, als ich es damals geschildert habe.

Hat es Sie gewundert, daß die FAZ jetzt sehr kritische Artikel veröffentlicht hat, so von Noam Chomsky, Susan Sontag, Ardundhati Roy?

Das ist bemerkenswert. Und zeigt, daß nach der Zeit vom früheren Herausgeber Johann Georg Reißmüller, der »Serbien muß sterbien« betrieben und seine Korrespondenten entsprechend getrimmt hatte, jetzt eine höhere Sicht herrscht. Allerdings hat mich etwas erschreckt, daß Susan Sontag, nachdem sie erst so kritisch geschrieben hat, revozieren mußte.

Kann öffentlicher Druck die Ursache gewesen sein, waren es vielleicht die Reaktionen in Teilen der Öffentlichkeit?

Ich lese sehr aufmerksam die »Herald Tribune«. Bis zum 11. September hat sie amerikanische Dinge viel kritischer beobachtet als die europäische, vor allem die deutsche Presse. Jetzt ist die Zeitung auf einmal ziemlich unisono geworden. Es gibt nicht mehr viel grundsätzliche Kritik. Im Sinne der notwendigen Frage, wo es hingeht und was es heißt, dem Weltterrorismus den Krieg anzusagen. Natürlich muß man fragen, welcher Krieg geführt werden soll. Das kann man nämlich nicht mit Marschflugkörpern machen. Es wird vielmehr ein sehr blutiger, ein sehr schrecklicher Krieg werden.

Warum läßt sich eine sonst kritische Zeitung dann einen Maulkorb umlegen, warum übt sie innere Zensur?

Weil 90 Prozent der Amerikaner hinter Bush stehen, fürchtet der Verlag vielleicht eine gewisse Feindseligkeit bei den Lesern, wenn sie auf einer anderen Linie liegt. So daß die Redaktion Rücksicht nimmt.

Man fürchtet die Minderheitenrolle?

Nachher allerdings kann wieder das Gegenteil kommen, wie beim Vietnam-Krieg, wo alle mit den Hunden geheult haben, als es bergab ging. In der ersten Phase gab es hingegen einen großen nationalen Konformismus. Der Patriotismus der Amerikaner ist natürlich auch ihre Stärke, er hat etwas Religiöses, allerdings auch Unduldsames.

Sind Opportunismus und Konformismus die größten Feinde der Pressefreiheit, mehr als jeder versuchte staatliche Eingriff?

Es geht schon bei der Politik los, welche eine uneingeschränkte Solidarität mit Amerika betont. Ob der amerikanische Präsident, der in dieser Stunde allmächtig ist, die nötige Qualifikation hat, kann man zu Recht bezweifeln, im Intellektuellen, im Militärischen, im Außenpolitischen. Da kann man doch nicht die uneingeschränkte Solidarität erklären, sondern muß kritisch sein, vor allem, wenn es darum geht, an einer kriegerischen Aktion teilzunehmen. Daß die Amerikaner in erster Linie militärisch reagieren und feste draufhauen· völlig richtig. Aber doch bitte mit einem plausiblen Plan. Den sehe ich im Moment nicht.

Enttäuscht Sie die überwiegende Reaktion der deutschen Presse, die wenig grundsätzliche Kritik äußert?

Es wundert mich.

Sind, im Vergleich zur Presse, die Möglichkeiten des Fernsehens zur tiefer gehenden Analyse prinzipiell eingeschränkt, weil es immer auf Bilder angewiesen ist und viele Vorgänge sich der Kamera verschließen? Schon in den sogenannten Alltagssituationen, erst recht aber bei Konflikten oder in Kriegssituationen?

Der erste und einzige Krieg, von dem man unbegrenzt und in aller Freiheit berichten konnte, war der Vietnam-Krieg der Amerikaner. Sie waren damals extrem offen, transportierten einen sogar per Hubschrauber zu allen gewünschten Orten. Es gab keine Einschränkungen, auch nicht bei der Beurteilung der Lage. Doch das ist den Amerikanern auch zum Verhängnis geworden. Weil die Bilder – zum Teil sehr grausame Bilder – in die Wohnzimmer transportiert wurden. Die Amerikaner haben daraus die Lektion gezogen, daß die Öffentlichkeit nicht informiert werden darf.

Was sich beim Golfkrieg eindeutig zeigte, so mit seinen sogenannten Videospiel-Bildern.

Der Golfkrieg war ein riesiges Täuschungsmanöver, vom Anfang bis zum Ende. Die Lügen sind heute noch nicht alle aufgedeckt. Oder nehmen wir den Kosovo-Krieg mit der Rolle des Nato-Sprechers Jamie Shea, die schändlich war. Aber die deutschen Korrespondenten lagen ihm in Brüssel zu Füßen. In Afghanistan wird es jetzt so ähnlich gehen. Inzwischen ist man lediglich so ehrlich zuzugeben, daß man die Presse an der Nase herumführt, daß sie gar nicht wissen soll, was geschieht. Aus militärischer, aus staatsmännischer Sicht kann man das sogar bejahen. Nur sollte die Presse dann nicht so tun, als wüßte sie alles.

Was kann, was soll sie statt dessen tun, damit die klassischen Tugenden von Distanz und Transparenz als Richtschnur gelten, damit die Quellen klar und deutlich erkennbar sind und benannt werden?

Das ist schwer. Es gibt heute Möglichkeiten der Manipulation, die es zu meiner Zeit noch nicht gegeben hat. Man kann heute elektronisch alles machen. Nehmen wir nur das klassische Beispiel aus dem Golfkrieg. Die Welt hat sich damals über die irakischen Soldaten in Kuwait erregt, die Säuglinge aus Brutkästen genommen und an der Wand zerschmettert haben sollen. Inzwischen wissen wir, daß alles in einem Studio in London gedreht wurde, extra verwackelt, mit Puppen und kostümierten Arabern. So was ist kaum oder gar nicht zu durchschauen.

In Konfliktfällen suchen natürlich alle beteiligten Seiten, die Medien zu instrumentalisieren. Haben Sie Verständnis dafür, daß jetzt amerikanische Politiker die Medien auffordern, mit Videobändern besonders vorsichtig umzugehen, die beim arabischen Sender El Dschasira gezeigt worden sind – als Aufrufe von Bin Laden und seinen Getreuen?

Da bin ich sehr skeptisch. Wir zensieren schließlich auch die amerikanischen Äußerungen nicht. Auf CNN habe ich die Äußerungen eines amerikanischen Offiziers gesehen und gehört, nach denen das Leben eines amerikanischen Soldaten so viel wert ist wie das von tausend Iraki. Viel mehr oder Schlimmeres kann Osama bin Laden auch nicht sagen.

Und die Vermutungen, hier könne Verschlüsseltes übermittelt werden?

Daß er in seinen Reden auch geheime Stichworte und Anweisungen ausgibt, bezweifle ich sehr. Ich finde es vielmehr hochinteressant, diesen Mann mal zu sehen. Erst so erklärt sich ja die ungeheure Wirkung, die er in vielen arabischen Ländern hat. Im übrigen nehme ich an, daß seine Reden inzwischen auf Kassetten in der arabischen Welt verteilt werden, so wie Khomeini seine Revolution mit Tonbandkassetten bewirkt hat, die in Frankreich aufgenommen worden waren und dann nachts in Teheran über Lautsprecher abgespielt wurden. Kurz: Durch Zensur verhindert man relativ wenig.

Solche Videos sind für uns also eher eine authentische Quelle der Anschauung?

Natürlich, man will doch einen solchen Mann studieren. Ein Interview selbst ist eher die leichteste Form der journalistischen Verlegenheit, davon halte ich nicht soviel. Man erfährt kaum etwas, wenn jemand politisch geschult ist. Aber das Bild sagt viel. Man kann das Gesicht studieren, man kann auch die Sprache analysieren. Bei Bin Laden beispielsweise erfährt man, daß er ein fabelhaftes Arabisch spricht.

Das wäre also eine Stärke des Mediums Fernsehen: die direkte Anschauung, die Möglichkeit, etwas zu erfahren, indem man Mimik, Gestik, Sprache beobachten und verfolgen kann? Während die Presse in der weitergehenden Analyse besonders stark und bevorzugt wäre?

Obwohl das allgemeine Publikum auch bei der Anschauung schon überfordert wäre. Das sieht erst einmal einen bärtigen älteren Mann. Daß er für die Araber so aussieht, wie man sich dort einen Propheten vorstellt, das weiß der normale europäische Zuschauer natürlich nicht. Aber das läßt sich natürlich im begleitenden Kommentar sagen.

Das Fernsehen behilft sich in aktuellen Fällen, wenn es einordnen und analysieren will, oft mit Experten. Sie selbst erfahren es im Augenblick am eigenen Leibe. Ist das ein Notbehelf, weil man andere eigenständige Formen noch nicht entwickelt hat und weil die längere Bearbeitung an ausreichende zeitliche Vorbereitung gebunden ist?

Es ist natürlich auch billiger, eine solche Runde kostet ja kaum etwas. Wobei es für mich eine interessante kontrastierende Beobachtung war – aus eigener Erfahrung –, mit welchem enormen Aufwand ein Werbespot für die Bahn aufgenommen wurde, realisiert durch Wim Wenders. Mit dem Geld, das dort für zwei Minuten ausgegeben wurde, machen wir eine ganze Auslandsdokumentation. Das habe ich mit Neid gesehen.

Wäre es denn richtig und angebracht, diese Auslandsberichterstattung wieder auszubauen? Die Hauptpfeiler sind ja immer noch der ARD-»Weltspiegel« und das ZDF-»auslandsjournal«.

Die sind aber doch sehr heruntergekommen.

Einfach so?

Es hat sich natürlich viel verändert. Zu meiner damaligen Zeit war die Welt noch exotisch. Als beispielsweise Hans Walter Berg nach Indien gegangen ist, waren seine Beobachtungen für die Menschen hier ein Erlebnis. Heute kommen die, die sich eine Indienreise leisten können, zurück und meinen, sie kennten das Land. Hinzu kommt eine Form der Darstellung, die mich von Anfang an zutiefst irritiert hat: Man nimmt den Bauer Soundso und zeigt dessen Ansichten. Das ist natürlich alles gestellt. Das Interview auf der Straße ist ebenso eine bewußte Irreführung, eine Manipulation. Wenn ein Reporter dreißig Menschen befragt, sucht er die aus, die sich am besten artikulieren können. Dann nimmt er vier, die in seine Tendenz passen, und zwei, welche eine andere Meinung vertreten – das soll dann der Objektivität dienen.

Es geht also nicht um eine vielfältige, auch lebensnahe Unterfütterung der eigenen Recherche?

Nein, das ist schlicht Manipulation.

Wäre es besser, statt der gängigen Korrespondentenberichte und Regelberichterstattung lieber einige wenige Dokumentationen zu zeigen, die aufwendig gemacht sind und deshalb in die Tiefe gehen können?

Das ist nicht unbedingt teuer. Manche Korrespondenten streben nach einer Objektivität, die es so nicht gibt. Man berichtet immer aus dem persönlichen Erlebnis heraus. Allerdings gibt es Länder, in denen man nicht drehen darf. Ein Team, das in Kinshasa die Kamera herausgeholt hätte, wäre sofort verprügelt worden. Doch ich selbst habe die Dinge vorher gesehen und kann vorhandenes Material danach bewerten, ob es authentisch oder gestellt ist, und genau das ist die Voraussetzung. Heute hat man allerdings einen Vorteil. Es gibt ein großes Angebot an internationalem Filmmaterial, aus dem man sich bedienen kann. Das kann man für seine Zwecke sieben. Die Engländer machen hier übrigens immer noch die besten Sachen. In solchen Fällen lasse ich also in London recherchieren.

Doch insgesamt heißt das: Es gibt eine Reihe von weißen und grauen Flecken, wo die Abdeckung gering ist, obwohl das journalistische Interesse das genaue Hinsehen rechtfertigen oder geradezu gebieten würde?

Es ist noch viel skandalöser. Aus meinen afrikanischen Erfahrungen weiß ich, daß die Afrika-Berichterstattung ein einziger Skandal ist. Es wird immer nur humanitäres Zeug gezeigt. Wie eben ein Kind, das zum Skelett abgemagert ist. Die Mutter daneben ist hingegen wohlgenährt. Mithin leidet das Kind gar nicht an Hunger. Es hat eher Malaria oder Tuberkulose. Doch das wird so nicht gesagt. Dies liegt am fürchterlichen Voyeurismus der Leute. Aber noch niemandem ist beim Anblick dieser Skelette die Butterstulle aus der Hand gefallen. Insofern ist es auch ein ganz morbides Phänomen.

Und die Berichterstattung über die sogenannten normalen politischen und gesellschaftlichen Vorgänge?

Auch die Darstellung dieser Wirklichkeit ist prekär. Nehmen wir ein Beispiel aus Simbabwe. Daß man dort nach zwanzig Jahren Unabhängigkeit sagt, jetzt reicht es, wenn 70 Prozent des fruchtbaren Landes von 4000 weißen Farmern bearbeitet werden, die das Land mal geschenkt bekommen haben: Das erscheint mir nicht ganz unberechtigt, auch wenn die Resultate katastrophal sind. Dort sind nun sieben Farmer umgebracht worden. Doch daß seit der Machtergreifung des ANC in Südafrika 1400 weiße Farmer umgebracht worden sind, ist nirgendwo zu lesen, zu hören oder zu sehen. Das ist skandalös.

Sehen Sie auch das als Folge der political correctness?

Ja. Das ist eine heilige Kuh. Die Regenbogengesellschaft Südafrikas muß schließlich, mit der Machtergreifung Nelson Mandelas, ein Erfolg sein. In diesem Sinne werden auch Touristen runtergekarrt, so nach Kapstadt, wo allerdings nicht die Polizei, sondern bezahlte Sicherheitsdienste bestimmte Gebiete bewachen. Daß in Pretoria, daß in Johannesburg kein einziger Weißer mehr lebt, wissen die meisten überhaupt nicht. Weiße dort, und zwar überhaupt keine »Kaffernfresser«, sagen, daß sie jede Nacht in Lebensgefahr sind. Sogar Diplomaten bunkern sich ein. Die Entstaatlichung der Macht, von der jetzt im Zusammenhang mit dem Terrorismus gesprochen wird, hat aus dieser Sicht längst stattgefunden. Auch die dazugehörigen privaten Söldnerfirmen – ob in London, Florida oder Montreal – sind ein Phänomen, das kein Mensch schildert.

Führen Sie die Mißachtung der religiösen und ideologischen Grundzüge von Konflikten, die Sie schon früh beschrieben haben, auch auf eine generell wohlmeinende Haltung zurück, die gerne bunte Verhältnisse ausmalt, ohne die tatsächlichen Streitlinien und Antagonismen zu kennen oder zu benennen? Werden tiefgreifende Probleme aktiv und ganz bewußt ausgeblendet, auch aus Angst vor dem Beifall der falschen Seite?

Natürlich. Aber es kommt auch die Industrie mit ihren Interessen dazu. In Südafrika beispielsweise hat DaimlerChrysler eine Fabrik aufgemacht, die so bewacht ist, daß sie funktioniert.

Bezogen auf Nahost: Sind die dortigen Grundkonflikte von vielen, auch von Journalisten, verdrängt oder schöngeredet worden, weil die Zeitströmung in breiten Teilen anderes nahelegte?

Aber sicher. Ich bin der einzige gewesen weit und breit, der zur Zeit des Osloer Abkommens gesagt hat, dies könne nicht funktionieren, weil es sich um die Quadratur des Kreises handelt. Wenn man neben Israel einen voll souveränen palästinensischen Staat gründet, ist Israel existentiell bedroht. Das ist nicht zu vereinen. Die Sache hat sich inzwischen viel schlimmer hochgeschaukelt, als ich es damals befürchtet habe.

Man hätte dies wissen können, wenn man genauer hingeschaut hätte?

Man hätte allerdings nicht viel daran ändern können. Richtig aber ist: Man hätte es von Anfang an ganz klarsichtig so wahrnehmen und beurteilen können.

Ist, unabhängig von solchen Fällen, die Berichterstattung aus dem Ausland viel zu sprunghaft? Werden Themen – siehe Flutkatastrophe China – schnell fallengelassen, wenn die Bilder nicht mehr spektakulär sind?

In Mosambik war es ähnlich. Es werden Dinge hochgebauscht auch hier wieder unter morbiden Aspekten, obwohl es solche Dinge immer wieder gegeben hat. Die Voraussetzungen werden nicht genannt. Dazu gibt es einen Leitfaden: Was in Amerika *News* ist, wird auch in Deutschland eine Nachricht. Eine wirkliche europäische Wahrnehmung der internationalen Ereignisse gibt es kaum noch.

Auch nicht in Frankreich, das immer auf seine Eigenständigkeit großen Wert gelegt hat?

Das französische Fernsehen war mal recht gut. Doch auch dort ist das Privatfernsehen mit seinen Auswirkungen eingebrochen. Jetzt betrübt mich das Fernsehen in Frankreich zutiefst, auch in der Nachrichtengebung. Es ist oberflächlich. Ganz selten sieht man eine gute Reportage. Da ist das deutsche Fernsehen wesentlich besser.

Die deutschen Anstalten halten sich viel auf ihre Informationskompetenz zugute, rühmen das dichteste Auslandskorrespondentennetz, ihre generelle Weltoffenheit. Sie kritisieren trotzdem, es passe sich an, zeige sich nicht eigenständig?

Das ist das Eigenartige mit der Globalisierung, mit der Globalisierungslüge, wie man es nicht anders bezeichnen kann: Je mehr man davon redet, desto provinzieller wird alles. Man konnte zwar über den »Internationalen Frühschoppen« von Werner Höfer lächeln mit den ausländischen Kollegen, die sich manchmal nur mühsam ausdrücken konnten. Doch die gingen immerhin die internationalen Probleme an. Inzwischen diskutiert der »Presseclub« fast nur noch über innerdeutsches Gerangel oder über Wirtschaftsfragen.

Wird sich das ändern?

Es ist eine Frage der Prioritäten, der Voraussetzungen. So bildet bei n-tv, das ich oft mit Interesse sehe, weil der Sender seine Bilder natürlich von CNN bekommt, Wirtschaft den Schwerpunkt. Klar, der Sender bekommt seine Gelder auch über die Wirtschaft. Mit dieser Wirtschaftsorientierung sind die Leute in der Zeit der *New Economy*, als das Wort noch Hochglanz hatte, völlig in die Irre geführt worden.

Apropos CNN: Als amerikanische Soldaten in Somalia landeten, war der Sender mit seinen Kameras und Scheinwerfern schon da. Ist das eine Perversion?

Andere waren auch da. Es gab genauso viele Reporter wie U.S. Marines. Das ist typisch. Und auch bezeichnend. Die Landung ging vor sich wie ein Kinostück. In ähnlicher Weise sind die Amerikaner damals in Da Nang gelandet, allerdings von vietnamesischen Mädchen mit Blumen bekränzt. Wichtiger allerdings ist die Frage nach der Wirklichkeit Somalias: Wo ist die schon analysiert worden? Die Amerikaner sind wieder verschwunden, nach 18 Toten, nach Fernsehbildern, die zeigten, wie diese Toten in abscheulicher Weise durch die Straßen geschleift wurden. Da war es aus.

Gibt es Grenzen der Berichterstattung? In New York hat man vom blutigen Elend fast nichts gesehen, beim Golfkrieg war es ähnlich. Ist es richtig, bestimmte Dinge auszusparen, oder müßte man sie schonungslos zeigen, zumindest um der äußeren Wahrheit willen?

Im jetzigen Fall hat man gut daran getan, diese Bilder auszusparen, denn es war im Grund wie eine Naturkatastrophe. Hätte es mehr gebracht, wenn man zerfetzte Gliedmaßen gezeigt hätte? Man muß die Scham der Opfer respektieren. Ich bin auch dagegen, schreiende Frauen an Särgen zu zeigen oder verwundete Kinder in endlosen Einstellungen. Ich sage meinen Kamerateams, wenn es beispielsweise um Leichen geht: Macht eine Totale, aber bitte keine Einzelheiten.

Bedient das Fernsehen vorhandenen Voyeurismus oder schafft es ihn erst und fördert ihn? Auch die anfangs unendliche Wiederholung der New Yorker Flugzeugeinschläge könnte mit äußerer und innerer Faszination, sogar mit Ästhetisierung zu tun haben.

Das Ereignis war bildlich in seiner Art einmalig. Für mich hat es beinahe etwas Biblisches gehabt. Es war die Zerstörung des Turms von Babel. Das war es auch in den Augen der islamischen Welt. Da gibt es eine gleiche Mythologie. Die Geste war so symbolträchtig, daß man sie schon zeigen kann. Man soll allerdings damit nicht spielen, um billige Effekte zu erzielen. Aber insgesamt war es ein Symbol für den Koloß auf tönernen Füßen.

Die New-York-Bilder wurden teilweise wie eine Tapete verwendet, auf Hintergrund- und Vordergrundmonitoren, in einer Endlosschleife. Hatte das damit zu tun, daß die Redakteure auch einer Faszination erlegen waren?

In dieser Form wäre es krankhaft. Aber als auslösendes Moment hatte es hohe Bedeutung, weil das Symbol des Weltkapitalismus getroffen wurde. Der Fluch der Globalisierung wird jetzt erst sichtbar. Er ist jetzt erst richtig zu spüren, wo man rund um die Welt schnell kommuniziert. Auch in Afrika, an ödesten Orten, gibt es jetzt Handys. In Kinshasa, in Ruanda, auch an verwüsteten Orten findet man Internet-Cafés. Doch das ist nur die Technik. Der wahnsinnige Gedanke Fukuyamas, daß mit der weltweiten Verbreitung der pluralistischen Demokratie und der Meinungsfreiheit sowie des offenen Welthandels der Idealzustand der Menschheit und das Ende der Geschichte erreicht wäre: Das ist eine absolute Fehleinschätzung.

Sind dann die Bilder der großen Anti-Globalisierungs-Demonstra-
tionen von Seattle, Göteborg und Genua falsch gewesen, weil sie le-
diglich den Schlacht-Charakter hervorgehoben haben, die eigent-
liche Analyse der Globalisierungsvorgänge aber ausblieb?

Man muß diese Kundgebungen und ihre Form zeigen. So wie auch jetzt
die ersten Anti-Kriegs-Demonstrationen. Wenn es kommt, wie Bush
angekündigt hat, und der Krieg lange dauert, dann kippt die Stimmung
nach einer gewissen Zeit. So wie es jetzt schon bei den Grünen rumort.
Aber natürlich steckt auch ein anderer Aspekt in der Frage. Jeder Narr,
der die Kamera auf sich gerichtet sieht, benimmt sich gleich wie ein
Tollwütiger. Das erlebt man nicht nur in Genua oder Seattle, sondern
in jeder Talk-Show. Als die amerikanische Botschaft in Teheran bela-
gert wurde und auch schon besetzt worden war, standen dort junge iranische Islamisten herum, und zwar ohne Anordnung von Khomeini.
Die waren freundlich zu uns. Sobald eine Kamera hochging, verwandelten sie sich in eine Rotte von heulenden Derwischen.

Wie kann das Medium diesem Effekt gegensteuern, das so sehr auf
Bilder angewiesen ist? Läßt sich ein Radikalfilter einbauen, indem
man lieber gar nichts zeigt statt des Falschen, das durch die laufende
Kamera hervorgerufen wird?

Das ist schwer, sehr schwer. Schon bei Malraux heißt es: Es gibt keine
Helden ohne Zuschauer. Das gilt im Fernsehzeitalter doppelt und
dreifach. Es gibt sogar Anfänger der Branche, die Kampfhandlungen
stellen lassen, ohne dies zu sagen, und die sich dann womöglich noch
vor das Gewehr stellen.

Der richtige Weg ist schwer, sagen Sie. Kann ein verschärftes Be-
wußtsein helfen, was man mit Bildern anrichten kann? Ließe sich
trotz des Bilderzwangs besser abwägen, genauer filtern?

Das fehlt ja völlig. Worte können Bilder relativieren, doch dieses Mittel wird nicht benutzt. Die Gefahr der optischen Manipulation ist
immer groß, schon seit den Anfangszeiten des Fernsehens. Parteiver-
sammlungen, Politiker beispielsweise lassen sich so oder so zeigen,
je nach Bildausschnitt und Blickwinkel.

Haben Sie als Fernsehdirektor darauf immer wieder hingewiesen und davor gewarnt, wie leicht Manipulationen sind?

Damals gab es eine straffe Disziplin, hatte ich einen Zugriff. Später, als ich beim »stern« war, gab es das so nicht. Bevor bei »Monitor«, das damals Casdorff machte, etwas gesendet wurde, habe ich jedes Stück abgenommen. Ich erinnere mich an eine Geschichte, die in den Rundfunkrat kam: Ein angeblicher Tupamaro war tatsächlich von einem jungen Mann gespielt worden. Man hätte so etwas schon machen können, aber nur mit dem eindeutigen Zusatz: So in etwa verläuft das.

Sie kennen auch das Privatfernsehen von innen. Wie sehen Sie das System als Ganzes: Hat das Privat-TV vorherige Bremsen weitgehend gelockert und vieles entfesselt, was im rein öffentlich-rechtlichen System noch diszipliniert war?

Im Vorstand von Gruner + Jahr war ich vor allem mit Medien befaßt, allerdings ohne unmittelbaren Einfluß. Die wirkliche Fernseharbeit machte Manfred Lahnstein aus dem Vorstand von Bertelsmann. Helmut Thoma habe ich noch in Luxemburg erlebt, in seinem kleinen Büro, in den heroischen Anfängen von RTL. Ich war auch im Verwaltungsrat von RTL. Das war insofern interessant, weil ich mit den Spitzen der Anteilseigner zusammenkam, wie dem Generaldirektor der französischen Bank, Paribas, oder dem Vorstand der Gruppe Bruxelles, Lambert.

Gab es dort inhaltliche Diskussionen?

Über das Programm wurde dort gar nicht geredet, da ging es rein um kapitalistische Verschmelzungen, um Fragen der Gesellschaften.

Und im Programmbeirat, dem Sie auch angehörten?

Dessen Vorsitzender war Günther Müggenburg, sein Adlatus war Johannes Groß. Wir haben uns amüsiert wie Bolle, aber im Grunde mit den Managern nichts zu tun gehabt. Wir sahen immer mit großem Staunen, daß in der Sitzung zuerst immer die Quoten und die Zusammensetzung der Seherschaft diskutiert wurden. Für mich eine fremde Welt, aber man muß sie kennen.

Hat dieser klare kommerzielle Blick insgesamt die publizistische Perspektive und Verantwortung aufgelöst, auch an anderen Stellen?

Aber sicher. Wenn ich im ZDF einen Film mache, eine Dokumentation, die relativ spät plaziert wird, aber immer noch ein gutes Rating hat, dann ruft mich morgens der Redakteur strahlend an und spricht von der Einschaltquote und der Reichweite. Als Fernsehdirektor war ich in der glücklichen Lage, daß mir diese Art der Zustimmung des Publikums völlig egal sein durfte. Klar war, daß man die Leute auch amüsieren muß, daß ein Millowitsch ins Programm gehört. Aber daneben haben wir auch moderne elektronische Unterhaltung gemacht, haben experimentiert. Inzwischen laufen wieder alle die große Showtreppe runter wie in den 20er Jahren.

Die Privaten sind, was jetzt New York betraf, relativ einmütig gelobt worden, als routiniert und professionell. Stimmen Sie zu?

Ich habe fast ausschließlich CNN gesehen. Es ging mir darum, außer dem Ereignis auch die amerikanische Reaktion kennenzulernen, ganz abgesehen davon, daß CNN die besseren Bilder hatte. Deutsche Kommentare sind für mich irrelevant. Nehmen wir nur den Bundeskanzler, der beim Anblick dieser entsetzlichen Verwüstungen sagt, so etwas habe es nur einmal auf der Welt gegeben. Ich habe das verwüstete Berlin gesehen, das war mindestens so schlimm, von Hiroshima ganz zu schweigen.

Anfangs hatte CNN-Reporter Nic Robertson mit einem sogenannten Videophone Live-Bilder aus Kabul gesendet. Liegt die Gefahr nahe, daß mit dieser immer kleineren Technik eine hohe Aktualität bedient und gefordert wird mit der Folge, daß das äußere Bild immer vor der Einordnung kommt? Daß man also vieles schnell überträgt und zeigt, ohne wirklich etwas zu wissen?

Im Golfkrieg ist nur gemogelt worden, es hat kein authentisches Bild gegeben. Das geht von der Ölverschmutzung über die Brutkästen bis zu Militäreinsätzen, die nicht stattgefunden haben, sondern als Manöver gedreht wurden. Die systematische Tötung von irakischen Soldaten, die sich ergeben haben, hat keiner gefilmt.

Noch mal: Öffnet die schnelle, disponible Technik, die praktisch ein Live-Senden erlaubt, die Schere zwischen Bildern und analysierender Einordnung noch weiter?

Es gab in Köln eine lobenswerte Ausstellung: »Bilder, die lügen«. Man muss ein abgrundtiefes Mißtrauen haben gegenüber allen Bildern, die rüberkommen. Was sollten beispielsweise diese grünen Flackerbilder aus Afghanistan? Kein Mensch hat erklärt, was sie genau bedeutet haben.

Sollte und könnte man sich denn vom Fetisch der Aktualität lösen, den die Technik noch verstärkt, weil sie so leicht einzusetzen ist?

Nach meiner Erfahrung bringt es gar nichts, sich sofort auf das Geschehen und dessen Entstehung zu stürzen. Mein Durchbruch im Fernsehen war der Kongo. Ich war zum Zeitpunkt der Proklamation der Unabhängigkeit gerade in Marseille in See gestochen und dachte, wieder eine Geschichte zu versäumen. Drei Wochen später kam ich in Leopoldville an, doch da ging die Sache erst richtig los.

Könnte man mit dem gewaltigen Apparat, den das Fernsehen heute darstellt, eine gerechtere Auslandsberichterstattung zustande bringen? Vorausgesetzt, man hätte dies als klares Ziel im Kopf? Ließen sich die Verhältnisse in den richtigen Dimensionen und Relationen zeigen, was hieße, auch abseits des Spektakulären hinzuschauen?

Sicher könnte man das. Als die Khomeini-Revolution losging, waren auch zwei Millionen Menschen auf den Straßen. Die haben nicht demonstriert, weil eine Kamera da war.

Und wo die Kamera nicht hinkann oder wo sie verfälschend wirkt: Kann man das auffangen durch die Kommentierung?

Das Wort ist ganz entscheidend. Wenn Euronews Bilder bringt in der besonderen Form des »no comment«, dann ist das schwachsinnig. Doch wer kann noch texten? Die Texte sind im allgemeinen schon stilistisch erbärmlich, die Sprache ist so verarmt, daß es einen schüttelt. Es gibt derzeit aber einen Korrespondenten, der mir gut gefällt. Claus Kleber in Washington. Der ist ruhig, formuliert gut, da sitzt alles. Er macht die Hektik nicht mit.

Können sich Journalisten durch Spezialisierung gegen das Manipulationsspiel der Beteiligten schützen?

Der berühmte Abschiedsbrief des Terroristen Atta gehört, wie vieles andere, zum Spielmaterial, ist eine Fälschung, so wie auch der Aufruf Bin Ladens zum Heiligen Krieg in englischer Sprache. Leute, die einen solchen Anschlag so minuziös planen, lassen doch nicht ausgerechnet solche Appelle irgendwo in Mietautos liegen. Im Moment wird einfach schamlos gefälscht. Ich nehme an, daß auch die Amerikaner auf solche Sachen reinfallen. Ein Journalist kann das im Grunde nicht nachprüfen.

Sind deshalb Bilder mit offensichtlicher Herkunft besser einzusetzen, weil man die Absicht kennt?

Was von Osama bin Laden über El Dschasira verbreitet wurde, das ist immerhin nach genauer Absicht der Beteiligten so gesendet worden. Da ist die CIA nicht drin gewesen. In der oberen Bildecke steht: »speziell für Dschasira«. Ich kenne die Leute des Senders. Es sind überhaupt keine Fundamentalisten, sondern junge, offene Intellektuelle. Allerdings gibt es heute eine Wende. Man weiß nicht, ob nicht auch die Intellektuellen Fundamentalisten sind, vor allem die technisch Ausgerichteten.

Ist der Preis, den der Sender für seinen Korrespondenten in Kabul bezahlen muß, eine noch höhere Instrumentalisierung, als es die Verantwortlichen vielleicht selbst glauben?

Es sind Araber. Die machen sich doch keine Illusionen, wie sie eingesetzt werden. Hätte ich die Erlaubnis, in Kabul zu drehen, wüßte ich das auch. Aber auf den Bildern der Taliban wird weniger manipuliert als auf den elektronischen, welche die Amerikaner dauernd ausstrahlen.

Wenn Sie als Ex-Fernsehdirektor Ihren heutigen Kollegen raten sollten, in welchen Kernpunkten die Berichterstattung zu verbessern wäre, ohne große Komplikationen: Welche wären das?

Man muß wieder zurückkommen zur sauberen Dokumentation. Die nicht beansprucht, die objektive Wahrheit darzustellen. Sondern die das persönliche Erlebnis des Korrespondenten an Ort und Stelle rüberbringt.

PETER SCHOLL-LATOUR

Lügen im Heiligen Land   15058

Allahs Schatten über Atatürk   15137

Eine Welt in Auflösung   12760

Das Schlachtfeld der Zukunft   12768

GOLDMANN

GESCHICHTE EUROPAS

Brian Moynahan,
Das Jahrhundert Englands   15144

Dietrich Schwanitz,
Die Geschichte Europas   15166

Brian Moynahan,
Das Jahrhundert Russlands   15116

Michael Stürmer, Das Jahrhundert
der Deutschen   15145

GOLDMANN

SCHMUTZIGE GESCHÄFTE

Jürgen Roth,
Schmutzige Hände   15134

Jean Ziegler, Wie kommt der
Hunger in die Welt   15160

Udo Ulfkotte,
Wirtschaftsspionage   15125

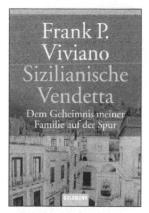

Frank Viviano,
Sizilianische Vendetta   15149

GOLDMANN